INDE

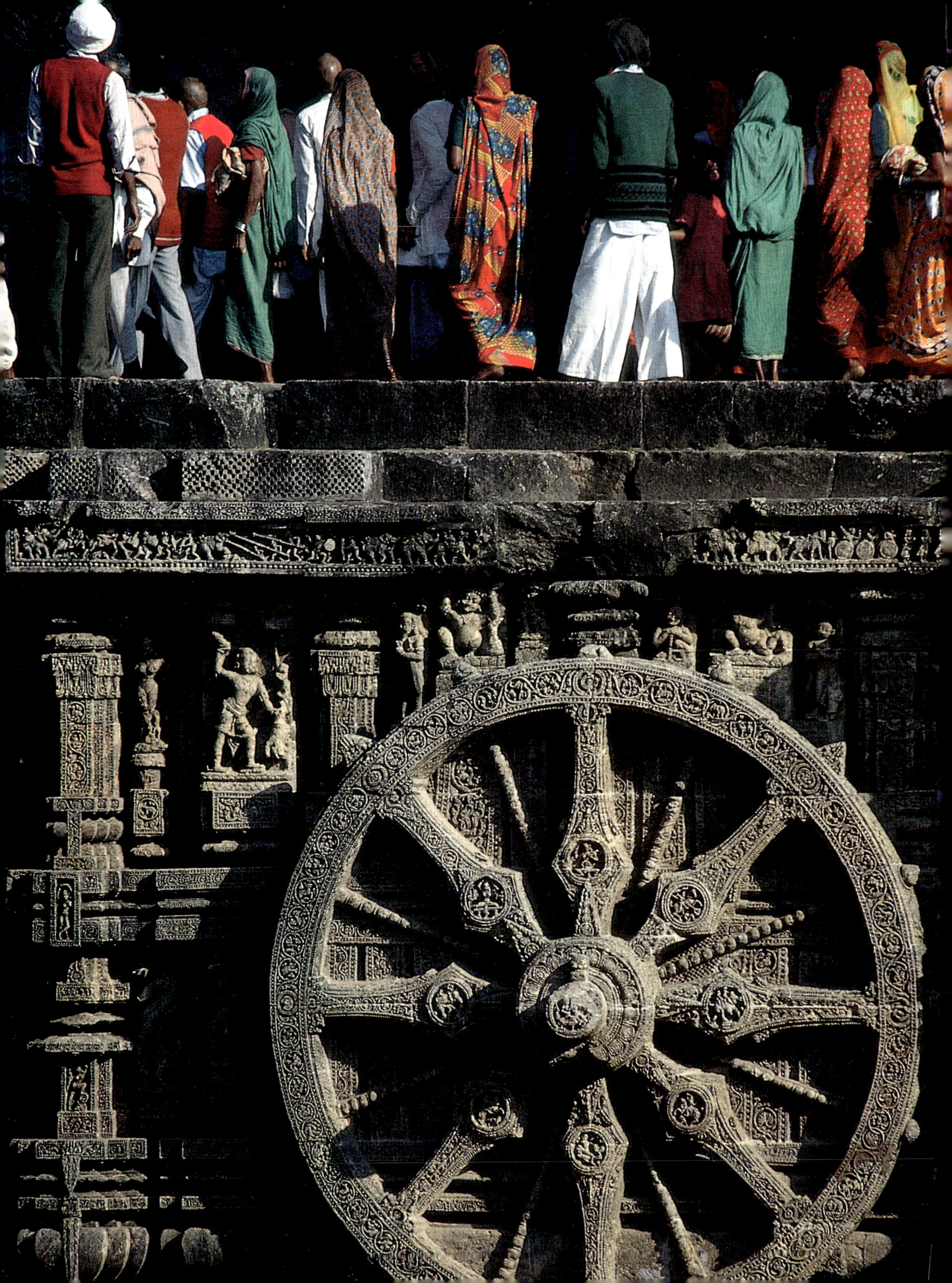

OSCAR BOTTO

INDE

Traduit de l'italien

par Jocelyne de Pass

LIANA LEVI

La collection
iKon
CIVILISATIONS

Direction de collection : Donatella Volpi

Conception graphique et maquette : Studio Cancelli

Contributions au texte

Victor Agostini

(art indien, légendes)

Carmen Botto

(subcontinent indien, religions, langues et littératures,
médecine et science, Inde contemporaine)

Irma Piovano

(musique et danse, organisation de l'État, fondements
du droit, organisation sociale, Inde et Occident)

Prononciation des caractères translittérés du sanskrit

ā, ī, ū = voyelles longues

ḍ, ṇ, ṭ = se prononcent avec la pointe
de la langue contre le palais.

ṃ = nasale

ś, ṣ= ch

ṛ = ri

ñ = palatale

ISBN : 2 86746 193 6

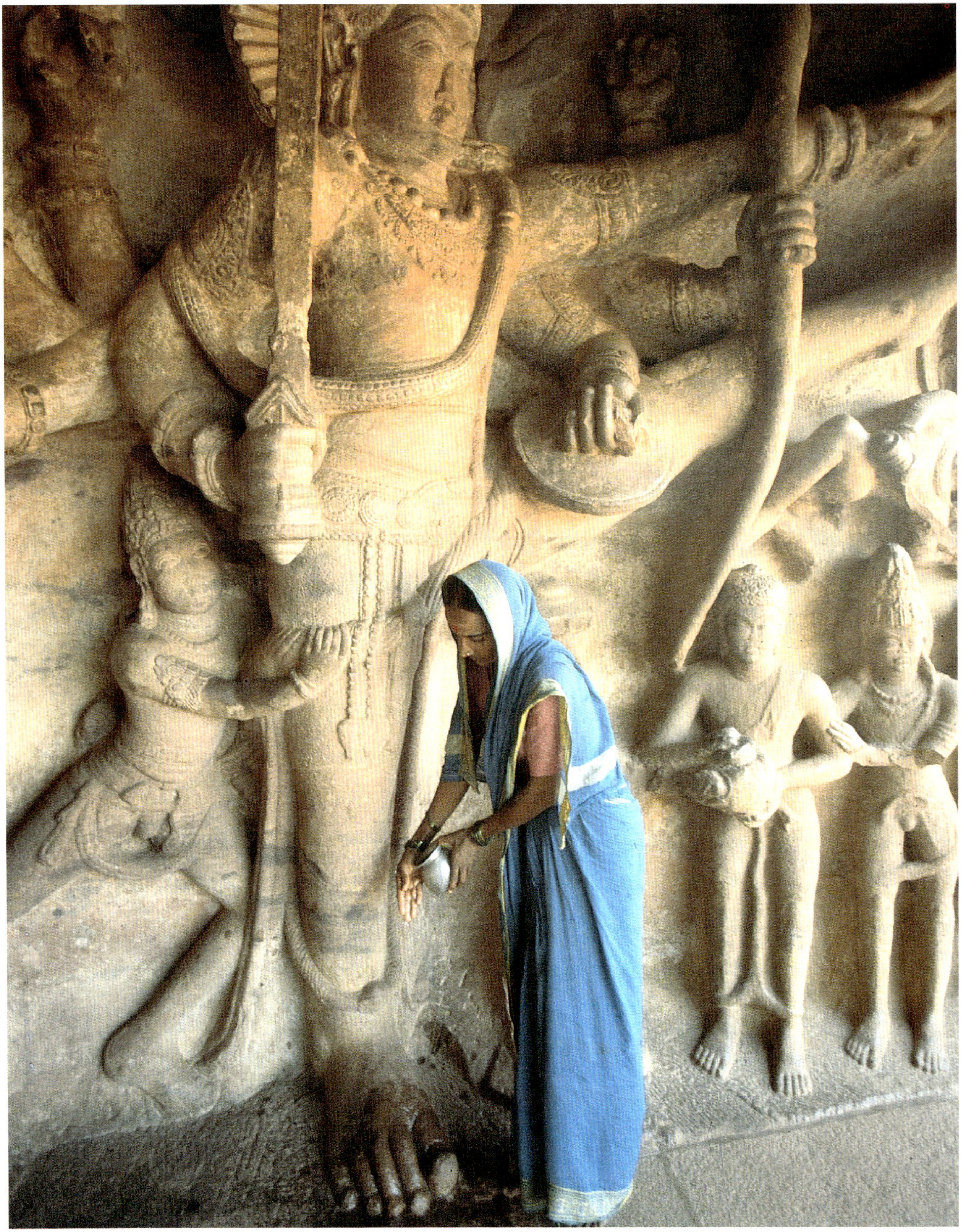

Les légendes brahmaniques et la cosmologie hindoue, au sein d'un grandiose dessein cosmique, désignent l'Inde du nom de *Jambudvīpa* "Île du rose-pommier" et la situent au sud du majestueux mont Meru, faisant d'elle l'une des sept "îles-continents" qui entourent cette mythique montagne vénérée depuis toujours comme l'axe du monde. Les cinq sommets du Meru seraient recouverts d'imposantes forêts de jambosiers (*Eugenia jambolana*) ; sur ses pentes se trouveraient la demeure d'Indra et les maisons des trente-trois dieux ; son flanc oriental serait d'or, l'occidental d'argent, la façade sud-orientale de cristal et la façade nord-occidentale d'agate.

Le cadre géophysique offre aux épopées grandioses et à leurs enseignements éternels une toile de fond naturelle d'une rare majesté. Continent des extrêmes, l'Inde se targue de posséder la chaîne montagneuse la plus vaste et la plus élevée du monde, laquelle trace une ligne de démarcation impressionnante mais non infranchissable entre elle et le reste de l'Asie ; ses nappes phréatiques donnent naissance à deux fleuves immenses, l'Indus et le Gange ; ses terres nourrissent des forêts qui sont parmi les plus luxuriantes du globe, et elles sont balayées par les pluies les plus torrentielles et par les vents les plus impétueux.

L'Inde est vraiment le pays des extrêmes et des contrastes : ainsi a-t-elle su étirer tout au long des cinq cent mille vers du *Mahābhārata* – le plus long poème du monde – un récit dont l'intrigue centrale à elle seule en occupe plus de vingt mille et en organiser les péripéties pour faire de cette œuvre un gigantesque recueil de traditions littéraires, de conceptions religieuses, d'exposés légendaires et pseudo-historiques, de doctrines philosophiques, juridiques, politiques et techniques sans que l'on ait jamais le sentiment d'une juxtaposition d'éléments hétérogènes.

Il ne viendrait à l'idée de personne qu'un monument encyclopédique si varié puisse avoir été écrit par un seul homme. Seule la tradition, forte des siècles accumulés, peut oser soutenir, du haut de son prestige, que l'épopée des descendants de Bhārata a trouvé dans la personne du sage Vyāsa – considéré parfois comme une incarnation mineure de Viṣṇu – son unique et mythique chantre. La même histoire se répète, mais à un moindre degré, avec l'autre grand poème sanskrit, le *Rāmāyaṇa* ; celui-ci, dans son parcours

Page 2 : Une roue du temple du Soleil à Konārak (Orissa). Celui-ci fut érigé par le roi Nārasiṃhadeva Ier (1238-1258).

Page de gauche : Une femme accomplit un rite d'adoration (pūjā) face à l'image de Viṣṇu Trivikrama. Bādāmi (Karnataka) grotte n° 3, qui date de l'époque Cālukya (c. 650).

narratif, associe deux éléments fondamentaux : la lutte pour le triomphe de la justice et de la paix, d'une part, et, de l'autre, la valorisation de ces sentiments qui donnent leur sens à la vie quotidienne.

Ce sont ces réalités littéraires qui, au cours des siècles, ont contribué à diffuser et à renforcer, avec les récits, les mythes, les exploits de leurs héros, à travers toutes les contrées de l'Asie, la fascination pour cette Inde qui aujourd'hui encore apparaît unique et captivante.

C'est cette fascination qui, d'une manière ou d'une autre, a attiré en Inde dans un lointain passé des peuples avides de biens matériels ou des hommes d'envergure en quête d'immortalité, portés par un rêve de domination universelle ou par la soif d'aventures et d'expériences nouvelles. Ce fut le cas entre autres de Cyrus le Grand, de Darius et surtout d'Alexandre de Macédoine. Des trois, seul Alexandre réussit à franchir les confins de l'Empire achéménide et à gagner la vallée de l'Indus, sans entamer d'aucune façon l'immense et "mystérieux" univers indien.

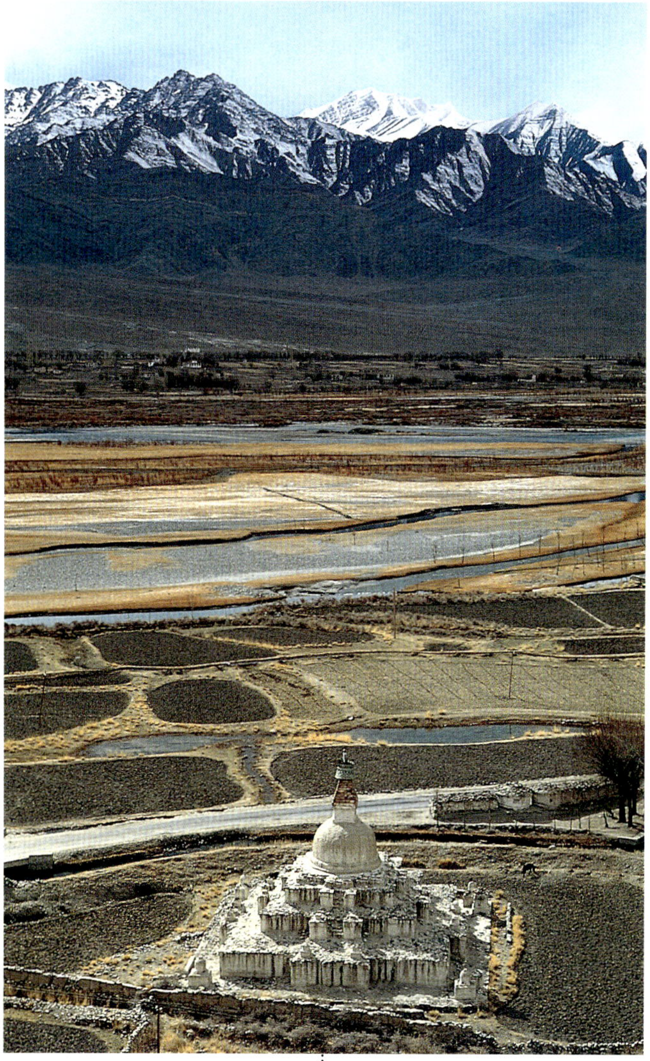

Le monastère lamaïste (dGon-pa) *de Thiksay (Tikse), à proximité de Leh, dans le Ladakh, est situé dans un paysage typique de cette région, au pied de l'Himālaya. Le monastère comprend de nombreux sanctuaires et cinq temples dans le style tibétain.*

Mais ce qui compte bien plus que n'importe quelle trace matérielle, c'est l'héritage du patrimoine culturel instauré par la marche du conquérant vers l'Orient ; ce fut à partir de cette communauté spirituelle que la pensée, l'art et la culture du monde oriental et du monde occidental s'inspirèrent mutuellement pour leur plus grand et durable profit.

On a beaucoup débattu de l'incommunicabilité présumée, présente et passée, et des divergences irréductibles entre Orient et Occident, mais il ne s'agit que de distorsions de la réalité historique. Les bouleversements dramatiques de situations auxquels nous assistons actuellement en Asie et dont on trouve des échos dans le monde entier traduisent une vérité : les vicissitudes historiques, politiques, économiques qu'ont traversées ces deux mondes, l'européen et l'asiatique, tant sur le plan matériel que sur le plan spirituel, s'inscrivent dans un seul et même phénomène évolutif. Ici ou là-bas, dans les intuitions religieuses ou dans les divers courants philosophiques, dans les ambitions ou le désir de puissance, se réfléchit l'image multiforme d'une aventure humaine partagée. Si la pensée occidentale intégrait cette vérité, nombre de nos préjugés tomberaient alors et nous cesserions d'oublier tout ce que notre monde occidental doit aux cultures et aux civilisations de l'Orient en général, et à l'Inde en particulier.

L'Inde, dont le génie créatif a élaboré tout au long des siècles un immense patrimoine littéraire, expression de la fantaisie et de la sensibilité de son peuple et de ses poètes, l'Inde qui, aujourd'hui encore, continue à lancer le lumineux et universel message de ses expériences religieuses millénaires à travers les sculptures d'Amarāvatī, les arabesques ornant le fort Rouge de Delhi, les décorations d'une statuaire au riche symbolisme d'origine clairement ésotérique, ne cessera jamais de nous émerveiller.

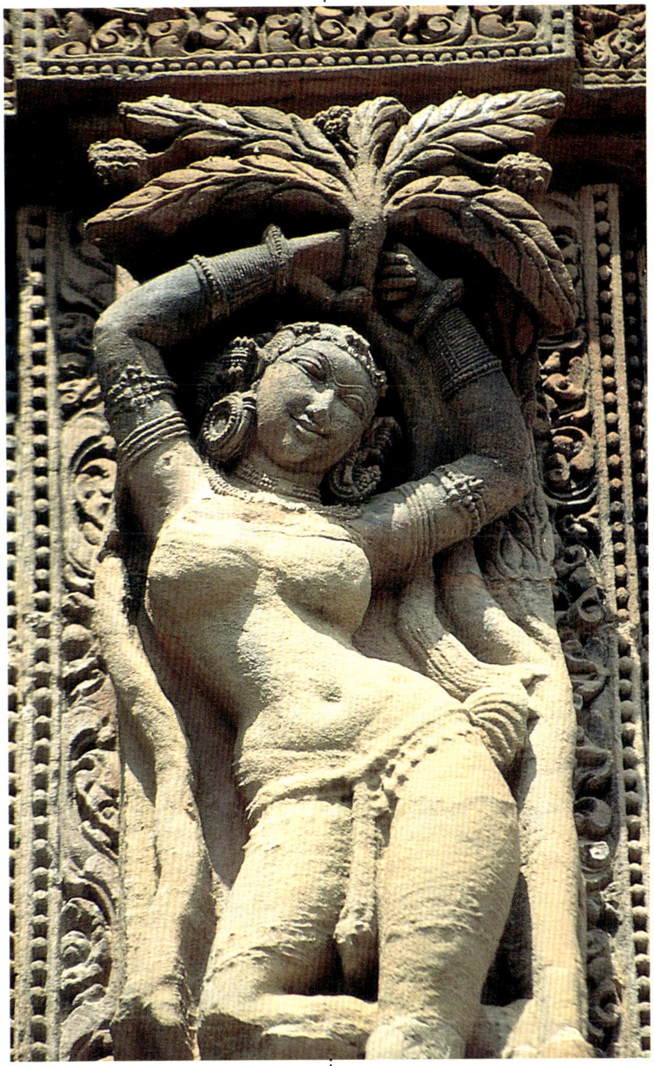

Une séduisante silhouette de jeune fille (appelée alasakanyā *ou* nayikā*), caractéristique de la sculpture de l'Orissa, qui orne le temple de Rājarānī à Bhubaneśvara (Orissa), seconde moitié du* XII*e siècle.*

Double page suivante : Détails des reliefs du temple Hoyṣaleśvara à Halebid (Karnataka), 1121-1160 env. Ils représentent quelques avatāra *de Viṣṇu.*

Et l'hindouisme, exemple éloquent de la possibilité de faire coexister le nouveau et l'ancien, nous offre, à propos du sentiment religieux, la preuve tangible que peuvent se côtoyer des expériences conscientes d'une profonde maturité spirituelle, des survivances de lointaines et barbares pratiques cultuelles et des éléments indigènes, à côté d'autres dérivés de cultures étrangères. Enseignement responsable donc que celui qui nous vient de l'Inde ancienne : une vérité qui, au-delà de la fascination qu'elle exerce sur nous, pourrait nous inciter à réfléchir aux comportements illogiques et souvent si difficilement explicables de la société contemporaine.

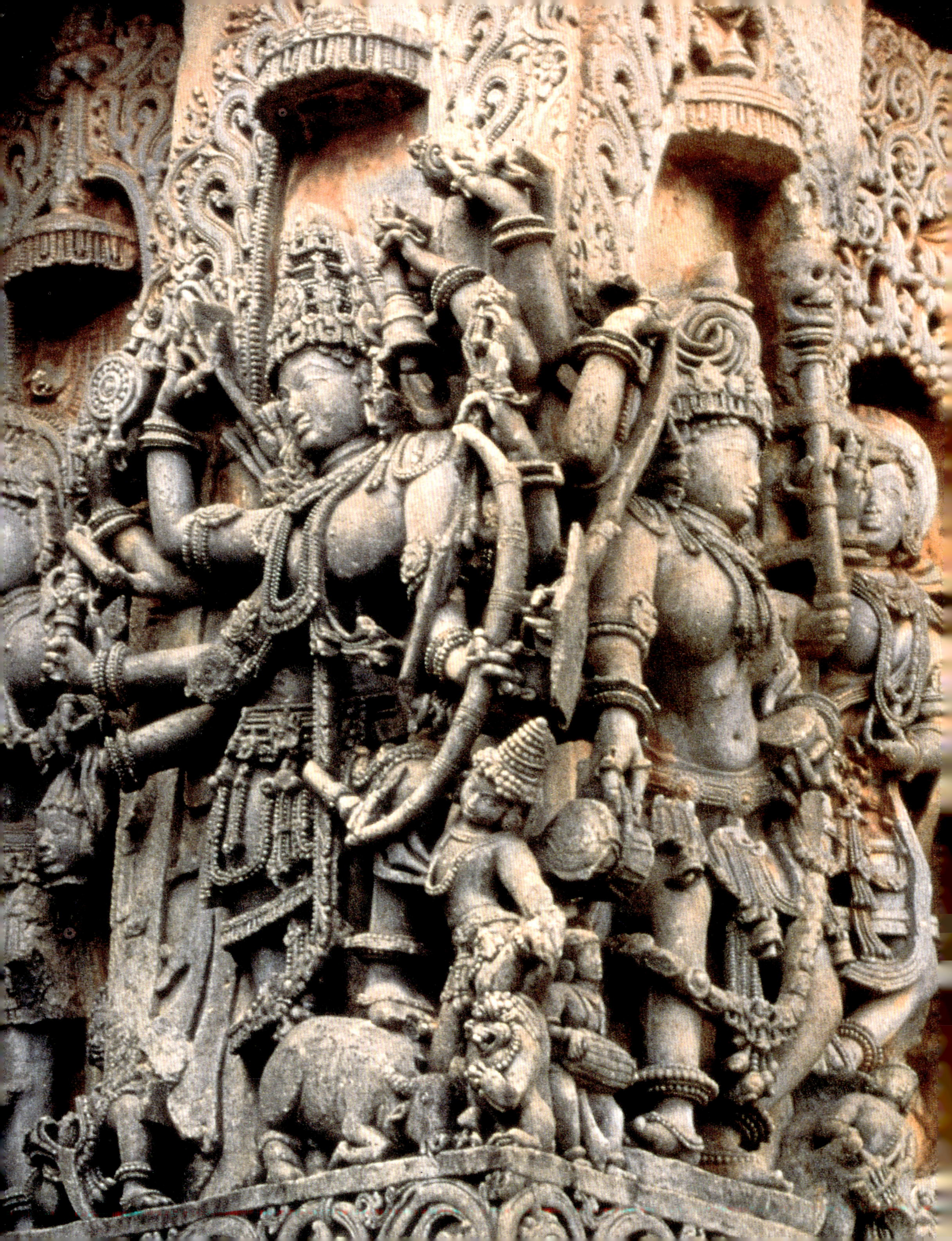

Histoire

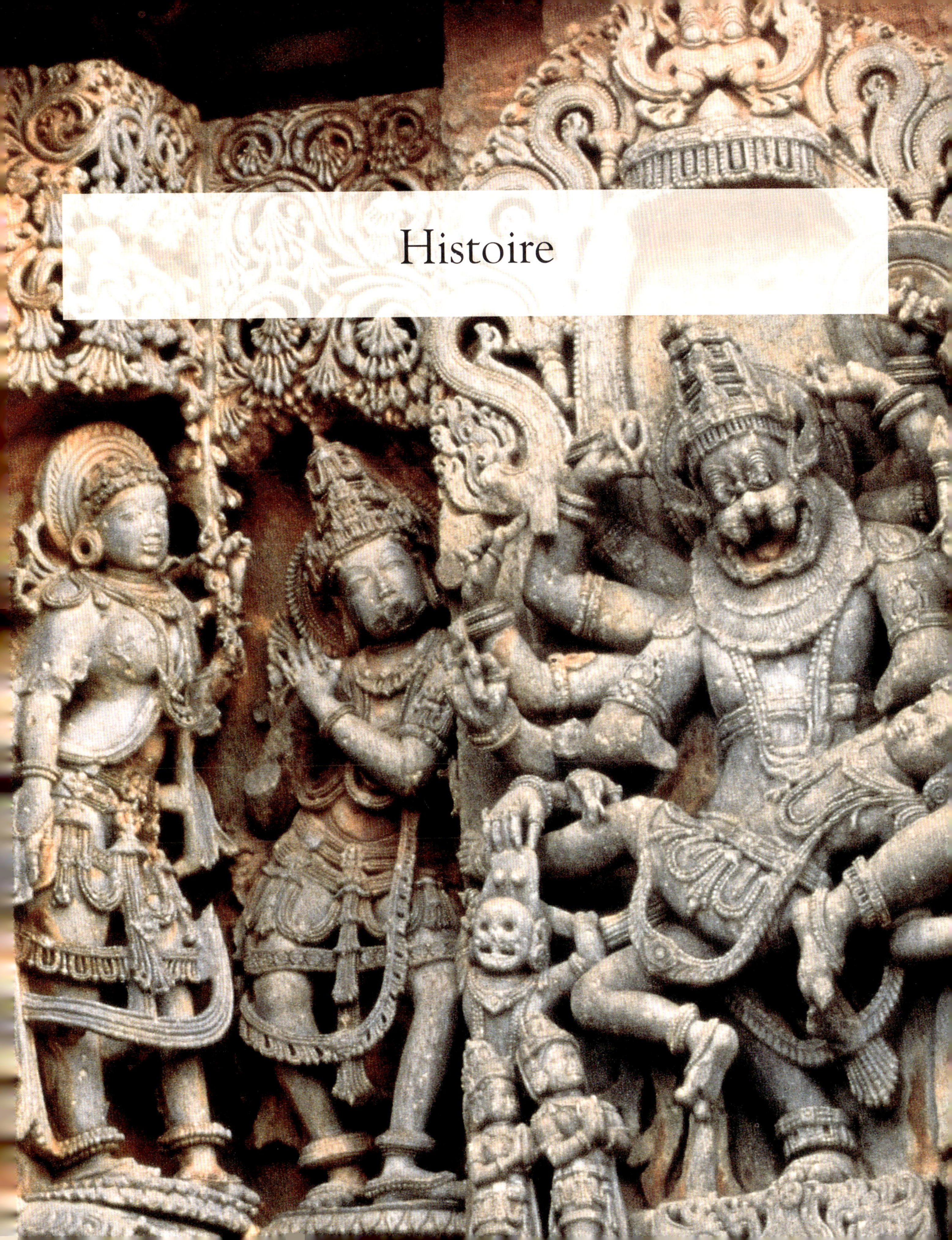

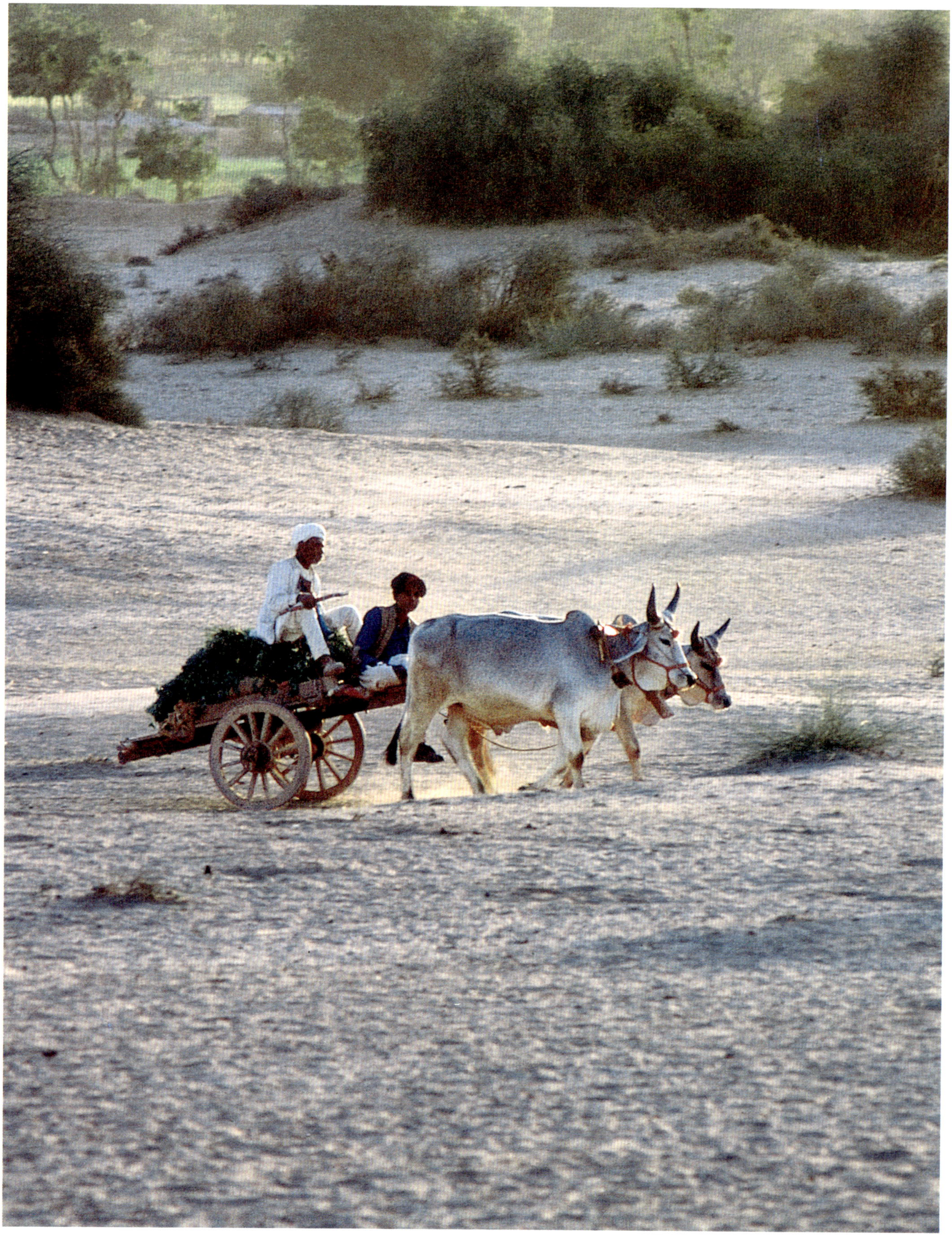

De l'Indus au Gange

Les cultures de l'Indus

"Les découvertes archéologiques les plus récentes ont repoussé d'au moins trois mille ans dans le passé notre connaissance de la civilisation indienne en révélant qu'au IIIe millénaire av. J.-C., ou même avant, les peuples du Pañjāb et du Sindh vivaient déjà dans des centres urbains bien organisés et avaient une considérable maîtrise technologique." C'est l'éminent archéologue John Marshall qui, en 1924, annonçait en ces termes enthousiastes les premiers résultats des campagnes de fouilles effectuées dans les villes de Harappā et de Moheñjo-Dāro, et la découverte d'une civilisation urbaine extrêmement efficace et bien organisée. Elle disposait en effet d'un réseau perfectionné de canalisations qui distribuait l'eau non seulement dans les grandes exploitations agricoles mais aussi à l'intérieur même de l'agglomération urbaine. À ce réseau d'adduction correspondait un système équivalent d'évacuation et de drainage. Il s'agissait donc d'une société rigoureusement structurée et industrieuse. En témoignent l'existence de grands greniers convenablement aérés ainsi que le plan en damier de la ville basse qui s'étendait sous les murs de la citadelle. Celle-ci était divisée en quartiers nettement définis de 350 m x 250 m qui suggèrent des regroupements de population en petites communautés à affinités familiales ou corporatistes (potiers, ferronniers, sculpteurs, etc.).

On ne sait rien de l'organisation politique et sociale de Harappā, mais au sommet de la

Harappā. Les caractéristiques urbaines de la civilisation de l'Indus sont surtout visibles à Moheñjo-Dāro, car, en ce qui concerne Harappā, au moment où commencèrent les fouilles, des milliers de briques en avaient déjà été arrachées pour construire les 150 kilomètres de la voie de chemin de fer Lahore-Multan. Il a été malgré tout possible de relever très précisément les limites de Harappā, une métropole qui à son apogée – entre 2300 et 1750 av. J.-C. selon la datation au carbone 14 – s'étendait sur 5,5 km^2 et comptait environ 35 000 habitants (surtout de race proto-australoïde et méditerranéenne).

Page de gauche : Le Rann de Kutch, région proche du delta de l'Indus, est une vaste plaine de marais saumâtres.

En bas : La "déesse mère", statuette en terre cuite, Bombay, Prince of Wales Museum.

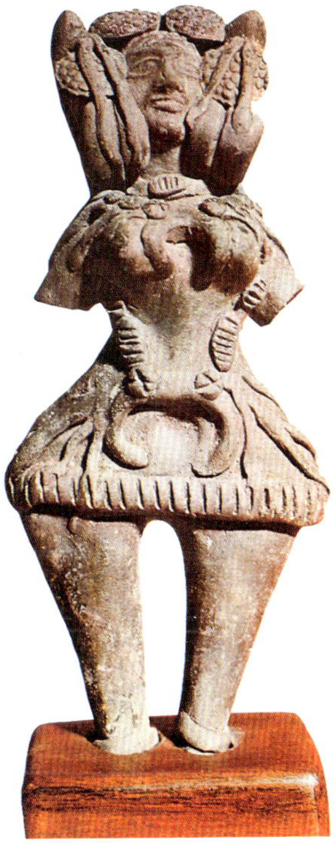

Les ruines de Moheñjo-Dāro montrent un système d'adduction d'eau exceptionnel. La citadelle fortifiée était dotée d'une grande citerne revêtue de bitume et beaucoup d'habitations étaient pourvues de bains privés.

En bas : Sceau en stéatite de Moheñjo-Dāro avec une figure en position de yoga. Karachi, National Museum.

En bas sur la page de droite : Licorne sur un sceau de Moheñjo-Dāro. Karachi, National Museum.

hiérarchie il y avait probablement une autorité très forte, peut-être un roi-prêtre. Celui-ci est, semble-t-il, figuré dans un buste en calcaire provenant de Moheñjo-Dāro. Les techniques évoluées d'irrigation et d'inondation assuraient d'abondantes récoltes de froment, de riz, de pois, de dattes, de graines de moutarde et de sésame. Les zébus et les buffles d'eau servaient d'animaux de trait, mais la véritable nouveauté pour l'époque consistait dans l'élevage des volailles destinées à varier l'alimentation des habitants de Harappā et de Moheñjo-Dāro.

Le commerce devait certainement être le fer de lance de l'économie dans la vallée de l'Indus. La grande dimension des greniers suggère l'existence d'importants excédents qui devaient être stockés avant d'être exportés vers d'autres destinations. Le froment était

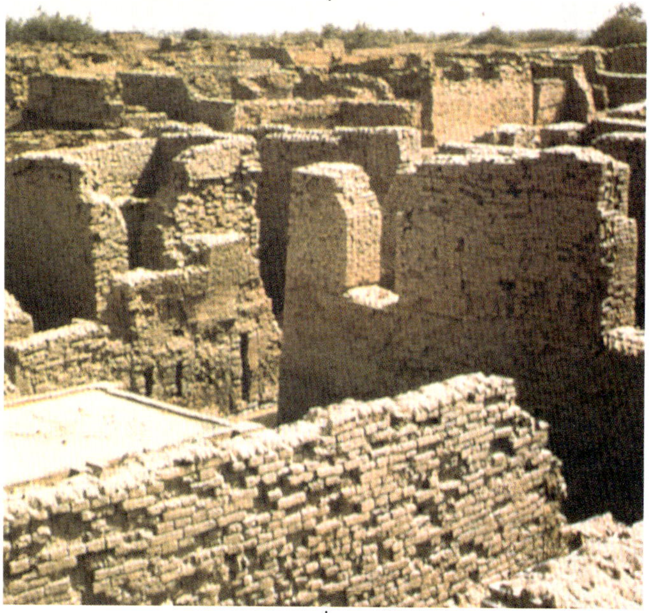

expédié vers Sumer, comme d'ailleurs les étoffes de coton (la filature du coton est l'une des plus anciennes contributions de l'Inde à l'histoire de la civilisation mondiale), les petites perles de cornaline travaillée, les coquilles marquetées, les peignes en ivoire et une quantité d'autres objets précieux manufacturés.

Vers le milieu du IIe millénaire, l'organisation paraît se relâcher à la suite peut-être de quelque catastrophe, naturelle ou non. Les couches archéologiques les plus récentes révèlent en effet des squelettes d'individus en fuite, de personnes emprisonnées sous les décombres de

Les sceaux de Moheñjo-Dāro. Les objets manufacturés les plus intéressants de cette culture sont les sceaux. Ils reproduisent des figures animales ou humaines accompagnées de pictogrammes d'une langue qui malheureusement n'a pas encore été déchiffrée. Ces sceaux étaient probablement utilisés par les marchands pour identifier leurs marchandises. Les représentations animales sont d'un stupéfiant réalisme : taureaux, tigres, créatures fantastiques comme la licorne ; parmi les formes humaines, la plus saisissante est celle d'un homme assis dans la position du lotus, portant un couvre-chef orné de cornes ; il est entouré d'un tigre, d'un rhinocéros, d'un buffle d'eau et d'un cerf. Cette figure, très leur propre maison ou tuées par une armée d'envahisseurs. La civilisation de l'Indus conserve une grande partie de ses mystères, mais les dernières fouilles archéologiques – et notamment celles conduites dans les années soixante – ont montré les surprenantes affinités d'au moins soixante-dix sites archéologiques avec la culture de Harappā ; certains de ces sites sont très éloignés de la vallée de l'Indus – ils se répartissent en fait sur une superficie plus vaste que celle de l'Europe occidentale – et ils comprennent, outre le Pañjāb et le Sindh (où la culture de Harappā est représentée dans une série d'autres sites comme Amri, Chanhu-Dāro, Kor-Diji), le Balouchistān (Mehgarh, site exploré par une mission conjointe franco-pakistanaise), le Kathiawar, les côtes du Gujarāt (où Lothal semble avoir été un site portuaire florissant), le Rājasthān (Kalībanga, un des plus importants sites harappéens) et le Doāb.

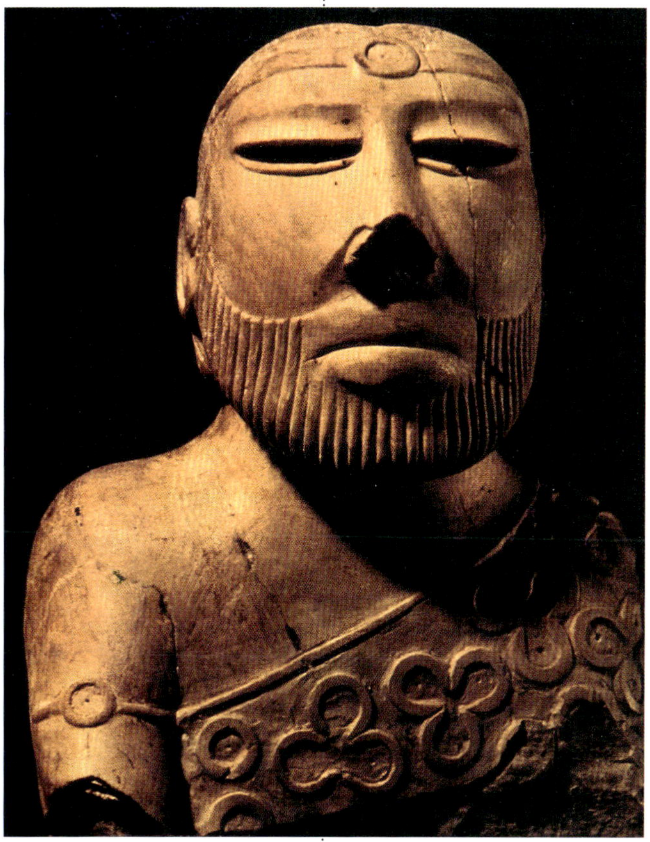

Buste de roi-prêtre en calcaire de Moheñjo-Dāro, Karachi, National Museum. Il porte sur le front un ruban orné au centre d'un anneau (que l'on retrouve sur le bracelet), il a une longue barbe peignée en bandes verticales ; l'habit, qui laisse dénudée son épaule, reprend le motif du trêfle.

Même si la fin des métropoles de l'Indus ne signa pas la disparition définitive de cette culture (il est certain par exemple que Lothal survécut encore très longtemps), les fouilles archéologiques ont généralement révélé dans les couches les plus récentes une réduction progressive de la qualité des objets manufacturés et un appauvrissement significatif des structures urbaines, ce qui laisse supposer un déclin.

probablement divine, montre de surprenantes affinités avec ce que sera plus tard l'iconographie de Śiva, "Seigneur des animaux". Très significatif également est un sceau qui reproduit une figure d'homme à trois cornes ayant à côté de lui un orant et un taureau. Sur le sol, trois figures féminines paraissent célébrer des rites de fécondité. Ce sceau constitue un document d'importance pour la connaissance des pratiques religieuses du peuple de la vallée de l'Indus. La figure à trois cornes présente elle aussi des affinités avec Śiva, renforcées par la présence du taureau. Toute la scène renvoie au culte de l'arbre qui orne de nombreux stūpas bouddhiques, ainsi qu'au culte du *pippal* lui-même en tant qu'emblème du Buddha et de sa doctrine.

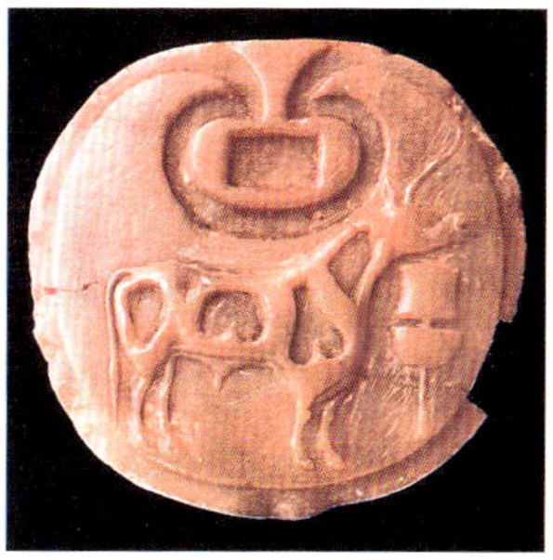

Berger nomade dans le Gujarāt. Dans quelques régions désertiques subsistent des formes de nomadisme liées à l'élevage. Dans l'histoire de l'Inde, le passage de la vie nomade à la vie semi-nomade, qui ajoutait la culture de céréales à l'élevage de moutons, eut lieu avec l'arrivée des Aryens.

En bas : Bronze de Moheñjo-Dāro représentant un bœuf sur une plate-forme montée sur quatre roues. Karachi, National Museum.

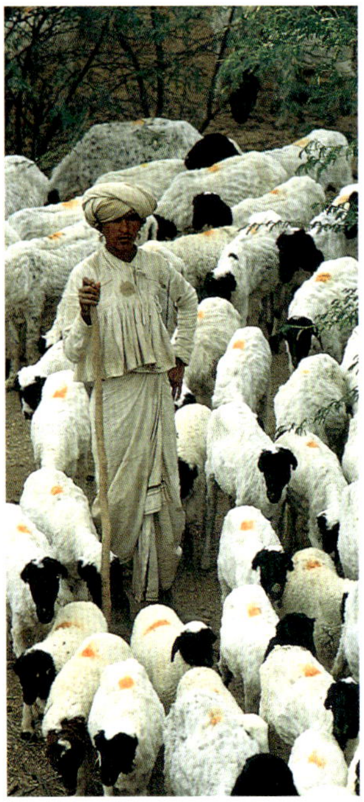

Les Aryens védiques et la période tardovédique

Au IIe millénaire, l'Asie est parcourue par des migrations massives de peuples entiers : en Inde, vers la fin du millénaire, arrivent, franchissant les cols montagneux de l'Afghanistan, les Aryens védiques. On ignore de quelle région ils viennent, même si un traité de paix datant du milieu du XIVe siècle, entre un roi hittite et le souverain du Mitanni, en appelle – pour garantir le respect des clauses stipulées par l'acte – aux dieux Mitra, Varuna, Indra et Nāsatya. Il s'agit de ces mêmes dieux qui seront ensuite invoqués dans les Veda, le texte sacré des Aryens – texte sacré par excellence puisqu'il a été l'objet d'une révélation *(śrūti)*. Les Aryens vivaient avec leurs troupeaux itinérants dans des villages *(grāma)* constitués de petites maisons en bois. C'est la raison essentielle pour laquelle l'étude de cette période historique est entièrement tributaire d'un patient et méticuleux travail de reconstitution culturelle fondé sur les textes védiques ; cette reconstitution entreprise au siècle dernier est poursuivie aujourd'hui par d'éminents linguistes.

L'apport des Aryens à la culture indienne fut important et ses effets très durables ; dans certains cas, ils modifièrent et transformèrent les traditions autochtones et dans d'autres ils les intégrèrent aux leurs. Ils introduisirent en Inde le sanskrit, la langue parfaite ; une riche tradition littéraire, les Veda ; un nouveau panthéon de dieux, un nouveau type de famille patriarcale et patrilinéaire, une structure sociale divisée en trois classes (les prêtres, les guerriers et les non-nobles) avec au sommet de chaque tribu un *rāja*. Même si, dans l'ensemble, les tribus aryennes s'unirent pour affronter l'ennemi commun – les *dāśa*, autrement dit les populations autochtones –, elles furent souvent en lutte les unes

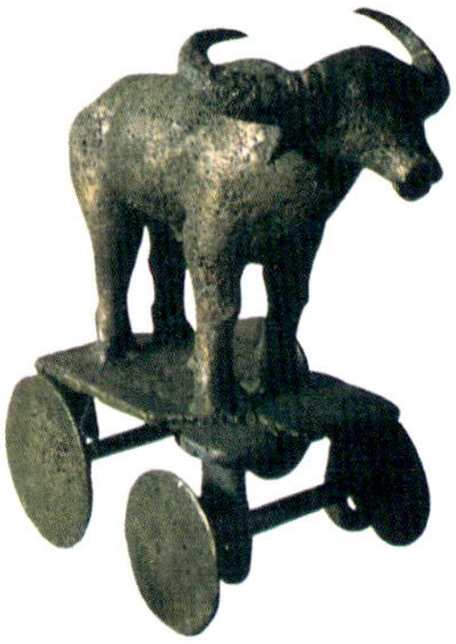

Les classes sociales. L'expansion des Aryens dans la vallée de l'Indus rendit caduque l'antique répartition sociale en trois classes : celles des *brāhmaṇa* (prêtres), des *kṣatriya* (guerriers) et des *vaiśya* (non-nobles) ; elle imposa la création d'une classe idoine capable d'englober les populations autochtones du Pañjāb. Une quatrième classe regroupait les *śūdra*, ou les populations de rang inférieur.

contre les autres. Les Aryens utilisaient des armes en bronze – remplacées après l'an 1000 av. J.-C. par des armes en fer – qui donnaient aux batailles un tour particulièrement sanglant, mais c'étaient surtout leurs chars tirés par des chevaux qui faisaient d'eux des guerriers redoutables. En dehors de la guerre, les Aryens aimaient les jeux de hasard, la musique, la danse, le vin et le *soma*, une boisson alcoolisée que les dieux eux-mêmes buvaient pour se donner le courage d'affronter les démons.

Le lent et difficile processus de colonisation par les Aryens de la plaine du Gange (le Doāb, ou la terre sillonnée par le Gange et la Yamunā) qui occupe l'époque suivante – de 1000 à 450 av. J.-C. – fut marqué par des conflits internes, comme ceux qu'a immortalisés le *Mahābhārata* – et par des batailles répétées contre les populations autochtones, les *Dasyu*, qui assiégeaient, avec rapts et incursions, à l'instar du cruel démon Rāvaṇa du *Rāmāyaṇa*, les premiers établissements aryens.

C'est à cette époque que remontent certains intéressants vestiges archéologiques, en particulier la céramique peinte provenant de Hastināpura et de Kauśambī, qui révèlent que les Aryens possédaient déjà de lourdes charrues tractées par des taureaux ainsi que des socs en fer indispensables pour préparer le travail des champs dans les terres des régions récemment conquises.

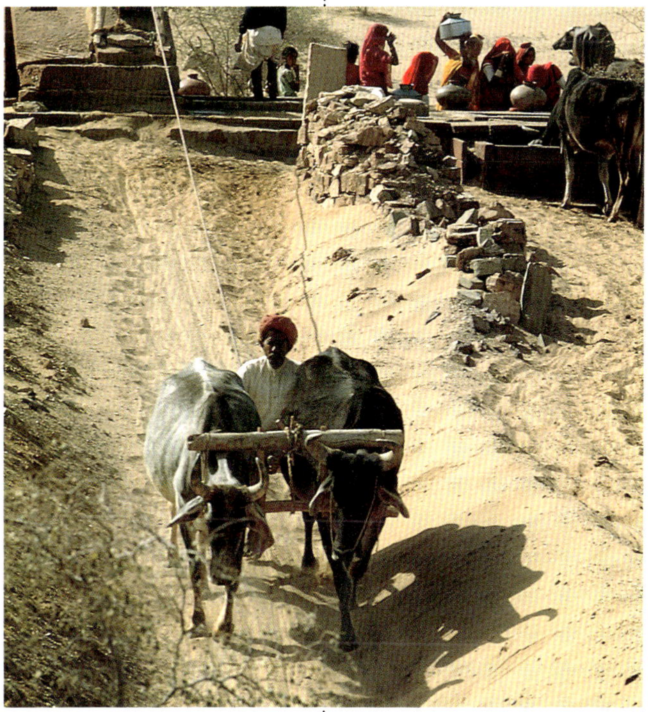

Scène de la vie agricole dans le Rann de Kutch. Dans cette région, au seuil de la basse vallée de l'Indus, les cultures ne sont possibles que dans les quelques zones situées au-dessus du niveau de la mer. Les outils agricoles y demeurent primitifs et la technologie peu avancée.

Économie mixte. En terre indienne, entre 1500 et 1000 avant notre ère, les Aryens vont passer d'un type d'économie reposant exclusivement sur l'élevage du bétail (bovidés, chevaux, chèvres et moutons) – et qui impliquait un système de vie nomade – à un type d'économie mixte où à l'élevage s'ajoutait la culture, surtout des céréales (*yarva*). Parallèlement débuta une lente migration depuis la région inhospitalière du Khyber vers la plaine du Gange.

L'origine du bouddhisme et du jaïnisme

Des seize *mahājanapada* dont parlent les textes bouddhiques, le royaume du Magadha était certainement l'un des plus puissants et des plus prospères : jouissant d'une position privilégiée, il contrôlait la circulation des marchandises sur la Gaṅgā (Gange) et l'extraction du fer des riches mines du Barābar. Entre 540 et 490 av. J.-C., il eut pour roi Bimbisāra, grand défenseur du Buddha et de la doctrine prêchée par celui-ci.

À la même époque (VI-Ve siècles av. J.-C.) fut fondée par Vardhamāna Mahāvīra (540-468 av. J.-C.) une autre grande religion indienne, le jaïnisme. La doctrine de Mahāvīra reposait sur le principe de la non-violence (*ahiṃsā*) et elle attira, dans le Gujarāt d'abord, une nombreuse communauté de fidèles, de moines et de laïcs. L'interdiction de tuer les êtres vivants, quels qu'ils fussent, incita les laïcs à abandonner l'activité agricole (puisqu'il était impossible d'éviter que la charrue ne tuât de petits animaux) au profit du commerce, moins meurtrier et plus lucratif.

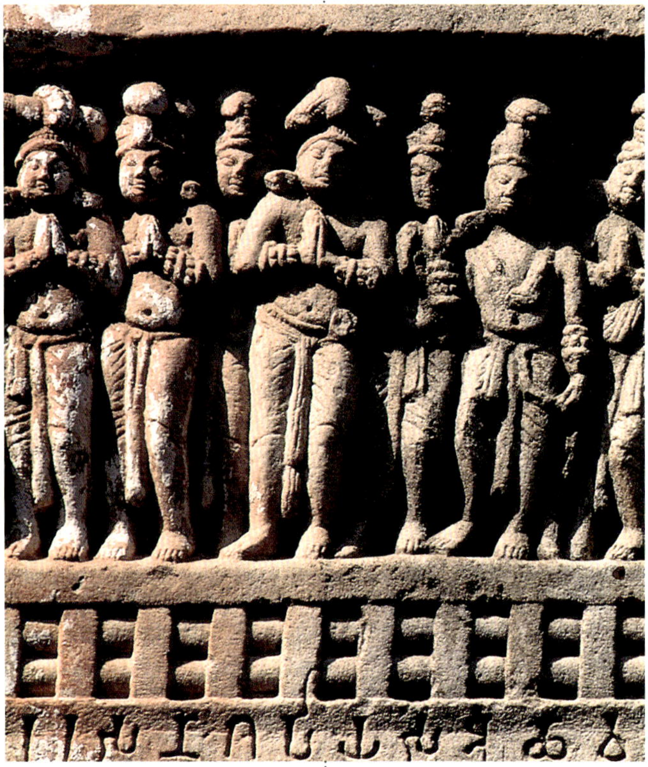

Relief du portail d'accès (toraṇa) *oriental du stūpa n° 3 de Sāñcī (Madhya Pradesh) qui remonte à la seconde moitié du Ier siècle av. J.-C. Les personnages sont représentés en adoration, les mains en* añjali-mudrā.

L'Inde aux Ve et IVe siècles jusqu'aux Nanda. À la mort d'Ajātaśatru (le successeur de Bimbisāra), le contrôle de la puissante région du Magadha passe entre les mains de la dynastie des Śiśunāga et par la suite des Nanda. Mais ce

Les *mahājanapada*. Les textes les plus anciens du bouddhisme affirment qu'au VIe siècle av. J.-C. seize royaumes (*mahājanapada*) s'étaient constitués dans les territoires compris entre l'Afghanistan et le Bengale, probablement formés par des confédérations de différentes tribus oligarchiques. Les capitales de ces royaumes s'entouraient de massives fortifications. Les enceintes de Kausambī étaient semblables à celles qui, un millénaire plus tôt, avaient été érigées pour protéger les villes de l'Indus.

Mégasthènes. À l'époque de Candragupta, Seleucos Ier Nikatôr dépêcha à la cour des Maurya son ambassadeur Mégasthènes. Son récit de voyage, conservé dans les recueils d'œuvres d'auteurs grecs postérieurs (Diodore de Sicile) et des ne sera qu'avec le premier souverain de la dynastie des Maurya, Candragupta, qui régna de 324 à 301, que sera réalisée l'unification de l'Inde septentrionale. L'arrivée de Candragupta au pouvoir faisait suite à la conquête triomphale de l'Asie par Alexandre le Grand qui parvint jusqu'au fleuve Beas (en juin 326 av. J.-C.). Selon la tradition, Candragupta sut exploiter le talent de son Premier ministre, le brahmane Kauṭilya, auteur d'un fondamental traité d'économie politique (*Arthaśāstra*), qui passe pour le manuel le plus fouillé dans cette discipline. Les lourdes taxes auxquelles il soumit les récoltes mais aussi le commerce et l'élevage lui permirent de mettre sur pied une administration et une armée efficaces, contrôlées, selon les principes "kautilyens", par une police secrète. Candragupta étendit sa domination à toute l'Inde septentrionale et signa un accord avec Seleucos Nikatôr, l'héritier d'Alexandre en Asie, pour établir définitivement sur l'Hindū kūsh la frontière entre leurs royaumes. Selon la tradition jaïnique, Candragupta laissa en 301 son trône à son fils Bindusāra, pour devenir moine. On ne sait presque rien du règne de Bindusāra sinon qu'il repoussa les limites de son royaume jusqu'aux monts Vindhya.

Aśoka

Aśoka, fils de Bindusāra, monta sur le trône vers 269 av. J.-C. et, pendant les huit premières années de son règne, poursuivit l'œuvre de consolidation et de conquête de ses prédécesseurs – les Maurya – de manière impitoyable et cruelle. Son empire s'étendait à l'époque de l'Afghanistan, à l'ouest, à l'embouchure du Gange, à l'est, et du Cachemire, au nord, jusqu'au Mysore, au sud. Plus tard, sa conversion au bouddhisme entraîna une

Chapiteau campaniforme d'une colonne d'Aśoka en grès lisse. Période maurya. Calcutta, Indian Museum. Les chapiteaux campaniformes, dits aussi persépolitains, sont surmontés de figures d'animaux ou de symboles bouddhiques.

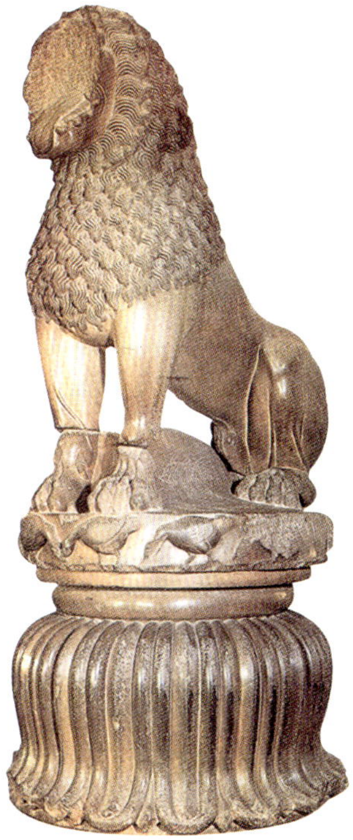

Romains Pline l'Ancien et Solin, est intéressant pour ses aspects socioculturels ; l'auteur divise la population en sept catégories professionnelles ; il définit l'État comme très centralisé, et évoque les fortifications grandioses de la capitale Pātaliputra.

Alexandre le Grand. En 334 av. J.-C., Alexandre le Grand, roi de Macédoine, âgé de vingt-deux ans, débarque sur les côtes d'Asie Mineure à la tête de 50 000 hommes. C'est le début d'une fulgurante campagne en Orient à la conquête de l'Empire achéménide de Darius. Babylone, Suse, Persépolis, Pasargade tombent entre ses mains. Il parviendra jusqu'en Afghanistan et en Inde et mourra en 323 au faîte de la gloire.

Relief bouddhique d'Amarāvatī (Andhra Pradesh), IIe siècle av. J.-C.-IIIe siècle ap. J.-C., Madras. New Delhi, National Museum of India. Ce stūpa, qui s'est écroulé au début du XVIIIe siècle, avait une coupole hémisphérique de presque 50 mètres de diamètre. Il était décoré de panneaux en marbre et en pierre représentant des Jātaka, épisodes de la vie terrestre du Buddha et de ses vies antérieures.

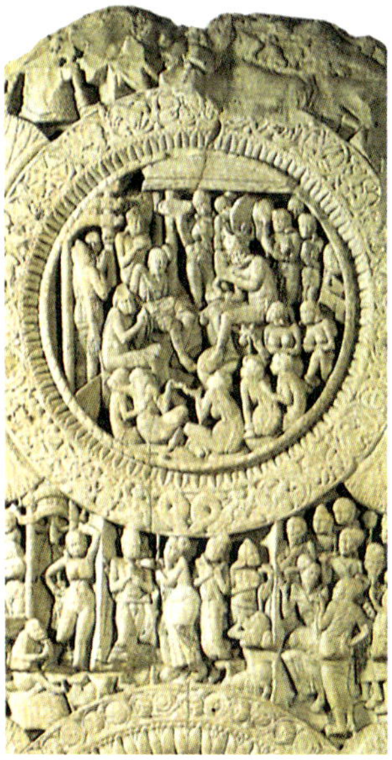

transformation radicale de son mode de gouvernement. Quels que soient les motifs de cette conversion, l'essentiel reste que ce souverain fut un exceptionnel novateur : il répandit parmi ses sujets des messages dont le contenu, avant même d'être religieux, avait une grande valeur éthique et sociale. Par des édits gravés dans la roche ou sur des colonnes, Aśoka invitait ses sujets à ne pas tuer les êtres vivants, à se montrer magnanimes envers leurs amis, leurs parents, les brahmanes et les ascètes, à faire preuve de tolérance. Pour administrer son vaste empire, Aśoka s'entoura de "superviseurs de la loi" (*dhamma-mahāmatta*, où par *dhamma* ou *dharma* – en sanskrit – on doit entendre à la fois la doctrine bouddhique et la Loi, le devoir, la responsabilité). Ces superviseurs étaient dépêchés aux quatre coins de l'empire pour surveiller le travail des fonctionnaires. Pour garantir la sécurité des frontières, Aśoka entretint de savantes relations diplomatiques avec tous les royaumes limitrophes et il envoya des ambassadeurs auprès d'Antiochos II en Syrie, de Ptolémée II en Égypte, d'Antigone Gonatas de Macédoine et d'Alexandre d'Épire. C'est sous son règne que débuta l'œuvre de dissémination de la doctrine bouddhique grâce au prosélytisme actif des moines missionnaires dans le Magadha et au-delà du royaume des Maurya, jusqu'au Gandhara et au Cachemire, en Birmanie, en Inde du Sud, et même à Śri Lankā où le roi Tissa accueillit la doctrine avec beaucoup de ferveur.

De la mort d'Aśoka aux derniers Kuṣāṇa. Le vaste empire d'Aśoka ne résista pas à la disparition de son souverain (en 232 av. J.-C.). La dynastie des Maurya vit se rétrécir progressivement son domaine jusqu'en 184 av. J.-C., date à laquelle le dernier des Maurya,

Les œuvres d'Aśoka. Ce souverain fit construire des hospices, des fontaines, et planter des arbres le long des routes ; il inventa le secours médical et diverses formes d'aide aux pèlerins de toute confession. Pour la communauté bouddhiste, qui lui était la plus chère, il favorisa la fondation d'institutions religieuses ; il fit ériger, à en croire les textes, 84 000 stūpa et accueillit à Pātaliputra le troisième concile bouddhique.

Les édits d'Aśoka. Ils sont rédigés dans d'anciennes langues médio-indiennes et sont écrits essentiellement en caractères brāhmī et kharoṣṭhī. Dans les régions plus occidentales, où la présence de la culture grecque est très forte, on

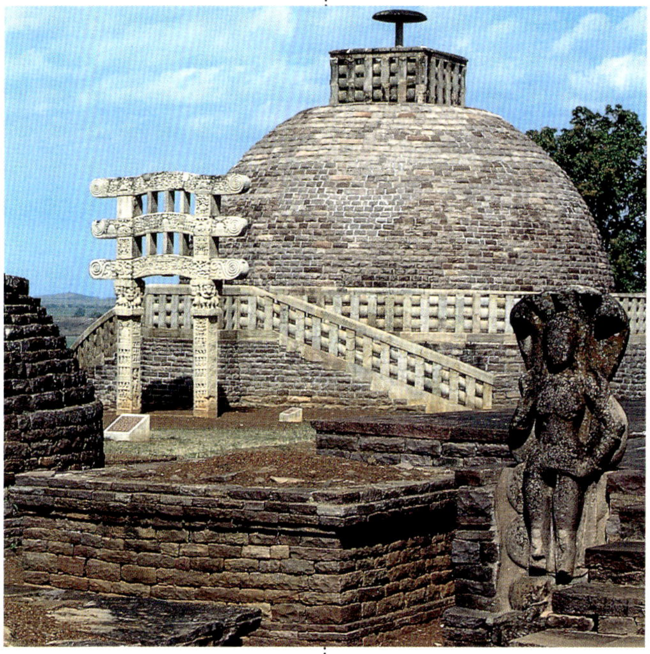

Le stūpa n° 3 de Sāñcī (Madhya Pradesh). C'est un des stūpa les plus vénérés car il contient les reliques de deux disciples directs du Buddha (Śariputra et Mahāmogallāna).

Bṛhadratha, fut assassiné par Puṣyamitra. Celui-ci inaugura la dynastie des Śuṅga, qui allait régner jusqu'en 72 av. J.-C. et étendre sa domination jusque sur le Bengale, le Bhopāl et le Malva. Il est probable que les Śuṅga se convertirent par la suite au bouddhisme puisque c'est sous leur domination que furent construits les imposants stūpa de Bhārhut et de Sāñcī.

Après le bref interlude de la dynastie des Kānvāyana, qui régna pendant une cinquantaine d'années, le contrôle de la région de Magadha passe en 27 av. J.-C. sous la domination de la puissante dynastie méridionale des Āndhra (ou Śātavāhana) qui régnait sur le Sud depuis au moins les IIIe-IIe siècles av. J.-C.

Entre le IIe siècle av. J.-C. et le IIIe siècle de notre ère, en même temps que le commerce s'intensifie, on assiste à un grand épanouissement intellectuel et au développement de l'art et de l'architecture. Mais le morcellement du pouvoir, consécutif au déclin du royaume du Magadha, instaure de nouveaux équilibres : de nouvelles puissances émergent, surtout aux frontières nord-occidentales du subcontinent indien. C'est une époque marquée par un très grand dynamisme, riche en échanges culturels, en rencontres, en influences et en syncrétismes entre les traditions indienne et gréco-bactre.

À la frontière nord-occidentale, les Gréco-Bactres – qui avaient obtenu des Séleucides

trouve également des édits en grec et en araméen comme ceux découverts à Kāndahār.

Une inscription d'Aśoka. Inscription de Rummindei : "Le roi, ami des dieux, a tenu avec bienveillance, vingt ans après sa consécration, à honorer personnellement ce lieu de sa présence parce qu'ici est né le Buddha, l'ascète des Śakya. Il a fait construire un mur de séparation et a fait ériger une colonne de pierre. Du fait que le Bienheureux a vu ici la lumière du jour, le village de Lumbini a été exempté de taxes."

Figure de yakṣi *(IIe siècle) en grès de Mathurā. Londres, Victoria and Albert Museum. Les* yakṣī *ou* yakṣiṇī *sont des divinités populaires liées à la fertilité et à l'abondance.*

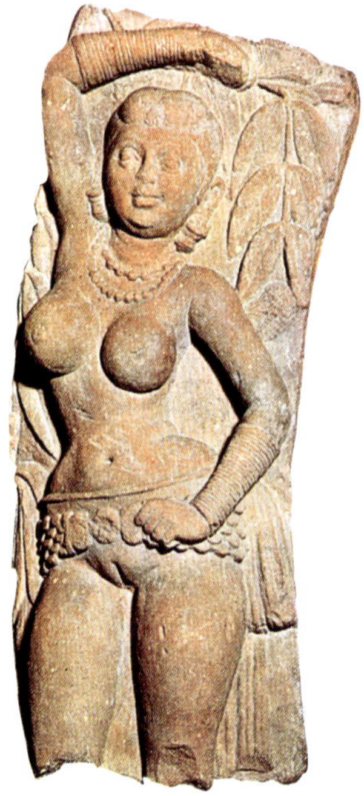

leur indépendance en 250 av. J.-C., au lendemain de l'écroulement de l'Empire maurya – avaient étendu leur rayon d'action en direction de l'est jusqu'à contrôler tout le Pañjāb. La rencontre entre les Gréco-Bactres et le bouddhisme date de 150 av. J.-C. et l'on en possède un vivant témoignage avec le *Milindapañha*, un texte fondamental qui est le compte rendu du dialogue entre le moine Nāgasena et le roi de Bactriane, Ménandre (Milinda). C'est à ce moment-là que les territoires de la Bactriane et les territoires nord-occidentaux du subcontinent indien devinrent le pont idéal entre l'Orient et l'Occident, la voie d'échanges commerciaux intensifiés et celle le long de laquelle se propagèrent les doctrines philosophiques et religieuses, les styles artistiques, les modèles architecturaux, les notions médicales et astrologiques.

Vers 50 av. J.-C., les régions du Nord-Ouest subissent des invasions en provenance d'Asie centrale : ce sont des populations entières qui se déplacent, parmi lesquelles les Scythes (Śaka), les Yuezhi (Kuṣāṇa) et les Xiongnu. Les Śaka furent les premiers à aborder le subcontinent indien. Gondopharès (19-65 ap. J.-C.) en est la figure emblématique : souverain probablement d'origine parthe, il étendit sa domination jusqu'à Mathurā ; son nom est associé non seulement à la prédication de saint Thomas en Inde, et donc à l'histoire du christianisme en terre indienne, mais aussi à la tradition des Rois mages.

Les Kuṣāṇa s'établissent dans les régions nord-occidentales vers le milieu du Ier siècle ap. J.-C., repoussant les Śaka dans la région du Malva où ils s'intègrent complètement comme *kṣatriya* dans le tissu social hindou. L'empire des Kuṣāṇa atteint son apogée sous le puissant Kaniṣka. En vingt ans de règne (autour de 100 ap. J.-C.), il domine depuis sa

Śātavāhana. Cette dynastie régna sur les territoires situés au sud des monts Vindhya ; sa capitale était Pratiṣṭhāna sur le fleuve Godavarī. Elle fut fondée vers 60 av. J.-C. par Simuka. C'est à cette dynastie que l'on fait remonter l'introduction du sanskrit dans les régions méridionales. À sa cour, le bouddhisme et le brahmanisme jouissaient d'une égale faveur. Au début de l'ère chrétienne se développe le commerce maritime avec l'Empire romain : depuis les ports de Muziris (l'actuelle Cranganore) et Arikamedu (au sud de l'actuelle Pondichéry) partaient pour Rome épices, parfums, soie, ivoire, coton et d'autres marchandises.

capitale de Puruṣapura (l'actuelle Peshawar) un vaste territoire qui va de la Bactriane à Vārāṇasī, en passant par le Pañjāb et le Sindh, et au nord jusqu'au Cachemire ; il contrôle notamment les voies commerciales qui relient l'Inde à la Chine et à Rome. Malgré des crises répétées et des épisodes successifs de renversement de pouvoir au profit des Sassanides d'Iran, on peut considérer que l'empire des Kuṣāṇa fut, avec celui de Rome et celui des Parthes, l'un des trois plus puissants empires de l'époque. Considérant le fond grec des régions indo-afghanes, les Kuṣāṇa eurent l'idée – pour des raisons politiques mais surtout économiques – de renforcer les contacts avec l'Occident romain. La documentation dont nous disposons est malheureusement trop fragmentaire pour que l'on puisse affirmer que ces contacts – attestés par l'envoi à Rome de nombreuses ambassades – ont pu avoir la moindre fonction "anti-parthe". La tolérance que manifestèrent les Kuṣāṇa envers toutes les religions, l'organisation politique qui leur permit de gérer un empire si divers, la sagesse avec laquelle ils se confrontèrent aux traditions occidentales et asiatiques, le séduisant amalgame que représentent leurs expressions artistiques – surprenantes recherches esthétiques annonciatrices de styles qui s'imposeront à l'Asie tout entière – témoignent de la grandeur de cette civilisation qui permit une rencontre féconde entre l'Orient et l'Occident.

Buddha sur un relief du Gandhāra, IIe siècle. New Delhi, National Museum. Florissant à l'époque des Kuṣāṇa, l'art du Gandhāra joua un rôle fondamental dans la diffusion de la doctrine bouddhique en dehors de l'Inde. Les stūpa ont une base carrée ornée d'images du Buddha et de ses vies antérieures.

En bas : Monnaie en or du roi Kaniṣka. Londres, British Museum.

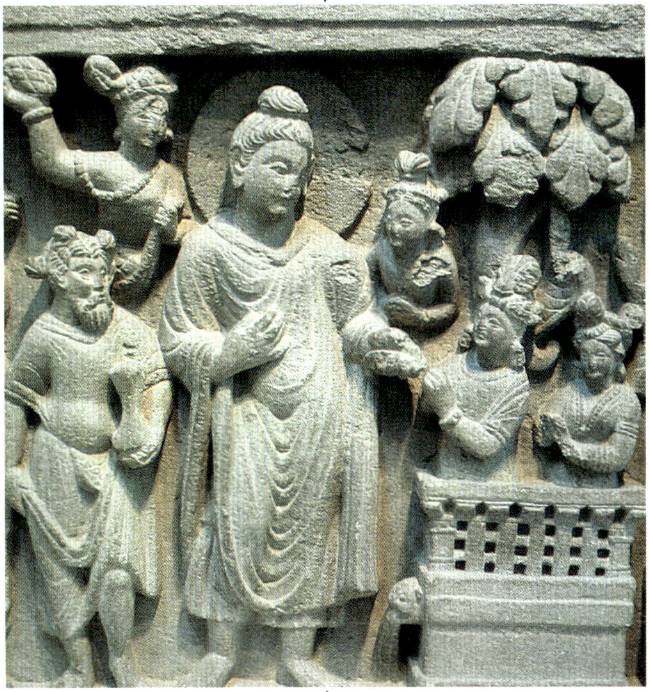

Kaniṣka et le bouddhisme. Comme Ménandre avant lui, le souverain des Kuṣāṇa se convertit au bouddhisme – grâce, semble-t-il, au poète et dramaturge Aśvaghoṣa, auteur du *Buddhacarita* (La geste de Buddha). Sous son règne se tint le quatrième concile, à l'occasion duquel furent renforcées les missions, surtout en direction de la Chine. C'est également à cette époque que le bouddhisme passe de sa forme primitive – Theravāda (ou encore Hīnayāna) – à sa forme moderne dite Mahāyāna (Grand Véhicule) dont les conceptions religieuses novatrices favoriseront sa dissémination à travers toute l'Asie.

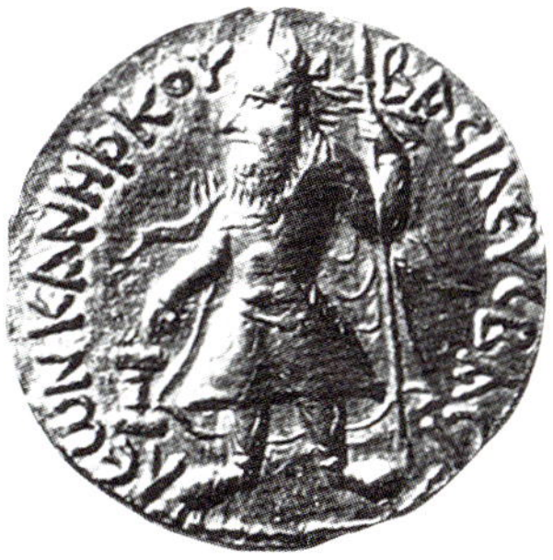

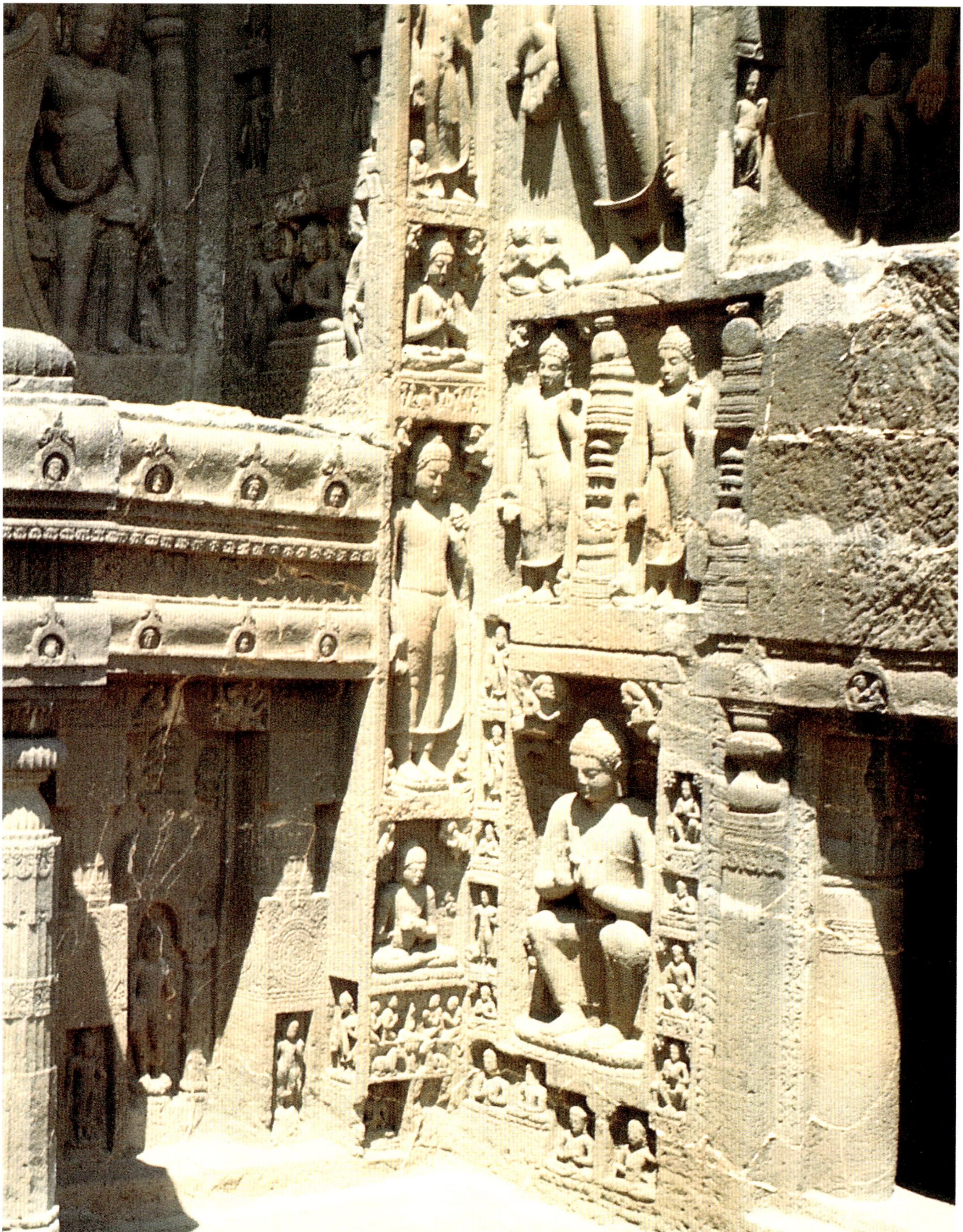

L'époque classique

La vacance de pouvoir consécutive à l'oscillante domination des Kuṣāṇa en Inde fut progressivement comblée par la restauration d'anciennes dynasties et par l'émergence, au cours de cette période, de nouvelles forces.

Les Gupta

Le IVe siècle fut marqué par les visées expansionnistes et hégémoniques de la dynastie des Gupta, qui jusque-là était restée confinée dans une partie du Magadha. C'est Candragupta qui incarne ce changement : couronné en 320, il épouse une princesse de l'antique aristocratie des Licchavi, un calcul politique habile qui d'une part accroît les possessions des Gupta et de l'autre donne à la "jeune" dynastie le prestige d'un lignage renommé. Le fils né de cette union, Samudragupta, consacrera presque tout son temps à des campagnes militaires contre la dynastie des Nāga (dont les territoires étaient compris entre le Gange et la Yamunā), contre celle des Vākāṭaka (qui autour du IIIe siècle hériteront des Sātavāhana le contrôle du Dekkan septentrional et de certaines parties de l'Inde méridionale) et contre d'autres dynasties mineures dont la liste est dressée dans l'inscription élogieuse d'Allāhābād. Les ambitions expansionnistes du souverain gupta se portèrent d'abord sur les régions occidentales et nord-occidentales, où il annexa de nouveaux royaumes, puis vers les régions orientales et méridionales où il rencontra d'énergiques

Page de gauche : Détail de l'entrée au caitya n° 19 d'Ajantā (Mahārāṣtra), de la fin du Ve siècle.

Tête de Buddha de Mathurā, période gupta. Mathurā, Archaeological Museum.

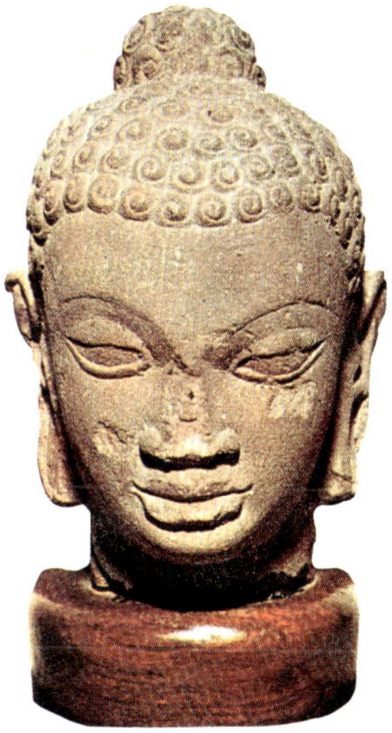

L'administration du territoire. L'Empire gupta de Samudragupta était divisé en grandes provinces qui à leur tour se subdivisaient en territoires. Ces derniers réunissaient différentes unités administratives. Cette organisation administrative permit à Samudragupta d'imposer habilement aux divers territoires des tributs différenciés en fonction des contingences politiques et économiques du moment.

Le Dekkan. C'est l'immense plateau, traversé par de grands fleuves, au centre de la péninsule Indienne. Il est délimité par des chaînes de montagnes : les Vindhya au nord, les Ghat occidentaux à l'ouest, les Ghat orientaux à l'est et les monts Nilgiri au sud.

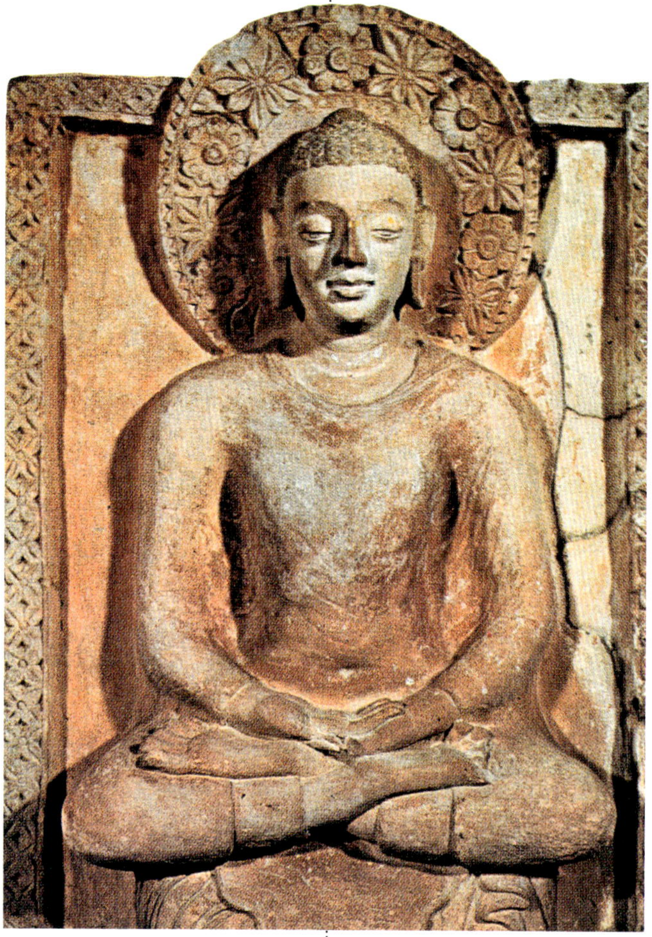

Buddha de Mirpur Khās dans le Sindh. Période gupta. Bombay, Prince of Wales Museum.

résistances ; même s'il semble qu'il ait réussi à écraser une coalition dirigée par un roi de la dynastie méridionale des Pallava, il ne put assouvir ses ambitions sur l'Inde méridionale. Les régions occidentales qui étaient aux mains des satrapes lui échappèrent également. Dans le respect des anciennes traditions, il pratiqua un grand *aśvamedha* (sacrifice du cheval). Les sources historiques exaltent – et il ne s'agit pas seulement de propagande – son amour pour les arts ainsi que la tolérance dont il fit preuve à l'égard de toutes les communautés religieuses.

C'est sous le règne de son successeur, Candragupta II, également connu sous le nom de Vikramāditya, que cette dynastie atteignit son apogée. Poursuivant la tradition des alliances par le sang, il donna la main de sa fille au roi des Vākāṭaka pour consolider des liens personnels avec cette puissante dynastie. Il réussit en outre, vers la fin du IVe siècle, à soumettre les satrapes et à annexer leurs territoires et leur capitale, Ujjayinī. Jusqu'à cette époque, la culture indienne avait été nourrie et fécondée par de multiples apports extérieurs : la réaction à l'écrasant pouvoir brahmane s'était concrétisée dans des doctrines qui avaient exercé une forte emprise sur le peuple, tandis que le bouddhisme jouissait d'un fort ascendant sur les dynasties royales. Avec les Gupta, rois nationaux,

Aśvamedha. Le sacrifice du cheval avait lieu au printemps. Un étalon était d'abord sélectionné, puis consacré à Agni (le dieu du Feu) et à neuf autres divinités. Il était ensuite conduit vers le nord-est et laissé en liberté pour un an, sous la surveillance d'une escorte armée. C'était seulement au retour du cheval que le roi pouvait être couronné. À ce moment-là intervenait un rite très complexe – probablement, à l'origine, un rite de fécondité – qui culminait avec la mise à mort de l'animal.

La littérature. Le règne des Gupta correspond à l'époque classique de la littérature sanskrite. Kālidāsa, Visākhadatta, Amarasimha appartiennent semble-t-il à cette époque. Le sanskrit est dominant, utilisé jusque dans les textes bouddhiques.

l'Inde recommence à favoriser sa religion traditionnelle, le brahmanisme qui, entretemps, au contact d'autres doctrines locales et étrangères, avait considérablement modifié ses structures – du rituel à la mythologie, du panthéon à la cosmogonie.

Les Huns en Inde. Avant de s'éteindre, la dynastie des Gupta s'acquitta d'une tâche dont les conséquences allaient s'avérer déterminantes : elle arrêta la première vague de peuples nomades venus d'Asie centrale, parmi lesquels les Huns constituaient le plus fort contingent. Les premières escarmouches avaient eu lieu dans les dernières années du règne de Kumāragupta Ier (qui avait succédé à Candragupta II en 415), lequel trouva la mort justement en combattant l'envahisseur.
Même si les frontières restaient le théâtre d'une incessante agitation (en 484 les Huns avaient tué le roi sassanide) et que le royaume des Gupta était en pleine désintégration, le souverain suivant, Skandagupta, vécut des années de paix relative.
Ce ne fut pas le cas de son successeur Buddhagupta, à la mort duquel (en 500) l'empire, sous la pression des Huns, se fragmenta en une multitude de petits États. Les Huns pouvaient désormais établir leur hégémonie sur un territoire plus vaste que jamais : les premiers de leurs souverains furent Toramāṇa du Malva, puis son fils Mihirakula, qui tentèrent de jouer la carte de l'intégration. Mais les Huns ne réussirent jamais à s'assimiler et leur domination fut si dure qu'elle suscita vite une réaction très ferme, à l'instar de celle de Kumāragupta. Des affrontements nombreux aboutirent à la défaite définitive des Huns en 527 et à leur repli en Afghanistan en 600.

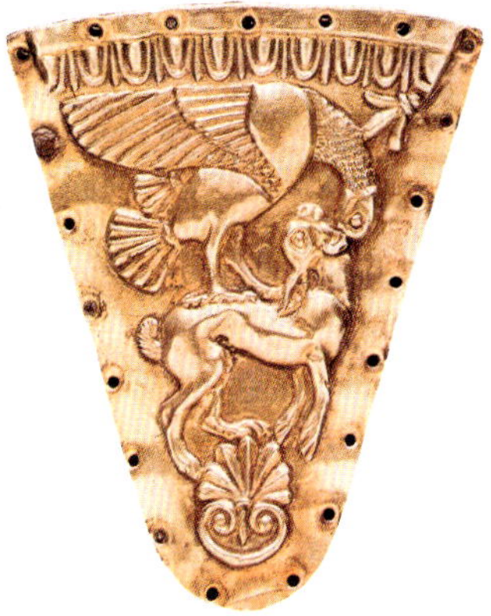

Plaque en or de Kuban, ve siècle av. J.-C. Saint-Pétersbourg, Ermitage. C'est un exemple typique de l'art des steppes, produit par des nomades qui se déplaçaient de la mer Noire aux confins septentrionaux de la Chine.

En bas : Panneau décoratif représentant un musicien. Art gupta, ve siècle ap. J.-C. Londres, British Museum. La dynastie gupta permit à la sculpture et à la peinture de faire un grand pas en avant dans la qualité artistique.

Faxian. Dans la capitale gupta, Pātaliputra, séjourna pendant trois ans le moine pèlerin chinois Faxian. La relation de son voyage en Inde (401-410) est d'un grand intérêt pour une reconstitution du contexte économique, religieux et culturel de l'époque au royaume des Gupta. Quoique idéalisée et truffée d'invraisemblances, cette description, qui s'attarde surtout sur la communauté bouddhiste, abonde en informations et en jugements pertinents sur la tolérance en matière religieuse. Faxian quitta la Chine en 399 ; longeant le lac Lop-Nor, il gagna le Khotan et le Pañjāb puis le Magadha. Il séjourna à Pātaliputra, à Tāmralipiti (dans l'actuel Bengale), à Śri Laṅkā et à Java. Il regagna sa patrie en 414.

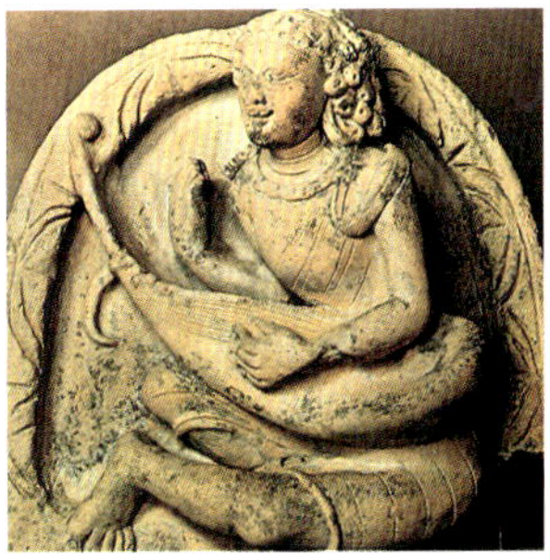

Harṣa, le dernier grand roi indien. Débarrassés de la nécessité de se coaliser face à un ennemi commun – l'envahisseur hun – petits et grands États de l'Inde septentrionale reviennent à leurs petits et grands conflits, chacun désireux d'établir sa suprématie sur les autres. À cette époque, le roi Harṣa (606-647), de la dynastie des Vardhana, joue un rôle politique et culturel de premier plan. Son habileté de guerrier a été immortalisée par le *Harṣacarita* (La geste de Harṣa), un poème historique, malheureusement mutilé, composé par le poète de cour Bāṇa. Harṣa transféra sa capitale de Sthāneśvara (l'actuelle Thanesar) à Kanauj, qui occupait une position plus centrale, et en l'espace de six ans il soumit toute l'Inde septentrionale. Malgré la très puissante armée dont il disposait, Harṣa ne parvint pas – d'après ce que raconte Xuanzang – à établir sa domination sur l'Inde méridionale où, sur le fleuve Narmadā, il se heurta à l'opposition farouche du roi des Cālukya, Pulakeśin II. Grand chef politique et militaire, Harṣa fut également un auteur éminent auquel on attribue la paternité de trois drames.

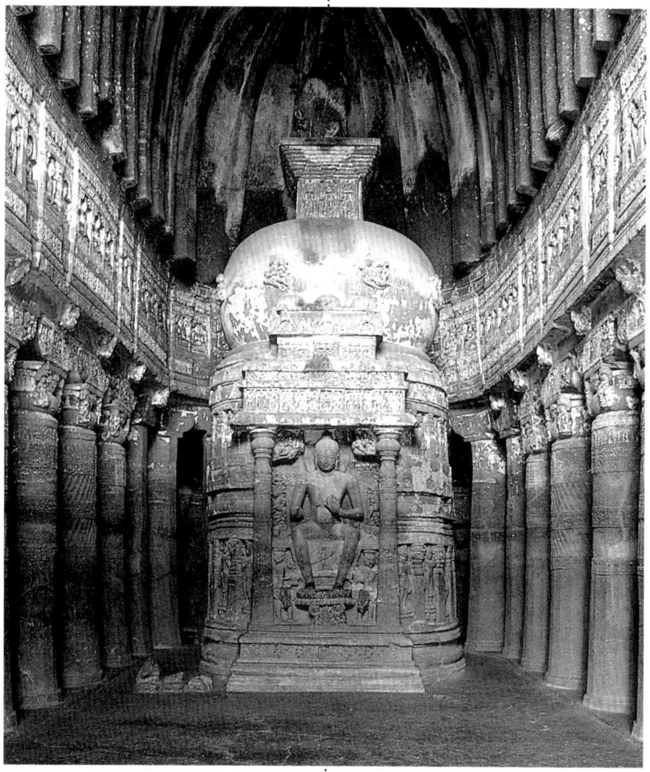

Intérieur de la grotte n° 26 (fin vᵉ-début viᵉ siècle) d'Ajantā (Mahārāṣtra).

L'Inde à la veille des invasions islamiques

À la mort de Harṣa, son vaste empire se morcela à nouveau en une multitude de royaumes plus ou moins étendus. Dans la seconde moitié du VIIᵉ siècle, le Bengale et le

Xuanzang. Le pèlerin chinois Xuanzang voyagea en Inde en 629. Visitant les lieux saints du bouddhisme, il s'arrêta dans le monastère de Nālandā et dans la ville de Kāñcī. À l'invitation du roi Harṣa, il se rendit également à Kanauj où, pendant dix- huit jours, il s'entretint avec des moines du Petit et du Grand Véhicule ainsi qu'avec des sages d'autres religions. Le ton du récit est enthousiaste et l'on sent que l'auteur a été impressionné par l'accueil dont il a été l'objet et par la tolérance religieuse.

Le bouddhisme de Harṣa. Harṣa, très porté vers le bouddhisme, sut se montrer tolérant vis-à-vis de toutes les religions. Selon le témoignage de Xuanzang, le roi consacrait une grande partie de sa journée aux devoirs religieux.

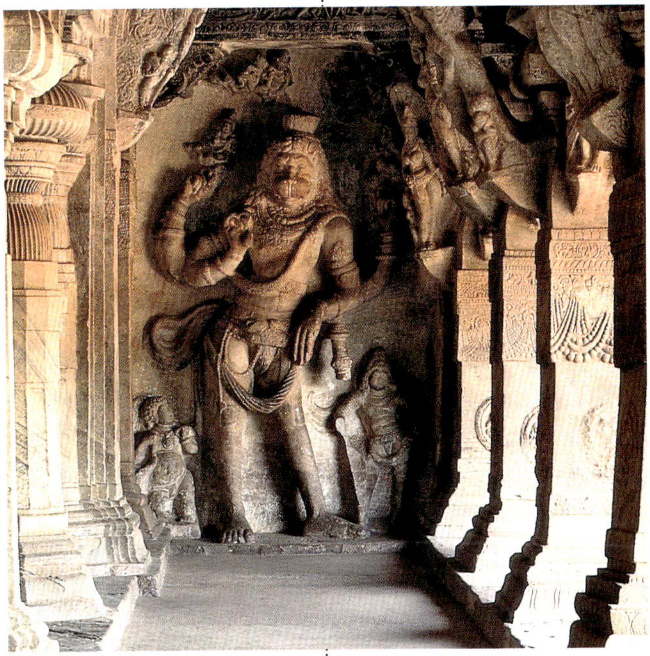

Bādāmi (Karnataka), intérieur de la grotte n° 3, de la fin du VIe siècle, avec une représentation de Narasiṃha, l'homme-lion, avatar de Viṣṇu.

Magadha passèrent sous la domination des derniers Gupta. Leur règne fut cependant interrompu par les campagnes militaires victorieuses du roi du Cachemire Lalytāditya, dont la geste est narrée dans la *Chronique du Cachemire*, l'un des rares documents historiques de cette époque, écrite vers le XIIe siècle par Kalhaṇa. Vers le milieu du VIIIe siècle, une nouvelle dynastie apparaît, celle des Pāla bouddhistes, si puissante qu'elle va étendre son influence sur tout le Sud-Est asiatique. C'est sous cette dynastie que seront fondées quelques-unes des plus célèbres universités bouddhiques de l'Inde, comme celle de Vikramaśīlā et celle de Nālanda qui, paraît-il, pouvait accueillir jusqu'à dix mille étudiants. En Inde occidentale, les Gurjara-Pratihāra, une dynastie appartenant à la glorieuse noblesse guerrière des Rājput et qui, depuis le VIIe siècle, s'était opposée avec succès à l'avancée des Arabes, dominait sur de vastes régions.

Si l'on excepte le règne d'Aśoka, l'Inde méridionale avait toujours été indépendante des royaumes du Nord grâce à de puissantes dynasties comme celle des Śātavāhana, des Pāṇḍya, des Cera et des Cola ainsi qu'à celles, d'origine plus récente, des Pallava et des Cālukya. Sur les quatre premières dynasties, on ne possède que des données fragmentaires alors que l'histoire des deux autres est éclairée par un grand nombre de documents épigraphiques. Rivales parce que briguant toutes deux la suprématie politique et militaire,

Kalhana. Kalhana est l'auteur des *Rājataraṅgiṇī*, la seule œuvre de l'Inde ancienne qui puisse être qualifiée d'historique dans toute l'acception du terme. Elle retrace l'histoire du Cachemire de 627 à 1150 (année où elle fut écrite) et constitue une véritable mine pour la connaissance de la vie sociale, publique et privée, de l'administration, de la justice, de l'organisation de l'État, de la division des castes et des croyances populaires.

Rājput. Les Rājput appartiennent à une noblesse guerrière réputée pour son esprit chevaleresque, son courage et sa pugnacité exemplaires. Les royaumes dont ils furent les maîtres furent toujours organisés selon le modèle féodal.

Les monumentaux *gopura* du temple Arunākaleśvara à Tiruvannamalai (Tamil Nādu). Cet ensemble architectural remonte aux XIVe et XVIe siècles, avec des éléments rajoutés jusqu'au XIXe siècle. Au mois de Kārttikā (octobre-novembre), on y célèbre Śiva.

les deux dynasties se faisaient concurrence en matière d'art et d'architecture. Ainsi, par exemple, les techniciens et les artistes des Pallava étaient si prisés que la dynastie rivale en vint à les inclure dans son butin de guerre. Les Pallava, comme avant eux les Śatavāhana, favorisèrent la diffusion de la culture sanskrite dans le Sud : Kāñcī, la capitale des Pallava, devint le foyer d'où elle put rayonner.

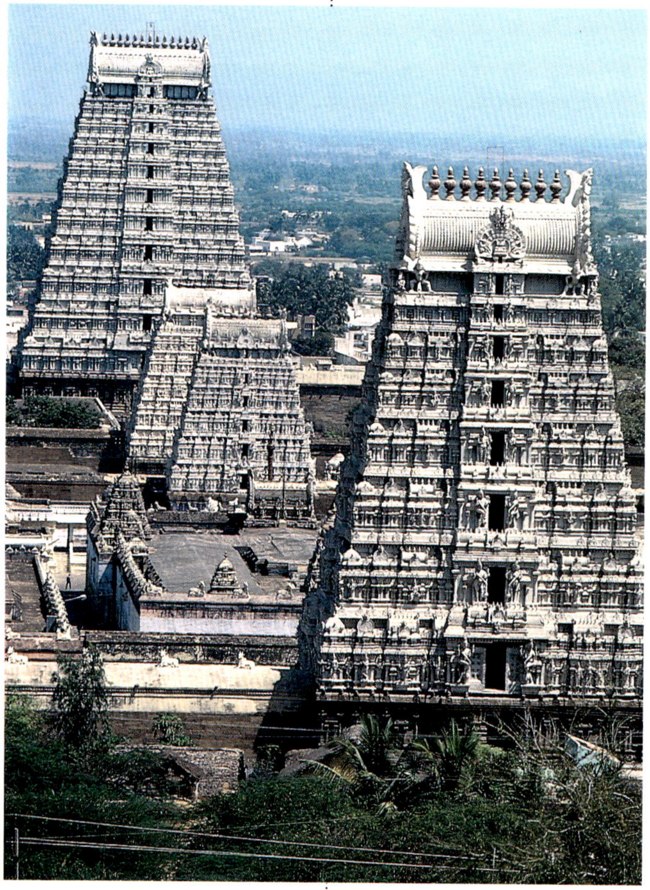

Le souverain le plus connu de la dynastie des Cālukya est Pulakeśin II, qui, nous l'avons vu, stoppa l'invasion de Harṣa, mais en 642 il fut battu par les Pallava et, peu de temps après la dynastie des Cālukya, perdit le contrôle du territoire au profit des Rāṣṭrakūṭa. Lorsque s'écroula cette dernière dynastie, en 973, celle des Cālukya revint au pouvoir tandis que la dynastie Cola se consolidait.

La diffusion dans l'Inde méridionale de la culture sanskrite du Nord alla de pair avec celle de la religion hindouiste. Mais le bouddhisme, qui s'était répandu à une époque antérieure, avait laissé des traces visibles dans les stūpa d'Amarāvatī (IIe siècle av. J.-C.-IIIe siècle ap. J.-C.) et de Nāgārjunikoṇḍā (IIIe siècle), ainsi que dans la somptueuse architecture rupestre du Dekkan. Le jaïnisme se propagea aussi en Inde méridionale mais il ne remportera vraiment de succès que dans la seconde moitié du Ier millénaire.

Les États du Sud. Les États placés sous la domination d'une dynastie méridionale avaient chacun leur propre système de contrôle de l'économie et de taxes. Dans la totalité de ces États, c'était aux districts qu'incombait la collecte des impôts, dont la plus grande partie était fournie par les villages et les campagnes. Les districts relevaient à leur tour d'unités administratives plus vastes, placées sous la direction d'un administrateur nommé par le roi ; la justice, l'organisation des temples et les travaux d'utilité publique (rues, réservoirs, etc.) étaient du ressort de comités villageois mis en place par des assemblées – *mahāsabhā* – indépendantes du pouvoir royal.

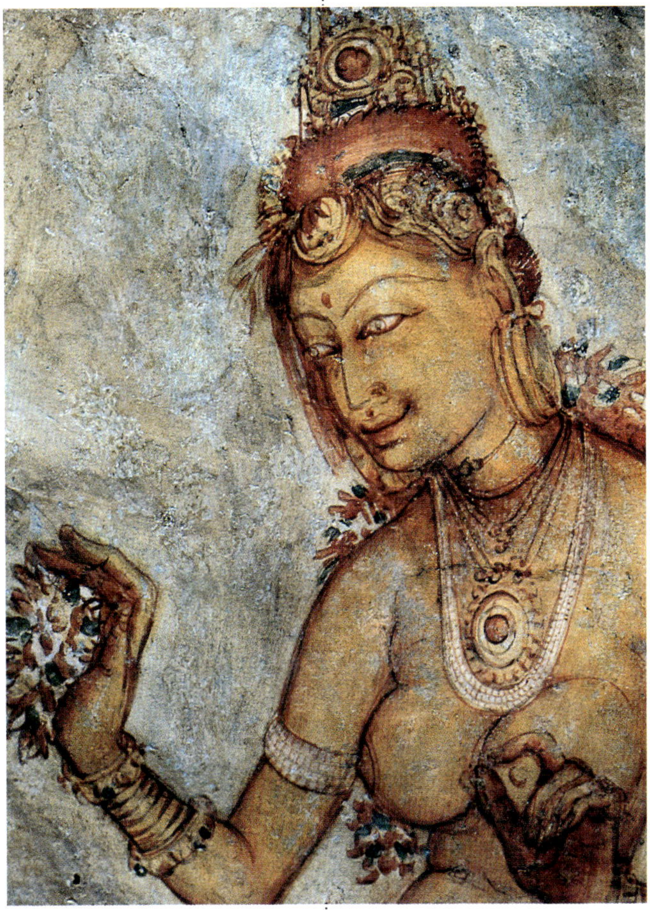

Parmi les autres religions, signalons le christianisme, qui, selon la tradition, avait été introduit en Inde par l'apôtre Thomas, mais qui plus vraisemblablement le fut par les nestoriens persans ; ou encore le zoroastrisme, qui pénétra dans la région de Bombay au lendemain de la conquête de la Perse par les Arabes (et dont les fidèles, les Pārsis, constituent encore aujourd'hui une élite fortunée). De l'histoire de Śri Laṅkā – dont le poème épique *Rāmāyaṇa* fait la demeure de Rāvaṇa, le démon qui enleva Sītā, l'épouse du héros mythique Rāma – quelques moments forts sont connus. Il s'agit de la "colonisation" par des peuples de l'Inde septentrionale et de l'instauration d'une économie fondée sur la culture du riz ; de l'introduction vers 500 av. J.-C. du cinghalais, une langue de souche indo-européenne ; de l'arrivée du bouddhisme en 250 av. J.-C. ; des invasions répétées de peuples dravidiens au début de notre ère et surtout, au XIe siècle, de celle des Cola. C'est à l'époque de la pénétration dravidienne que remonte la construction d'une nouvelle capitale, Polonnaruva, qui remplaça la glorieuse Anuradhāpura. Ce n'est qu'au XIIe siècle que survint une période de paix relative suivie d'un essor économique sous le règne du valeureux Parākramabāhu, qui libéra l'île de l'ingérence étrangère et pourchassa les Dravidiens jusque sur le sol indien.

Peinture murale de Sigiriya, Śri Laṅkā, seconde moitié du Ve siècle.

En bas : Temple de la plage de Māmallapuram (ou Mahābalipuram, Tamil Nādu) fin VIIe-début VIIIe siècle.

Villes pallava. Kāñcī était entre autres le siège d'une très importante université bouddhique, dont le moine Xuanzang a laissé une description enthousiaste. C'est au plus célèbre des souverains des Pallava, Narasimhavarman (630-660), que l'on doit le renforcement de la ville portuaire de Māmallapuram (ou Mahābalipuram) à laquelle ses temples splendides du type *vimāna* ont valu le surnom de "Sept Pagodes" que lui donnèrent les premiers Européens.

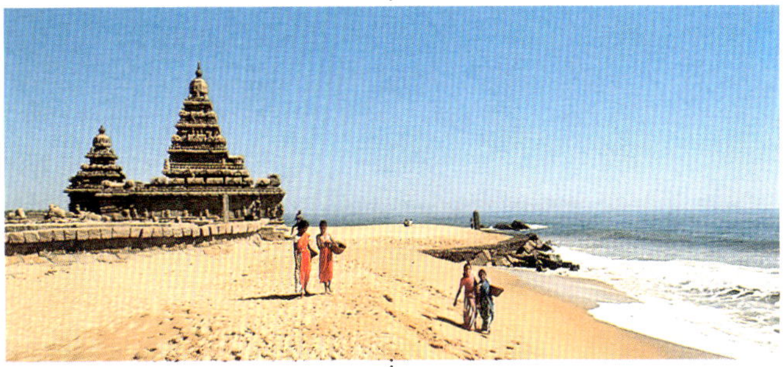

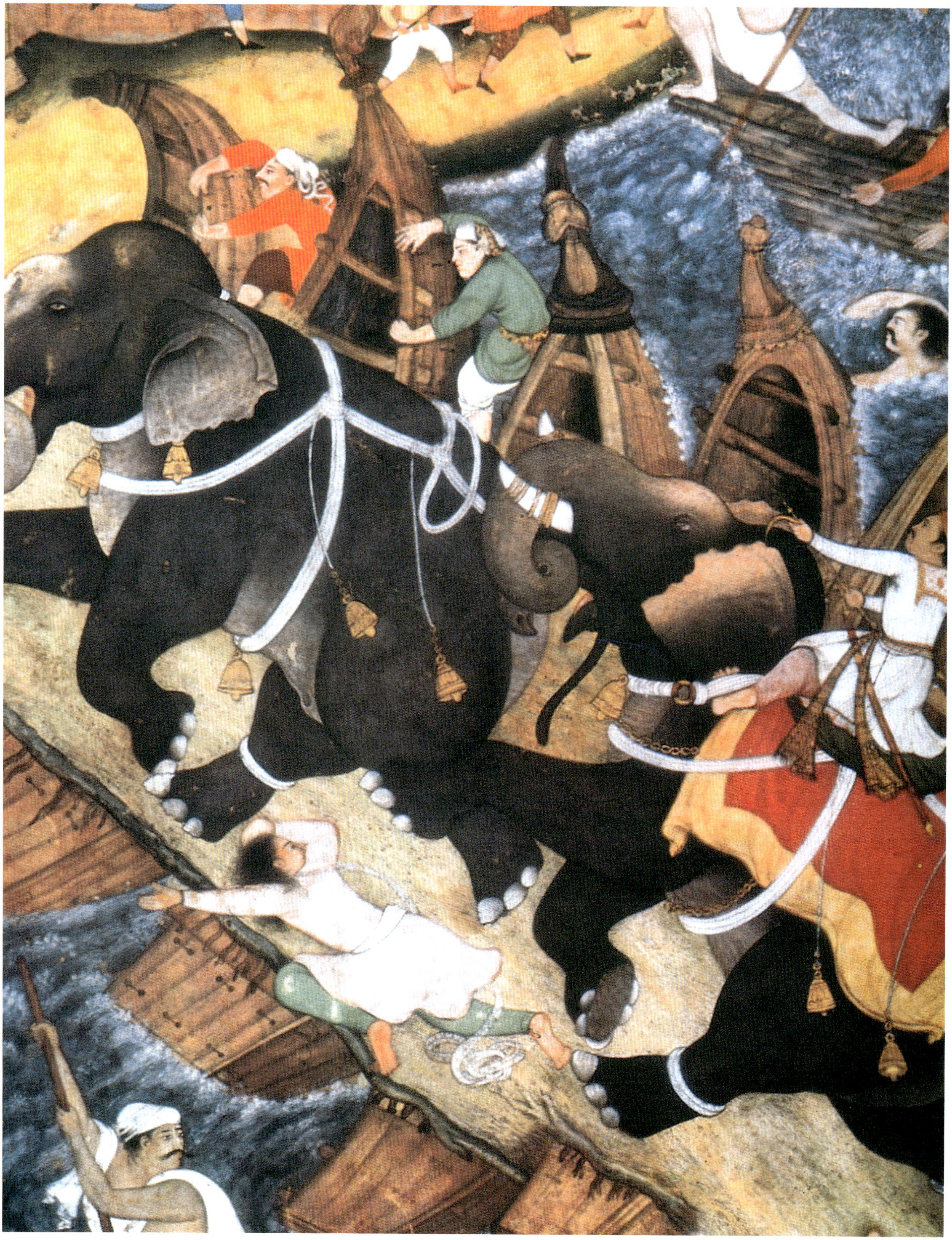

Les royaumes islamiques et les Moghols

C'est au VIIe siècle que les Arabes se présentent aux portes du subcontinent indien. Le passage de la domination indienne à celle de l'islam dans les actuels Afghanistan et Pakistan fut progressive mais irrésistible. En 711, les armées arabes, sous la direction de Muhammad ibn al-Qāsim, occupèrent le Sindh jusqu'à Multan – ils allaient y demeurer pendant quelques siècles.

À l'horizon se profilait un danger beaucoup plus immédiat : l'invasion par les Turcs venus d'Asie centrale et porteurs d'une culture et d'une religion qui combinaient des éléments arabes, méditerranéens, persans et centrasiatiques. Ces nouveaux arrivants s'établirent dans la petite principauté de Ghaznī (l'actuel Afghanistan). En l'espace de quelques années, surtout sous le règne de Mahmūd de Ghaznī (998-1030), celle-ci allait revêtir les dimensions d'un véritable empire qui s'étendrait de la mer Caspienne au Pañjāb et dont la puissance reposerait essentiellement sur les armes.

Les incursions turques, en affaiblissant les royaumes indiens du Pañjāb et des environs de Delhi, ouvrent la voie aux incursions répétées des musulmans. À la mort de Mahmūd, la dynastie des Ghaznī, harcelée par les Seldjoukides, ne réussit à conserver de son ancien empire que ses territoires indiens, mais elle fit de sa nouvelle capitale, Lahore, un foyer renommé de culture persano-islamique.

En Inde avaient surgi entre-temps de nouvelles et puissantes dynasties. Parmi elles,

Scène de la bataille contre les Rājput conduite par Akbar avec une armée d'éléphants. Miniature de 1561. Londres, British Museum.

En bas : Le temple de Khandāriya Mahādeva à Khajurāho (Madhya Pradesh), première moitié du XIe siècle.

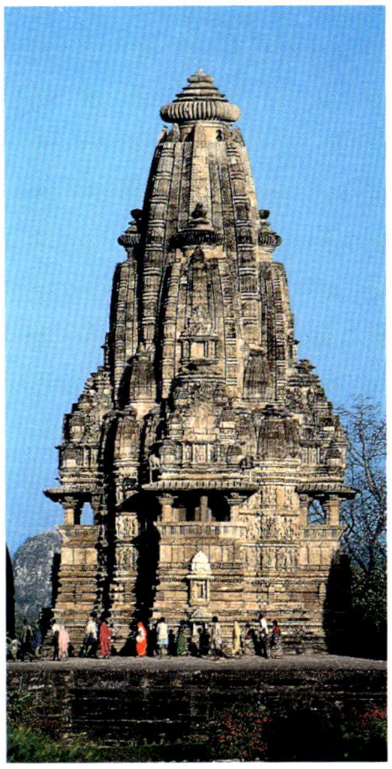

Chevaux contre éléphants. Le royaume de Ghaznī soumit les royaumes indiens à des attaques et à des raids incessants. Il possédait une armée puissante, dotée notamment d'un corps d'archers légers et montés dont la supériorité était évidente face aux lentes et pesantes armées indiennes qui ne faisaient confiance qu'à leur infanterie et à leurs éléphants.

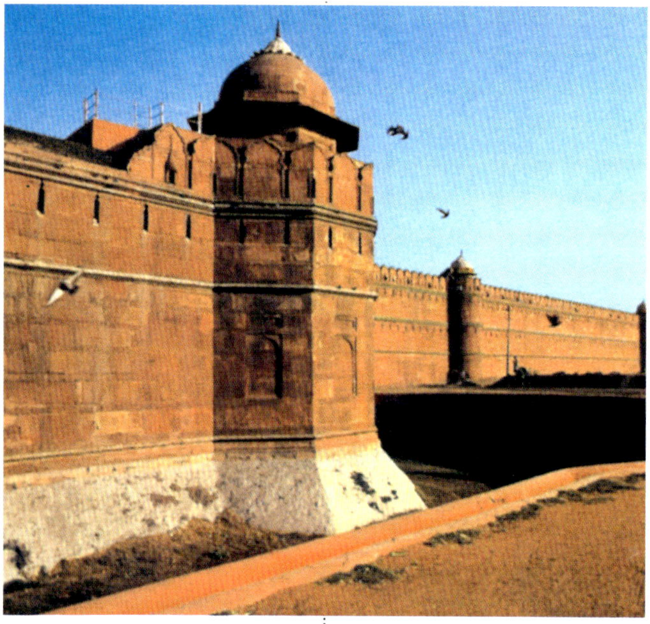

L'extérieur de Lal Qila, le fort Rouge, à Delhi. Celui-ci fut érigé par Shāh Jahān après le transfert de la capitale d'Agra à Delhi (1639).

mentionnons celle des Cauhān, dont Prithvīrāj III, le dernier roi presque légendaire, eut l'audace de s'opposer à l'avancée des musulmans ; ou encore celle des Sena au Bengale ; des Paramāra dans le Dekkan, lesquels, sous le règne de Bhoja, parvinrent jusqu'à l'Orissa ; et enfin celle des Candella, les commanditaires des admirables temples de Khajurāho.

Le sultanat de Delhi

Non loin de Kaboul, à Ghūr, s'était imposée une dynastie qui très vite occupa les royaumes de Lahore et du Sindh, et poussa son avancée jusqu'en Inde, non à des fins de pillage mais dans le but de s'y établir de manière permanente.

La rencontre décisive en 1192, à Tarain, entre le Turc Muhammad de Ghūr et l'Indien Prithvīrāj III de la dynastie des Cauhān ne fut en définitive que l'affrontement de deux systèmes : celui, d'une part, d'une organisation militaire efficace – celle des Turcs – et, de l'autre, du fragile et chevaleresque style Rājput, plus soucieux de l'étiquette que de l'issue du combat. Cette bataille signa les débuts de l'inexorable emprise de l'islam sur l'Inde. À la mort de Muhammad (1206), le contrôle de l'Inde passe entre les mains de son "général-esclave", Qutb-ud-Dīn Aibak (1206-1210) : celui-ci libérera l'Inde de sa dépendance vis-à-vis du vaste empire de Ghūr et sera à

Les dévastations. En route vers l'Orient, les Turcs atteignent le golfe du Bengale en 1201. Ils sèment, chemin faisant, ruine et dévastation. Ils détruisent notamment les derniers centres bouddhistes et les sanctuaires hindous qui avaient accumulé au cours des siècles des richesses énormes et étaient devenus des places financières de premier plan, obéissant à un dessein plus politique et économique que religieux. D'ailleurs, les Turcs opportunistes ne tentèrent jamais de contraindre les Indiens à se convertir à l'islam. Sur le plan administratif, ils ne supprimèrent pas le système préexistant de perception des tributs, se contentant de passer des accords avec les notables locaux.

l'origine de la dynastie des Esclaves qui régnera sur le sultanat de Delhi jusqu'en 1290. L'absence du droit de primogéniture, qui est une caractéristique majeure de la loi indienne, fut à l'origine de nombreuses rivalités dynastiques pour la succession à la tête du sultanat de Delhi. À la mort du puissant Balban (1256-1287), qui avait tenté avec de bien piètres résultats de renforcer le pouvoir central de Delhi en réduisant progressivement l'autorité des souverains locaux, s'ouvrirent dix années de luttes successorales qui s'achevèrent avec la victoire d'Alā-ud-dīn (1296-1316), de la famille des Khalji. Celui-ci conduisit l'armée turque jusqu'en Inde du Sud où elle affaiblit l'autorité des dynasties locales, mais sans pouvoir se substituer à elles. La mort d'Alā-ud-dīn fut suivie elle aussi de longues et cruelles luttes successorales dont les Indiens tentèrent de profiter en se réappropriant des territoires et en édifiant des sanctuaires consacrés aux divinités hindoues. Ce fut la dynastie des Tughlaq qui, en 1320, remporta la partie. Le plus connu de ses souverains, Muhammad ibn-Tughlaq, se proposa de consolider, fût-ce avec les moyens les plus cruels, la domination de son sultanat sur des territoires qui, comme ceux du Sud, avaient conservé leur indépendance bien qu'ils eussent été traversés par les armées turques. C'est à cette fin qu'il transféra sa capitale de Delhi à Daulatābād (dans le Dekkan), mais le coût de cette entreprise fut disproportionné au regard des avantages qu'il en tira. Ce

Musulmans indiens dans la cour de la mosquée de Jama Masjid de Delhi. Les musulmans représentent aujourd'hui 12 % de la population, soit environ 80 millions de personnes.

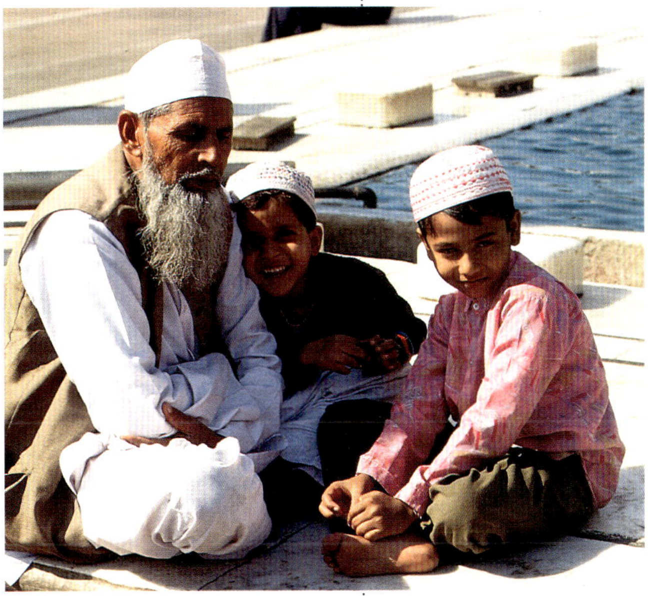

La dynastie des Esclaves. Les Turcs – appartenant à différentes tribus – qui, à la fin du IXe siècle, parvinrent au bassin de l'Oxo – étaient déjà présents comme esclaves à la cour de nombreux États, par exemple celui des Samanides (874-999). Éduqués et instruits à la cour, les esclaves turcs s'élevaient assez souvent au rang de conseiller du roi ou de général d'armée. Certains esclaves, en effet, comme le père de Mahmūd de Ghaznī, réussirent à devenir les maîtres de vastes principautés. Le terme "dynastie des Esclaves" se réfère donc à l'origine de ces souverains turcs en terre indienne.

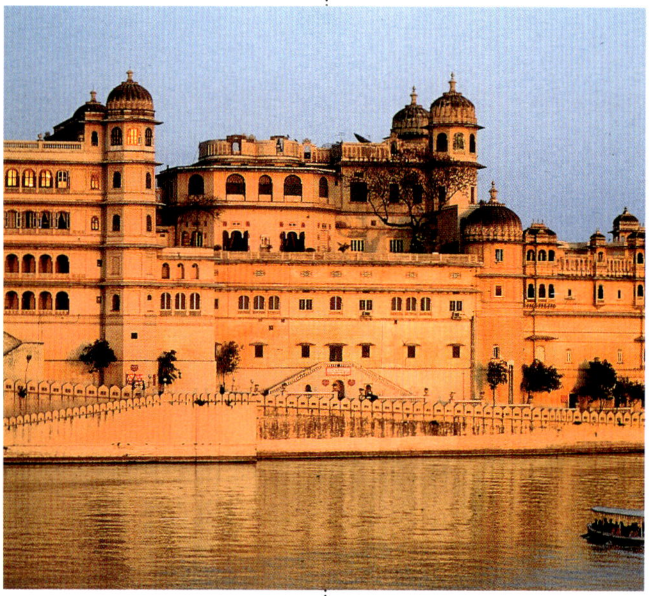

fut une erreur qui, s'ajoutant aux graves famines du Doāb et aux révoltes paysannes, mit à genoux l'économie du sultanat. La tentative de centralisation du pouvoir eut donc un effet opposé à celui qui était escompté : c'est à cette époque que se formèrent les noyaux initiaux du royaume de Vijayanagar et du sultanat de Bāhmanī.

À la mort de Muhammad, le pouvoir passa à son cousin Fīrūz (1351-1388) qui sagement abandonna la politique expansionniste des Tughlaq, renonça au Dekkan et se concentra sur le Bengale et le Sindh, mais sans parvenir à établir sa domination même dans ces deux régions. Ses successeurs – ils ne furent pas moins de quatre en sept ans – assistèrent impuissants au démantèlement progressif de l'empire musulman de Delhi, et lorsque monta sur le trône Nāsir ud-dīn Mahmūd (1394-1413), cette dynastie ne possédait plus que le Pañjāb et une partie du Doāb. C'est sous le règne de Nāsir que l'Inde fut envahie par les Mongols de Timūr (Tamerlan). En 1413 s'éteignait la dynastie des Tughlaq ; l'année suivante, Khizr Khān, le gouverneur installé par Timūr, occupa Delhi et fonda la dynastie des Sayyid (1414-1451). Cette dernière, même si elle réussit à obtenir le paiement d'importants tributs, perdit progressivement son territoire et son contrôle. Son affaiblissement conduisit les gouverneurs afghans du Pañjāb, les Lodī, à s'emparer du pouvoir en 1451. Grâce à la sagacité et à l'habileté stratégique de Bhalol (1451-1488)

Le luxueux palais de Mahārāna à Udaipur, dont la construction fut commencée en 1570 et se poursuivit aux XVIIe et XVIIIe siècles. Au lendemain de la chute de Chitor, le puissant Rājput des Sisodiyā, qui se vantait de descendre du légendaire héros Rāma, fonda sur les bords du lac Pichola la ville d'Udaipur. Ceinte de fortifications au nord et à l'est, elle était protégée par le lac et par une colline fortifiée à l'ouest et au sud.

En bas : Portrait de Timūr (1336-1405).

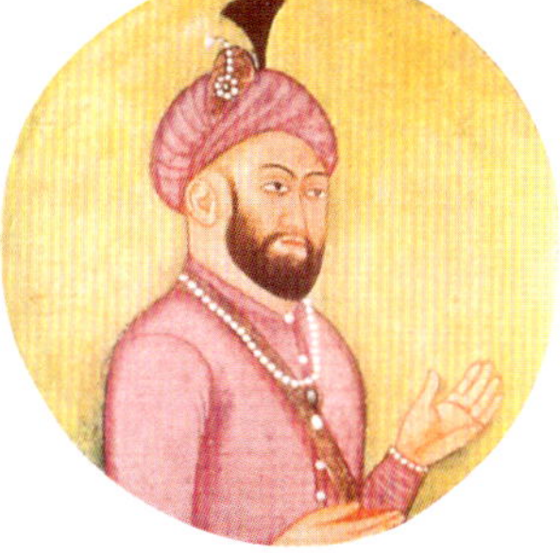

Les violences des Mongols. L'incursion des Mongols fut aussi fulgurante qu'impitoyable et violente. Au bout de quinze jours d'occupation (17 décembre 1398 – 1er janvier 1399), Timūr quitta Delhi, laissant dans le Pañjāb, avec le titre de gouverneur, Khizr Khān. Il fallut plusieurs années pour panser les plaies profondes qu'avaient laissées les razzias et les violences des Mongols.

ainsi qu'à l'action politique énergique de l'intransigeant Sikandar (1488-1527) – qui fit détruire de nombreux temples hindous –, la dynastie des Lodī réussit à consolider sa domination sur le Doāb et le Pañjāb. Cependant, la puissante et arrogante noblesse afghane, qui tenait entre ses mains les charges administratives les plus élevées, mina de l'intérieur le pouvoir dynastique.

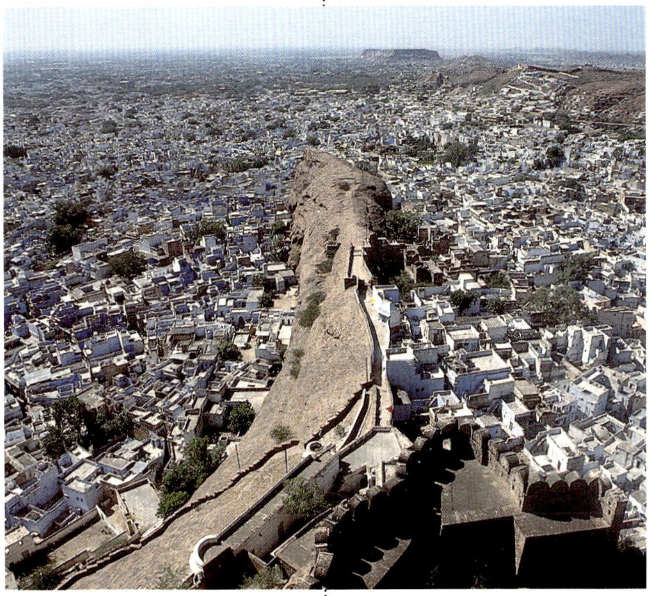

Jodhpur vue du fort qui domine la ville, édifié sur une hauteur d'environ 120 mètres. Jodhpur fut fondée en 1459 par Rao Jodha, du clan des Rāthor.

Les royaumes régionaux

Le sultanat de Bāhmanī, né en 1345 d'une révolte des chefs musulmans stationnés au fort de Daulatābād, contrôla l'ensemble du Dekkan cent cinquante ans durant. Ses capitales, Gulbarga jusqu'en 1423 et Bidar jusqu'en 1538, renommées pour la splendeur de leurs palais et de leurs monuments, devinrent de grands centres de la culture islamique. Mais l'immensité de ses territoires signa sa perte ; dès 1490, le sultanat connut révoltes, désordres, défections et morcellements sans pouvoir les contrôler.

Le Bengale, qui s'était détaché du sultanat de Delhi en 1338, réussit à conserver son indépendance jusqu'en 1576, date à laquelle il fut occupé par les Moghols. La politique de mécénat développée par les souverains du Bengale fut à l'origine d'un florilège d'œuvres d'art et d'architecture ainsi que de remarquables travaux littéraires comme la traduction en bengali des deux grands poèmes épiques indiens, le *Rāmāyaṇa* et le *Mahābhārata*.

Daulatābād. Devagiri (La colline des Dieux), la future Daulatābād, passa des mains des Cālukya occidentaux (973-1200) à celles de la dynastie marathe des Yadava (1187-1313). Après avoir résisté longtemps au siège de 1293, elle tomba définitivement en 1318 sous la domination des Khalji. C'est Muhammad ibn-Tughlaq qui forgea l'actuel toponyme de la ville (La ville de la Fortune) lorsqu'il eut la malencontreuse idée de changer le siège de sa capitale. En 1347, un de ses généraux, Zafar Khān, y fonda la dynastie des Bāhmanī, puis transféra sa capitale à Gulbarga.

Les ruines de Hampi-Vijayanagara (Karnataka) figurent, depuis un peu plus d'une décennie, sur la liste du patrimoine mondial de l'Unesco. Les souverains de Vijayanagara régnèrent sur l'Inde du Sud de 1336 à 1565.

D'autres royaumes, en dehors de ceux-là, se dégagèrent progressivement de l'emprise du sultanat de Delhi et devinrent à leur tour des foyers réputés de culture islamique.

Si les tentatives répétées de centraliser le pouvoir à Delhi avaient échoué, c'est aussi parce que les éléments les plus sensibles du pouvoir économique – les échelons inférieurs de l'administration, l'artisanat et le commerce, par exemple – étaient toujours demeurés entre les mains des hindous. Cette situation, jointe à l'affaiblissement du sultanat de Delhi, favorisa l'émergence de royaumes hindous surtout dans les régions méridionales et les territoires des Rājput. Ceux-ci, fidèles à leur propre code d'honneur, n'avaient jamais cessé, depuis les déserts et les contreforts montagneux où ils étaient réfugiés, de harceler les armées turques stationnées dans ces territoires.

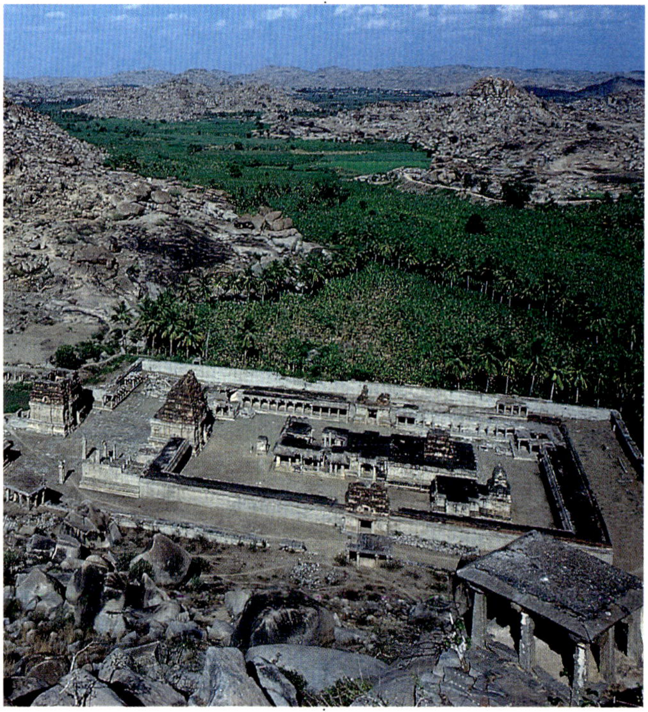

Parallèlement à la décadence du sultanat, deux importantes dynasties ou, mieux, deux groupes de clans virent le jour : les Sisodiyā de Mewār (Udaipur) et les Rāthor de Mārwār (Jodhpur).

Au lendemain des révoltes de nombreux chefs hindous, suscitées par la campagne militaire de Muhammad ibn-Tughlaq dans l'Inde du Sud, fut fondé en 1336 le royaume de Vijayanagara (La ville de la Victoire) qui, en l'espace de quelques décennies, réussit à établir sa domination sur une grande partie de l'Inde du Sud. On ne saurait affirmer

Nicolò de' Conti. Dans la première moitié du XVe siècle, entre 1414 et 1439, le Vénitien Nicolò de Conti, qui fit en Orient un voyage de vingt-cinq années, visita l'Inde. Il se rendit à Vijayanagara, dans le Malabar, dans le Dekkan, à Madras, au Tamil Nādu où régnaient les Tamouls, dans le delta du Gange et dans le Gujarāt. Rentré en Italie, il dicta le compte rendu de son long séjour en Orient au lettré Poggio Bracciolini (1380-1459).

Les Portugais à Goa. Le 20 mai 1498, trois navires portugais accostent à Calicut, sur la côte du Malabar, après dix mois et demi de navigation. Leurs noms sont Gabriel, Raphaël et Berrio, et ils sont placés sous le commandement de Vasco de Gama : c'est le qu'il y eut à l'origine de la fondation de Vijayanagara une volonté de combattre l'islam ou que ses souverains se posèrent en champions de la tradition hindoue, puisque les Vijayanagara établirent essentiellement leur suprématie au détriment de la dynastie hindoue des Hoysala et qu'en outre, pour agrandir leurs territoires, ils n'hésitèrent pas à l'occasion à conclure des alliances avec des royaumes musulmans. Une chose est certaine, cependant, c'est que la lutte longue et acharnée qui les opposa au sultanat de Bāhmanī eut aussi et surtout des connotations religieuses.

Le succès de la dynastie des Vijayanagara tint pour une large part à l'efficacité de son armée, à la qualité de ses ministres brahmanes (Sāyana, le célèbre commentateur des Veda, fut l'un d'eux), à des ouvrages défensifs d'une incroyable solidité (la ville était entourée de sept enceintes successives) et enfin à des lois rigoureuses et normatives. L'activité intense de la ville reposait pour une grande part sur le commerce, surtout celui des marchandises importées, et sur ses monuments, synthèse parfaite des grandes traditions architecturales hindoues.

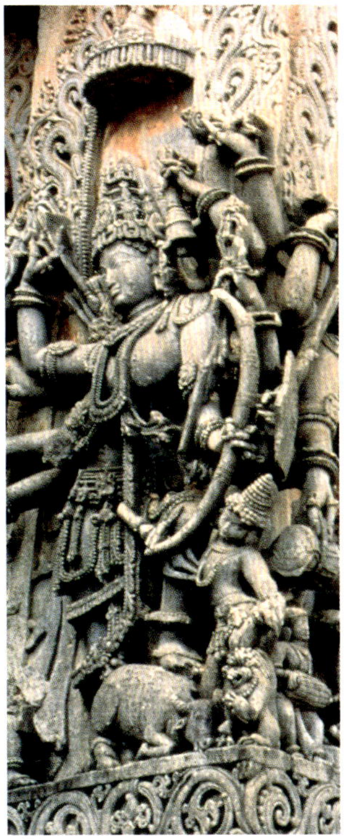

Image vishnouite du temple Hoyṣaleśvara Halebid (Karnataka), 1121-1160 env.

En bas : L'église catholique Saint-François à Goa. Les Portugais arrivèrent à Goa en 1498 et y demeurèrent jusqu'au XVIIe siècle.

Les Moghols

Jusqu'à cette époque, les dynasties turques, qui disposaient d'une organisation militaire très efficace, avaient toujours conquis avec beaucoup de facilité les territoires indiens mais avaient eu le plus grand mal à s'y maintenir durablement.

Au XVIe siècle, une dynastie de Moghols va se créer et établir son pouvoir grâce aux armes, certes, mais aussi et surtout grâce aux sages réformes politiques et administratives

début de l'enclave portugaise.
L'installation des étrangers ne provoqua pas d'opposition de la part de royaumes locaux. Ceux-ci au contraire les inclurent aussitôt dans le système d'alliances et de contre-alliances pratiqué en Inde et dont l'habile amiral d'Albuquerque sut tirer parti pour occuper Goa. Cette tête de pont très convoitée permettait d'entrer en concurrence avec les Arabes, qui, depuis des siècles, détenaient le monopole du commerce maritime avec l'Inde – et par concurrence il faut entendre les attaques et les pillages des navires arabes qui représentaient de très gros butins.
La présence des Portugais à Goa prit fin au XVIIe siècle, mais leur influence demeura très forte sur toute la région.

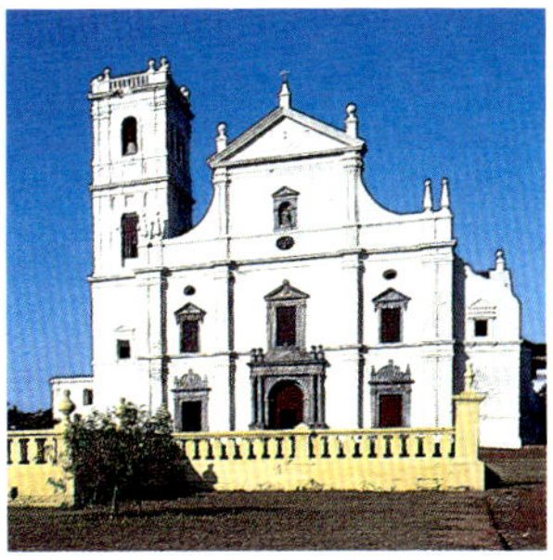

Portrait d'un noble rājput. Dans la production de la peinture rājpute des XVIIIe et XIXe siècles, une large place est donnée au portrait, pratiquement inconnu en Inde avant l'arrivée des Moghols.

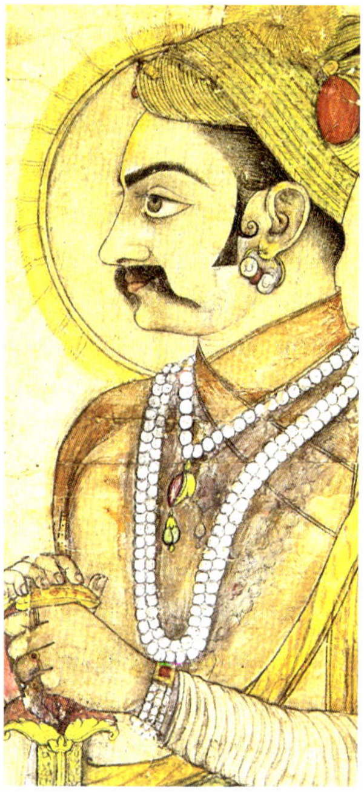

mises en œuvre par ses souverains. Venu de Kaboul, Bābur, le fondateur de cette dynastie, descendant des grands conquérants mongols, Tīmūr et Gengis Khān, envahit l'Inde et entre à Delhi en 1527. À sa mort, en 1530, Sher Shāh, le gouverneur du Bihar, écarte Humāyūn, le fils de Bābur, et occupe tous les territoires indiens. Pendant les cinq ans de son gouvernement (1540-1545), Sher Shāh poursuit scrupuleusement un programme visant à centraliser le pouvoir ; ce que fera également son successeur jusqu'en 1554. Simultanément, il réorganise l'administration et fixe les barêmes qui permettront de calculer le montant des tributs. Des routes sont construites pour faciliter les communications entre les différents districts administratifs.

Les descendants de Bābur ne reconquerront le pouvoir qu'en 1556. Officiellement, il incombait à Akbar, son neveu de treize ans, mais en fait c'est l'habile général persan Bairām Khān qui l'exerça sept ans durant.

Lorsqu'il régna effectivement, Akbar se montra un souverain très avisé, ambitieux, grand stratège, énergique et capable, déterminé à réprimer de manière exemplaire les oppositions et les révoltes. Il a laissé un nom dans l'histoire et dans la légende grâce au talent de son biographe officiel Abū'l-Fazl. Dans son désir d'expansion, il se porta d'Agra, sa capitale, vers le Pañjāb et la plaine du Gange d'abord, puis vers le Gondwāna (l'actuel Madhya Pradesh septentrional). Mais, avant de pouvoir se tourner vers le sud, il lui fallut surmonter la résistance acharnée des Rājput, ce qu'il fit avec beaucoup d'intelligence. Au lieu d'affronter ouvertement ses adversaires, il tenta de s'en faire des alliés puis les intégra de plein droit dans son armée. Il resserra ainsi les liens avec les Rājput,

Abū'l-Fazl (1551-1603). D'origine persane, il entra au service d'Akbar en 1574 : il fut son secrétaire, son confident, le prêtre de la *dīn-i-ilāhī*, la nouvelle religion fondée par Akbar. Il rédigea en persan deux biographies du souverain – *Aīn-i-Akbari* et *Akbar Nāma*. Il fut assassiné par Bīr Singh Bundela, à l'instigation de Salim, le propre fils d'Akbar et le futur Jahāngīr.

Dīn-i-ilāhī. La "religion divine" (*dīn-i-ilāhī*) instituée en 1582 empruntait maints éléments à la tradition des soufis tandis que son rituel – compte tenu de l'importance accordée au culte solaire – dérivait du zoroastrisme. Elle intégrait également des éléments

tout en dotant son armée de généraux habiles et fidèles.
Akbar fut implacable vis-à-vis de tous ceux qui contestaient cette politique : c'est ainsi qu'en 1567 il assiégea, enleva et détruisit la forteresse de Chitor dans le Mewār. Pour conquérir le Gujarāt (1572) et le Bengale (1576), il mit en œuvre un plan analogue : occupation quasi pacifique, sollicitations auprès des souverains locaux pour qu'ils reconnussent l'autorité impériale et répression inflexible et exemplaire de toute révolte.
Les années suivantes le virent conquérir Kaboul (1585), le Cachemire (1587), le Sindh (1591), le Kandahar (1595), le Balouchistān (1595), le Dekkan (1596 et 1600), mais il ne put jamais vraiment affermir son autorité sur cette dernière région.
Akbar comprit que le renforcement de l'empire dépendait aussi de l'intégration pacifique des éléments hindous et musulmans. Il abolit la capitation *(gizya)*, la taxe islamique sur les personnes. Il entretint des rapports étroits et prolongés avec les hindouistes, les jaïnistes, les Pārsis ainsi qu'avec les catholiques (entre 1580 et 1594, il reçut à sa cour trois missions de jésuites de Goa), à la suite de quoi une nouvelle doctrine religieuse syncrétique fut créée ; appelée *dīn-i-ilāhī* (religion divine), elle ne filtra pas hors hindous comme le végétarisme. Cette doctrine décrétait Akbar premier vicaire de Dieu sur la terre.

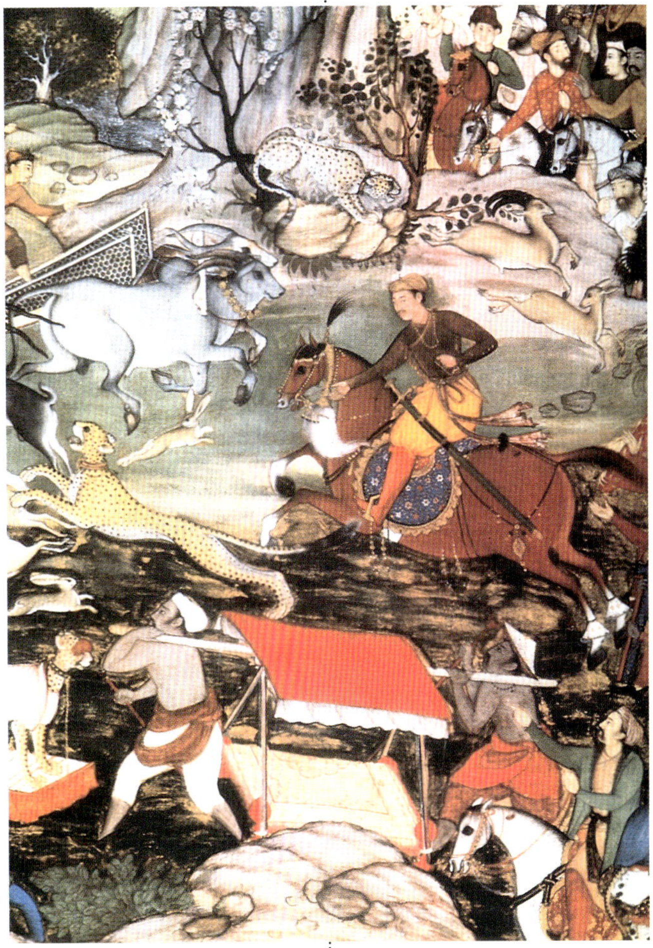

Akbar à la chasse avec un guépard. *Miniature de 1560. Londres, British Museum.*

Akbar, le mécène.
Akbar fut un mécène éclairé des arts et des lettres. Sous son règne, Tulsī Dās composa le *Rāmcarit-mānas*, une des œuvres majeures de la littérature indienne en langue hindī. La musique et la peinture trouvèrent également à sa cour un terrain propice à leur épanouissement.
Le souverain lui-même avait un certain talent artistique : il dessina Fatehpur-Sikri, une ville en grès rouge qui, construite vers 1570, fut abandonnée en 1585.

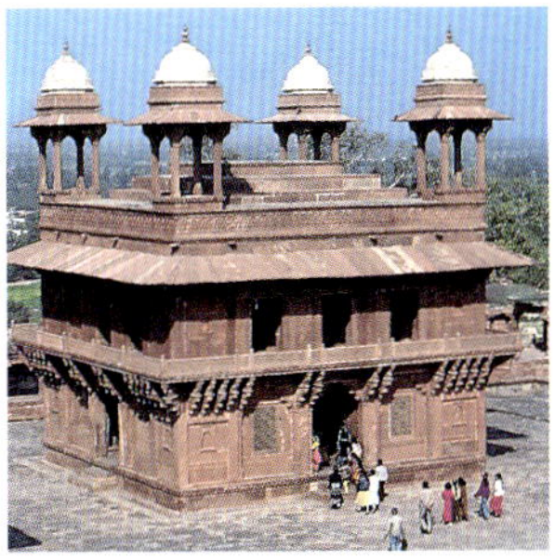

En bas : Le Diwan-i-khas *(salle des audiences) de Fatehpur Sikri, où régnait Akbar.*

Le Tāj Mahal à Agra, érigé entre 1631 et 1650 par Shāh Jahān à la mémoire de son épouse Mumtaz Mahal.

En bas : Jahāngīr avec le portrait de son père Akbar, 1599 env. Paris, musée Guimet.

du cercle fermé de la cour, et Akbar d'ailleurs ne tenta jamais de l'imposer à ses sujets. Sur le plan administratif, il mit en œuvre d'importantes réformes : craignant que le système de rétribution des fonctionnaires fondé sur la concession de terres n'aboutît à un dangereux morcellement de type féodal, il choisit de les rémunérer en argent. Il nomma un gouverneur à la tête de chacune des douze – puis des quinze – provinces, mais il confia le pouvoir financier à un fonctionnaire *(dīvān)* qui en répondait directement devant l'autorité centrale. À sa mort, en 1605, son fils Jahāngīr lui succéda. S'il n'eut

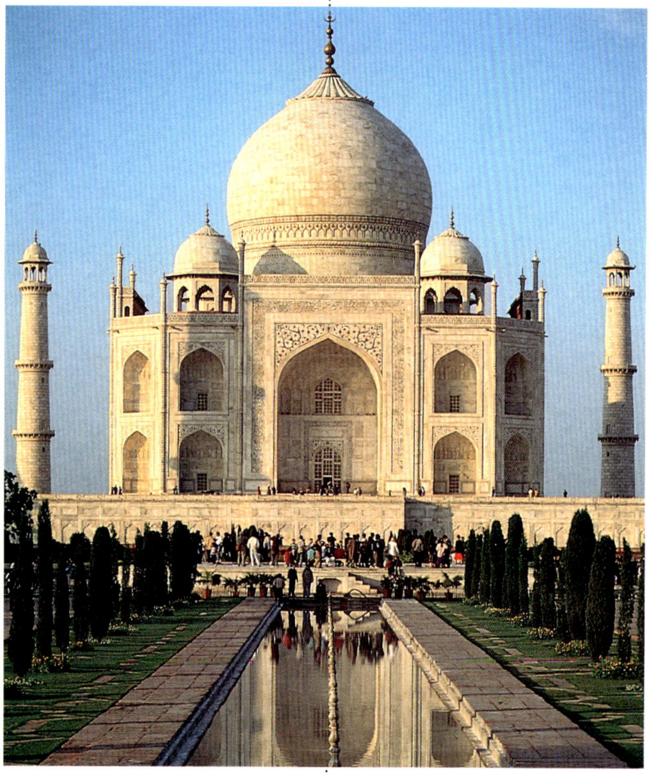

aucun problème du côté des Rājput, qui lui restèrent fidèles, il eut souvent maille à partir avec le Dekkan.

En 1627, à la mort de Jahāngīr, l'empire passa aux mains de son fils. Shāh Jahān fut un souverain juste et énergique, un protecteur des arts et des lettres : il fit construire, à la mémoire de son épouse très aimée, ce joyau d'art qu'est le Tāj Mahal d'Agra. Les voyageurs européens ont vanté les raffinements de sa cour et sa splendeur, mais, quoique latents, on pouvait déjà y déceler des signes de décadence. Sur le plan religieux, la tendance fut de favoriser toujours davantage l'élément musulman, et si l'administration financière se fondait encore sur les principes chers à Akbar, l'augmentation des tributs, dont le taux passa du tiers des revenus à la moitié, ainsi que le retour au système

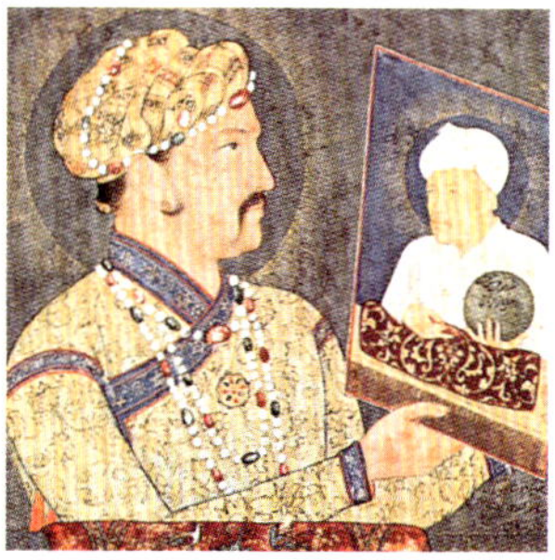

Jahāngīr. Cultivé et raffiné, Jahāngīr ne fut pas à la hauteur du génie de son père. En 1611, il épousa une belle poétesse persane qui exerça sur lui une forte influence et gouverna à sa place lorsque, s'adonnant sans mesure à la boisson et à l'opium, il se détourna des devoirs de sa fonction.

L'intolérance religieuse. Intolérant, Aurangzeb ne se borna pas à persécuter les hindous ; il réintroduisit la capitation *(gizya)*, instaura des privilèges pour ceux qui se convertissaient à l'islam, ordonna la destruction de tous les sanctuaires hindous de rétribution des fonctionnaires fondé sur la concession de terres, minèrent l'empire. Le Dekkan continuait en outre à poser de sérieux problèmes : le traité de paix signé en 1636 ne servit à rien, et dès 1655 la guerre reprit. La succession fut entachée de luttes intestines dont sortit vainqueur le troisième fils de Shāh Jahān, Aurangzeb, qui n'hésita pas à jeter son père en prison pour s'approprier le pouvoir. Musulman convaincu et pratiquant, Aurangzeb (1658-1707) régna avec une énergie farouche et sans compromis. La tendance qui consistait à favoriser l'élément musulman atteignit avec lui des sommets, ruinant complètement le processus d'intégration des musulmans et des hindouistes entrepris par Akbar. Les Rājput se lancèrent dans une guerre sans merci contre l'armée moghole, et les sikhs eux-mêmes, qui appartenaient à une secte religieuse fondée par Guru Nānak au début du XVIe siècle, s'organisèrent militairement pour faire front aux persécutions d'Aurangzeb.

Lorsque le souverain tourna son attention vers le Dekkan et lança son armée contre la jeune puissance hindoue des Marātha, celle-ci bénéficia de l'appui des royaumes musulmans de Bijapur et de Golconde. Ce fut un affront pour Aurangzeb, qui se tourna contre eux : il prit Bijapur en 1686, Golconde en 1687, et en 1689 il exécutait traîtreusement Śambhujī, le souverain des Marātha, qu'il avait

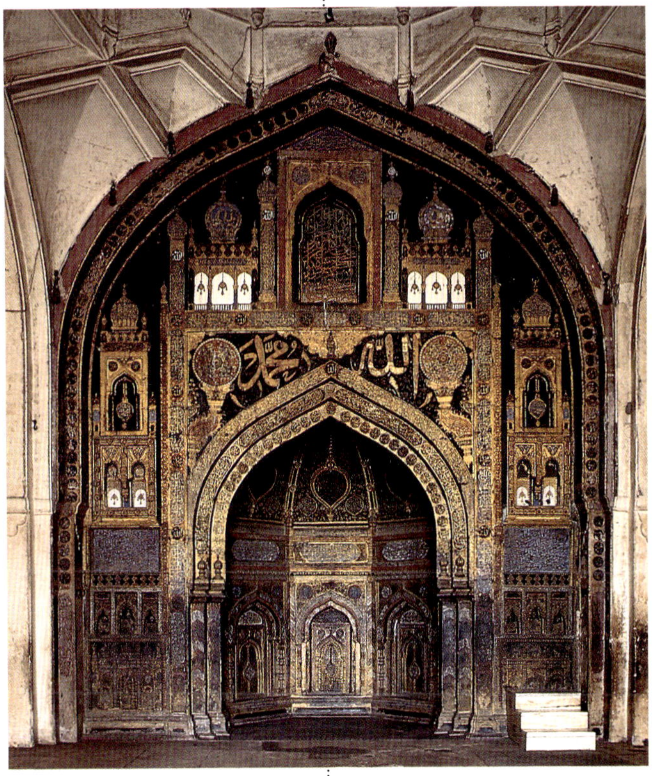

Intérieur de la mosquée (Jami' Masjid) de Bijapur, érigée par 'Ali 'Adil Shāh Ier (1558-1580). La mosquée fut construite en remerciement de la victoire sur l'empire hindou de Vijayanagara (1565). On voit ici le mihrab, *décoré avec des calligraphies et d'autres précieuses incrustations en or.*

(1669) ; enfin, il contraignit également les Rājput à démissionner de l'armée, n'hésitant pas à bouleverser de fond en comble l'organisation militaire moghole.

Sikhs. Le mot *sikh* signifie "disciple" : il désigne les adeptes d'une communauté religieuse qui se constitua vers 1520-1525 autour de Nānak (1469-1539). Celui-ci fut le fondateur du sikhisme, une doctrine étroitement liée à la tradition religieuse indienne, quoique fortement influencée par le mysticisme islamique. Le Guru Nānak fut un poète d'une très grande sensibilité. Son enseignement est recueilli dans le *Granth* (Le livre).

Un voyageur européen en Inde. *Peint par un artiste indien de l'école de Delhi du XVIIe siècle. Au début du XVIIe siècle, la présence européenne se renforce avec les compagnies anglaise et hollandaise, qui mettent fin au monopole portugais. Quelques années plus tard suivent les Danois, les Suédois et les Belges, tandis que la Compagnie française des Indes arrive au Karnataka en 1664.*

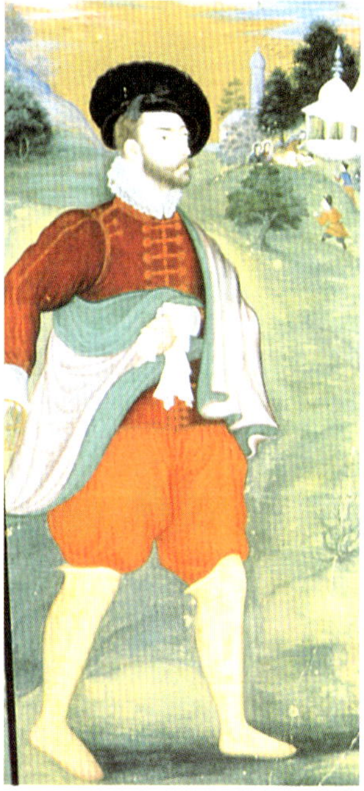

fait prisonnier. De leurs forteresses montagneuses, les Marātha continuèrent de mener pendant encore de nombreuses années une guérilla qui à terme démantela totalement l'armée moghole. En 1705, Aurangzeb se retira avec ses hommes épuisés. Sa mort en 1707 laissa l'empire dans un état de grande précarité : le Sud vacillait sous la menace des puissants Marātha, le Nord était amoindri par les révoltes paysannes, les caisses vidées par vingt-six années de guerres incessantes ; les arts et les lettres désormais sans mécène avaient sombré dans le néant.

Les campagnes d'Aurangzeb dans le Sud avaient eu le mérite de révéler la nouvelle puissance des Marātha. L'organisation de leur État – dans l'actuel Karnataka – avait été l'œuvre de Śivajī. Autour de 1646, celui-ci avait rendu aux hindous leur orgueil national étouffé par des siècles de domination étrangère. Et Śivajī avait su être si convaincant que, lorsque ses successeurs, sous la pression de l'armée moghole, se replièrent dans les terres moins exposées du Karnataka, les officiers et les ministres poursuivirent la guerre contre Aurangzeb. Leur initiative, d'abord militaire puis politique, ouvrit la voie à la confédération marathe du XVIIIe siècle.

Entre-temps, la présence étrangère le long des côtes indiennes se modifia. Les Compagnies anglaise et hollandaise, créées au début de l'année 1600, mirent fin au monopole portugais sur le commerce avec l'Inde. En 1673, la Compagnie française occupa Pondichéry ; les intérêts des Européens et le nombre de leurs comptoirs augmentèrent lorsque, à la suite de la guerre de Sept Ans (1756-1763), le Karnataka passa des mains des Français à celles des Anglais, lesquels renforcèrent également leur présence dans le Bengale et le Bihar.

Marātha. Ce mot désigne très précisément une côte de l'Inde du Sud et d'une manière plus générale l'ensemble des locuteurs de la langue marathe, qui vivent dans les régions montagneuses au sud de Bombay. La riche littérature des Marātha, dont les œuvres les plus anciennes remontent au XIIIe siècle, est un des fondements de leur unité culturelle et religieuse. L'autre consiste dans l'activisme des chefs religieux, défenseurs d'un credo fondé sur l'antique tradition brahmanique mais revisitée et éclairée par la dévotion la plus pure *(bhakti)*.

Le XVIIIe siècle fut marqué par la fin de l'Empire moghol, mais cette mort est lente. Les derniers souverains étaient trop engagés dans des guerres dynastiques fratricides pour se préoccuper de sauver l'empire des incursions et des démembrements ; les caisses de l'État par ailleurs ne cessaient de se vider, car de nombreux gouverneurs suspendaient le paiement de leurs tributs à Delhi, tout en continuant de reconnaître la souveraineté impériale. La confusion politique et l'absence d'un pouvoir central provoquèrent un appauvrissement progressif des campagnes – véritable richesse de l'Inde. Même les Rājput, redevenus fidèles à la dynastie moghole après la mort d'Aurangzeb, ne purent s'opposer à la désintégration de l'empire, car leur force militaire, tant admirée par Akbar, n'était plus que l'ombre d'elle-même.

La ruine de l'Empire moghol précipita celle des royaumes musulmans de Hyderabad, du Bengale et de l'Aundh, ainsi que celle de la confédération des Marātha réorganisée en 1719 autour de la figure d'un Premier ministre *(peśva)* brahmane, des principautés sikhs qui s'étaient libérées du joug du Pañjāb oriental, de l'État Jāt de Bharatpur qui constituait une puissance non négligeable aux portes de Delhi, et d'une foule d'autres.

En 1739, une invasion de l'Afghanistan fit perdre à l'Empire moghol Kaboul, Peshawar, le Balouchistān et le Sindh – et plus tard le Pañjāb et le Cachemire.

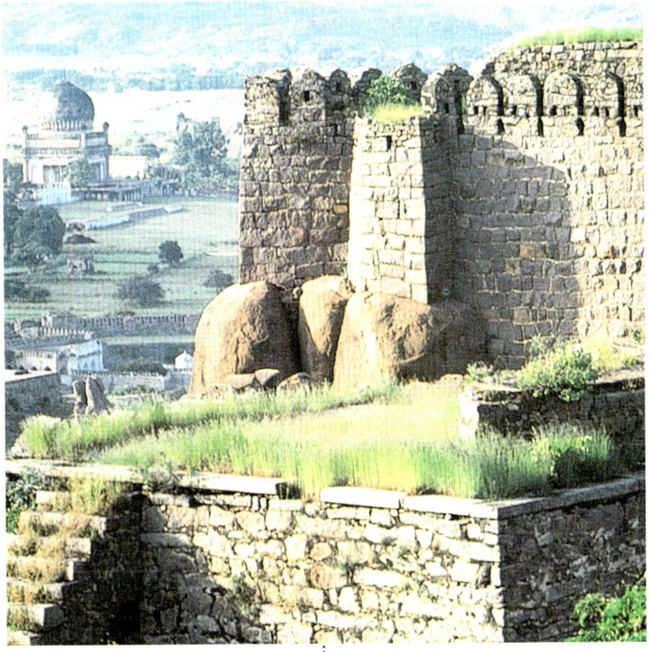

Anciennes fortifications de Golconde (Andhra Pradesh), capitale de la dynastie Qutb Shāh, fondée en 1512-1518. En 1687-1688, la ville fut prise par Aurangzeb.

En bas : La forteresse de la ville de Bharatpur (Uttar Pradesh), qui conserve d'importants vestiges.

Panipat. Le conflit entre la dynastie moghole et les Marātha atteignit son point culminant en 1761 lorsque les deux armées rivales s'affrontèrent à Panipat. L'armée marathe fut mise en déroute, et ainsi se brisa le rêve d'une renaissance hindoue.

Jāt de Bharatpur. C'est le nom d'une tribu armée bien organisée qui, dans la seconde moitié du XVIIIe siècle, régna sur la région comprise entre Delhi et Agra. Bharatpur (qui est encore aujourd'hui le centre névralgique des communications entre Agra et Delhi) conserve à l'intérieur des remparts de la vieille ville et dans les palais de son fort les vestiges de son antique splendeur.

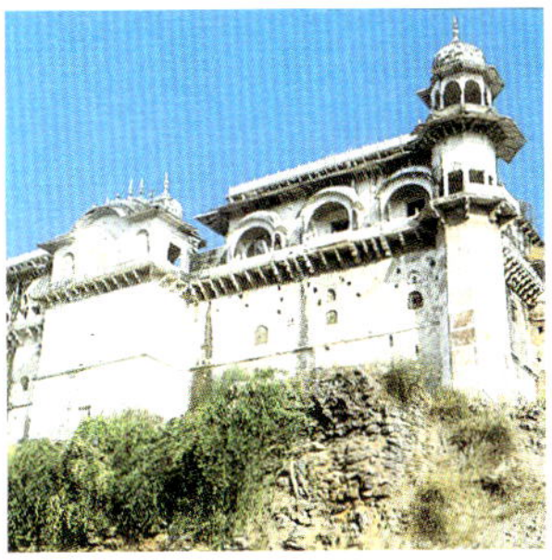

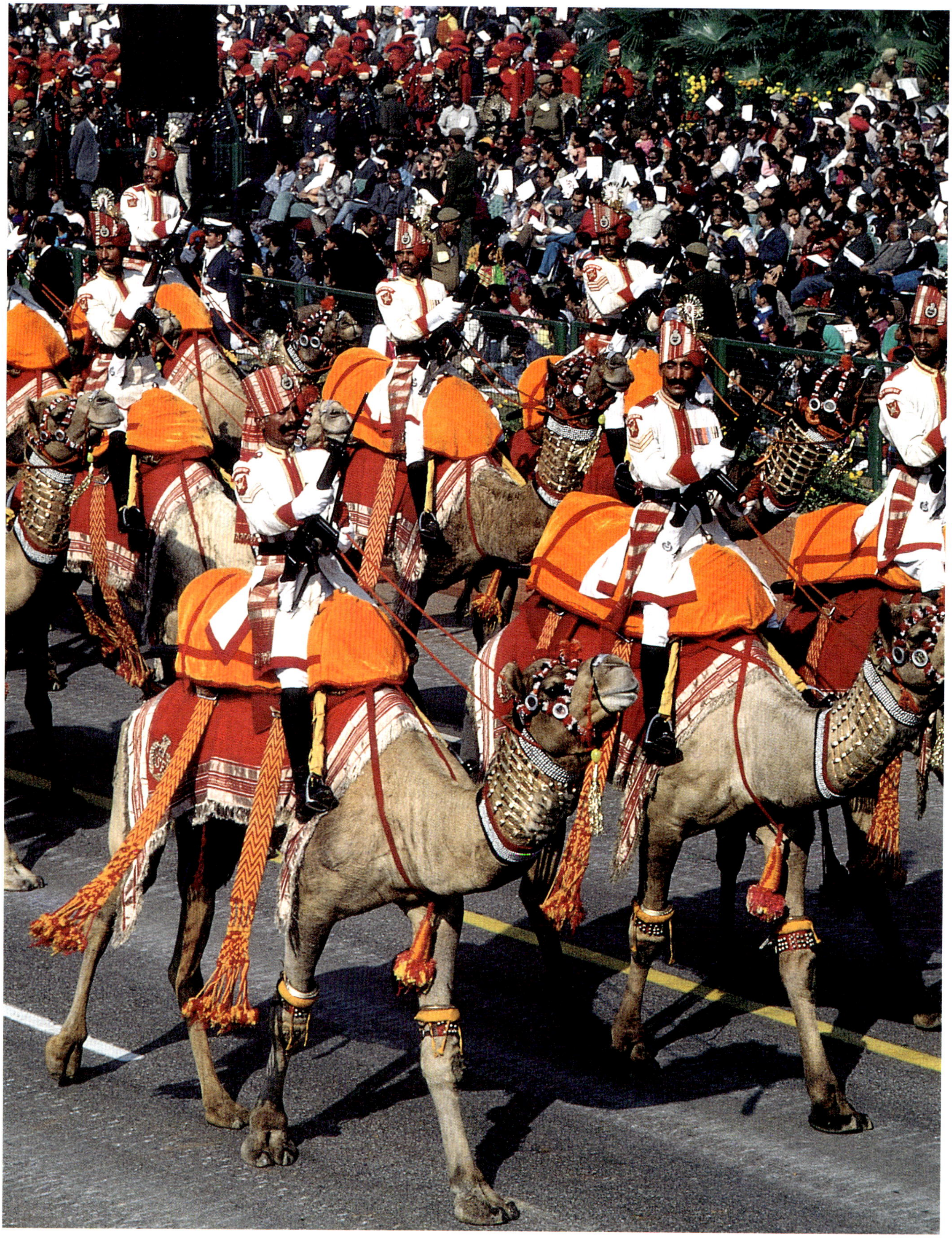

La domination anglaise et l'indépendance

La Compagnie anglaise des Indes orientales avait organisé entre-temps ses possessions (1773) : les trois présidences du Bengale, de Bombay et de Madras étaient soumises à l'autorité du président du Bengale en sa qualité de gouverneur général. Dès cette époque, la compagnie se trouve de plus en plus mêlée aux affaires politiques et militaires indiennes, ce qui aboutira aux affrontements avec les Marātha et les Maisur.

Sous la direction du gouverneur général lord Richard Wellesley (1798-1805), les Anglais renforcent le contrôle politique et l'interventionnisme militaire de la Compagnie : sont alors réduits au silence non seulement les Marātha et les Maisur mais les derniers Moghols eux-mêmes, désormais complètement subordonnés aux Anglais. Le protectorat anglais sur les sikhs du Pañjāb oriental est imposé (1809), ainsi que sur les princes hindous du Gujarāt et du Kathiawar (1812-1813).

La rencontre culturelle entre l'Inde et l'Occident trouve un terrain propice au Bengale où en 1784 sir William Jones fonde l'Asiatic Society. L'éducation et l'instruction à l'européenne ainsi que l'enseignement de l'anglais s'y développent. Dans les cœurs se lève l'espoir que de la domination anglaise viendra la renaissance tant attendue, une notion que la statique société indienne avait oubliée depuis bien trop longtemps.

Et de fait la rencontre Orient-Occident est en train de donner lieu à d'intéressantes expériences, par exemple la création du syncrétique Brāhmo-Samāj, une religion

Page de gauche : Troupes à dos de chameau, préposées à la garde de la frontière du Rājasthān, en parade pour la fête de la République à Delhi.

En bas : Détail d'une décoration murale du palais Juna Mahāl à Dungarpur (XIXe siècle). Il représente le Mahārāna Udāi Singh (1529-1572) de Dungarpur en conversation avec le général sir David Ochterlony, résident anglais du Rajputana.

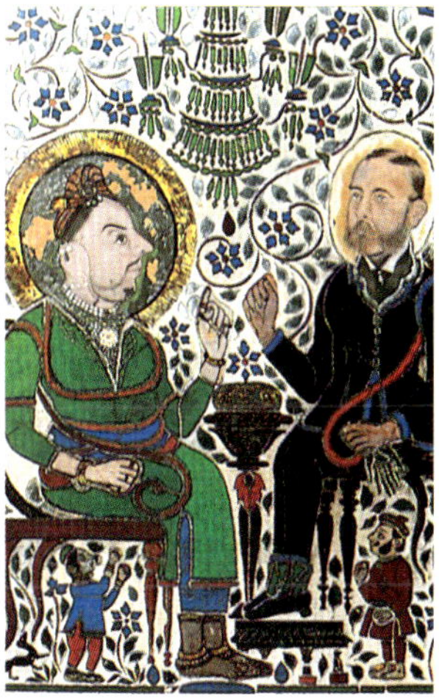

Les Anglais. Leur prospérité tenait surtout au fait qu'ils contrôlaient le commerce, l'activité la plus lucrative dans l'Inde de l'époque, dont des décennies de razzias et d'impositions exorbitantes avaient irrémédiablement appauvri les campagnes.

Brāhmo Samāj. Cette doctrine fait de Dieu celui qui se manifeste, non à travers des incarnations mais directement dans la nature ; celui qui écoute et exauce les prières des fidèles. Bien qu'elle ne se soit pas répandue massivement, elle a le mérite d'avoir été la première doctrine à s'élever contre les injustices sociales et religieuses et à avoir renouvelé le message de l'hindouisme, en puisant parfois son inspiration dans la pensée occidentale.

Cérémonie catholique à Cochin (Kerala). Les catholiques indiens sont surtout présents dans la zone sud-ouest du pays, à Goa et dans le Kerala.

théiste qui prétendait débarrasser l'hindouisme des fardeaux du passé et des injustices. La puissante confédération des sikhs, qui a occupé tout le Pañjāb et déterminé d'un commun accord avec les Anglais, en vertu du traité de 1809, que les frontières de son territoire longeraient le fleuve Stalej, a réussi à mettre sur pied une armée puissante ; celle-ci, lorsqu'elle affrontera les Anglais en 1845-1846, sera vaincue mais fière d'avoir mis à

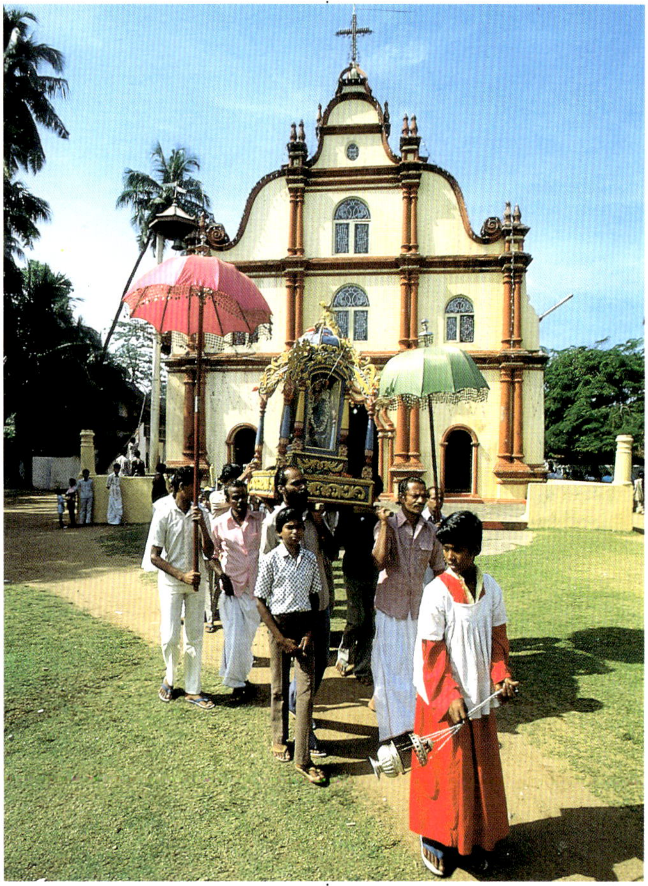

maintes reprises en difficulté la plus prestigieuse armée du monde. Trois ans plus tard, les sikhs brandiront à nouveau les armes, et cette fois ils seront définitivement battus. C'est ainsi que tout le territoire de l'actuel Pakistan passera sous domination anglaise. Dans la première moitié du XIXe siècle, d'autres protectorats, sur ordre de Londres, seront jugés incapables de gouverner leurs territoires et seront de ce fait annexés à la Compagnie.

"La mutinerie". La rencontre des cultures, l'indienne et l'occidentale, créait un malaise général dans les masses indiennes. L'afflux des missionnaires chrétiens avait convaincu les Indiens que la mainmise anglaise sur le pouvoir politique pourrait être bientôt suivie d'une mainmise sur la religion. L'étincelle de la révolte éclate en 1857 à Merath et très vite toute l'armée s'embrase – y compris les

La révolte de Merath. En 1857, quatre-vingt-cinq cavaliers indiens refusèrent d'utiliser les cartouches du nouveau fusil Enfield qui devaient être déchirées avec les dents pour être insérées dans le canon. Hindous et musulmans craignaient que les cartouches n'aient été lubrifiées avec de la graisse de bœuf ou de porc. Les hindous végétariens se seraient trouvés rejetés par leur caste ; quant aux musulmans, leur religion leur interdit le porc.

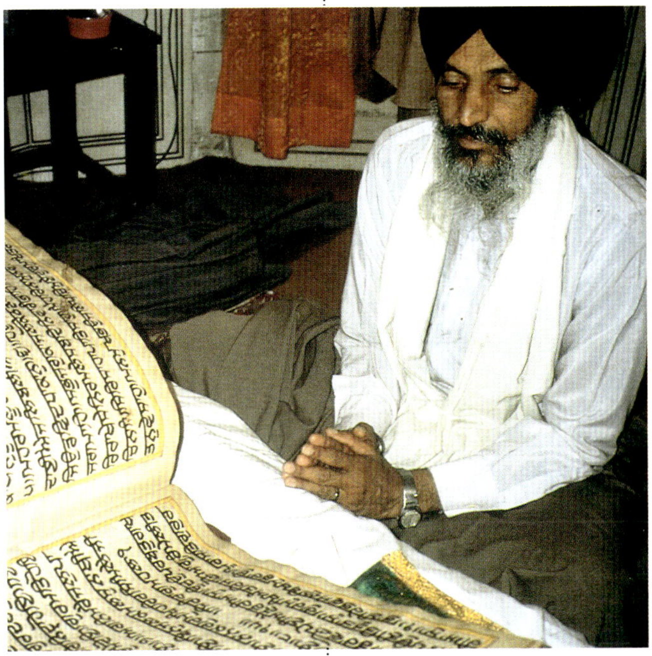

contingents stationnés en Inde du Nord –, mais elle ne parvient pas à se doter d'une organisation efficace et à établir les liaisons nécessaires entre les noyaux d'hommes en armes rassemblés autour de tel ou tel petit seigneur local. Ainsi les "mutins" ne parviennent à tenir Delhi que quelques mois et, bientôt après, doivent abandonner toutes leurs autres positions.

Alors que la révolte gronde encore, le Parlement britannique approuve le *Government of India Act* (1858) qui dissout la Compagnie et transfère la souveraineté sur l'Inde entre les mains de la reine Victoria et de ses successeurs. L'organisation administrative et l'armée sont renforcées. À Calcutta, à Madras et à Bombay sont créées des universités sur le modèle anglais. Les humanistes et les juristes qui en sortiront constitueront le noyau des classes dirigeantes, et plus tard de la classe politique indienne.

Sur le conseil et sous le contrôle anglais est fondée une association panindienne aux réunions de laquelle les Indiens lettrés peuvent discuter de leurs propres revendications et de possibles réformes politiques. Le nombre des membres de cette association passe de 60, lors de la première session en 1885, à 1 200 lors de la deuxième en 1889, où le Congrès se dote de structures propres. Y participent les membres de la nouvelle élite, éduquée à l'anglaise, fidèle à la couronne et qui, progressivement, se fera une place dans

Un sikh absorbé par la lecture des textes de Guru Nānak, le fondateur de la communauté sikh. Les sikhs sont monothéistes, mais dans leurs prières ils s'adressent à Dieu avec des appellations qui découlent de l'hindouisme ou de l'islam.

En bas : Prière sur la tombe d'Aurobindo à Pondichéry. La tombe se trouve à l'intérieur de l'Ashram fondé par Aurobindo.

Aurobindo Ghosh. Le brahmane bengali Aurobindo Ghosh (1872-1950), que d'aucuns considèrent comme le plus grand philosophe mystique de l'Inde moderne, fit ses études à Édimbourg et à Cambridge. Rentré en Inde, il fut tout à la fois enseignant de langues modernes à Baroda, puis directeur du National College de Calcutta, poète et homme politique. Il concevait l'indépendance comme l'étape à travers laquelle la mère Inde devait réaliser sa libération spirituelle.

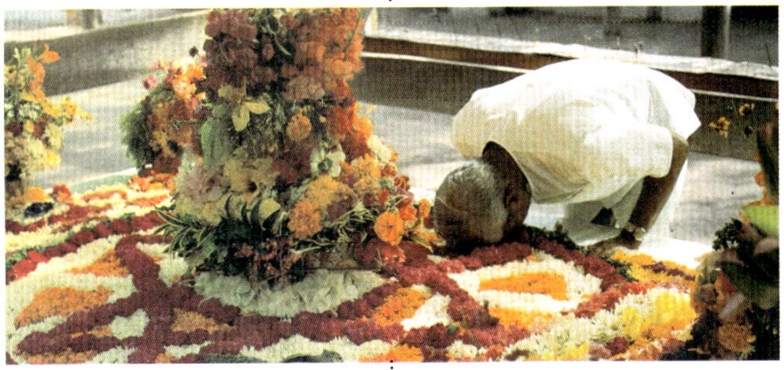

l'administration britannique et en particulier dans les conseils provinciaux des villes ainsi que dans les conseils ruraux. Entre-temps, au sein du Congrès, s'affirment des forces plus extrémistes sous la houlette de Bal Gangadhar Tilak (1856-1920), fondateur du journal d'opposition *Kesari*. Au Bengale prend naissance un mouvement révolutionnaire organisé par Aurobindo Ghosh et Bepin Chandra Pal. Quant aux musulmans, qui s'étaient tenus délibérément à l'écart du Congrès, ils se constituent en 1906 en Ligue musulmane. L'Inde est en pleine effervescence, et lorsque le vice-roi lord Curzon (1899-1905) décide de diviser le Bengale en deux provinces, de nombreux attentats contre des fonctionnaires anglais sont enregistrés et les produits anglais boycottés. La répression de la rébellion et des actes de terrorisme est violente mais les Anglais n'en seront pas moins obligés sous lord Minto (1905-1910) d'adopter au moins une partie des réformes demandées. La réforme Morley-Minto, mise en œuvre en 1909, prévoit une plus large participation des Indiens aux conseils législatifs locaux et au conseil central, tandis que des responsabilités accrues leur sont attribuées. Mais la mesure la plus lourde de conséquences sera la promesse faite aux musulmans de siéger séparément. En 1911, contre l'avis des Indiens, la capitale est transférée de Calcutta à Delhi où est construite une ville nouvelle (New Delhi). Au lendemain de la Première Guerre mondiale, qui avait

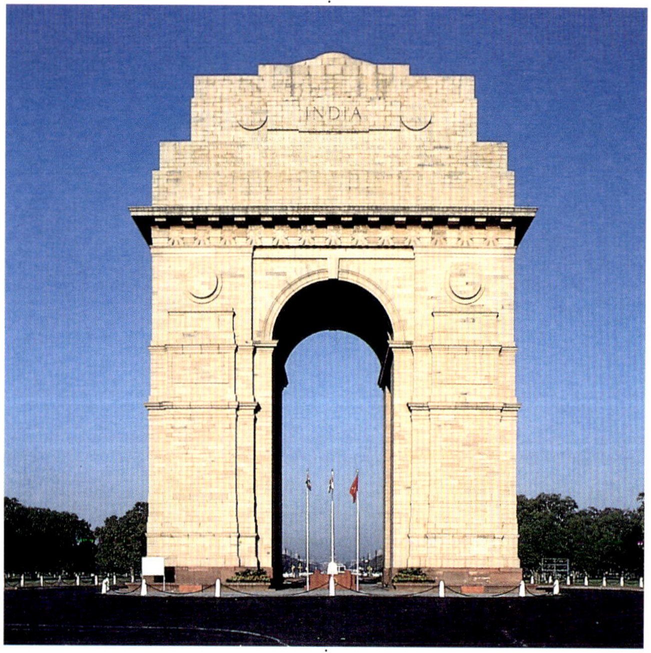

L'India Gate de New Delhi fait partie de la série de grands monuments et bâtiments conçus pour la capitale après l'indépendance par l'architecte anglais Edwin Lutyens.

Le Congrès national indien. Le Congrès national indien est né à cheval entre le XIXe et le XXe siècle avec les caractéristiques d'un mouvement nationaliste guidé par des représentants de la noblesse terrienne, du monde professionnel et de la riche bourgeoisie commerciale. Ce "Parlement du nationalisme", créé en réponse aux pouvoirs excessifs des Britanniques, eut à sa tête des hommes comme J. Nehru, V. Patet et Rajagopalachari, lesquels, forts de leur expérience politique, participèrent avant 1950 à la création du Parti libéral fondé sur le suffrage universel.

suscité chez les Indiens un mouvement inattendu de loyauté vis-à-vis des Anglais, Tilak et la théosophe britannique Annie Besant fondent un mouvement en faveur de l'autogouvernement qui trouve un large consensus non seulement parmi les membres du Congrès mais aussi parmi ceux de la Ligue musulmane dirigée par Muhammad Ali Jinnah (1876-1948), le futur père du Pakistan.

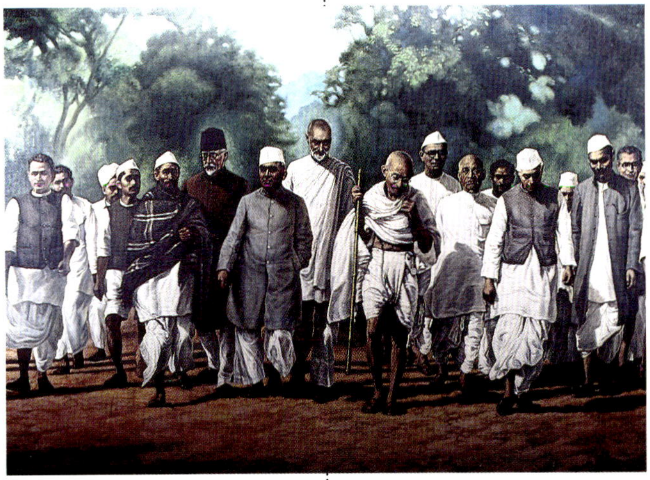

Gandhi avec les leaders du mouvement de l'indépendance. Représentation d'un cycle sur la vie de Gandhi.

En bas : Gandhi et Nehru, les deux principaux leaders politiques de l'indépendance.

De Gandhi à l'indépendance

Entre 1919 et 1939, l'Inde entre dans le vif de la lutte pour son indépendance sous la direction de Mohandās Karamchand Gandhi (1869-1948), que le peuple appellera avec vénération Mahātma (la Grande Âme). Gandhi donna à ce combat non seulement ses fondements idéaux, religieux et sociaux, mais il proposa également les instruments les plus efficaces pour parvenir à l'indépendance : ni la violence ni la lutte armée mais un comportement qui s'inspire de la tradition indienne la plus ancienne. Les moyens prônés par Gandhi étaient *l'ahiṃsā*, la non-violence, dans le sens le plus étroit du terme, et le *satyāgraha*, l'adhésion rigide et obstinée à la vérité.

Personnalité fascinante, Gandhi rassembla autour de lui aussi bien les milieux cultivés que les masses paysannes. L'efficacité de son organisation et de sa propagande ne cessant de s'accroître, son message put atteindre l'ensemble des Indiens.

"Il y a un pouvoir indéfinissable qui pénètre chaque chose", disait Gandhi. "Je le sens,

Gandhi. Mohandās Karamchand Gandhi (1869-1948) fit des études de droit à Londres et exerça le métier d'avocat en Afrique du Sud. De retour en Inde, il s'opposa à la domination anglaise et fonda en 1929 le mouvement Harijan pour l'émancipation des Intouchables. En 1947, il participa aux négociations pour l'indépendance et au processus de partition entre l'Inde et le Pakistan. Il fut assassiné à Delhi par un fanatique hindou, le 30 janvier 1948.

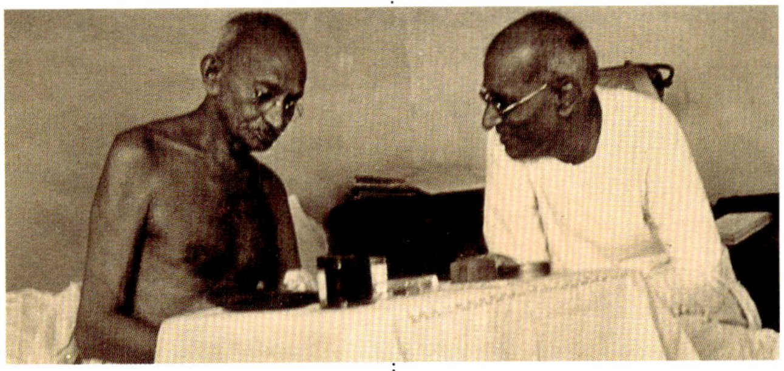

Parade pour la fête de la République à Delhi. Célébrée le 26 janvier, jour où fut adoptée la Constitution, elle réunit une foule immense dans les rues de la capitale.

même si je ne le vois pas. C'est cet invisible Pouvoir qui se fait sentir et ne demande pas de preuves tangibles, parce qu'il est totalement différent de ce que je perçois à travers mes sens. Cela transcende les sens."

Aucune autre affirmation du Mahātma Gandhi ne pourrait illustrer davantage la spiritualité de l'un des plus grands fils de l'Inde.

À Amritsar, la ville sainte des sikhs, la révolte flamba en 1919 et aboutit à un massacre : les Anglais commirent l'erreur de faire tirer des rafales de mitraillette sur un rassemblement de plusieurs milliers de personnes ; le sang coula, éloignant du jour au lendemain les Indiens des Anglais, qui devinrent dès lors les dominateurs, les ennemis déclarés.

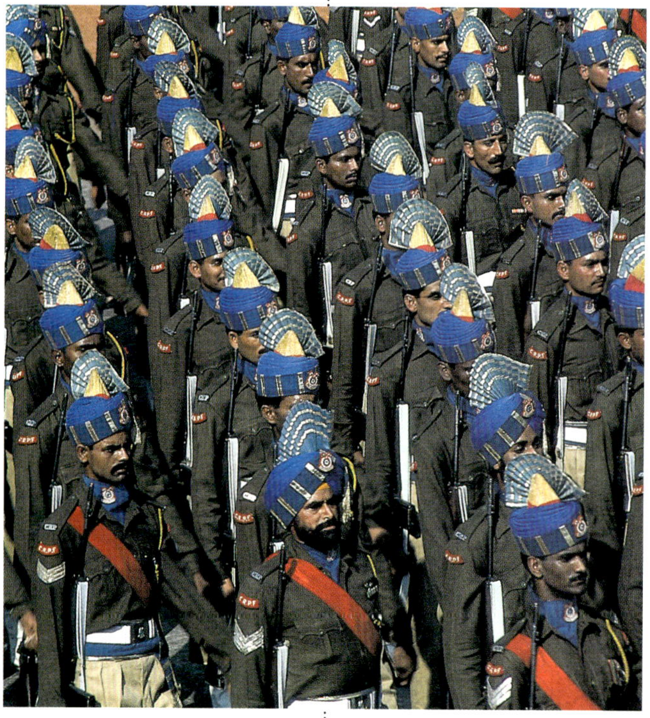

Même les réformes de Montagu-Chelmsford, qui accordaient aux Indiens une plus vaste représentativité à tous les niveaux de l'État, ne parvinrent pas à apaiser les esprits. Peu après se posa de manière dramatique la question sociale – à savoir les inhumaines conditions de travail imposées aux ouvriers des centres industriels. C'est Jawaharlal Nehru (1889-1964) qui se chargea d'exposer devant le Congrès ce grave problème. Mais c'est à partir de 1929, lorsque Gandhi reprit un rôle politique actif, que l'on assista à la participation renforcée des masses au mouvement d'indépendance. La population tout entière

Nehru. L'homme d'État Jawaharlal Nehru (1889-1964) obtint son diplôme en jurisprudence en 1912. Grand admirateur du Mahātma Gandhi, il en suivit la doctrine et l'action. Il fut élu en 1929 président du Congrès et eut plusieurs fois à connaître les prisons anglaises. À l'indépendance, il devint Premier ministre, et il le resta jusqu'à sa mort.

suivit la campagne de désobéissance civile qu'il avait lancée et ni les arrestations, ni les confiscations de biens, ni la répression ne purent les en détourner. Les réformes de 1935 consacrèrent enfin l'introduction du système parlementaire dans le gouvernement des provinces.

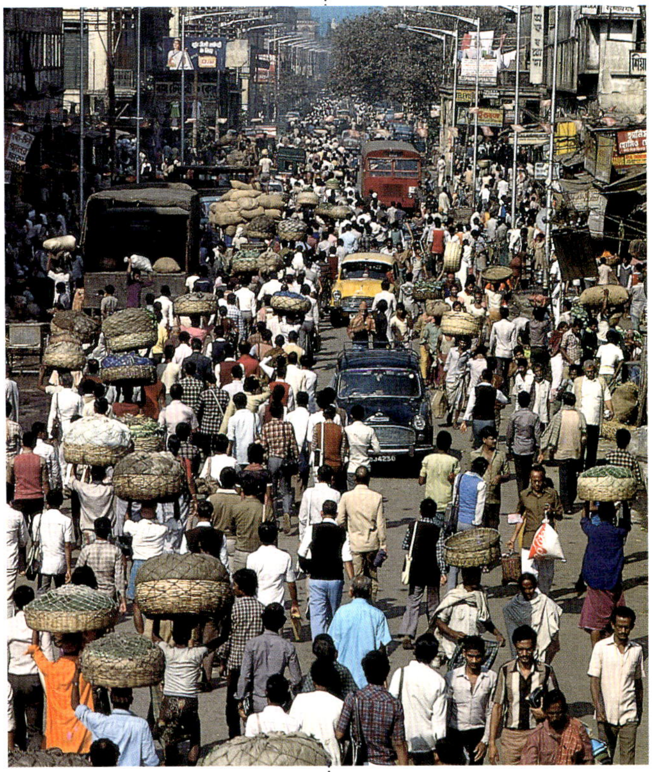

Des troupes indiennes prirent part à la Seconde Guerre mondiale, et pendant qu'on se battait dans le reste du monde, la désobéissance civile reprenait en Inde, marquée par des épisodes de violence, des révoltes et des émeutes qui firent des centaines de morts et furent suivies de milliers d'arrestations. L'indépendance paraissait imminente, mais les divergences entre le Congrès, qui voulait une Inde unique pour les hindous et les musulmans, et la Ligue musulmane, qui prônait une partition nette en deux États, paraissaient désormais inconciliables et provoquaient de multiples et incontrôlables flambées de violence.

Chitpur Road, rue bondée du centre de Calcutta. Avec 12 millions d'habitants, Calcutta est une des villes les plus peuplées de l'Inde.

En bas : Enfants à Bénarès.

À Londres, en 1946, le gouvernement travailliste dépêcha une mission sur place. Après de longues tractations avec Nehru, qui avait pris la direction du Congrès, l'idée d'une partition entre Inde et Pakistan fut acceptée. C'est lord Louis Mountbatten qui fut chargé de mettre en route l'indépendance : le 15 août 1945, après deux cérémonies solennelles à Delhi et à Karachi, il décrétait la fin de la domination anglaise sur le sol indien.

L'indépendance. L'indépendance marque le début de l'époque moderne, riche en nouveautés mais souvent ébranlée par des conflits aux frontières avec le Pakistan (1965 et 1971) ou avec la Chine (1962) ainsi que par des problèmes ethniques et religieux, comme le soulèvement des sikhs en 1983 et celui des sécessionnistes musulmans au Cachemire en 1995.

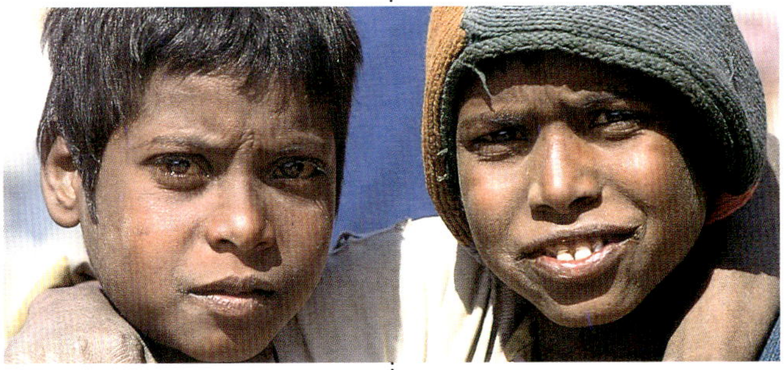

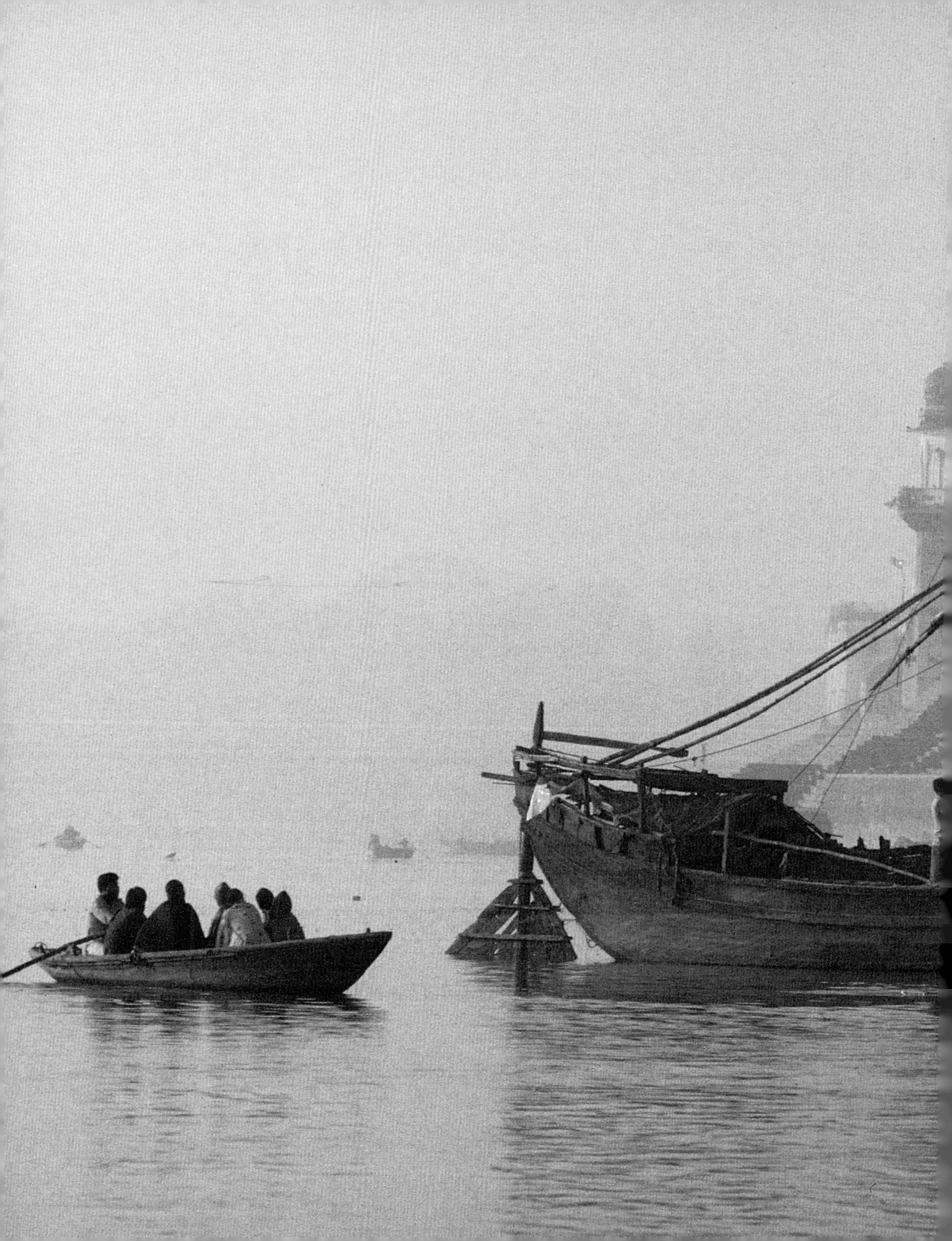

Images de l'Inde

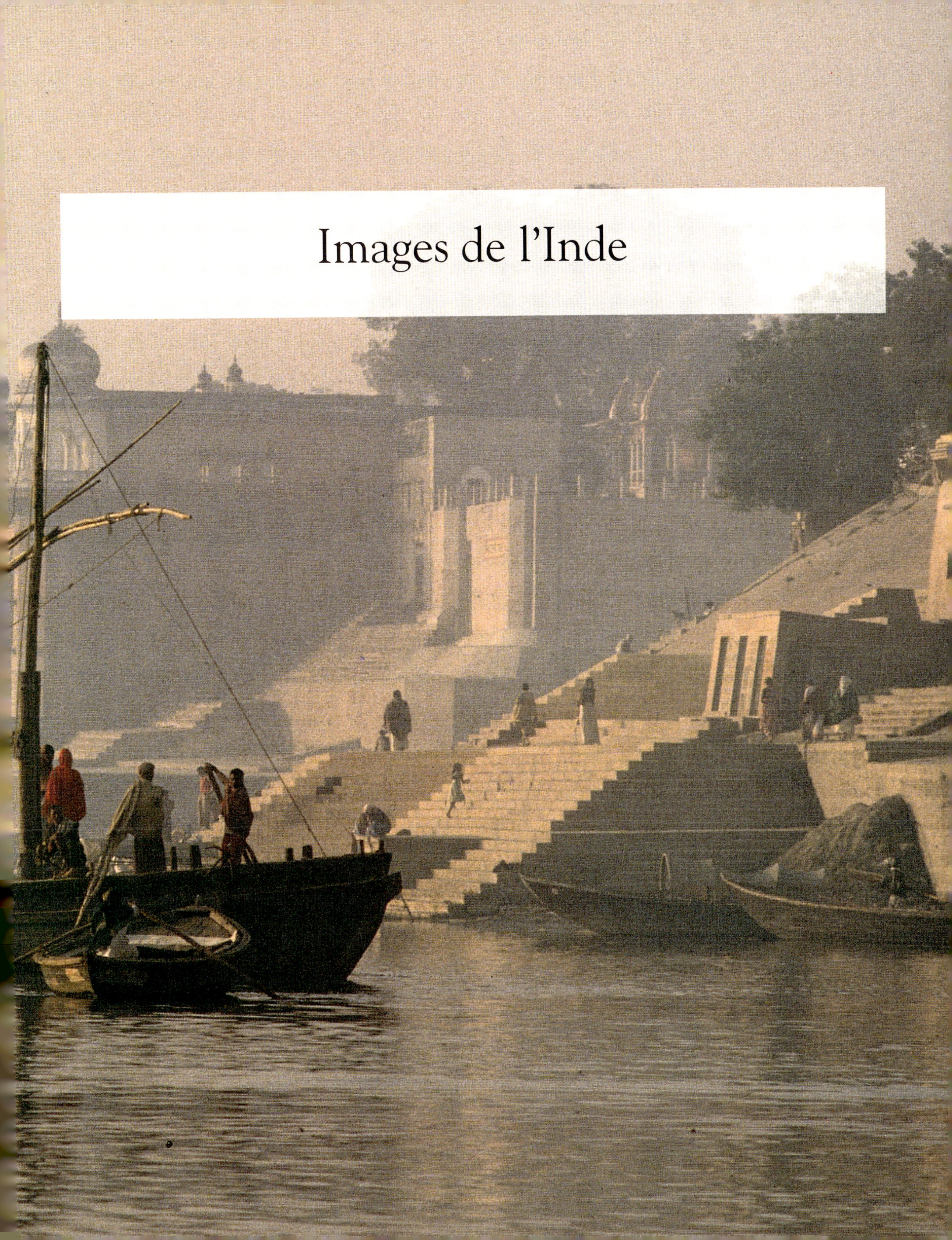

Double page précédente : L'aube sur les rives du Gange à Bénarès (Varanasi).

Ci-contre : Le bodhisattva Padmapāni (Avalokiteśvara) avec une fleur de lotus dans la main droite. Peinture murale d'Ajantā (Mahārāṣṭra), grotte n° 1, v^e^-vi^e^ siècles.

Page de droite : Image de Śiva Maheśvara du Kailāsanātha (viiie siècle). L'ensemble de temples d'Ellora, commandité par le roi Kṛṣṇa (753-783), a été creusé dans un bloc de roche volcanique haut de 90 mètres et large de 60 mètres. Le temple comprend des salles, des arcades et un grand sanctuaire consacré au taureau Nandin (le véhicule de Śiva). Dans un second temps, on a creusé dans les parois de la roche de petits temples consacrés à des divinités inférieures.

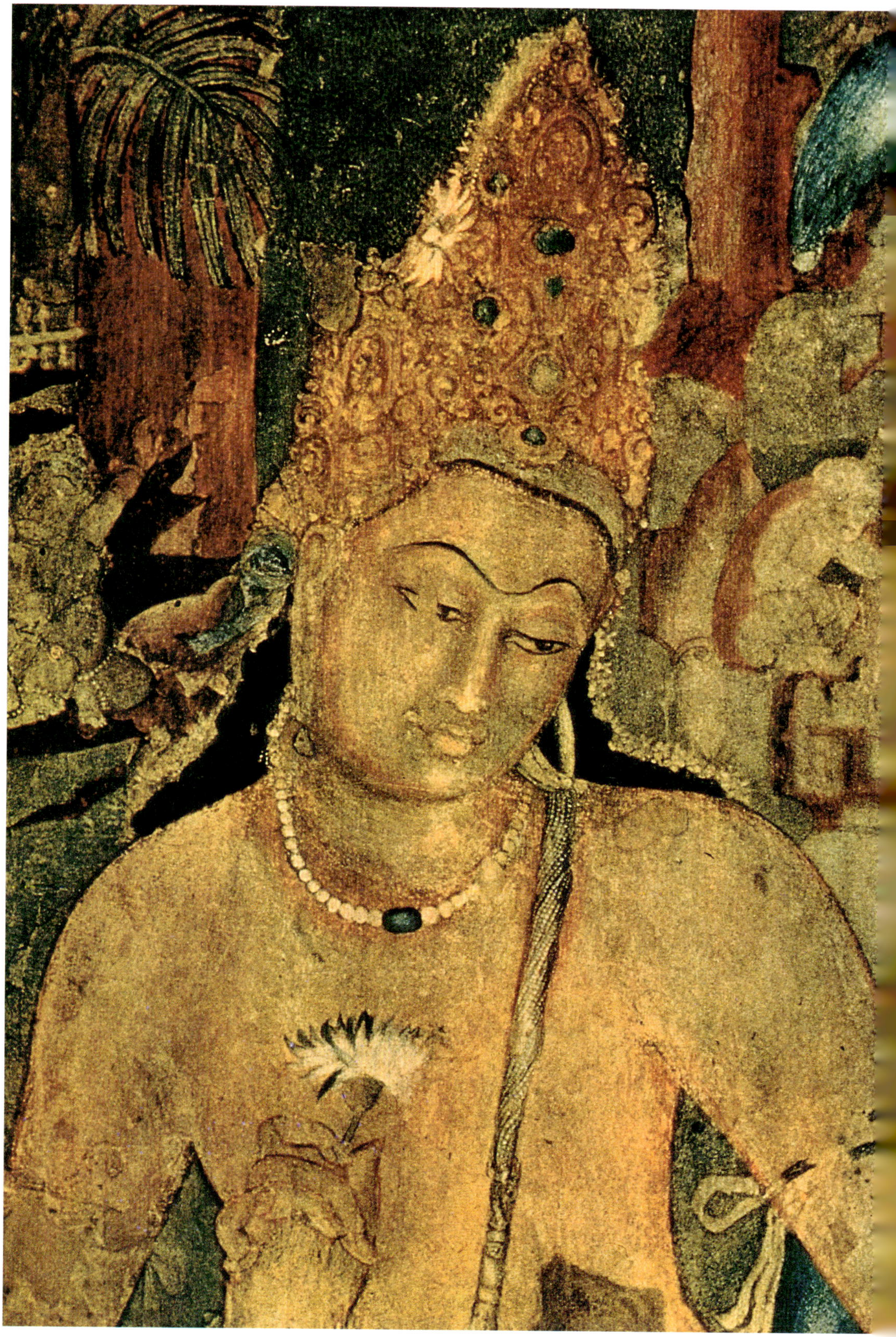

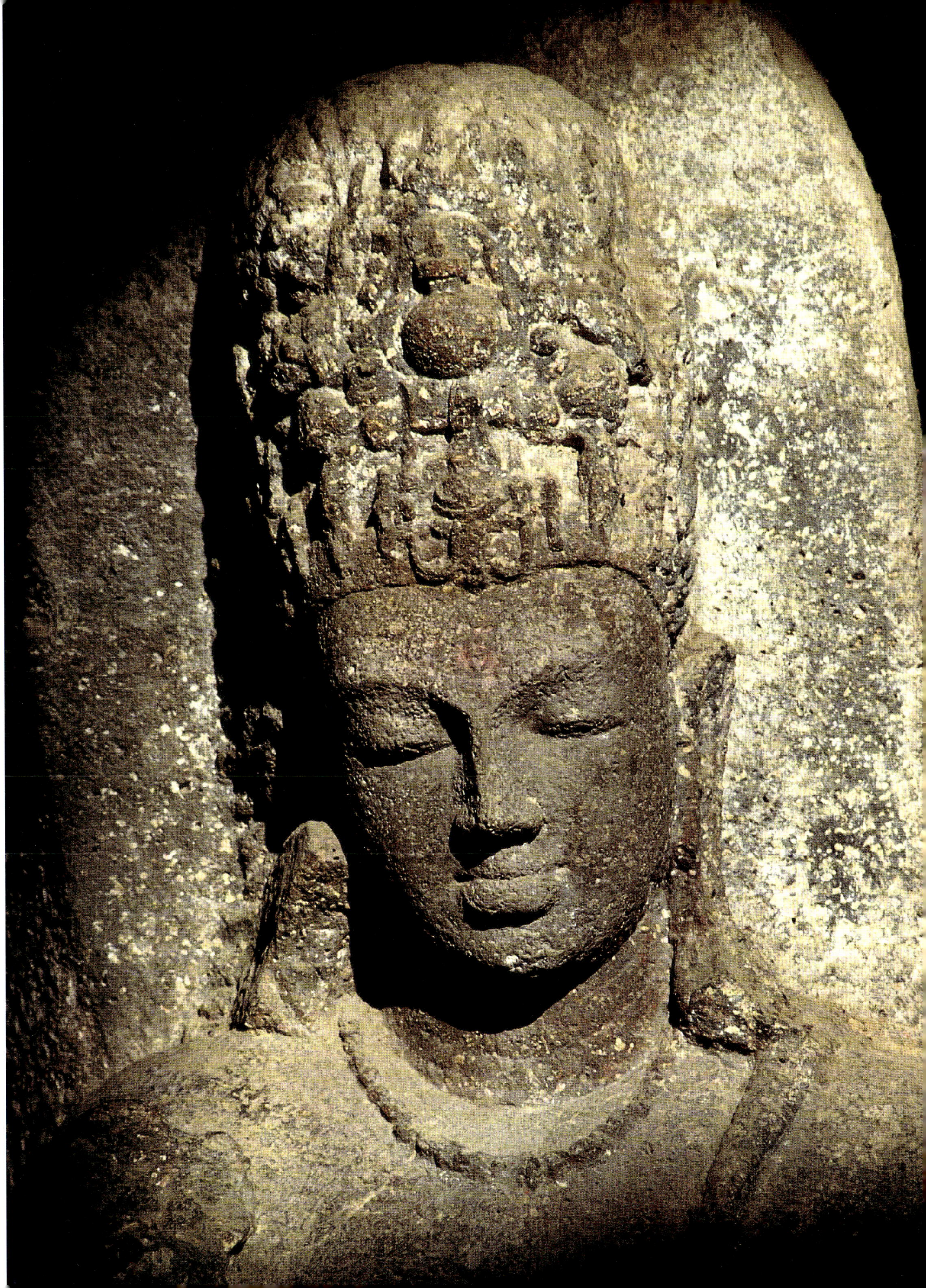

Les grottes d'Ajantā, creusées le long d'un versant escarpé semi-circulaire au-dessus d'un méandre du fleuve Waghora, furent découvertes en 1819. L'ensemble comprend des grottes du type caitya *(sanctuaires) et* vihāra *(monastères) ; les plus anciennes (n°s 8, 9, 10, 12, 13) remontent aux IIe-Ier siècles av. J.-C., époque de la dynastie Śātavahana. Celles qui sont placées aux deux extrémités du versant sont plus tardives (V^e-VIIe siècles ap. J.-C.).*

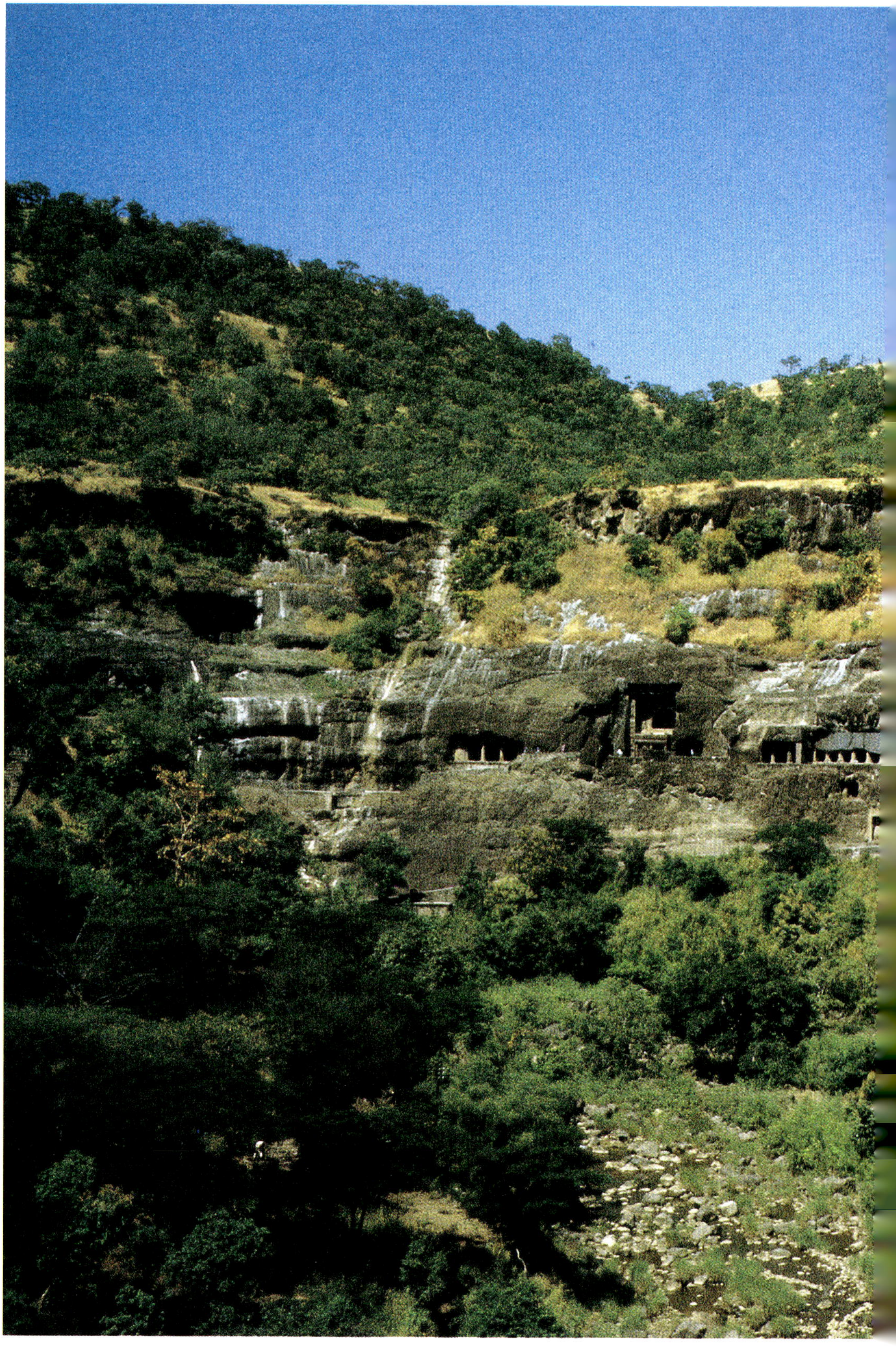

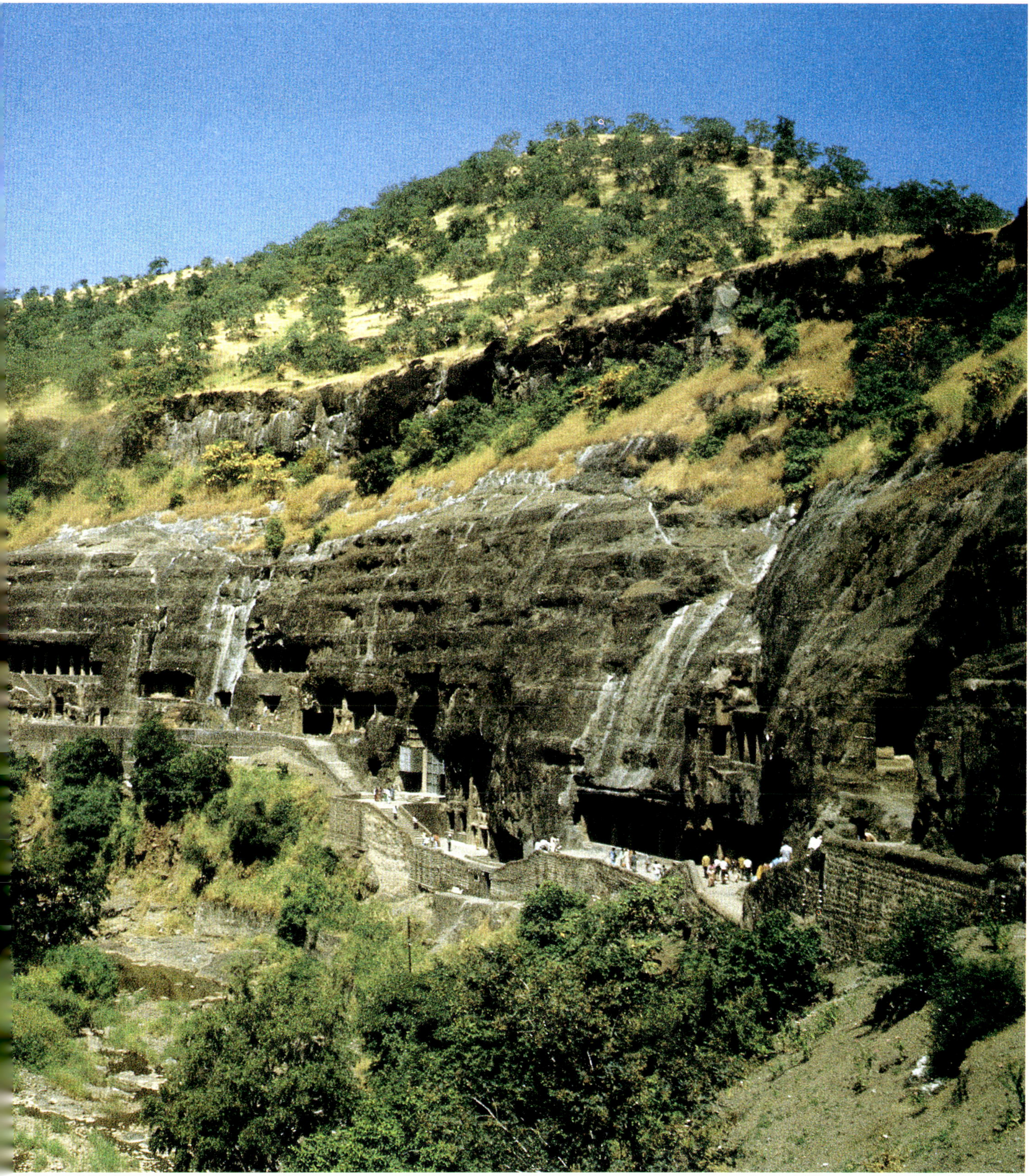

Échoppe dans une rue de Calcutta. La place est limitée mais exploitée au maximum.

Page de droite : Vue d'avion de Marina Drive, le spectaculaire bord de mer de Bombay.

Calcutta et Bombay sont parmi les villes indiennes les plus vivantes. Le contraste est fort entre les quartiers de baraquements et de bâtiments délabrés et les rutilants immeubles modemes.

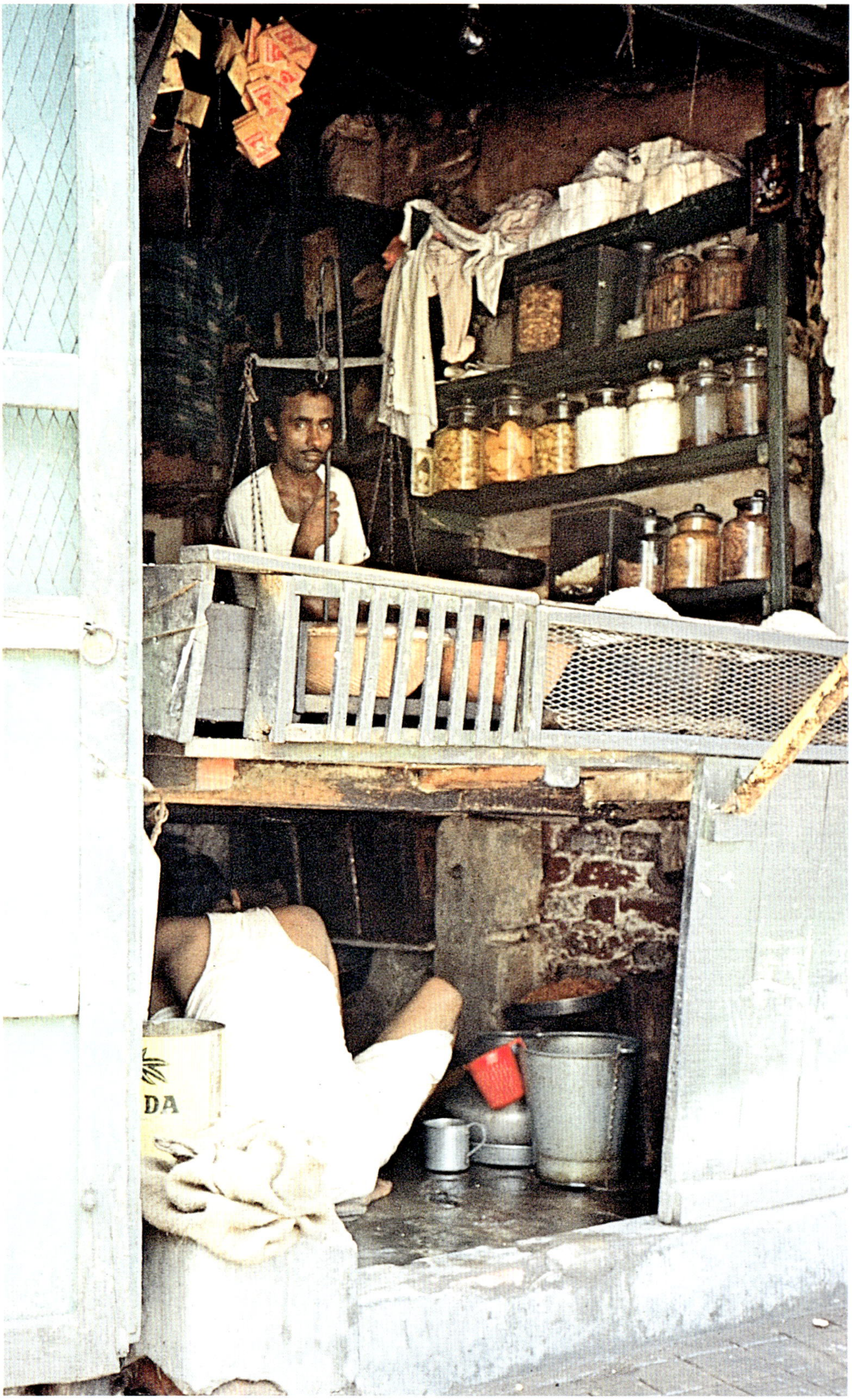

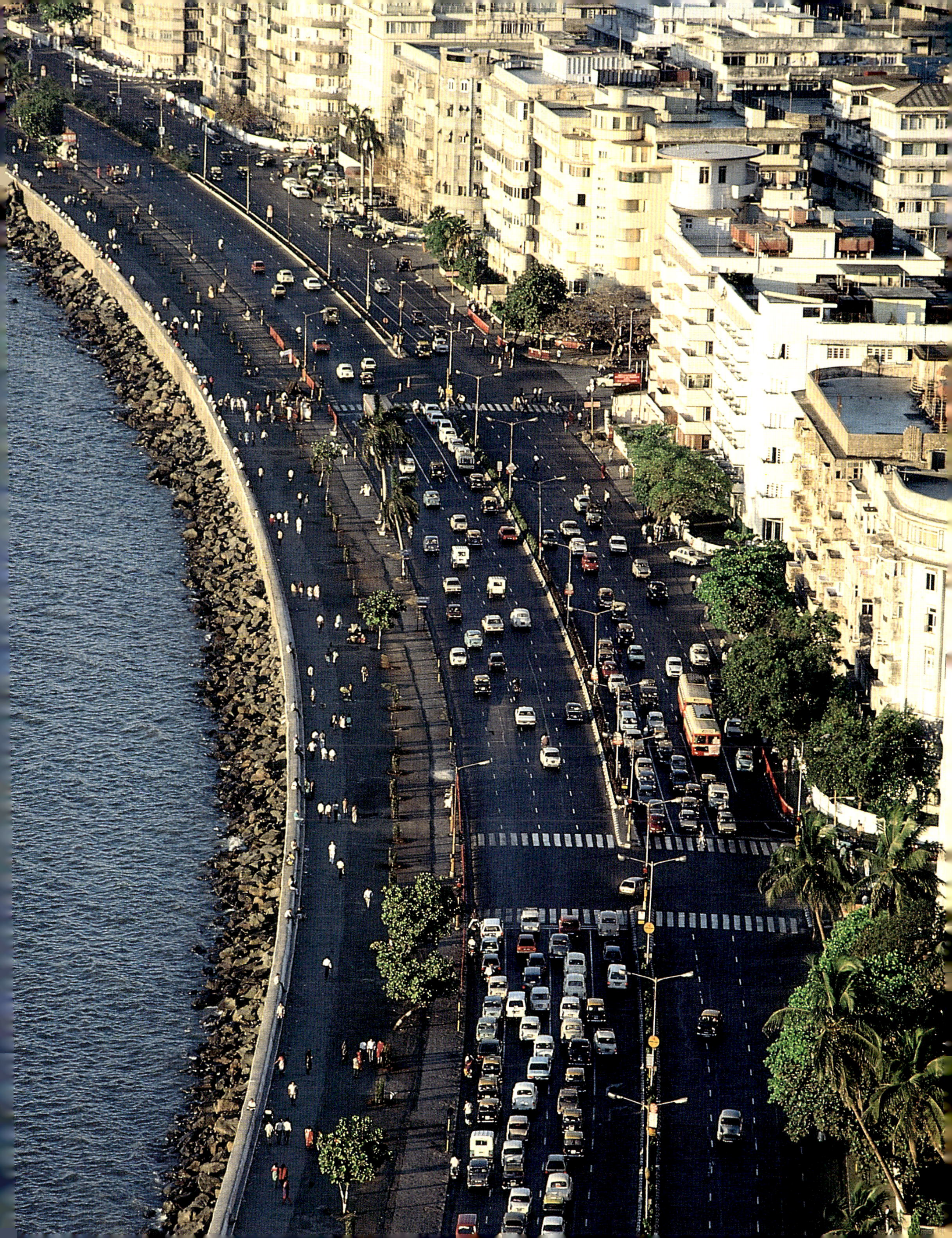

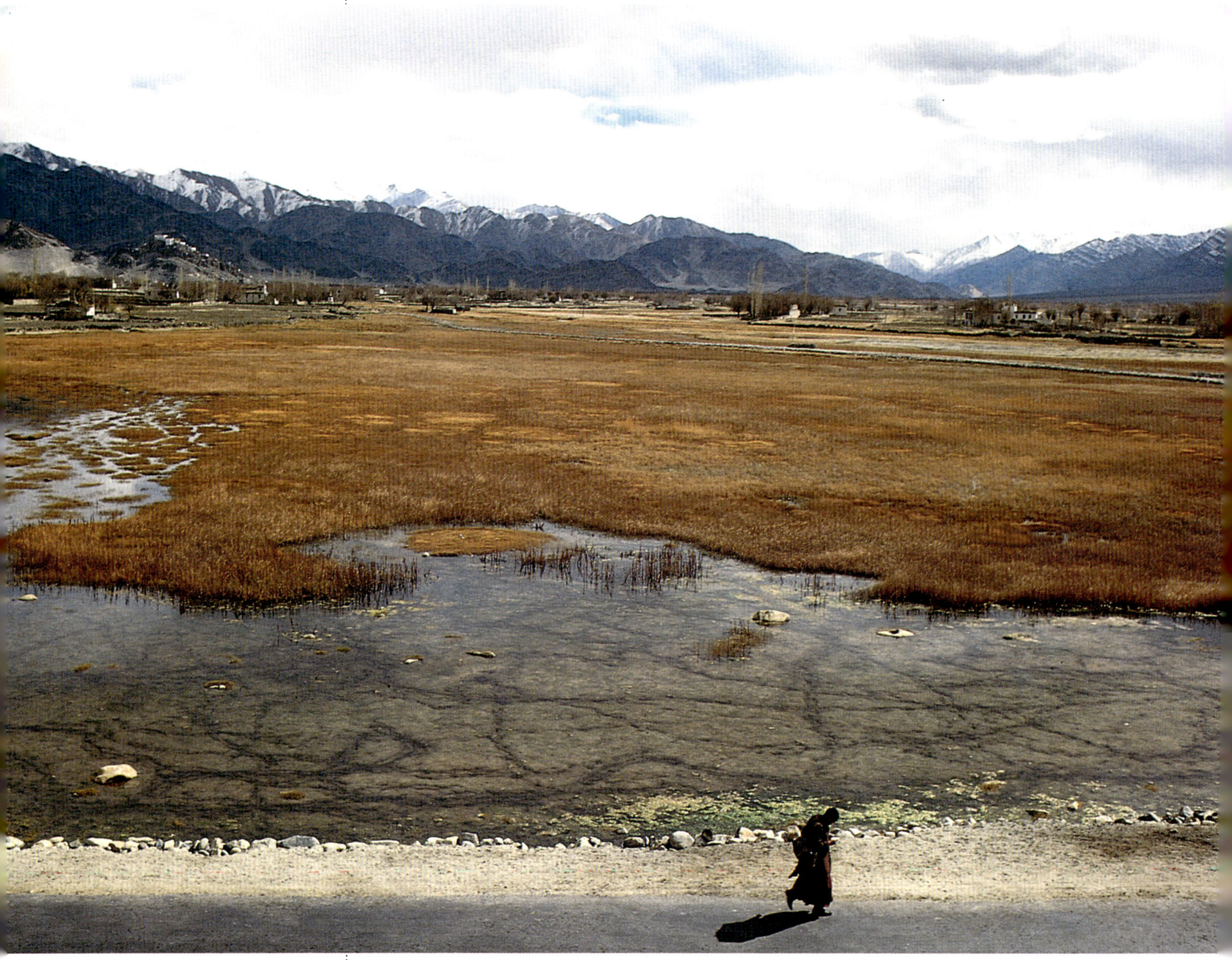

Ci-dessus : Une image du Ladakh et des cultures d'orge répandues dans cette région.

Page de droite, en haut : Les bords du fleuve Jhelam au Cachemire.

Page de droite, en bas : Le travail dans les rizières du Madhya Pradesh. Plus de 60 % de la population indienne se consacre à l'agriculture. Cependant, dans beaucoup d'endroits, c'est une agriculture de subsistance et la productivité est faible.

Double page suivante : Les escaliers où se rassemblent des pèlerins, sur les bords du Gange à Bénarès. Sur les marches se déroulent les ablutions, les cérémonies funéraires et d'autres rites fondamentaux.

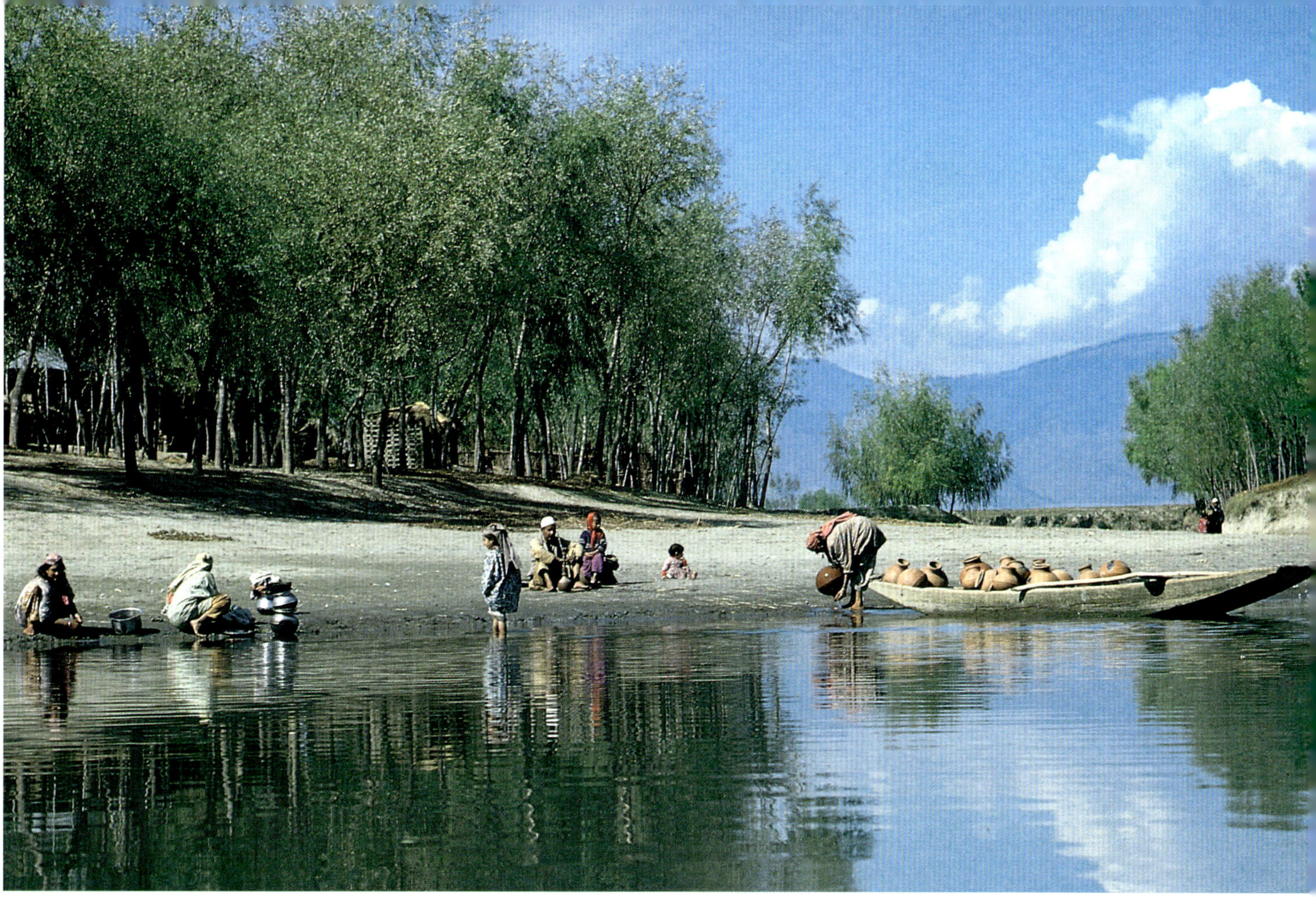

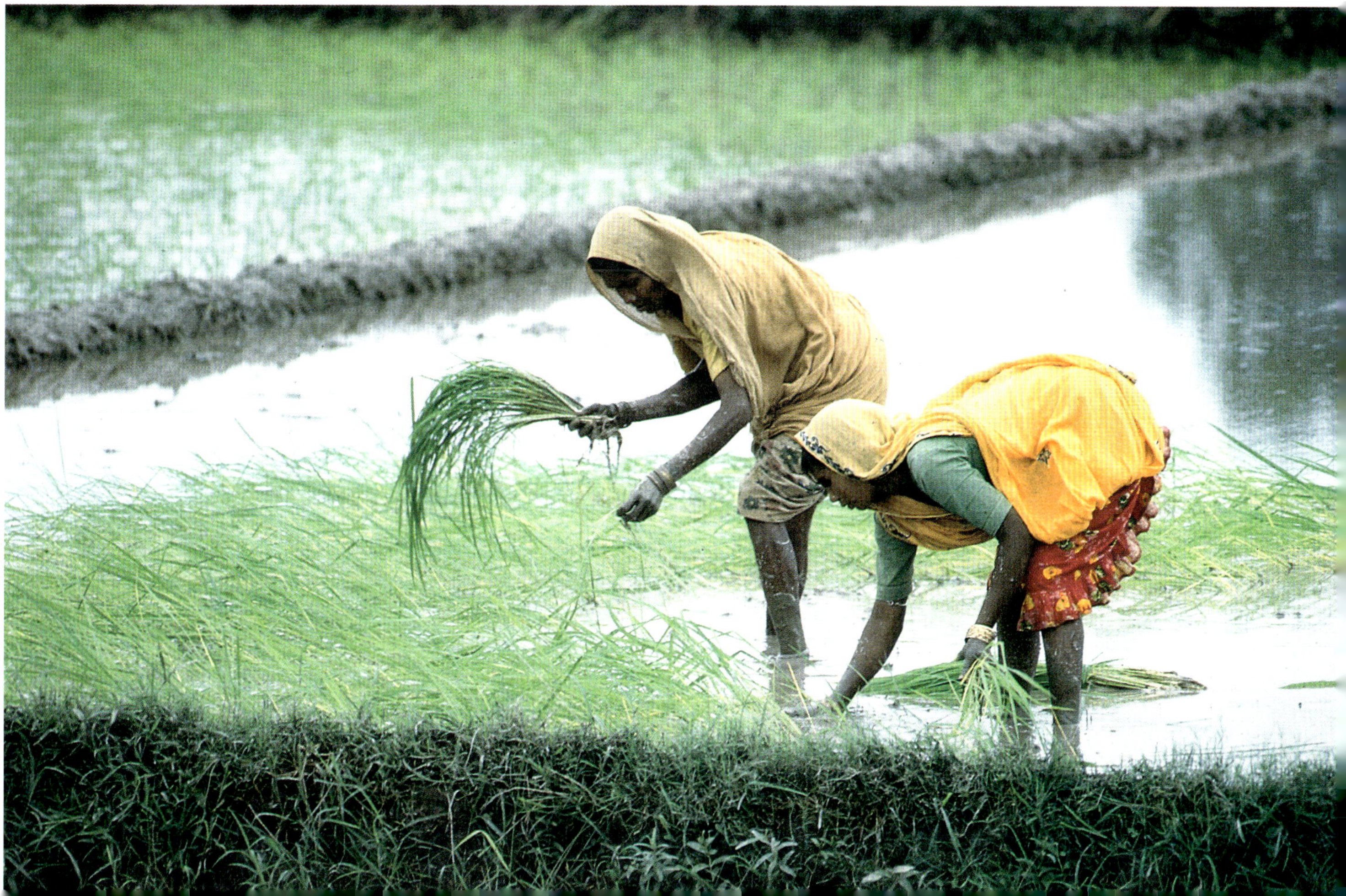

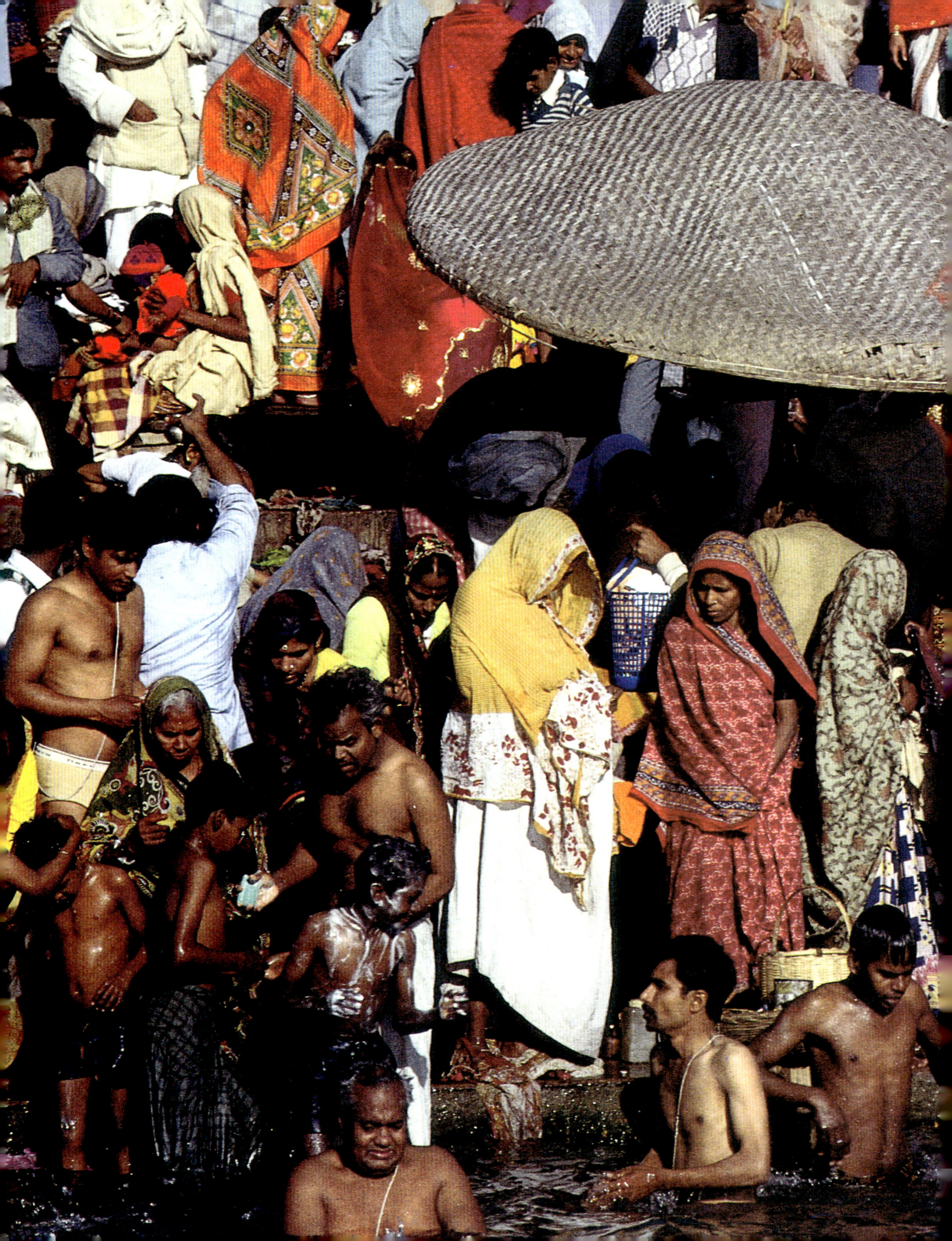

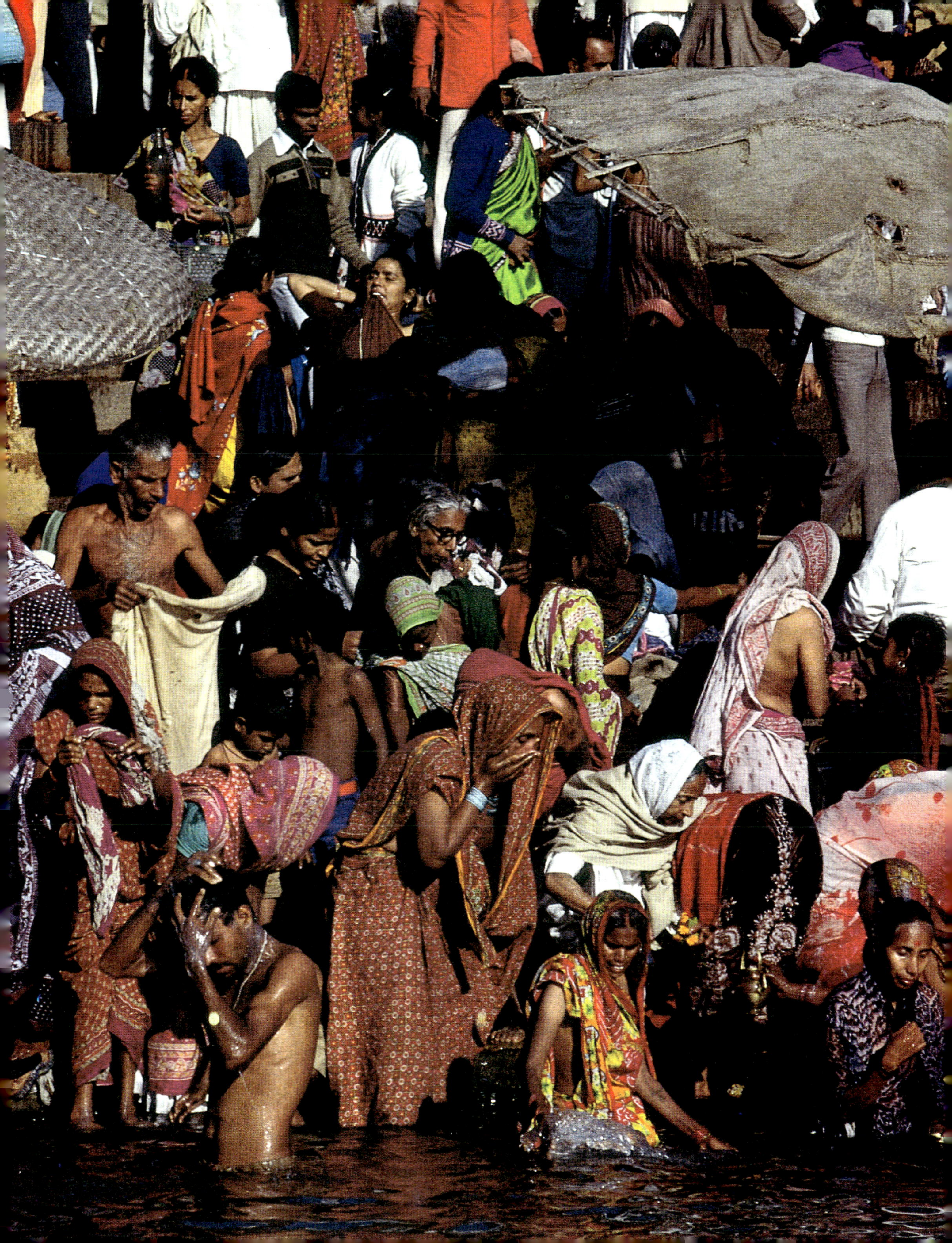

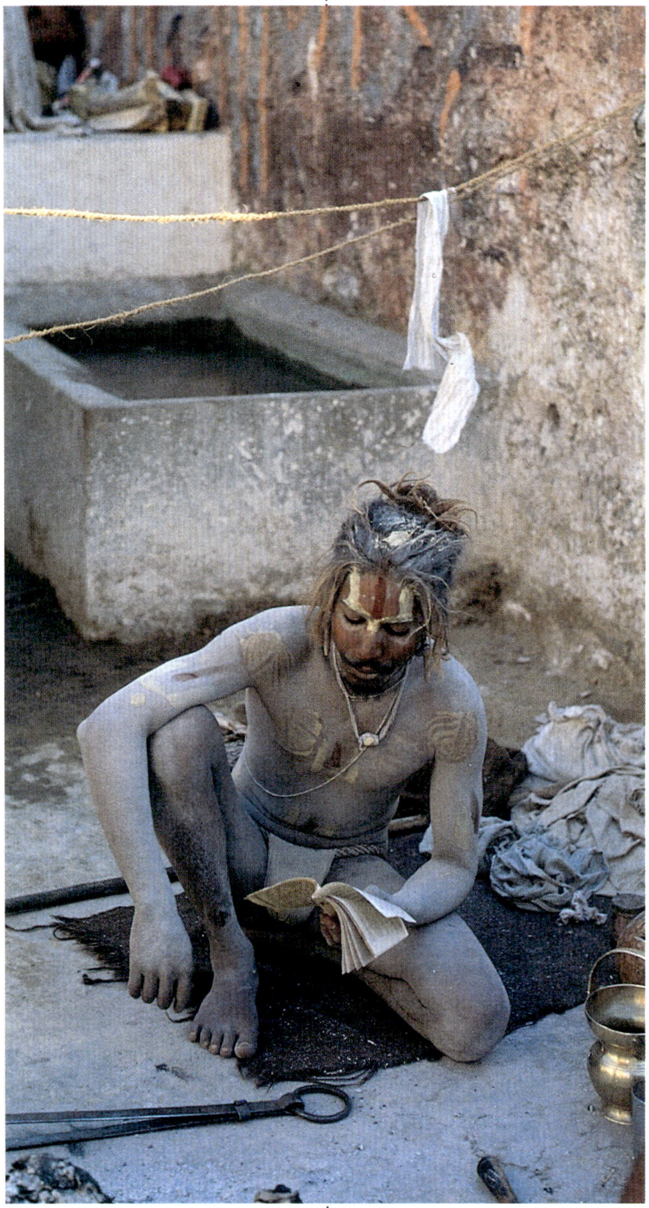

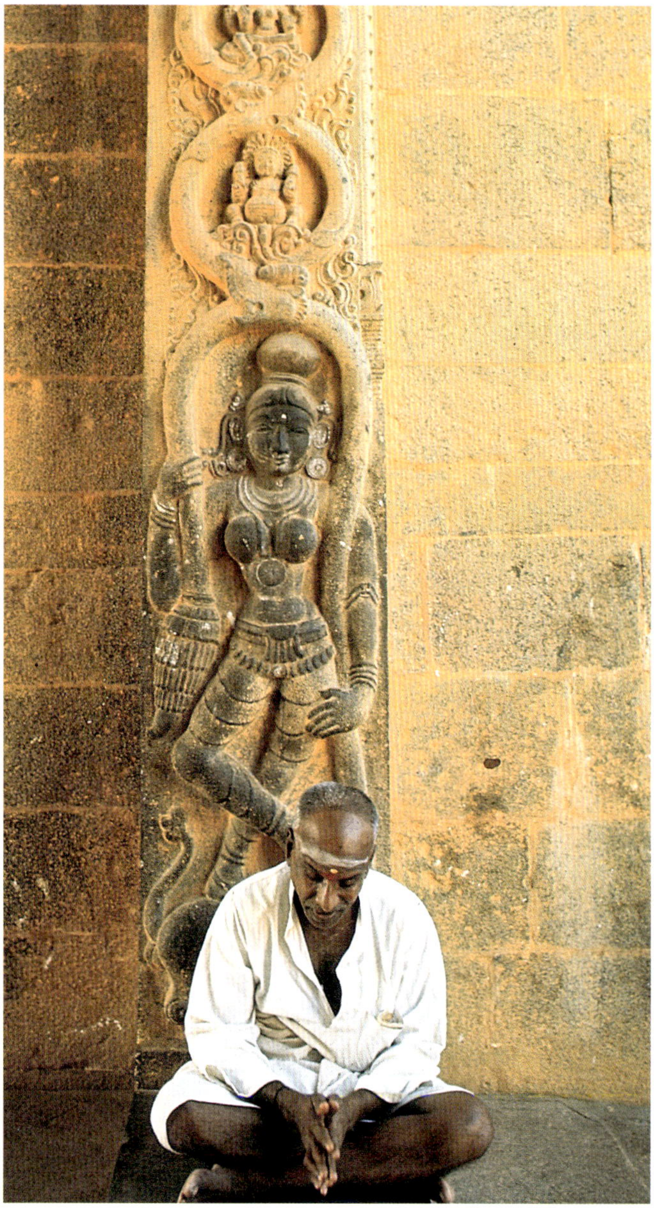

Ci-dessus, à gauche : Un brahmane en prière.

Ci-dessus, à droite : Un ascète hindou. Les marques sur son visage ont des significations symboliques différentes selon les sectes et sont imposées par le guru (maître) de l'ascète.

*Page de droite : Intérieur du temple de Kālī à Calcutta. Kālī est un des noms de la parèdre (*śakti*) de Śiva ; en son honneur on célèbre à Calcutta, en novembre, une fête qui attire des milliers de pèlerins.*

Double page suivante : Maṇikarṇikā Ghạt, un des plus célèbres lieux de crémation à Bénarès.

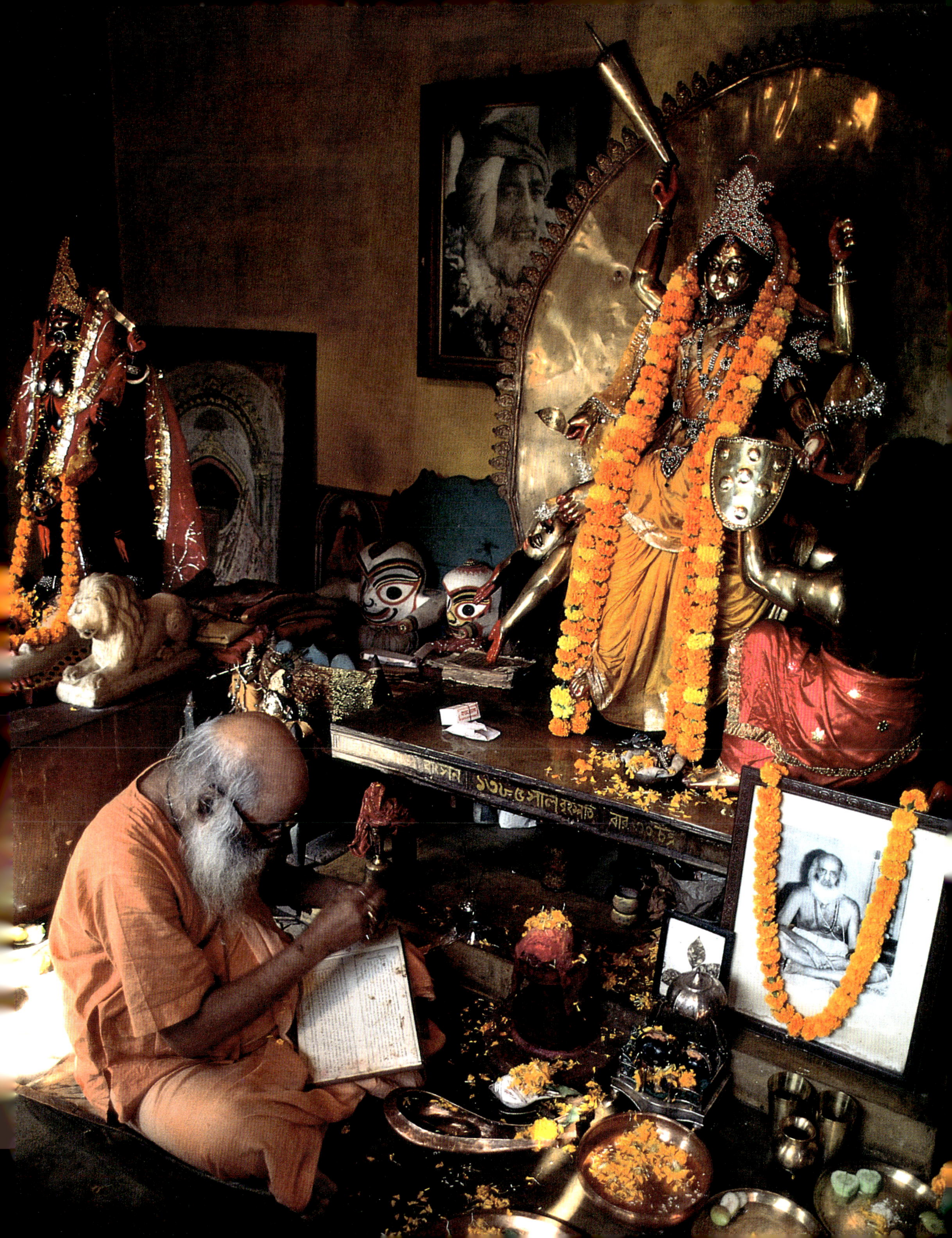

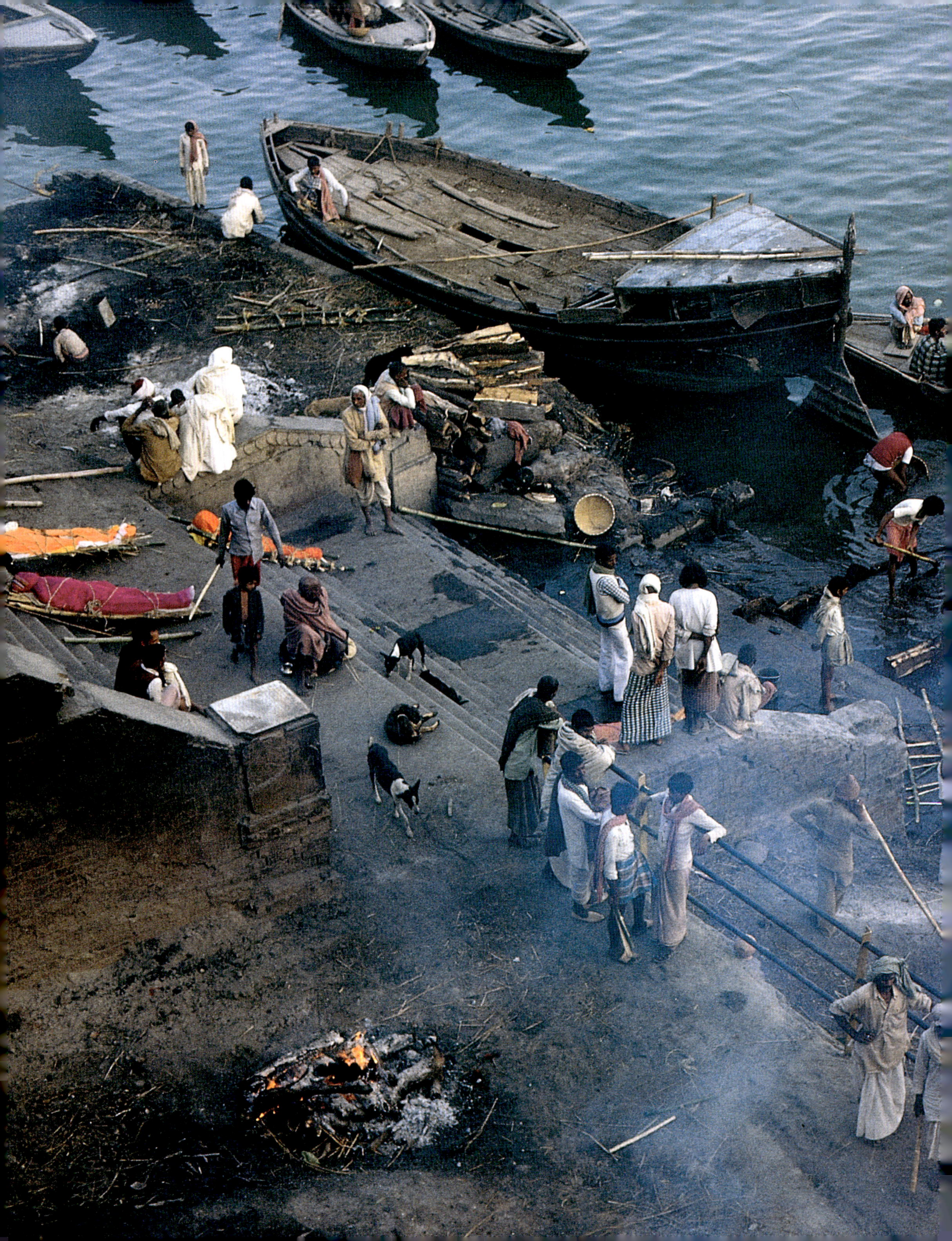

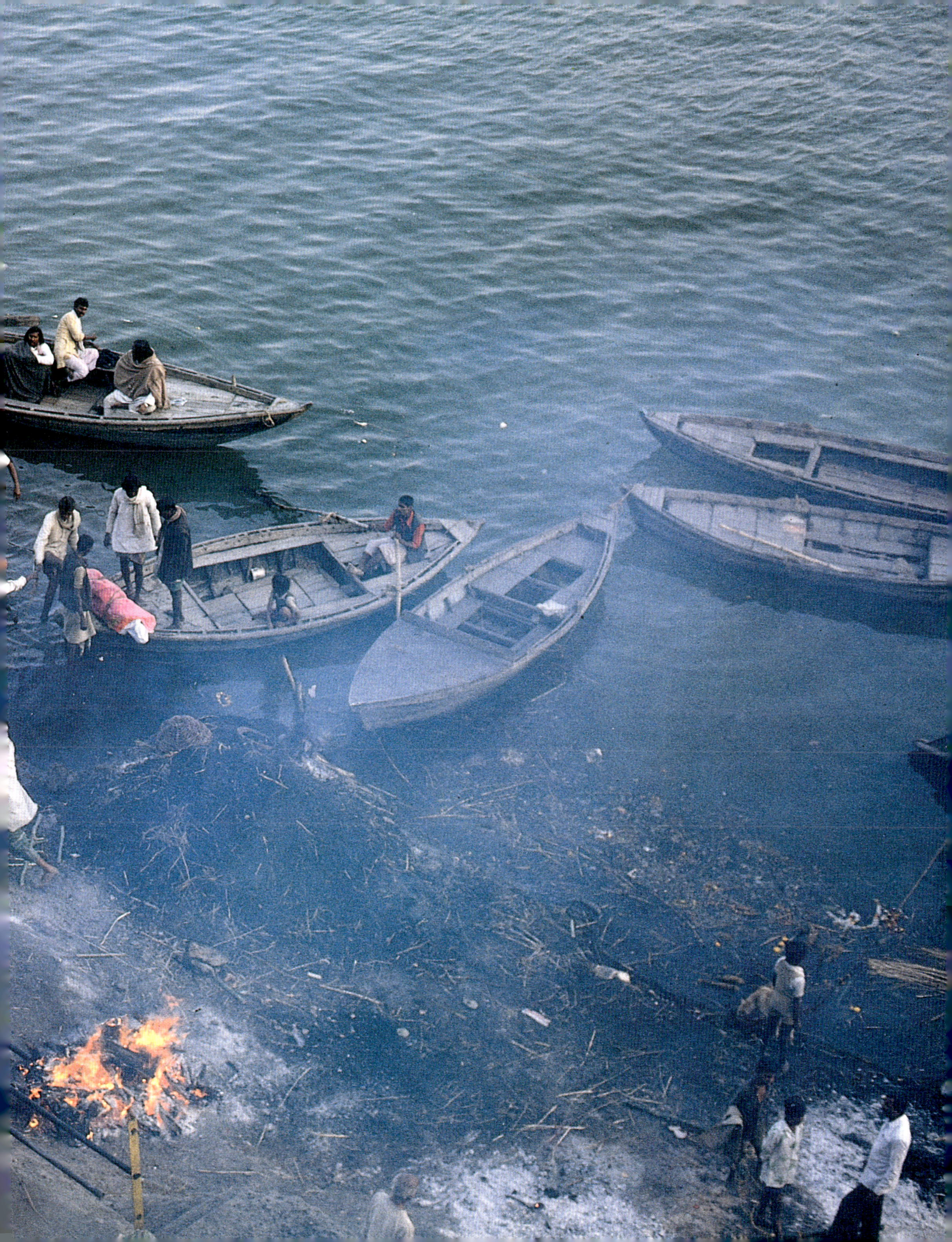

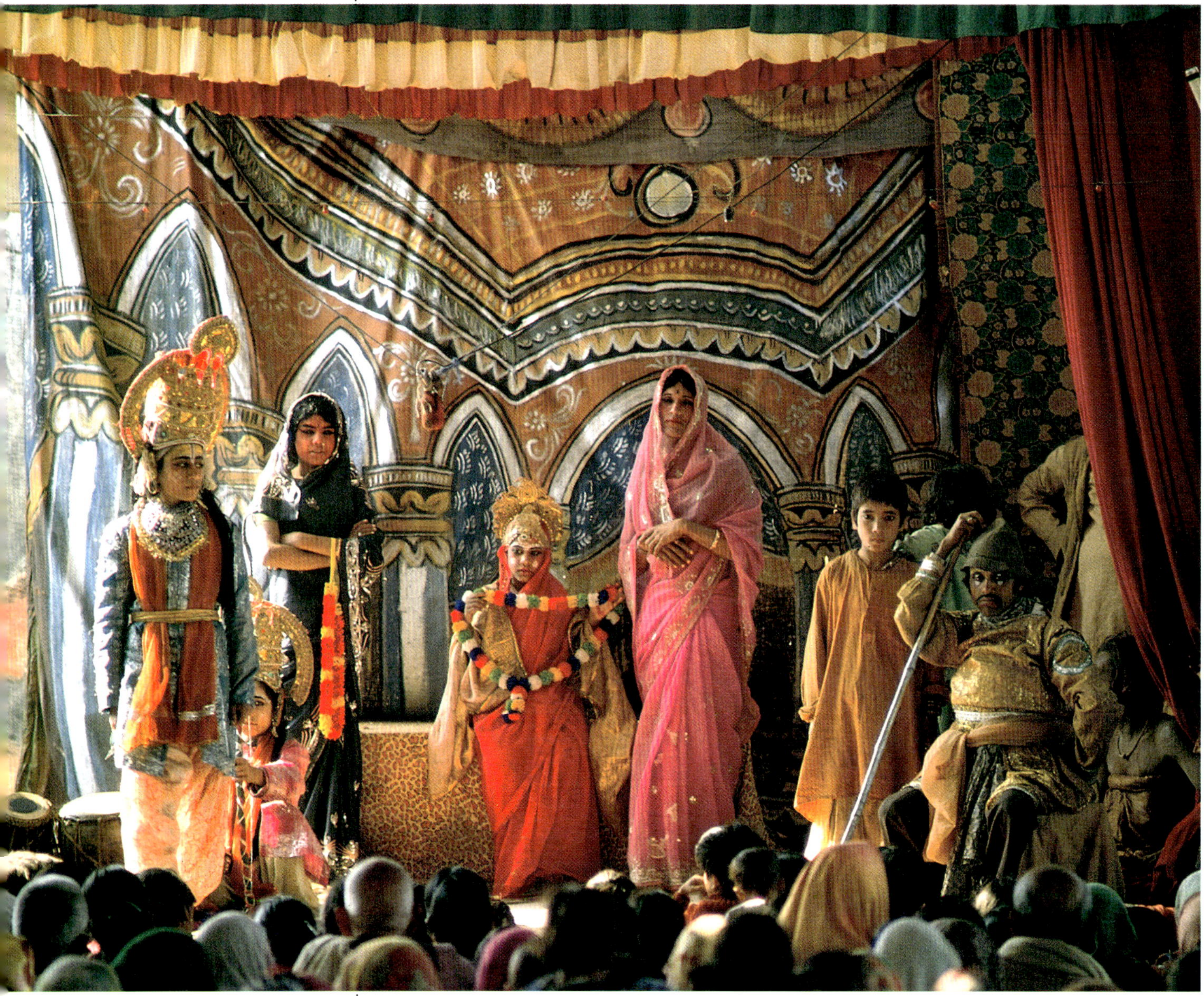

Ci-dessus : Spectacle théâtral inspiré par des sujets épiques traditionnels à Allahabad, l'ancienne Prayāga (Uttar Pradesh), à l'occasion de la fête Magh-melā, qui a lieu entre janvier et février.
À proximité d'Allahabad se trouve Triveni, une localité tenue pour sacrée parce que trois fleuves y confluent : le Gange, la Yamunā et le fleuve sacré souterrain Saraśvatī.
À Triveni, tous les douze ans, se déroule la grande fête Kumbha Mela, qui rassemble une foule immense.

Page de droite : Un moment de la procession à l'occasion de la fête de Gaṇeśa, le dieu à tête d'éléphant. La fête, qui a lieu entre août et septembre, se déroule sur dix jours environ.

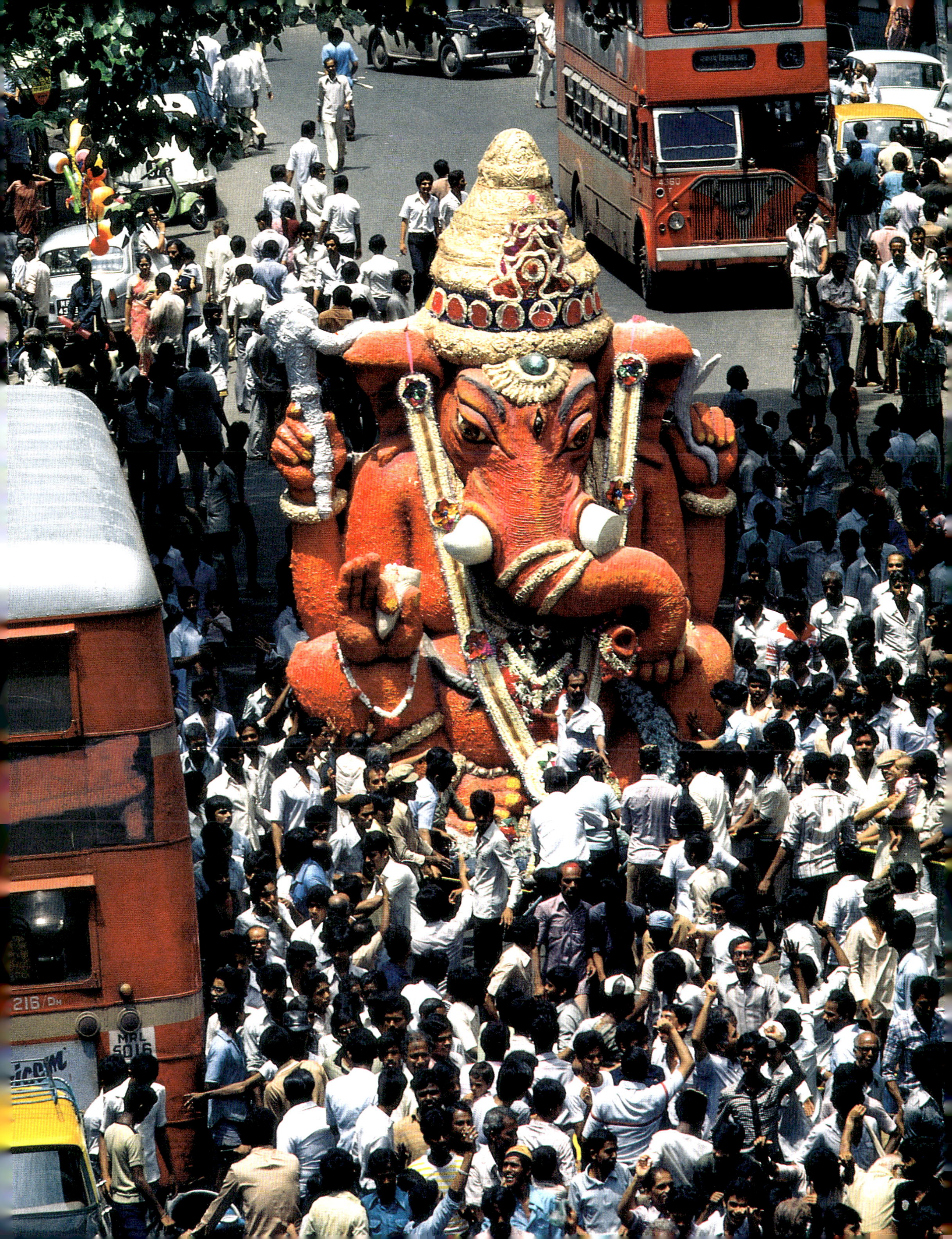
216/Dn
MRL 5016

Ci-contre : Le temple de Lakṣmaṛa à Khajurāho (Madhya Pradesh), xe siècle. Il comprend trois colonnades successives à l'entrée (maṇḍapa) *et un édifice principal avec un toit pyramidal* (vimāna) *surmonté d'une tour curviligne* (śikhara). *Khajurāho, ancienne capitale des Candella (950-1203), conserve de nombreux temples dont les murs extérieurs sont ornés de bandes de sculptures ininterrompues.*

Page de droite : Détail de la décoration extérieure du temple de Khaṇḍariya Mahādeva (xie siècle) à Khajurāho. Le temple, consacré à Śiva, est la construction la plus significative de Khajurāho, également à cause du raffinement des bas-reliefs qui représentent des divinités masculines et féminines, des animaux fantastiques et des couples d'amoureux.

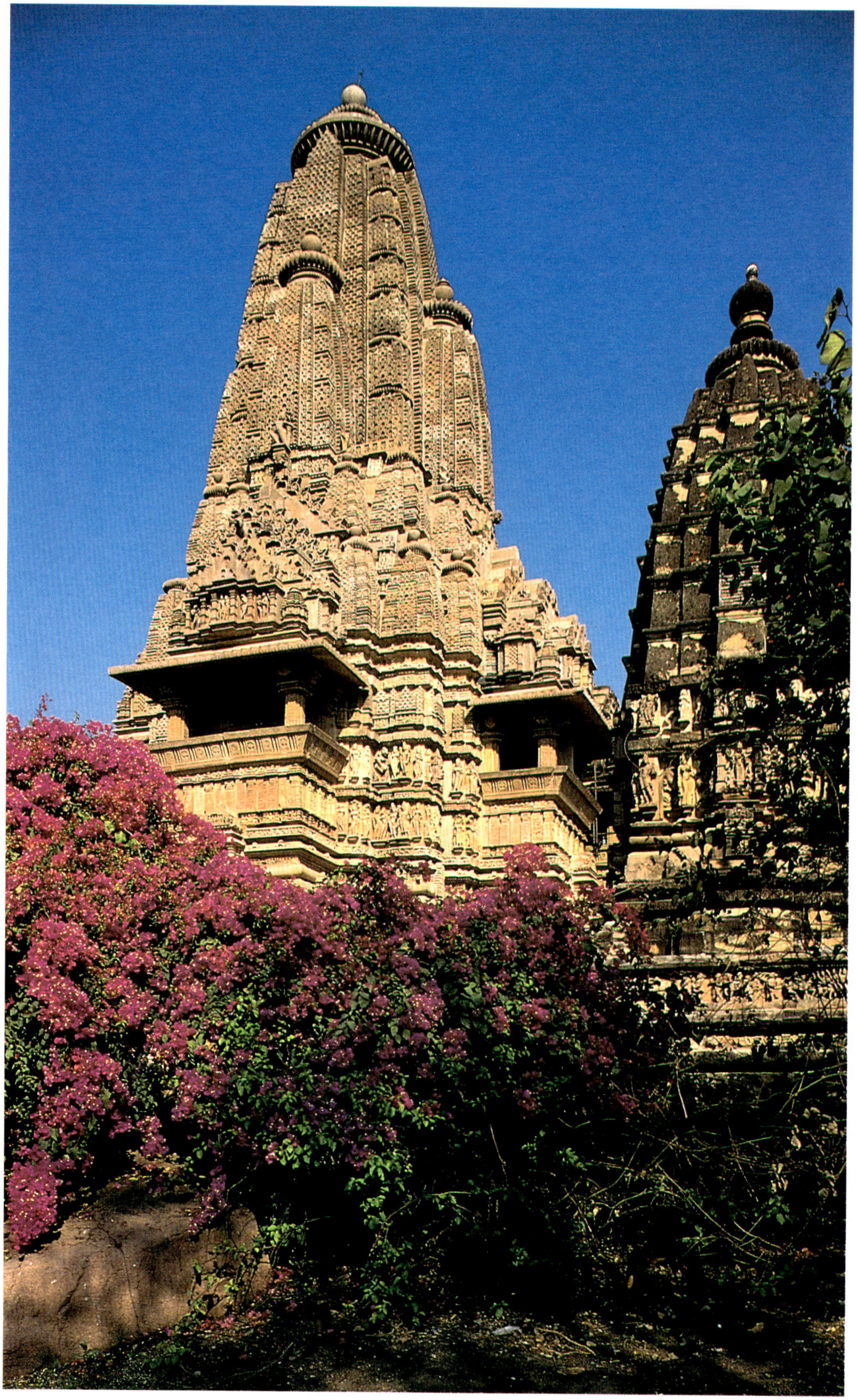

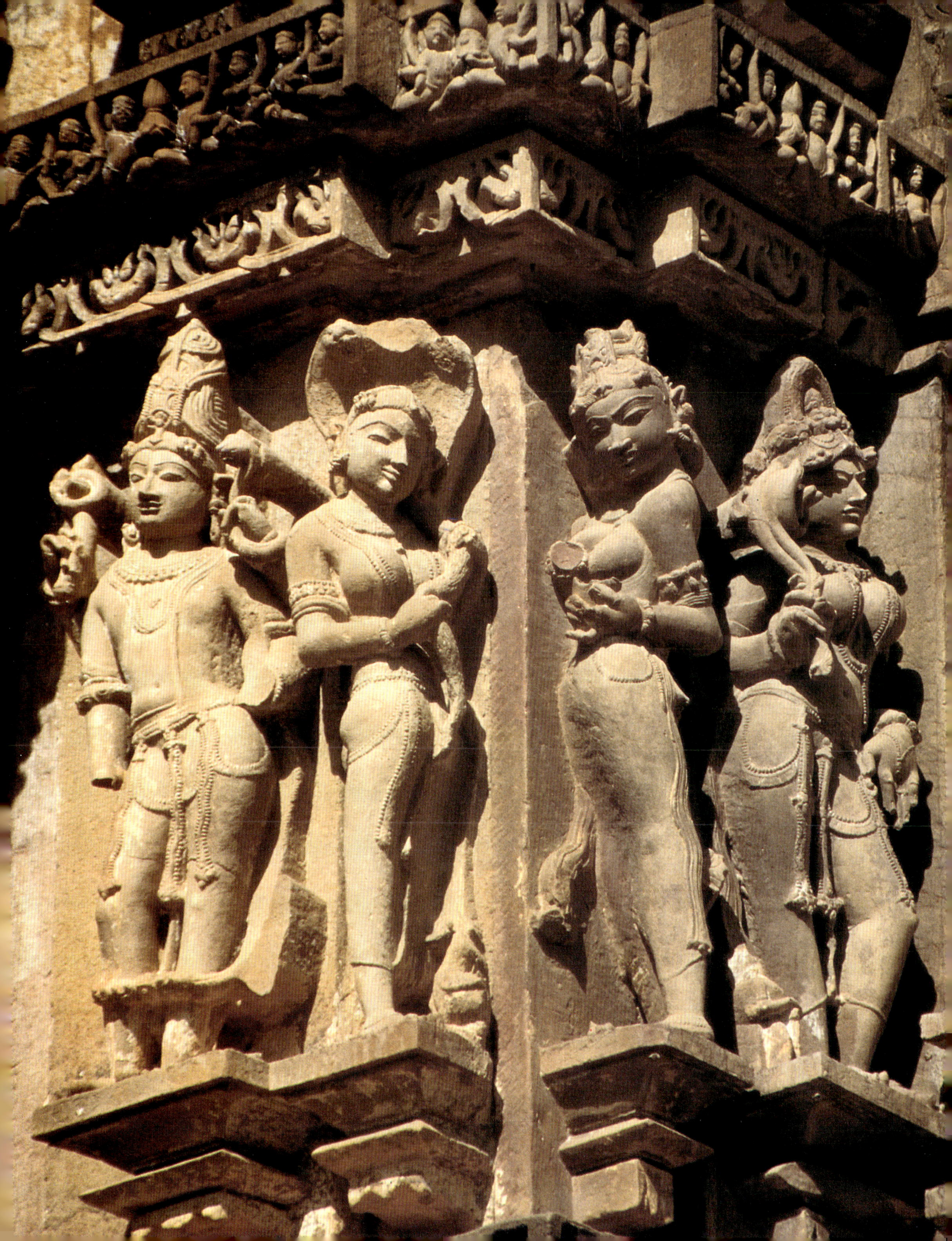

Couples d'amoureux sur les murs extérieurs du temple du Soleil à Konārak (Orissa), première moitié du XIIIe siècle. Selon la tradition de l'Orissa, la décoration extérieure est très riche. Le temple est aujourd'hui considéré comme l'un des monuments archéologiques les plus importants du pays.

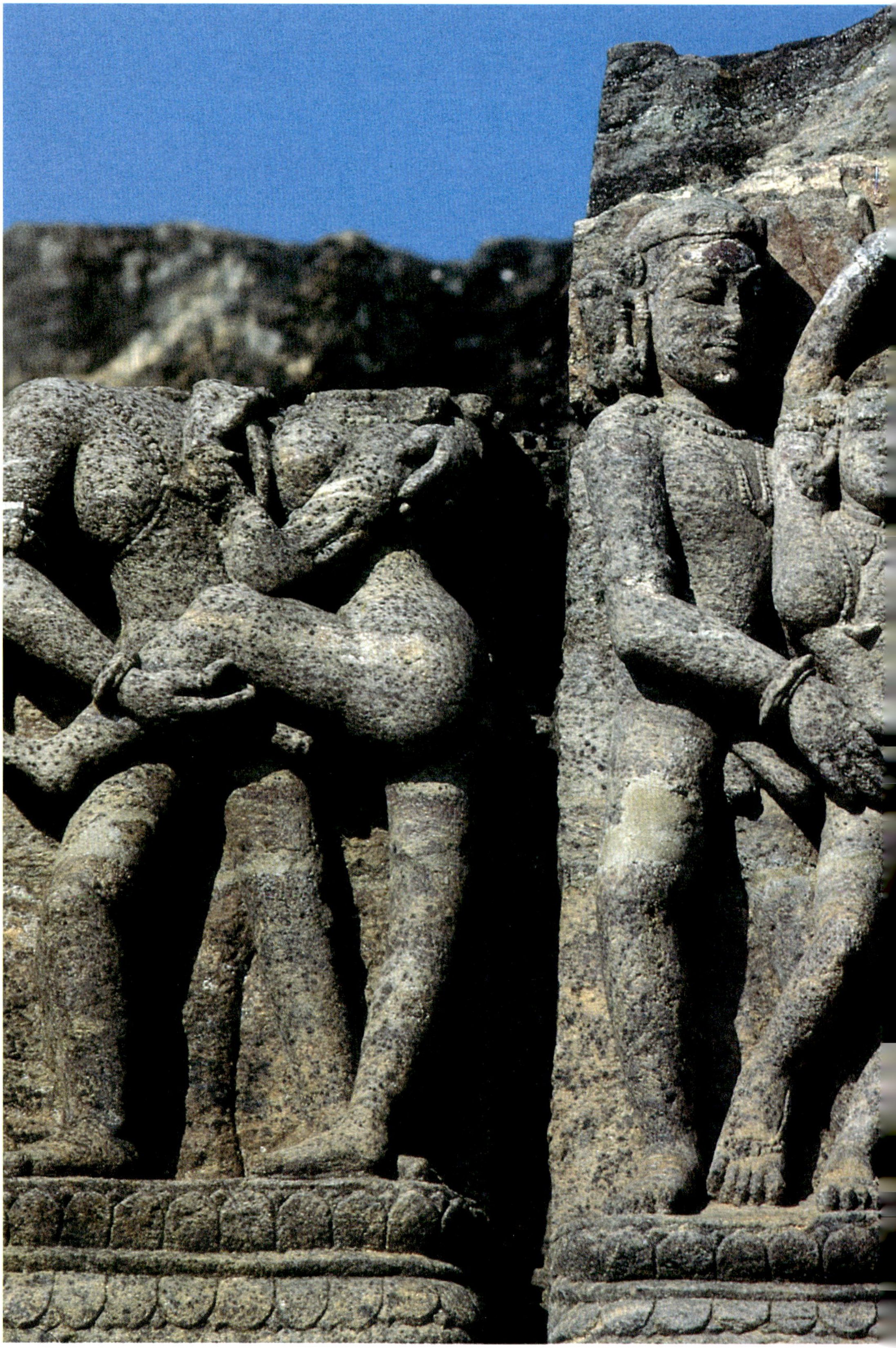

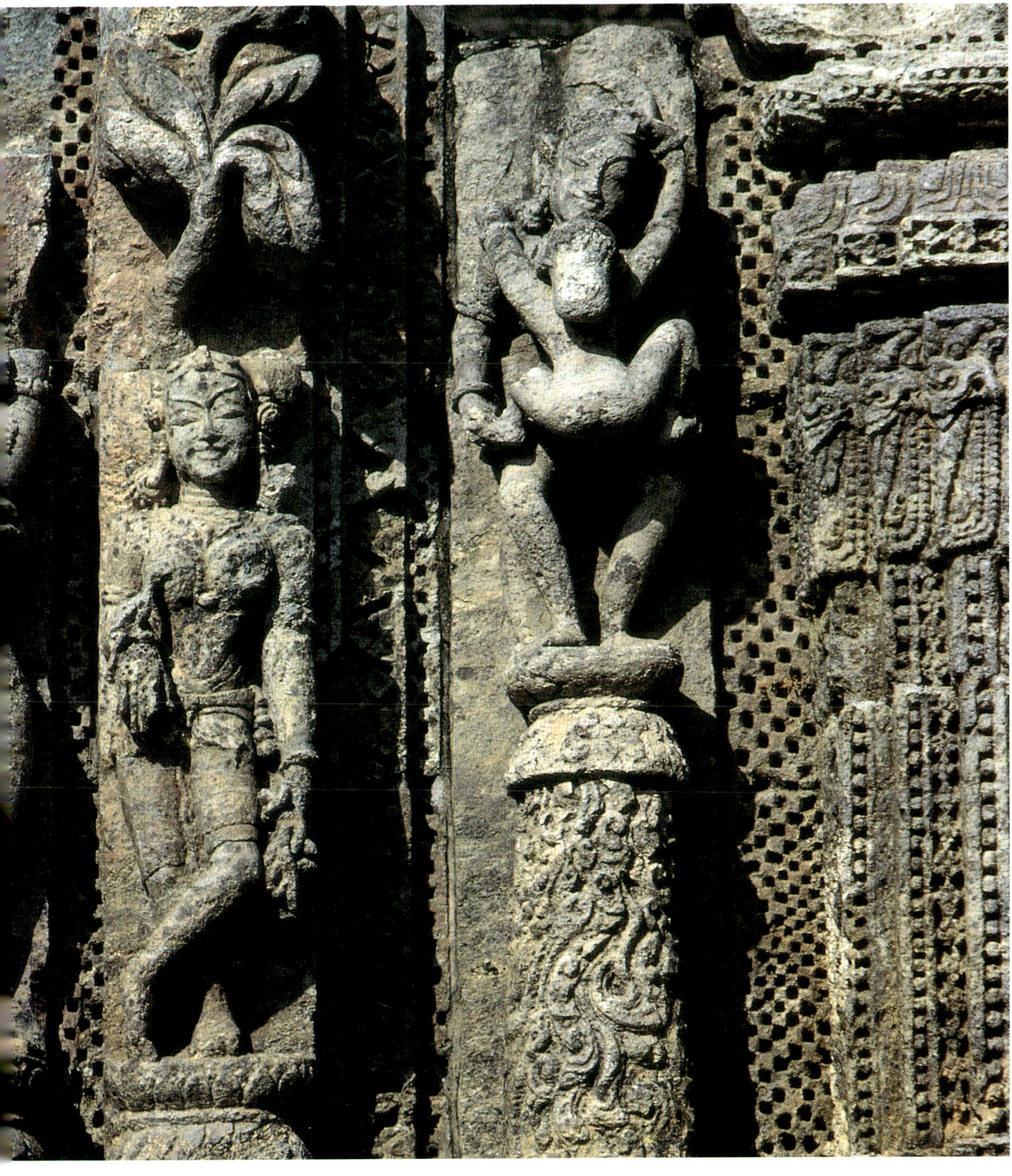

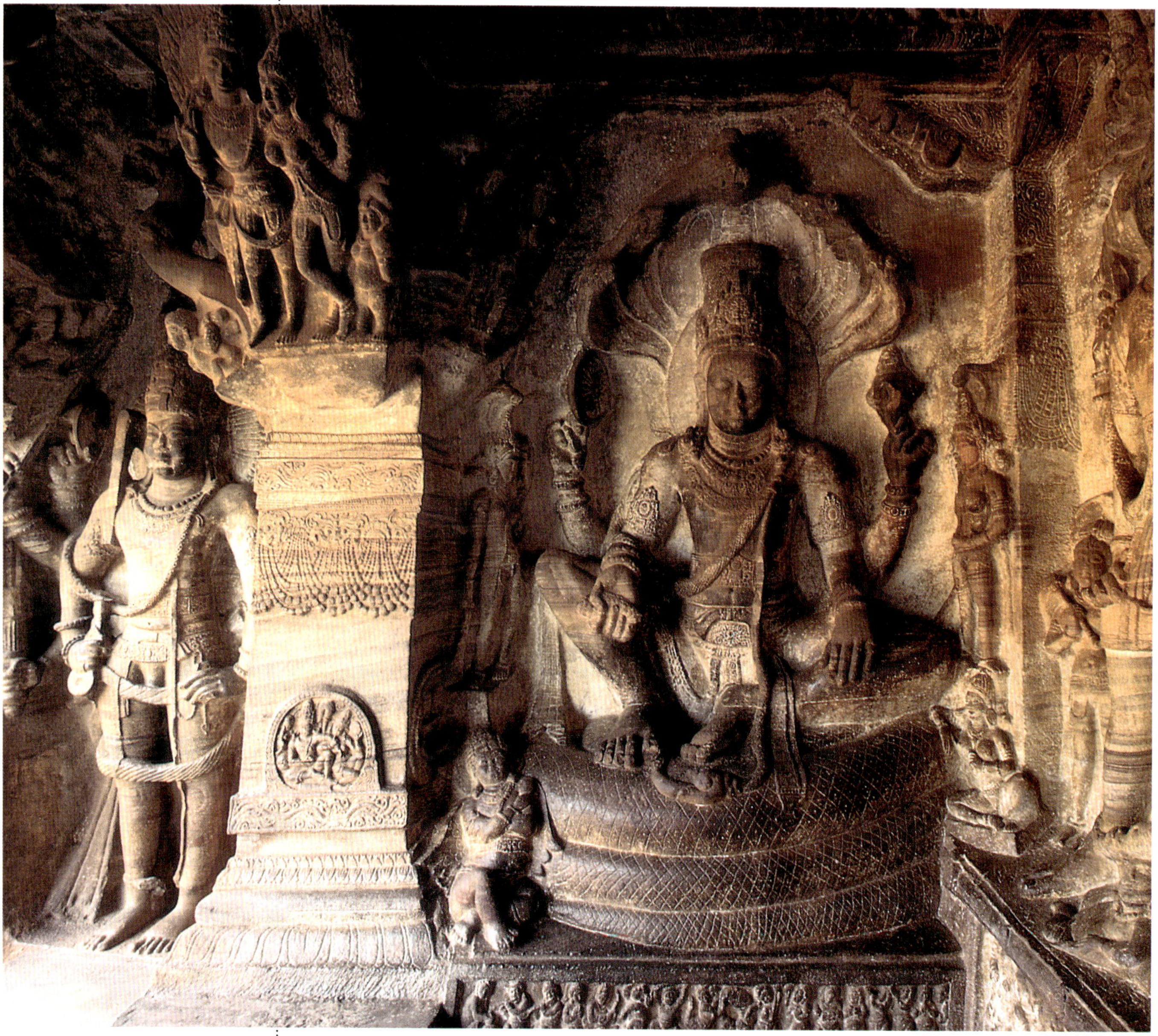

Intérieur de la grotte n° 3 de Bādāmi (Karnataka), seconde moitié du VIe siècle ; la sculpture représente Viṣṇu assis sur Śeṣa, le serpent cosmique aux mille têtes, appelé aussi Ananta, l'Infini.

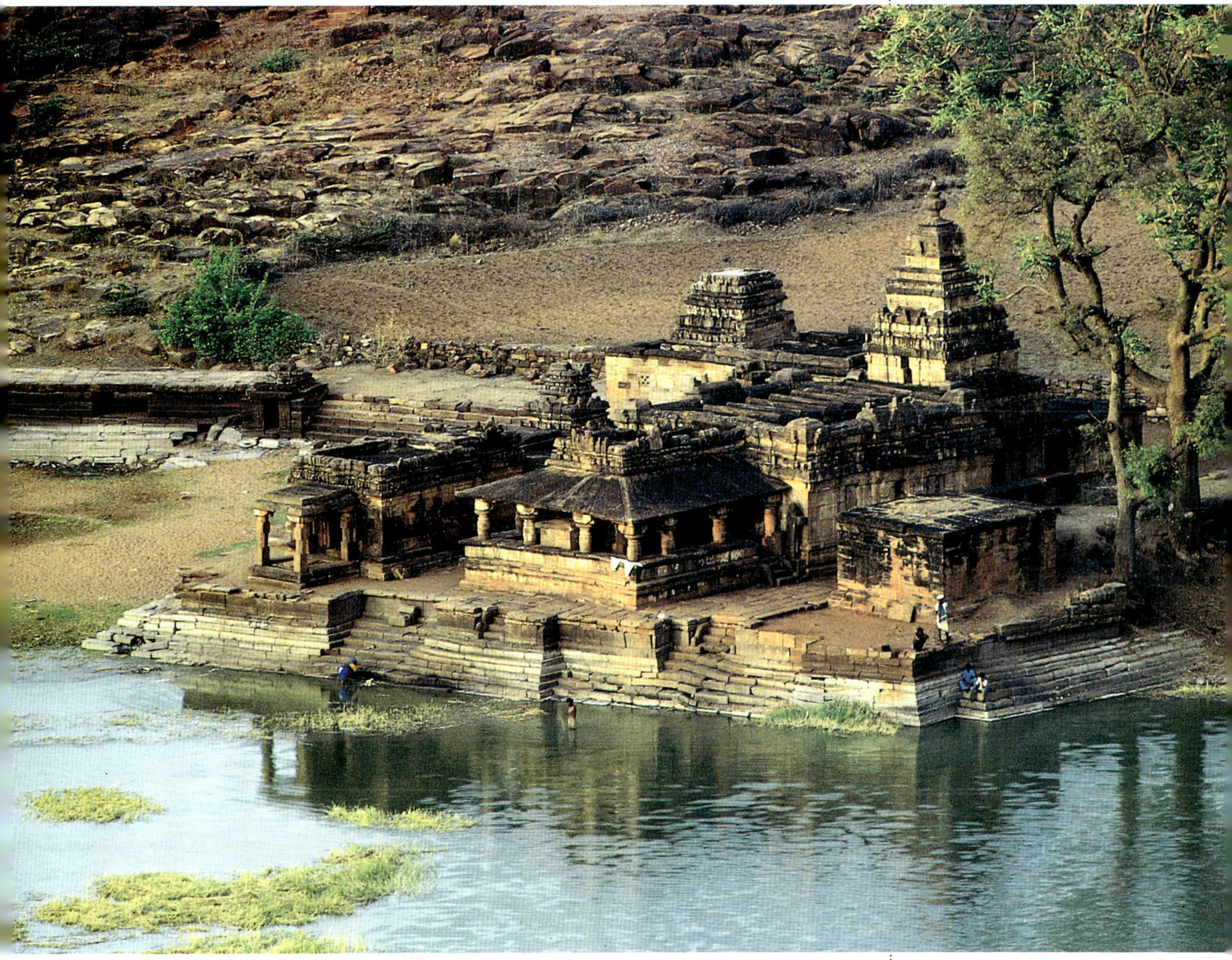

Ensemble de temples à Bādāmi, VIIe siècle. À l'origine consacré à Viṣṇu, il devint par la suite un sanctuaire jaïnique et pour finir fut consacré à Bhūtanātha, le dieu des démons, épithète tantrique de Śiva ; les temples présentent d'imposants pilastres et des fenêtres ajourées avec des motifs géométriques. L'ensemble donne sur un lac artificiel.

Le petit lac sacré d'Amritsar (Pañjāb), capitale religieuse des sikhs. Au milieu du lac est érigé le temple d'Or (Darbar Sahib o Harmandir)*, lieu auquel les sikhs se rendent en pèlerinage au moins une fois dans leur vie. Le soubassement est en marbre blanc, mais le reste de la construction est recouvert de bronze doré sur lequel sont inscrites des phrases de l'*Adi Granth*, le texte sacré des sikhs. Le manuscrit original est conservé dans le temple.*

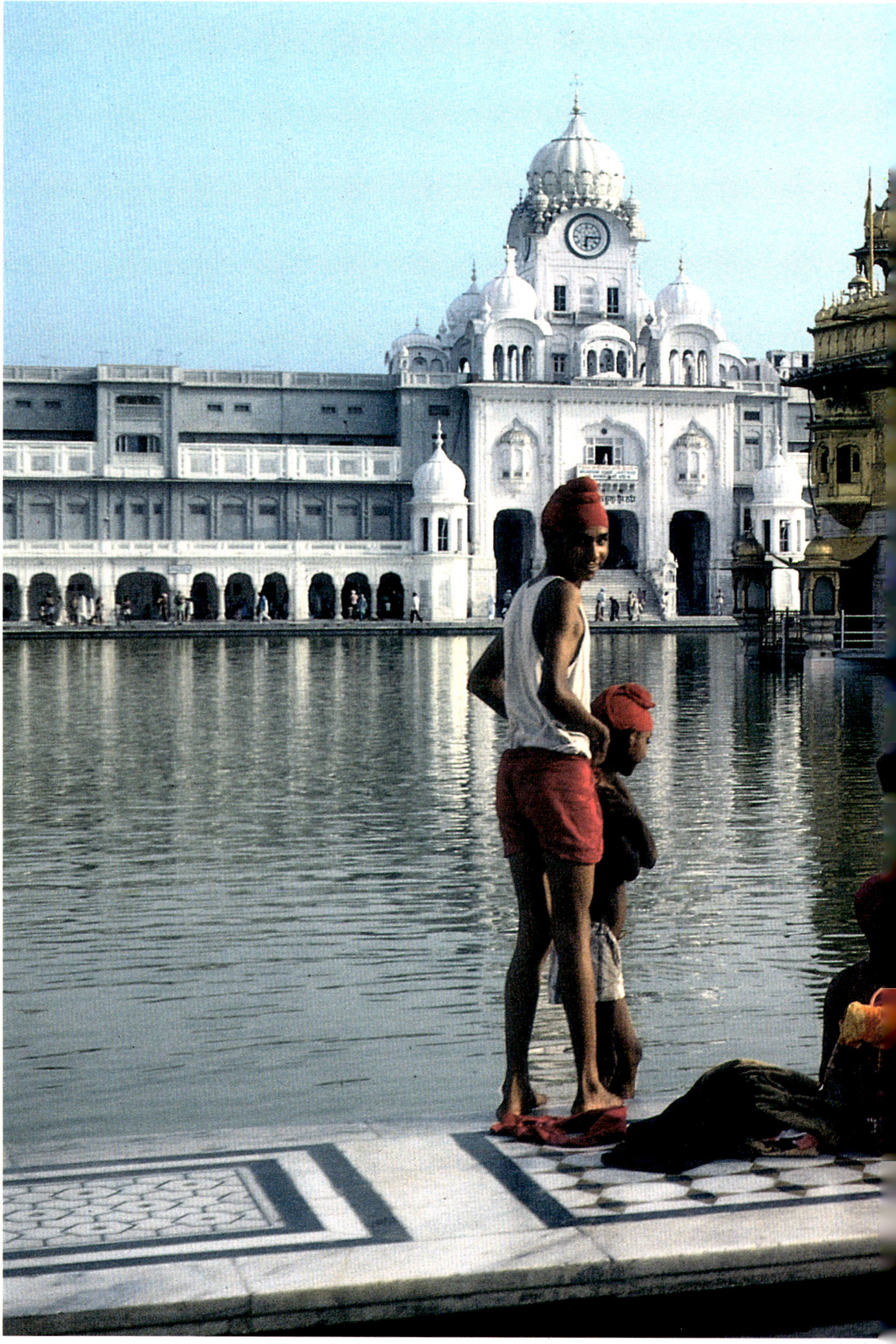

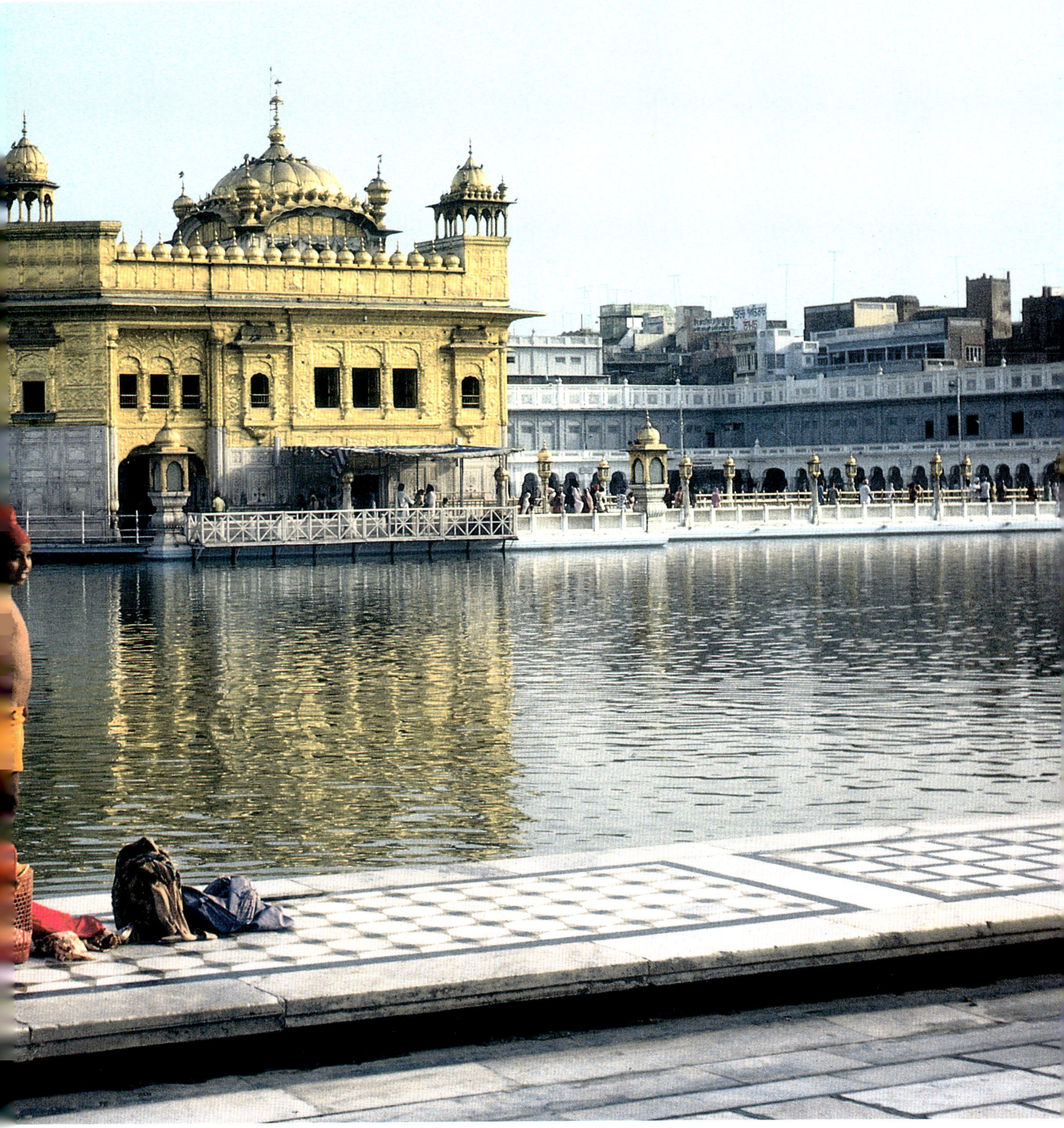

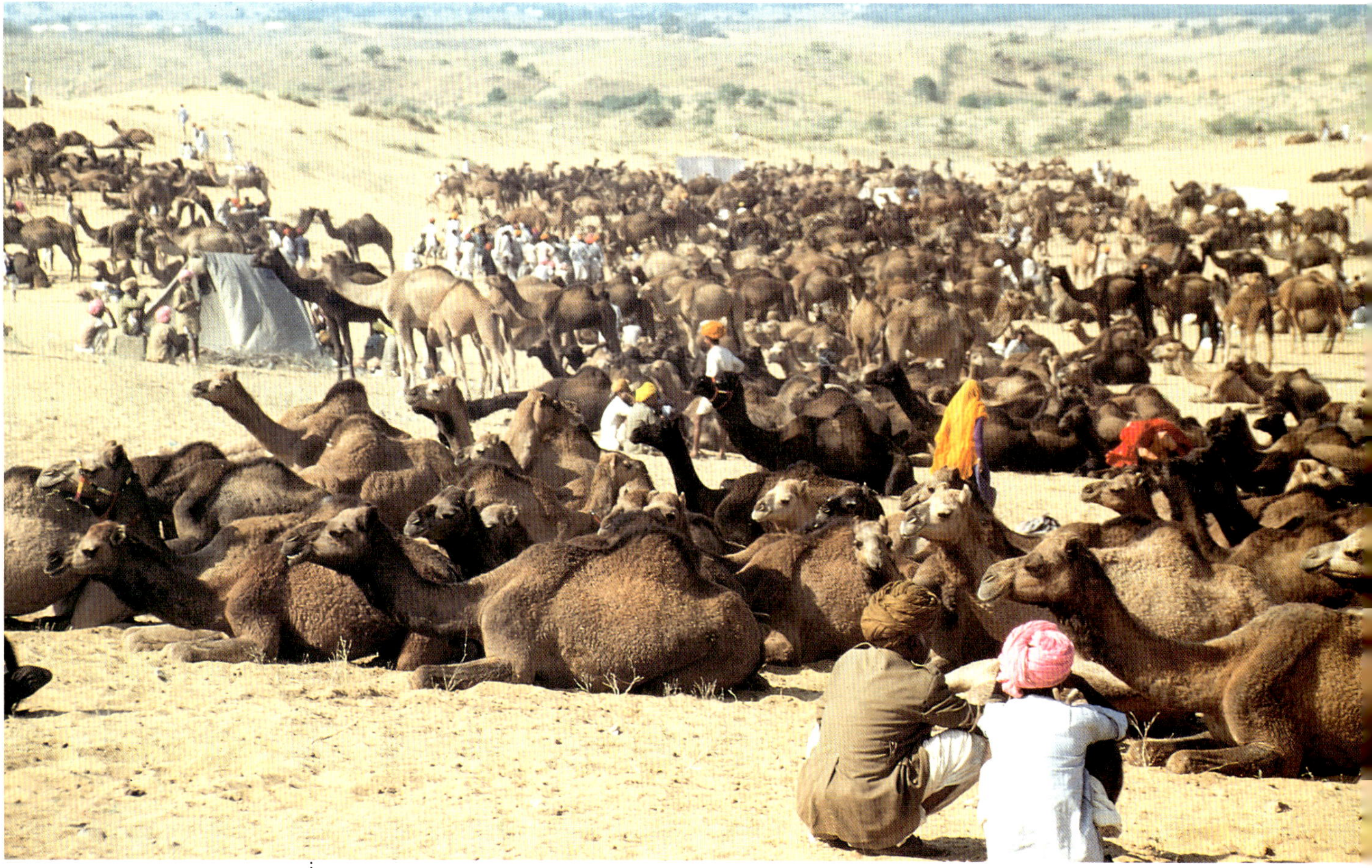

Ci-dessus : Les marchands de chameaux à proximité de Pushkar (Rājasthān), lors de la foire annuelle qui se tient en novembre dans cette ville.

Ci-contre : Une jeune femme du Rājasthān.

Page de droite : L'accès au fort de Jaisalmer. Construit au XIIe siècle, le fort héberge le palais royal et quelques temple hindous et jaïnistes, tous érigés en grès ocre caractéristique de la région.

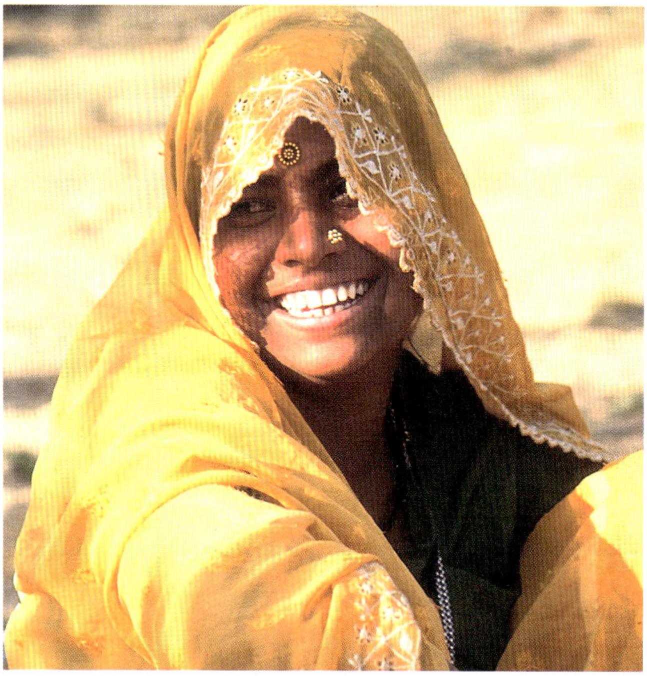

Double page suivante : Une saisissante image du Jag Niwās d'Udaipur. Le palais de marbre blanc et de granite surgit au milieu du lac Pichola ; il fut érigé en 1757 environ par le prince Jagat Singh II. Aujourd'hui, il est transformé en luxueux hôtel.

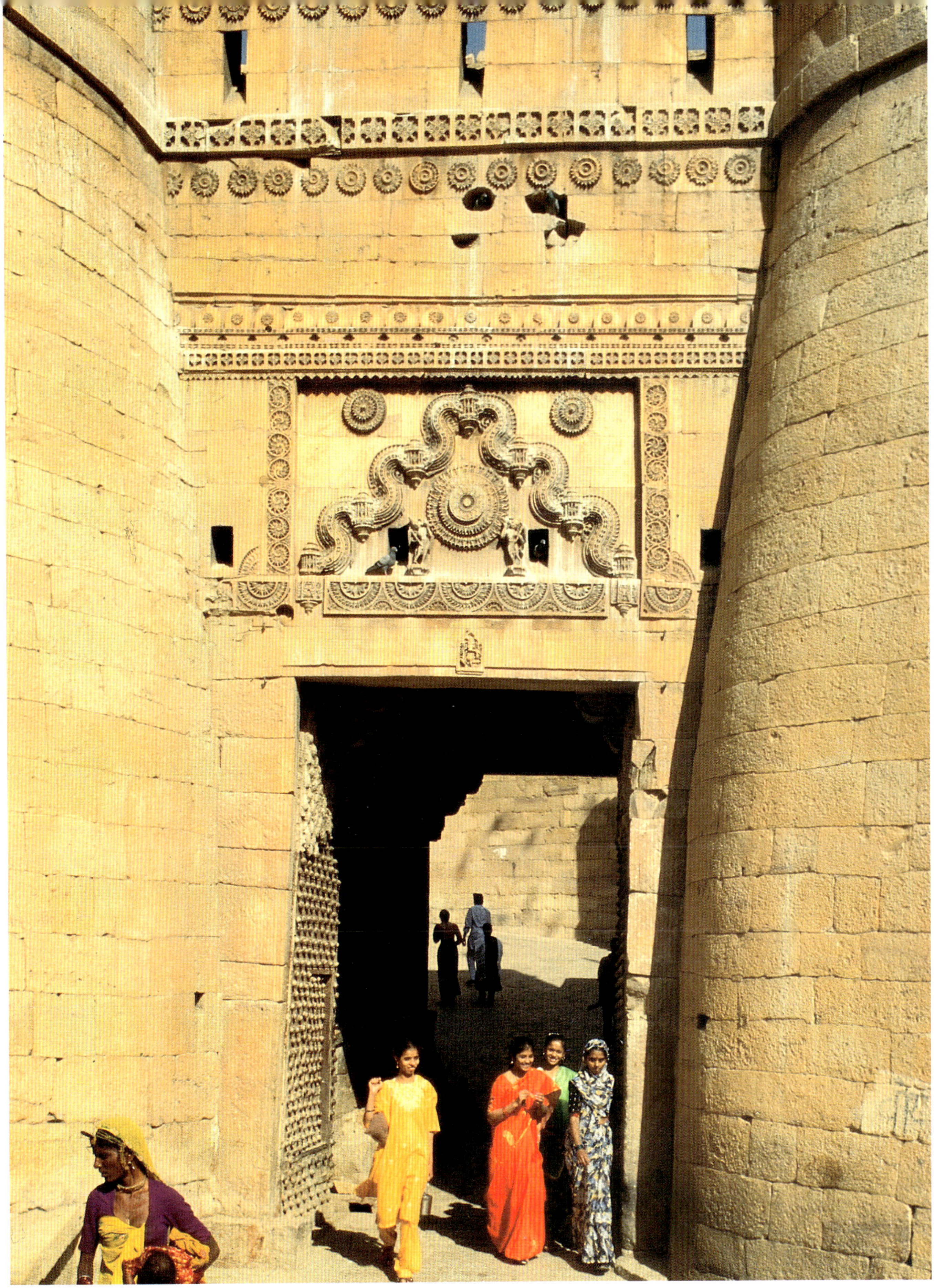

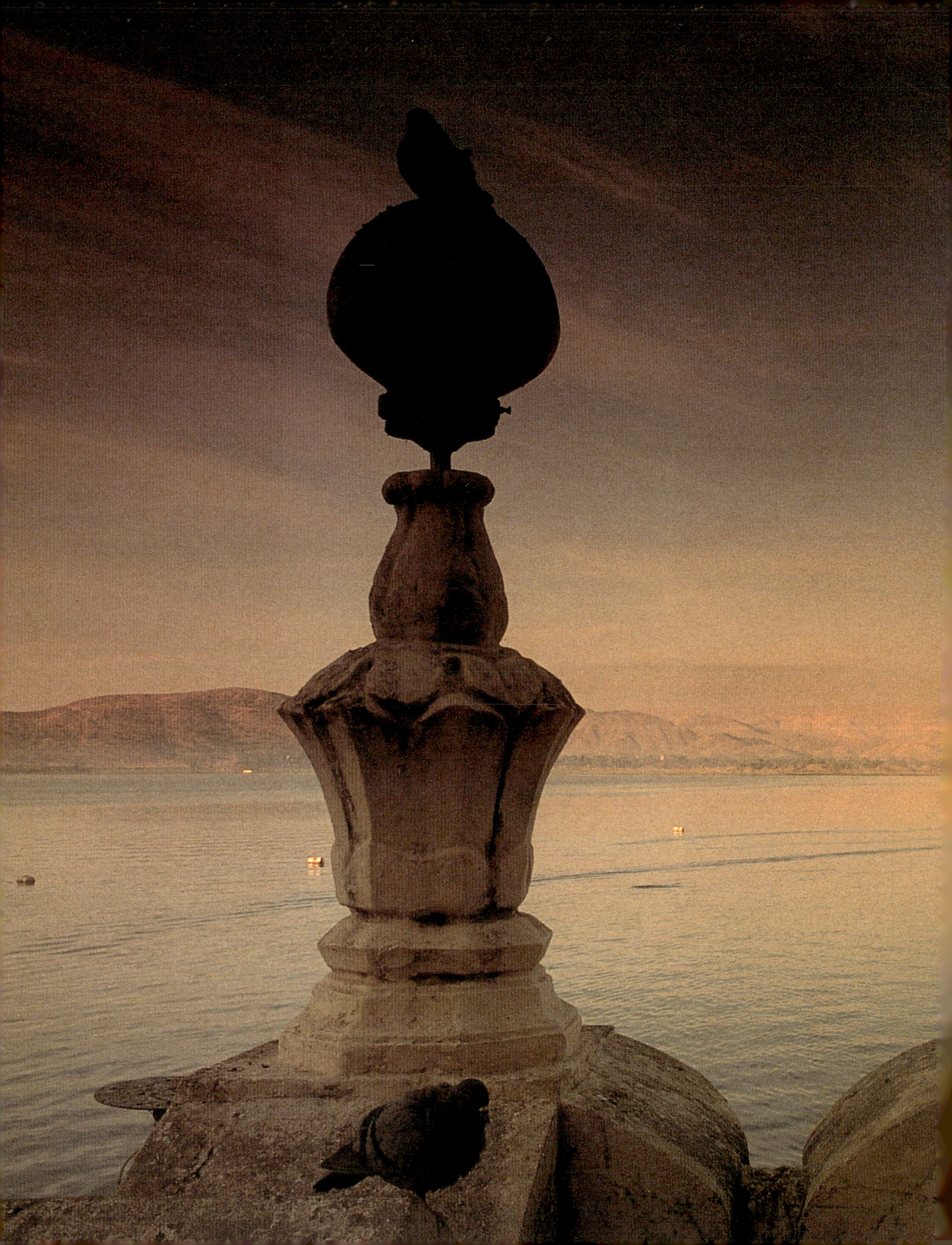

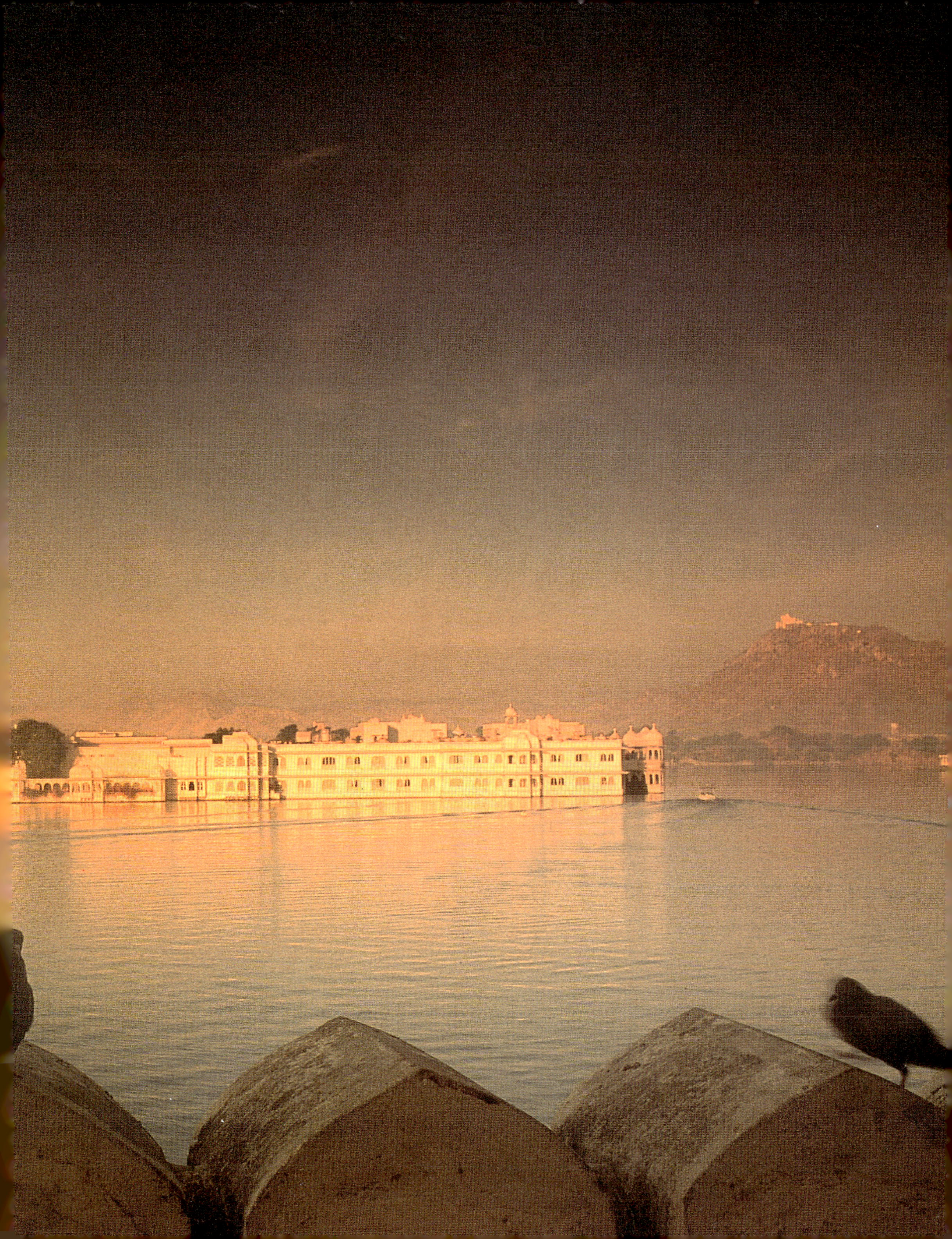

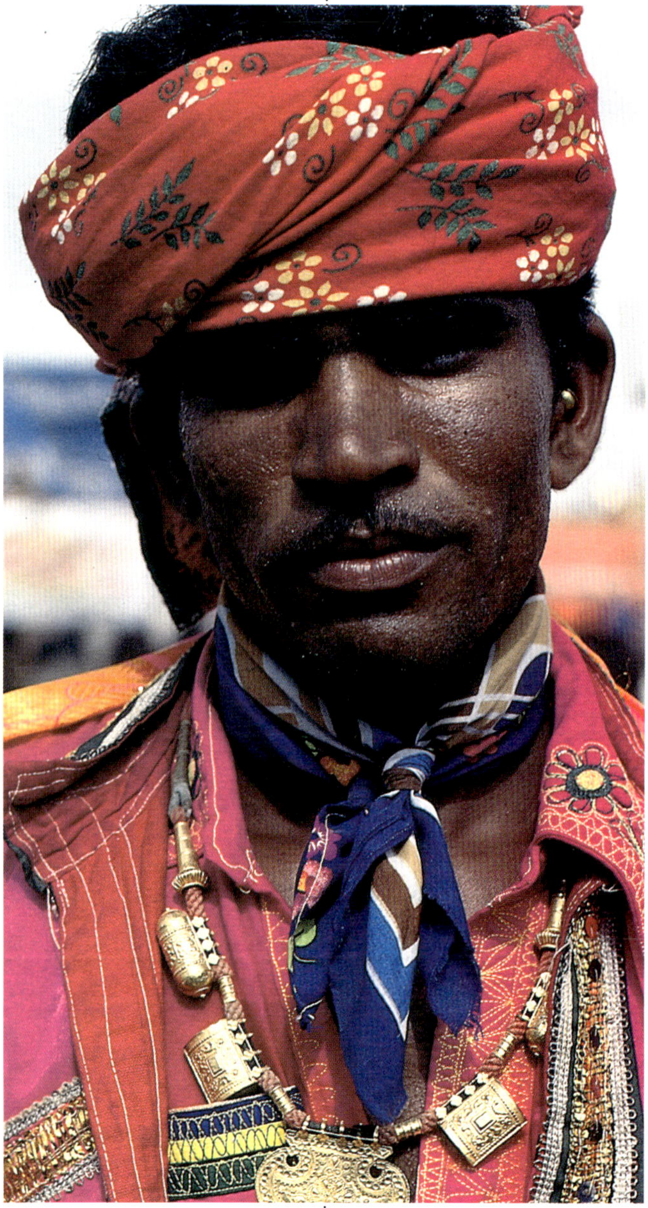

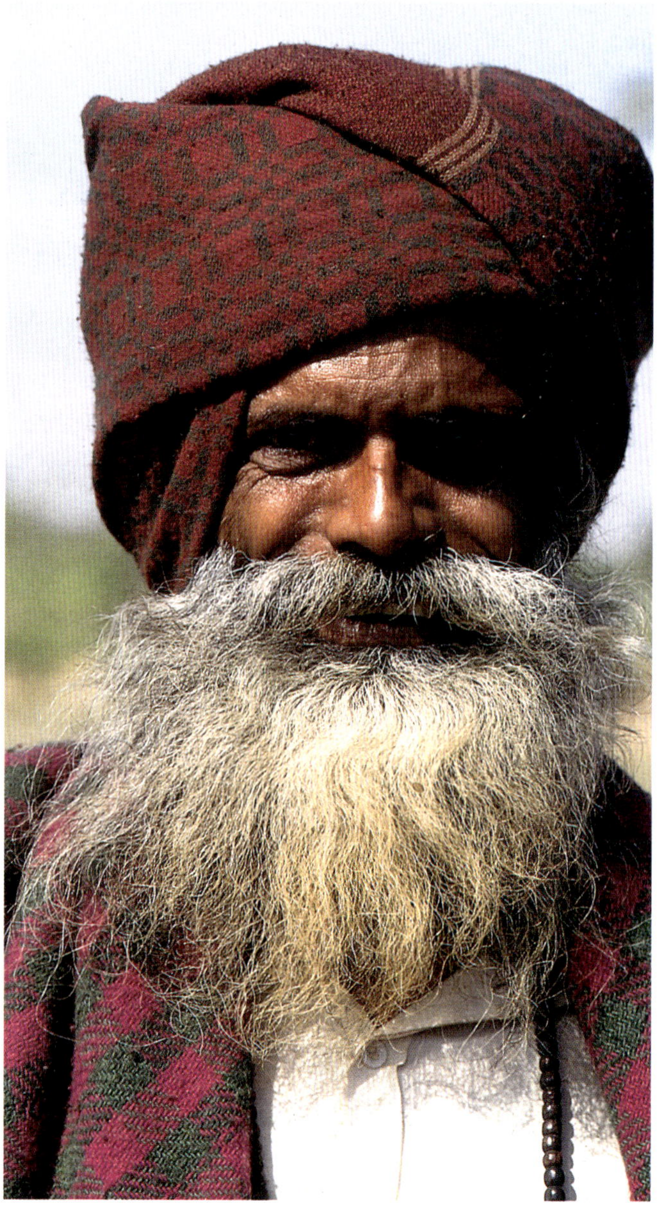

Quelques ethnies du subcontinent indien.

Ci-dessus, à gauche : Homme du Gujarāt, région du Nord-Ouest.

Ci-dessus, à droite : Homme du Rājasthān.

Page de droite : Femme bañjarī. L'ethnie bañjarī, d'origine indo-européenne, est présente au Rājasthān et dans l'Andhra Pradesh. Après la Chine, l'Inde est le pays le plus peuplé du monde avec près d'un milliard d'habitants. L'Inde est une mosaïque de peuples et de langues diverses ; on y parle environ un millier de langues et de dialectes d'après le dernier recensement.

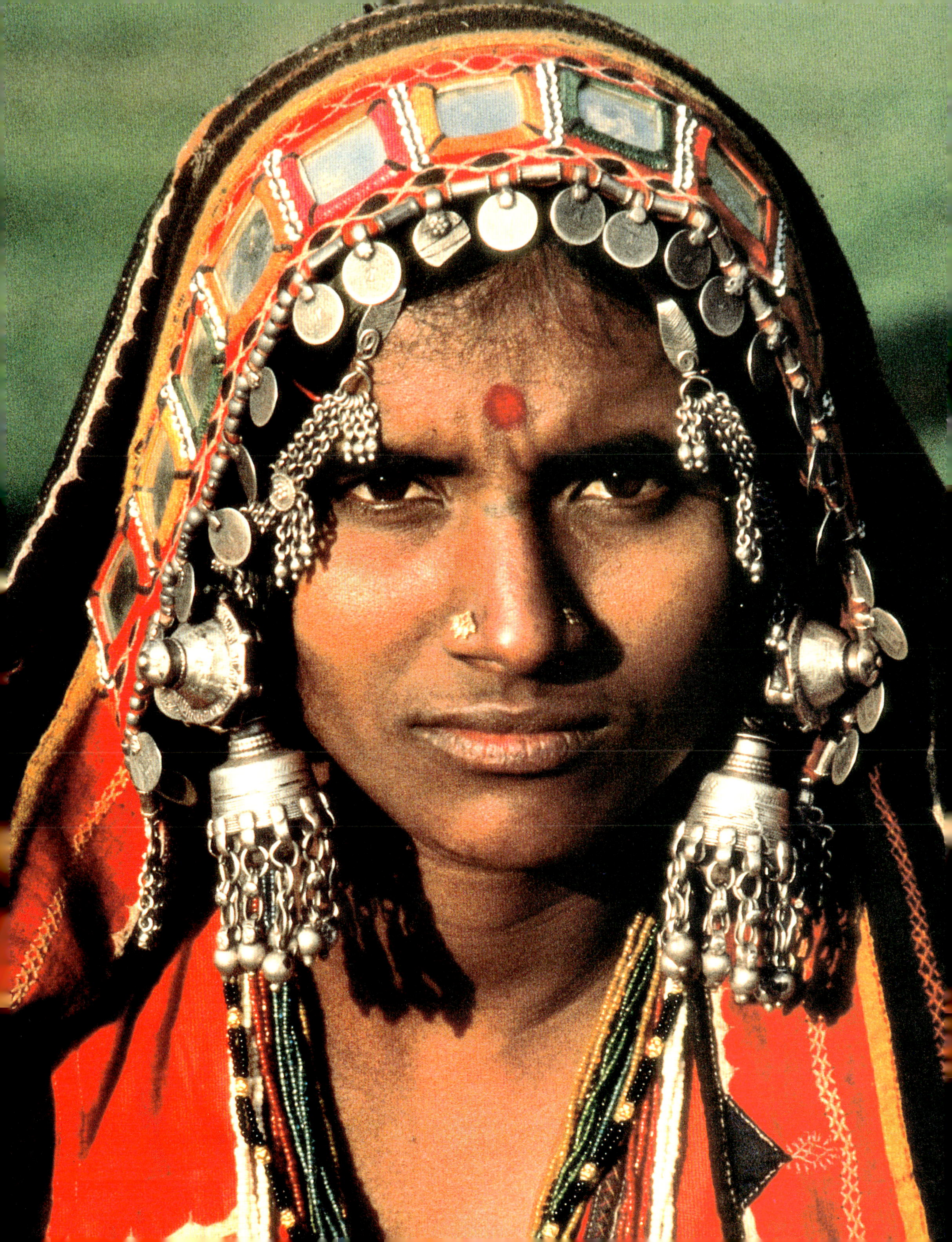

Ci-contre : Cérémonie du feu dans un temple pārsi à Bombay. Les sanctuaires pārsis sont appelés "temples du feu", car il y brûle toujours le feu sacré, symbole du dieu de la Lumière. Lors de la cérémonie du feu, qui se déroule cinq fois par jour, les prêtres portent un petit masque pour ne pas souiller de leur haleine le feu sacré. Les Pārsis, venus de Perse aux environs du VIIe siècle pour fuir l'avancée des musulmans, se proclament adeptes de la doctrine monothéiste de Zarathoustra (589-539 av. J.-C.). Les Pārsis sont actuellement 90 000, concentrés surtout à Bombay et dans le Gujarāt : ils occupent des postes influents dans la société. Parmi les rituels, la cérémonie funéraire a une importance particulière : pour ne pas profaner la terre, les cadavres sont placés sur des tours et deviennent la proie des vautours.

Page de droite, en haut : Femmes musulmanes à Jaipur.

Page de droite, en bas : Un enfant à l'école pārsie de Bombay.

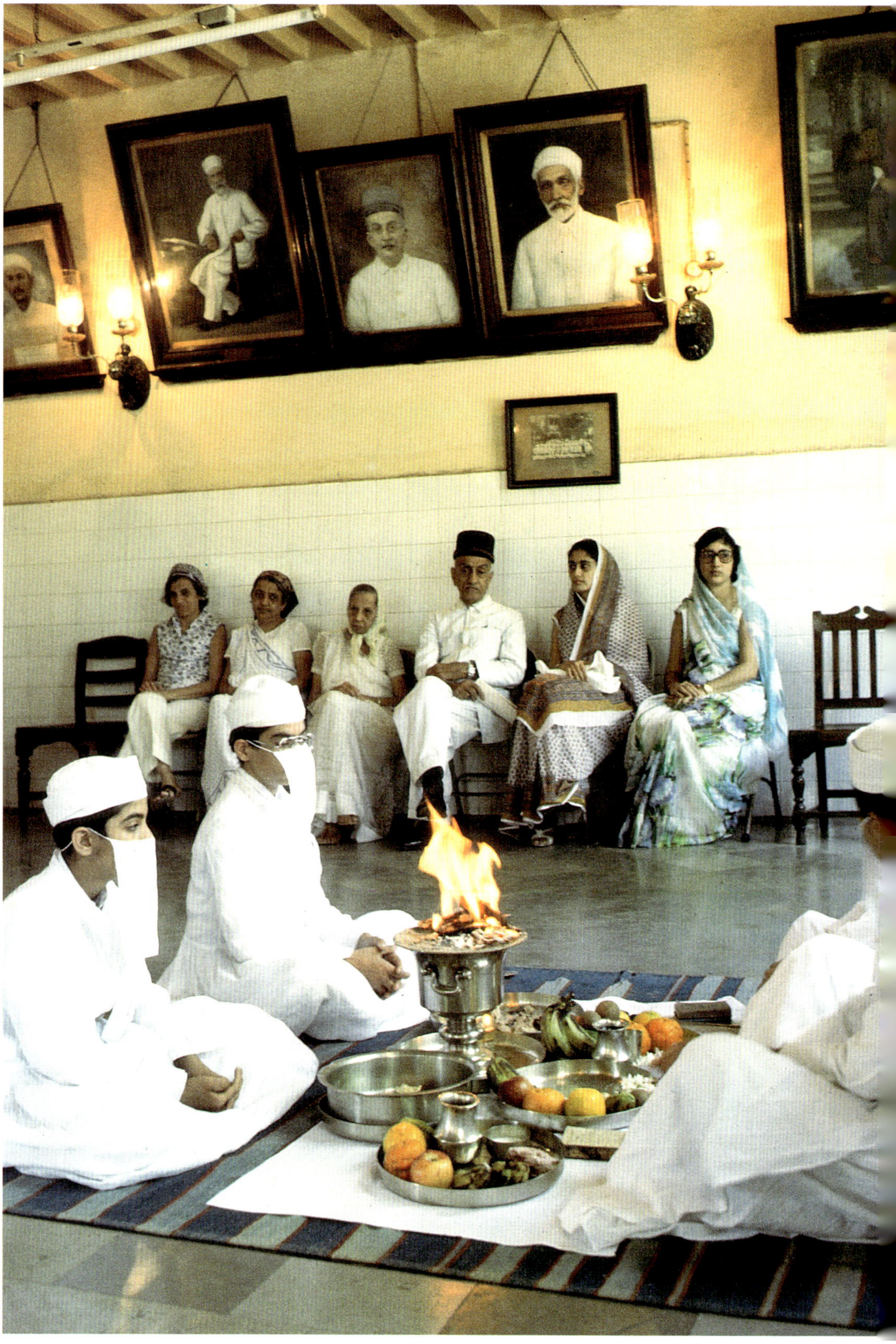

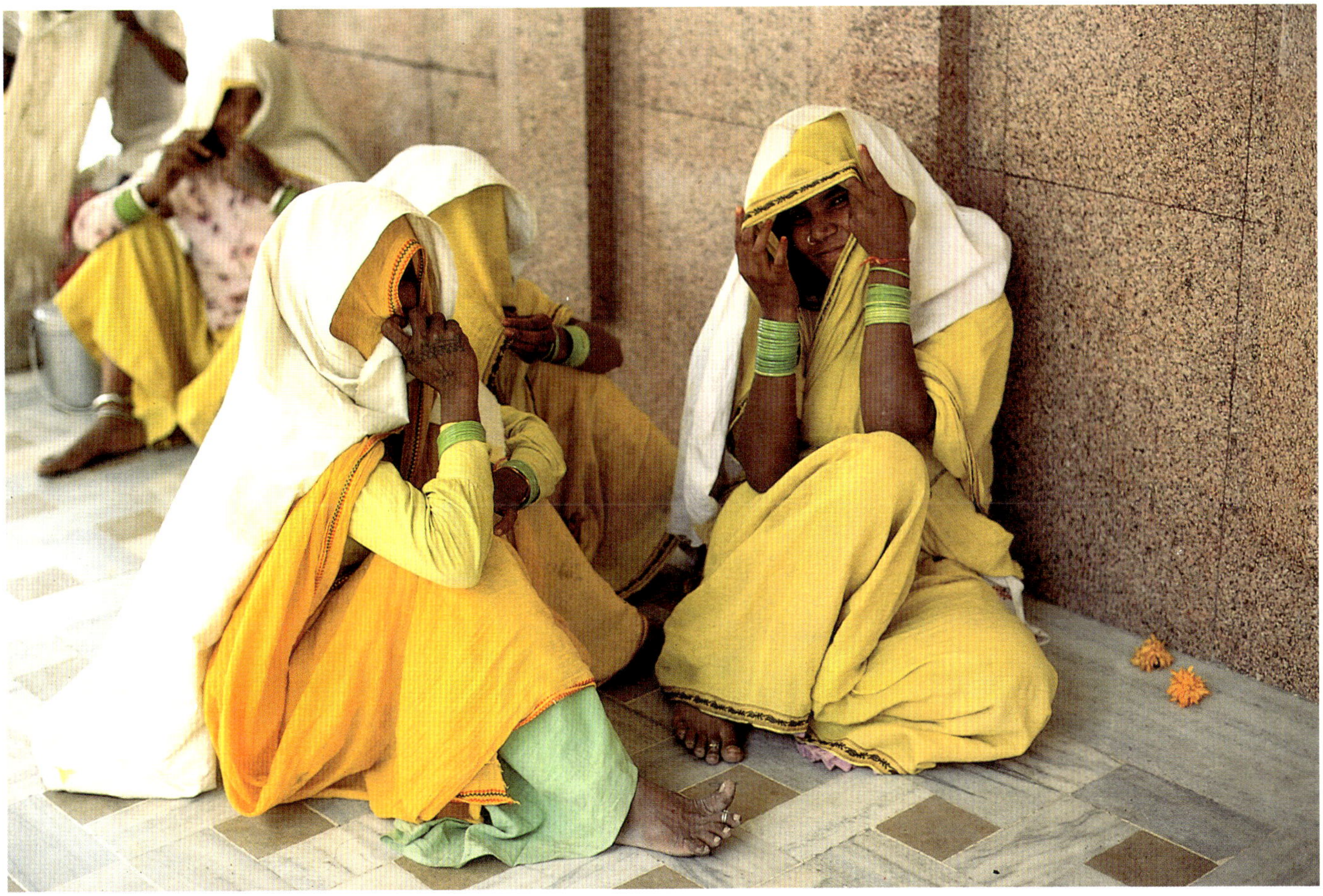

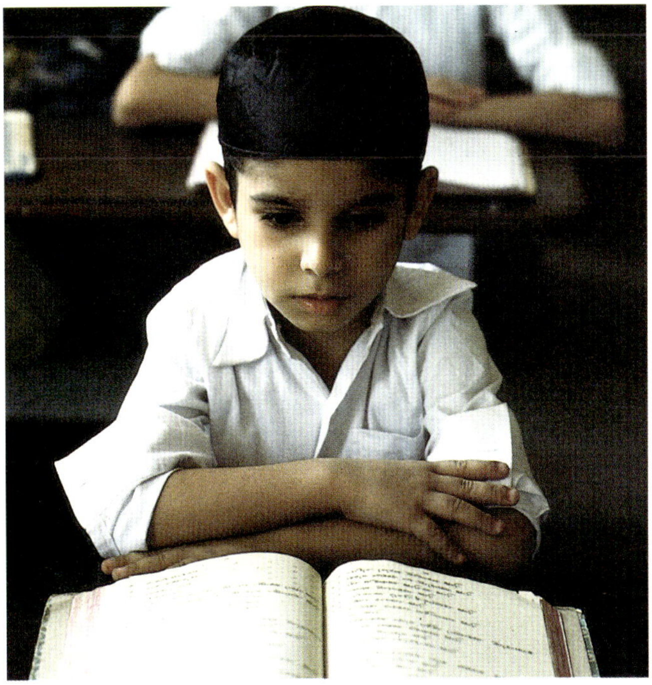

Double page suivante : L'intérieur d'un temple de Śatruñjaya, à proximité de Palitana (Gujarāt), siège d'environ 863 temples et considéré, surtout par les jaïnistes, comme un des principaux centres de pèlerinage. Les constructions des temples sur le mont Śatruñjaya ont débuté au XIe siècle. Détruits par les musulmans, ils furent reconstruits au XVIe siècle.

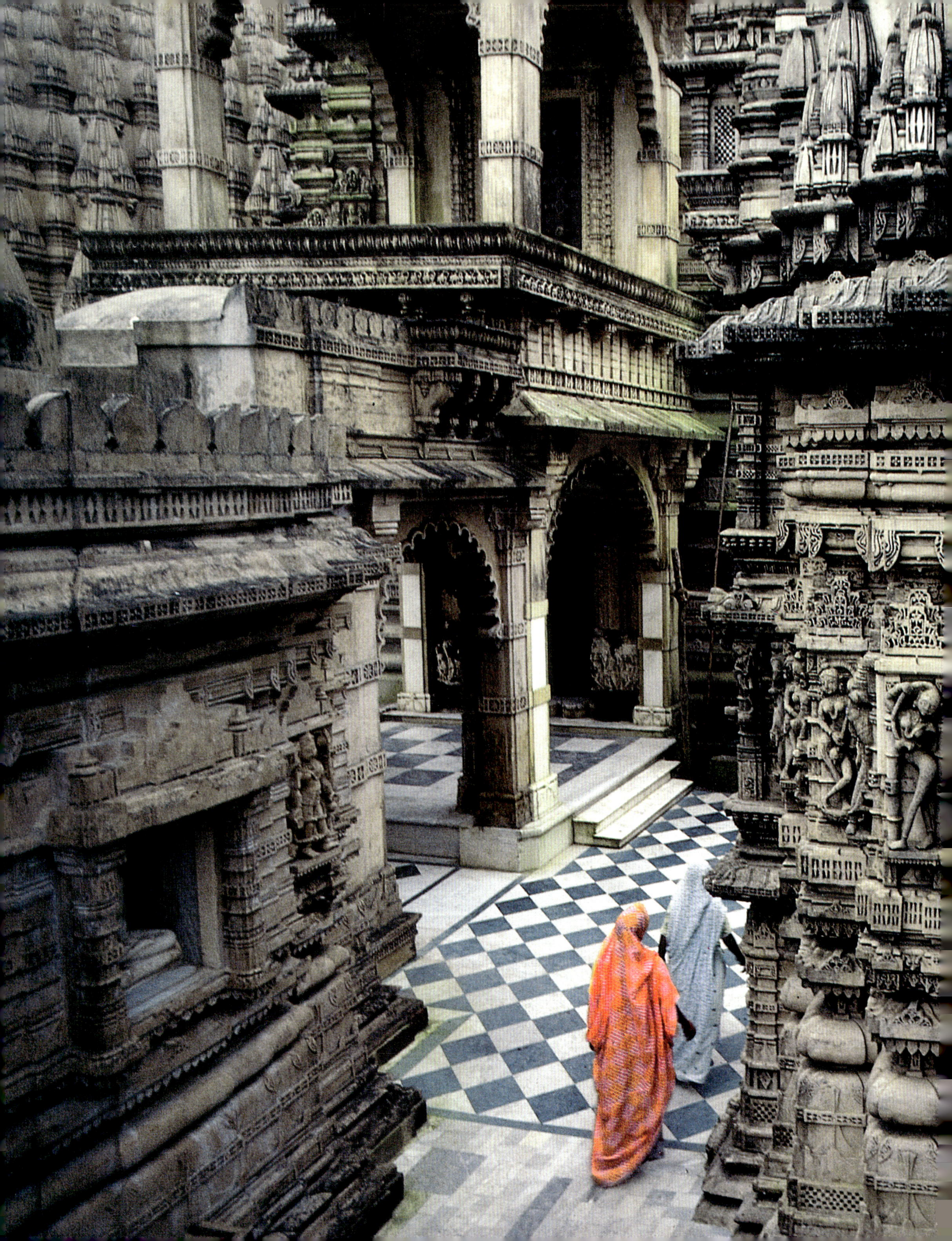

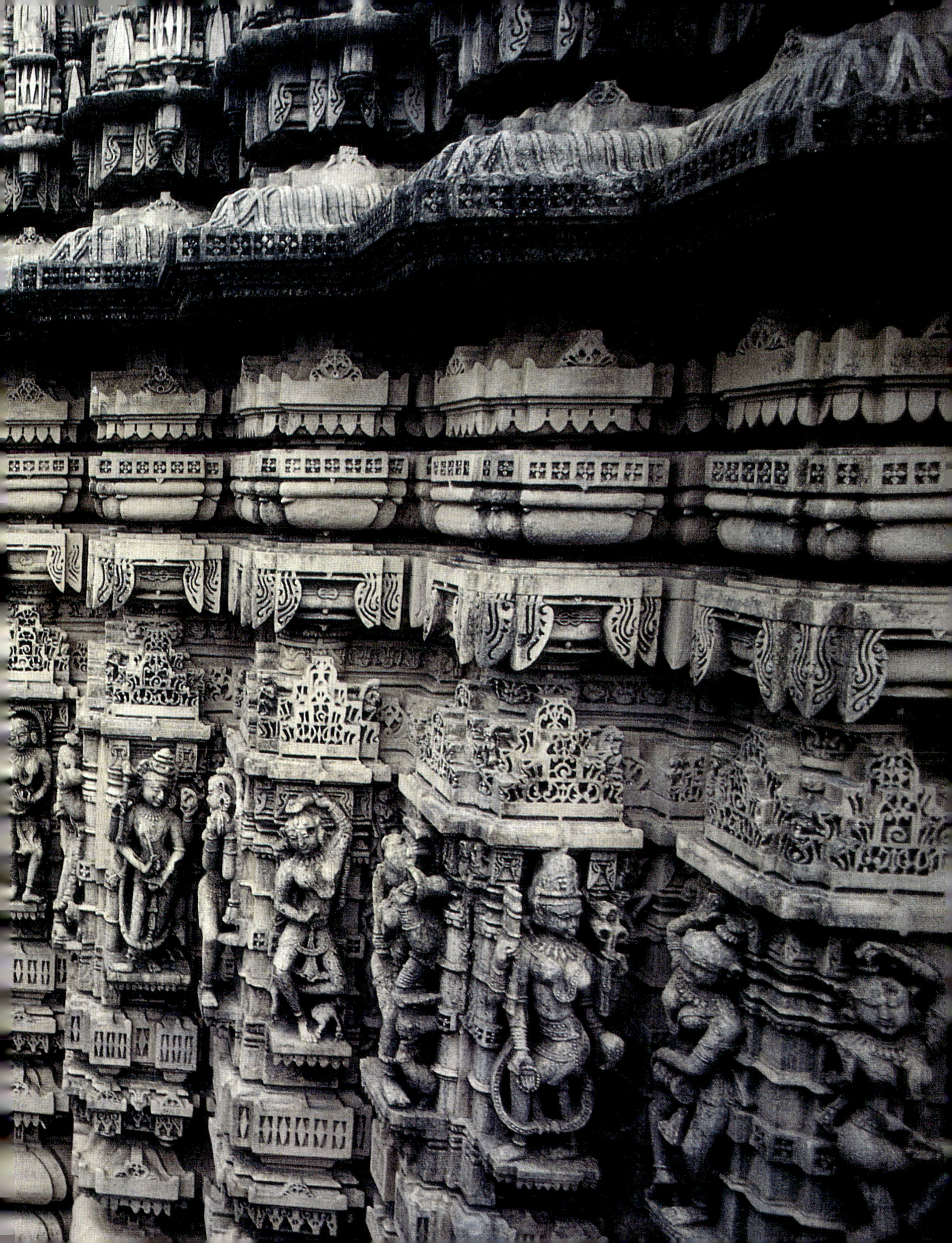

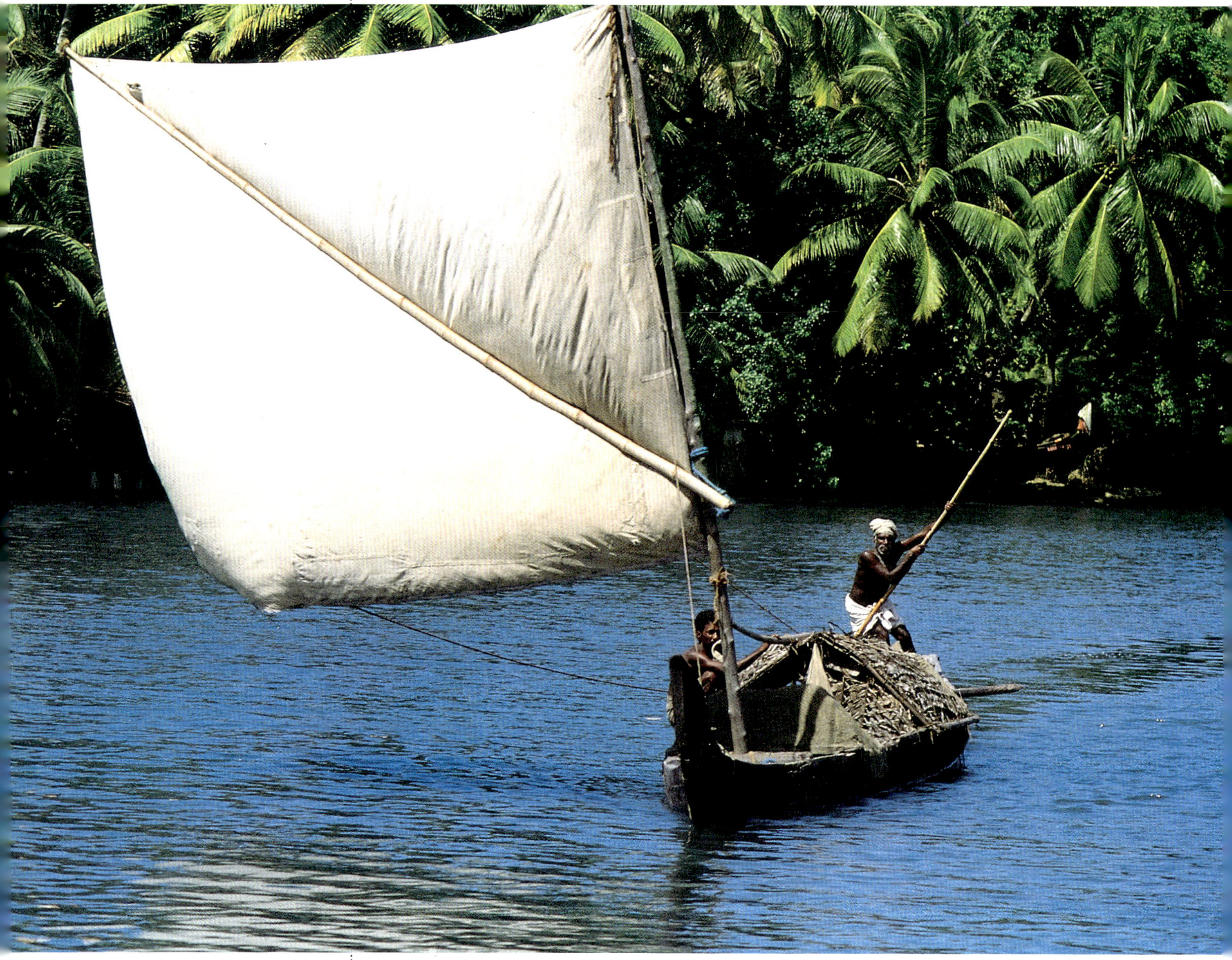

Ci-dessus : Une barque dans les canaux qui sillonnent la palmeraie derrière Cochin, ville côtière et capitale du Kerala.

Page de droite : Un marché très animé à Goa.

Double page suivante : Des pêcheurs tirent au sec une barque sur la plage de Puri (Orissa).

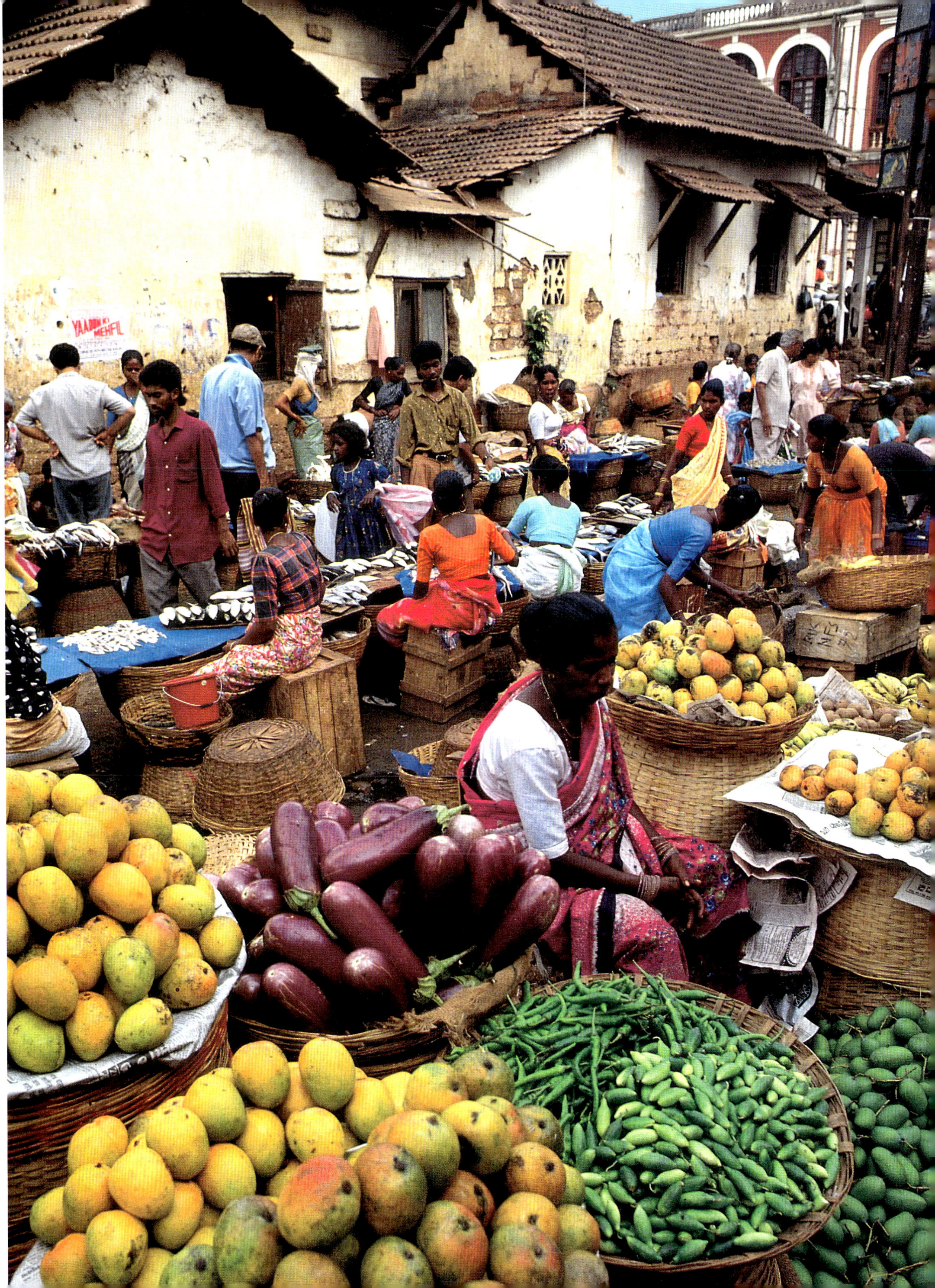
YAADON KI
MEHFIL

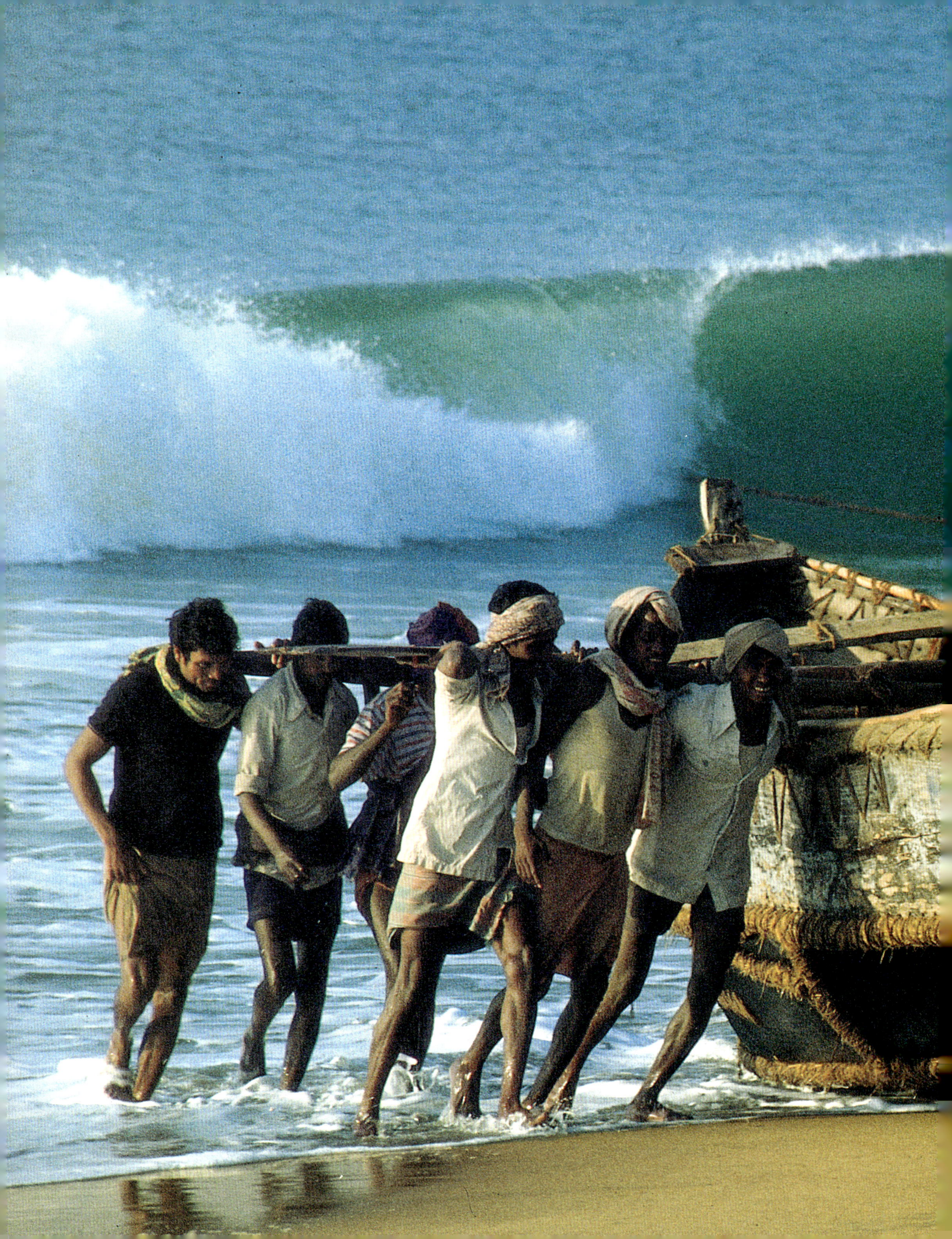

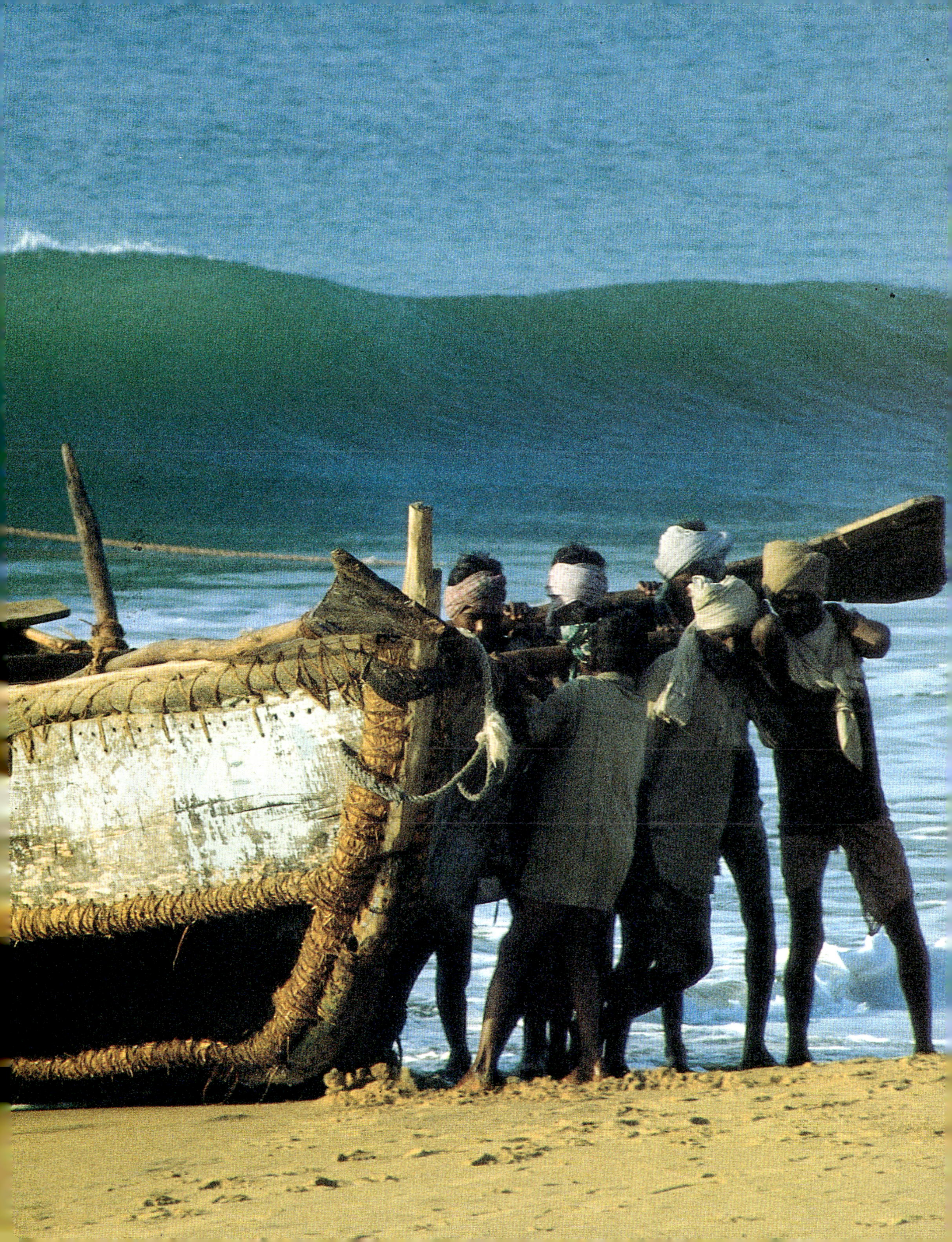

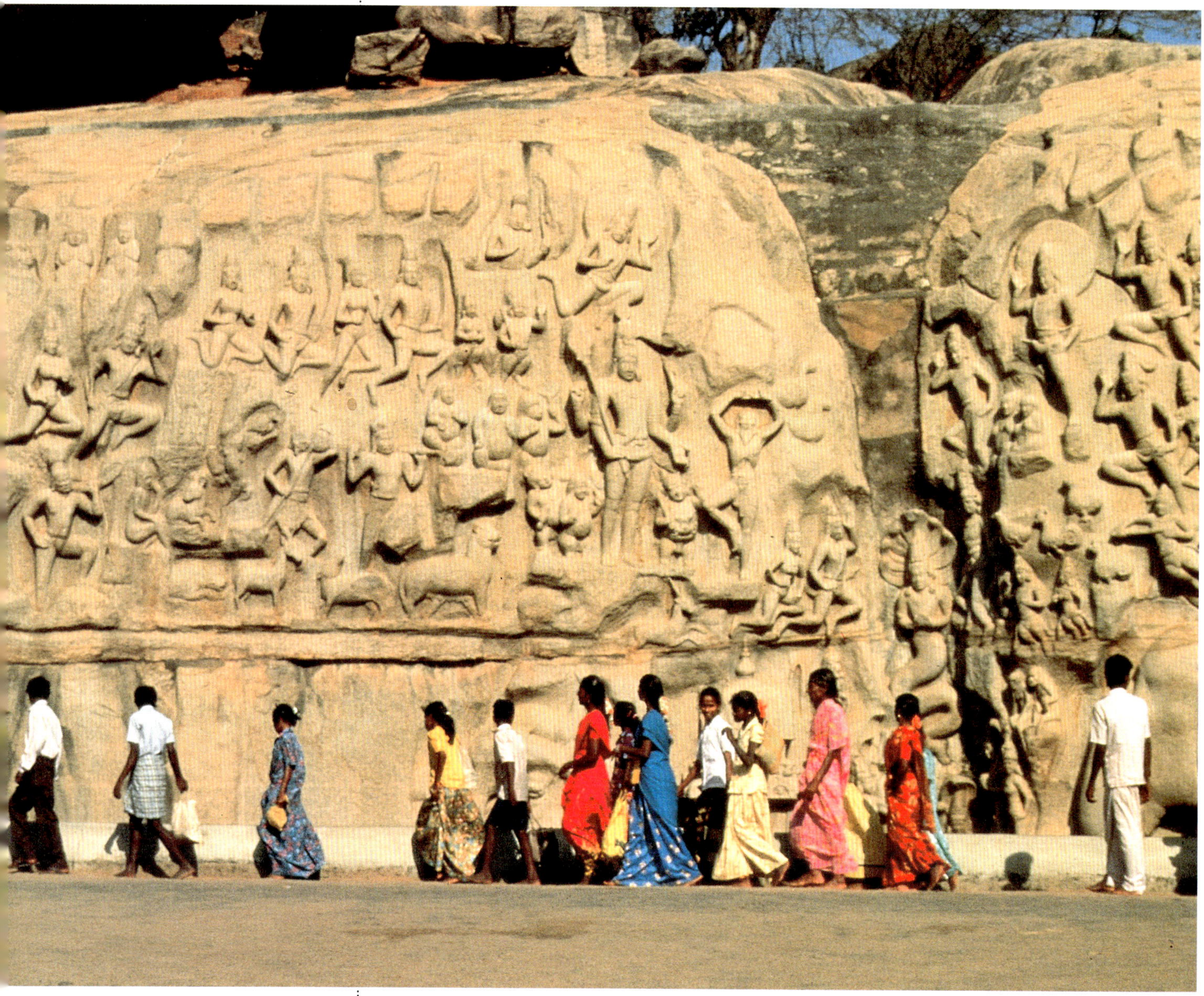

Ci-dessus : Le grand haut-relief de la descente de la Gaṅgā à Mahābalipuram (Tamil Nādu). C'est une représentation monumentale d'animaux, d'hommes, de divinités, de demi-dieux le long du fleuve sacré, en train de rejoindre le rivage. L'interprétation de ce chef-d'œuvre pallava est encore sujet de discussion parmi les savants.

Page de droite : Un détail du haut-relief.

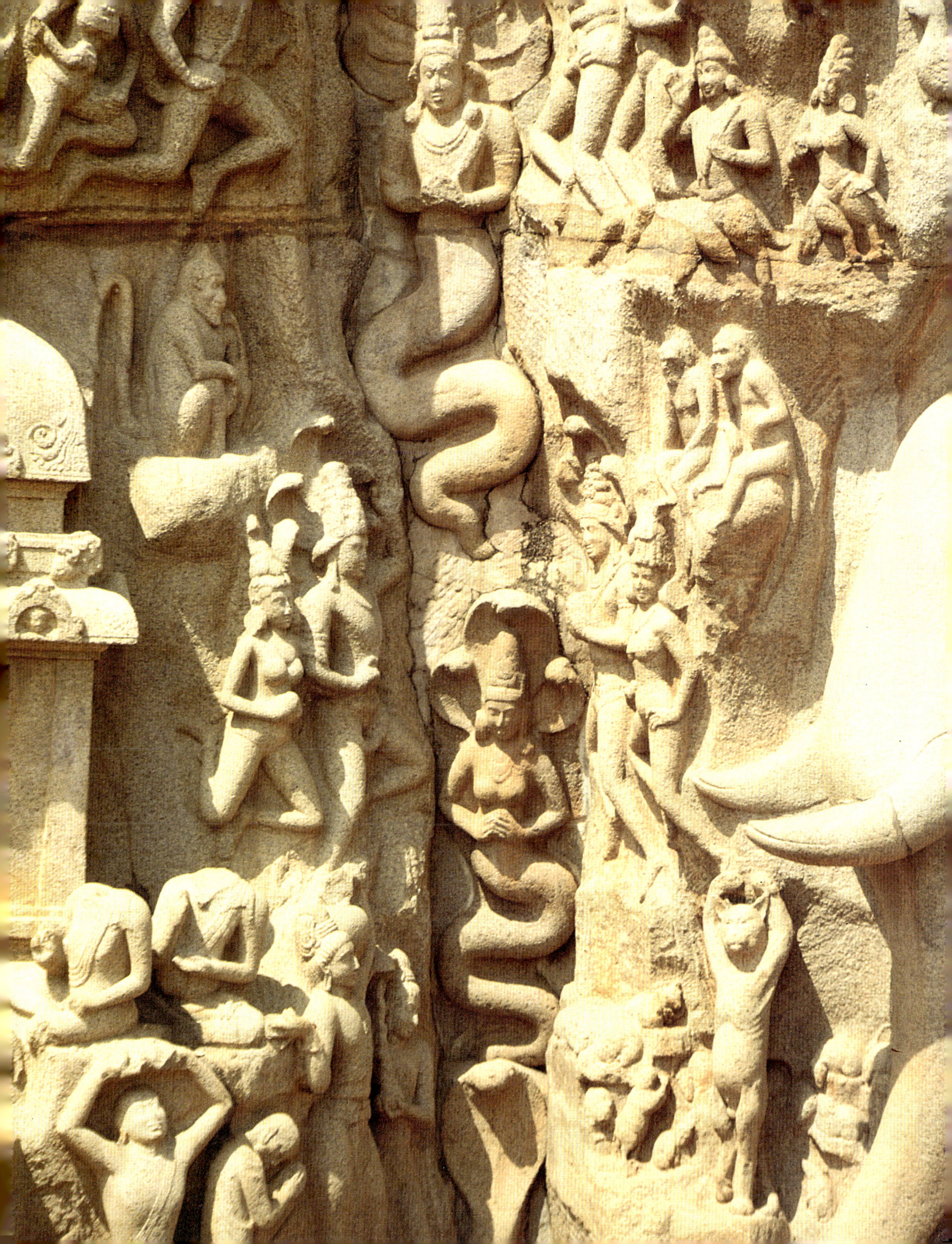

Ci-contre : Dévotion au temple de Mīnākṣīsundareśvara à Madurai (Tamil Nādu). Fondé probablement sous la dynastie des Pāṇḍya (590-920), il a subi des rajouts jusqu'au XVIIe siècle. Le sanctuaire occupe un vaste espace dans lequel se trouvent aussi des marchés, des écoles, des habitations et des lieux d'hébergement. De nombreux pèlerins arrivent à Madurai à l'occasion des grandes fêtes religieuses.

Page de droite : Détail de la décoration du temple de Bṛhadeśvara, qui remonte à la première moitié du XIe siècle. Gaṅgaikoṇḍacolapuram (Tamil Nādu).

Double page suivante : Des camions déchargent des agrumes au marché de Calcutta.

Page 100 : Le marché aux fleurs de Calcutta.

Page 101 : La foule, arrivée à Delhi des différentes régions de l'Inde pour une fête, campe à proximité du fort Rouge de Delhi.

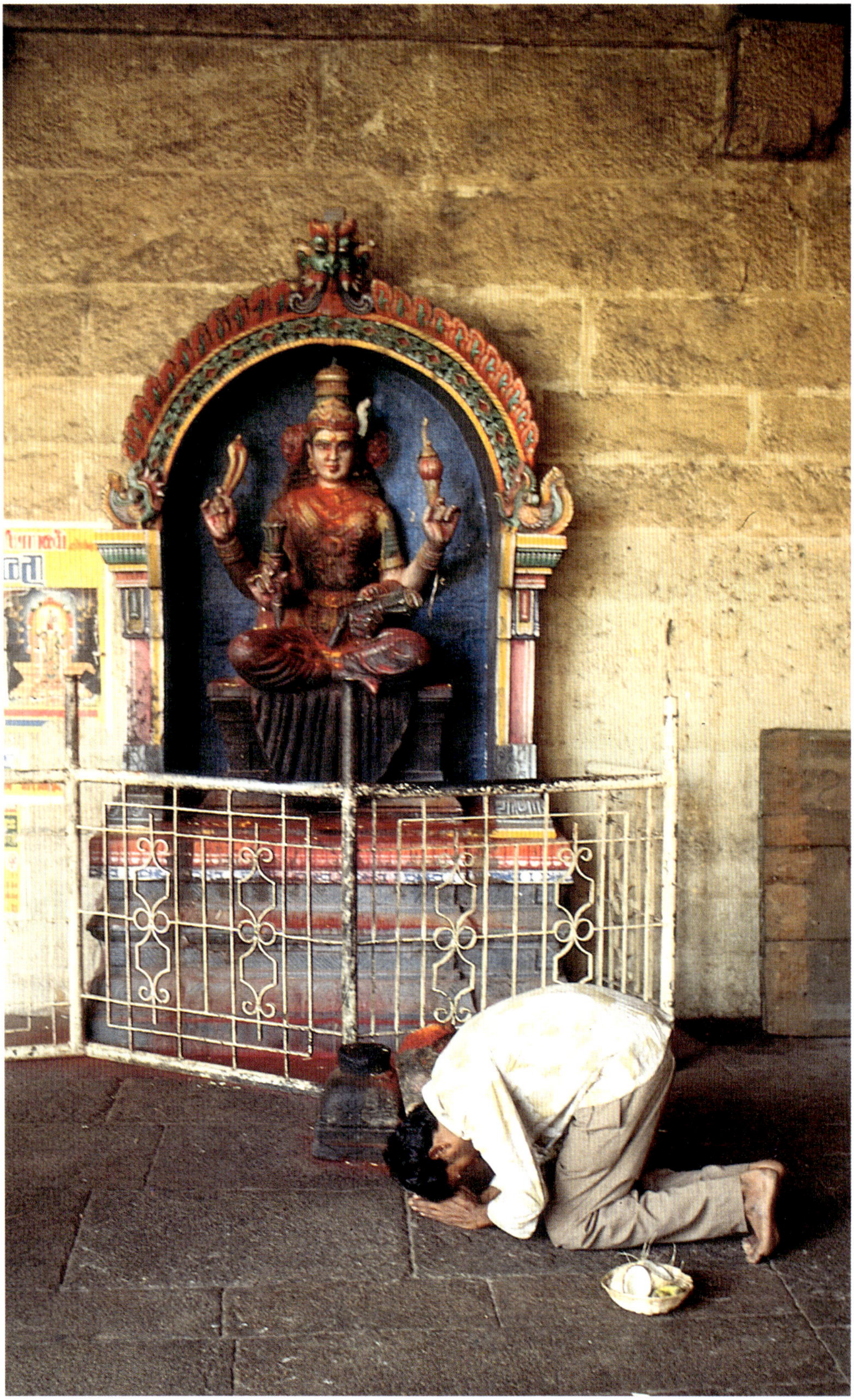

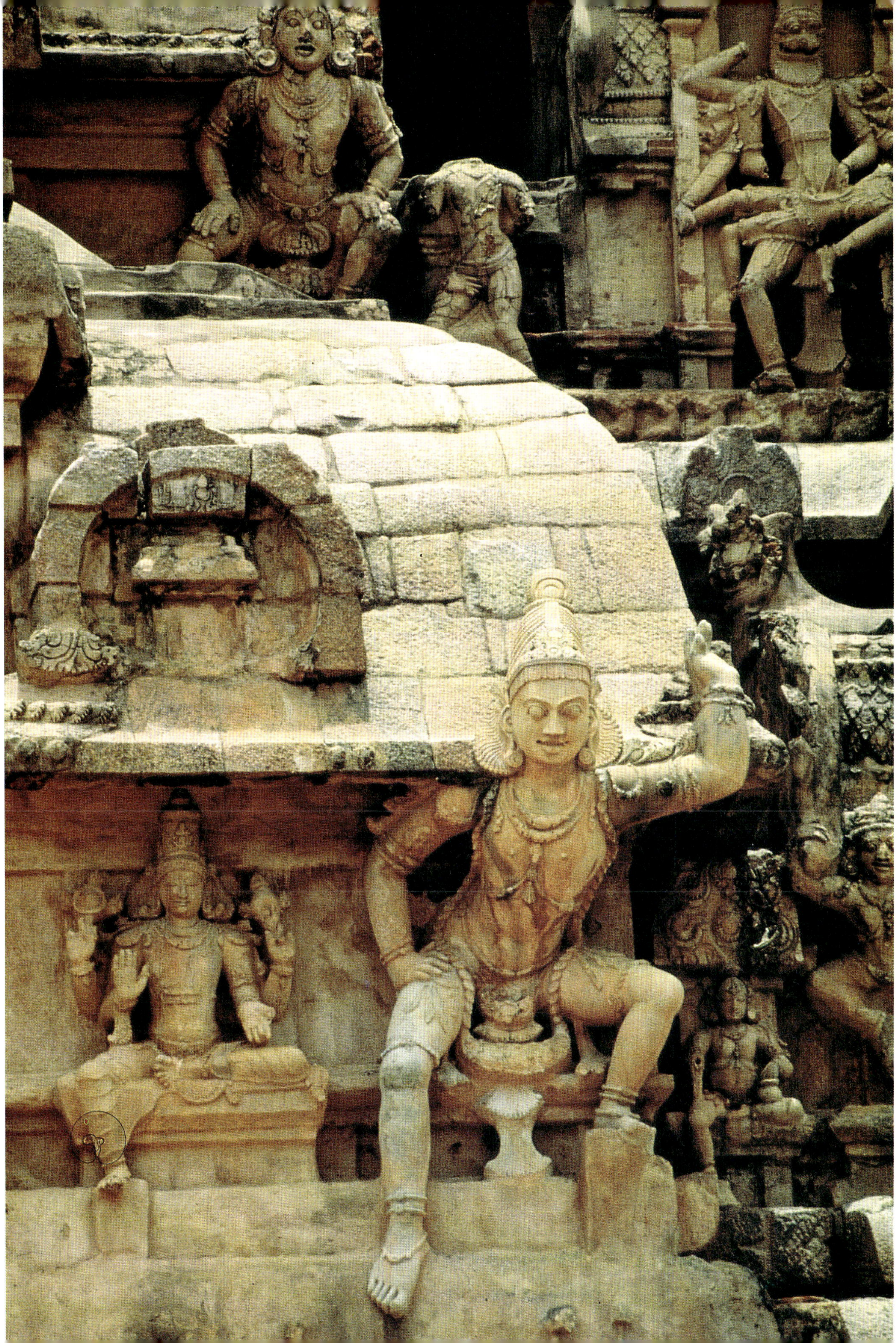

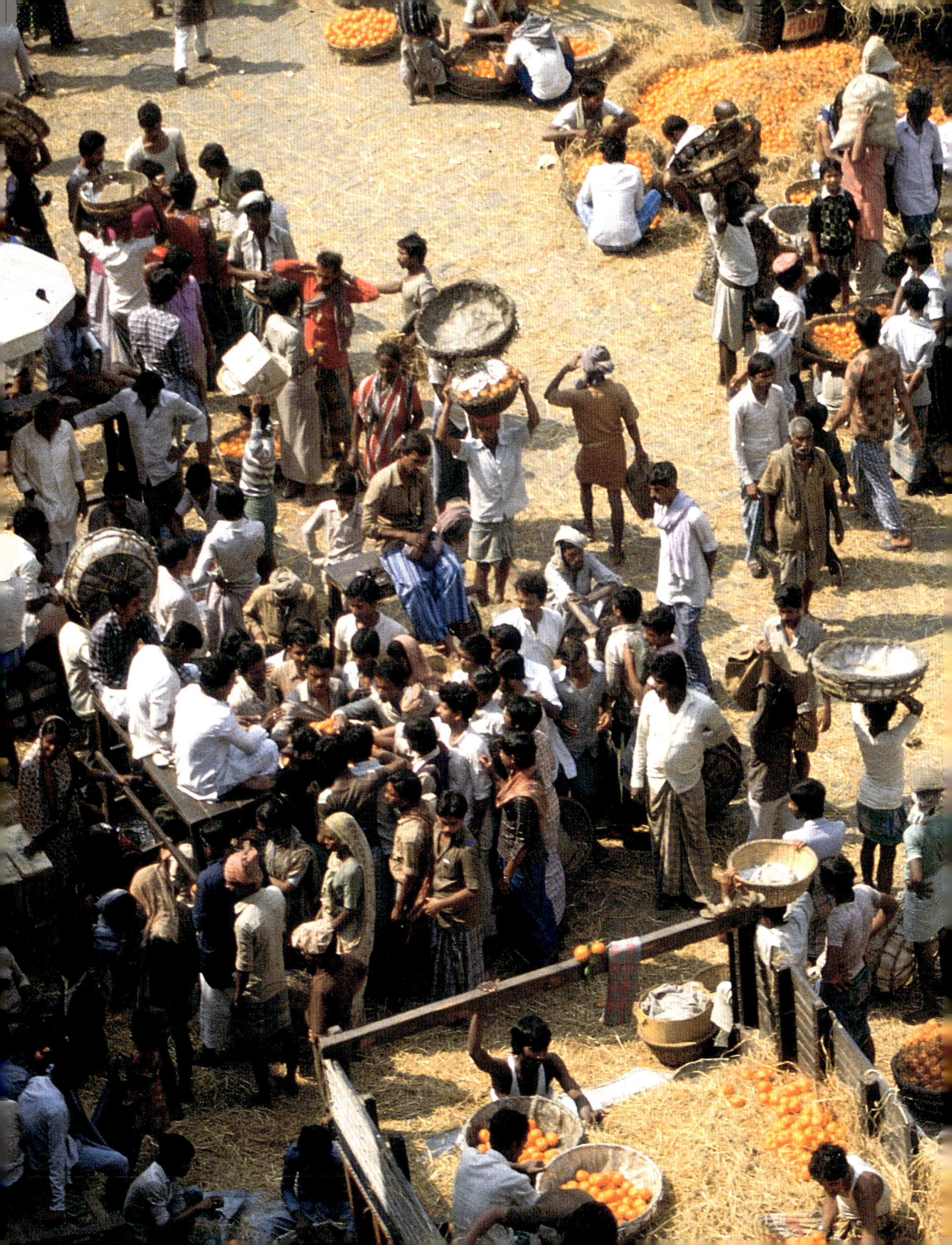

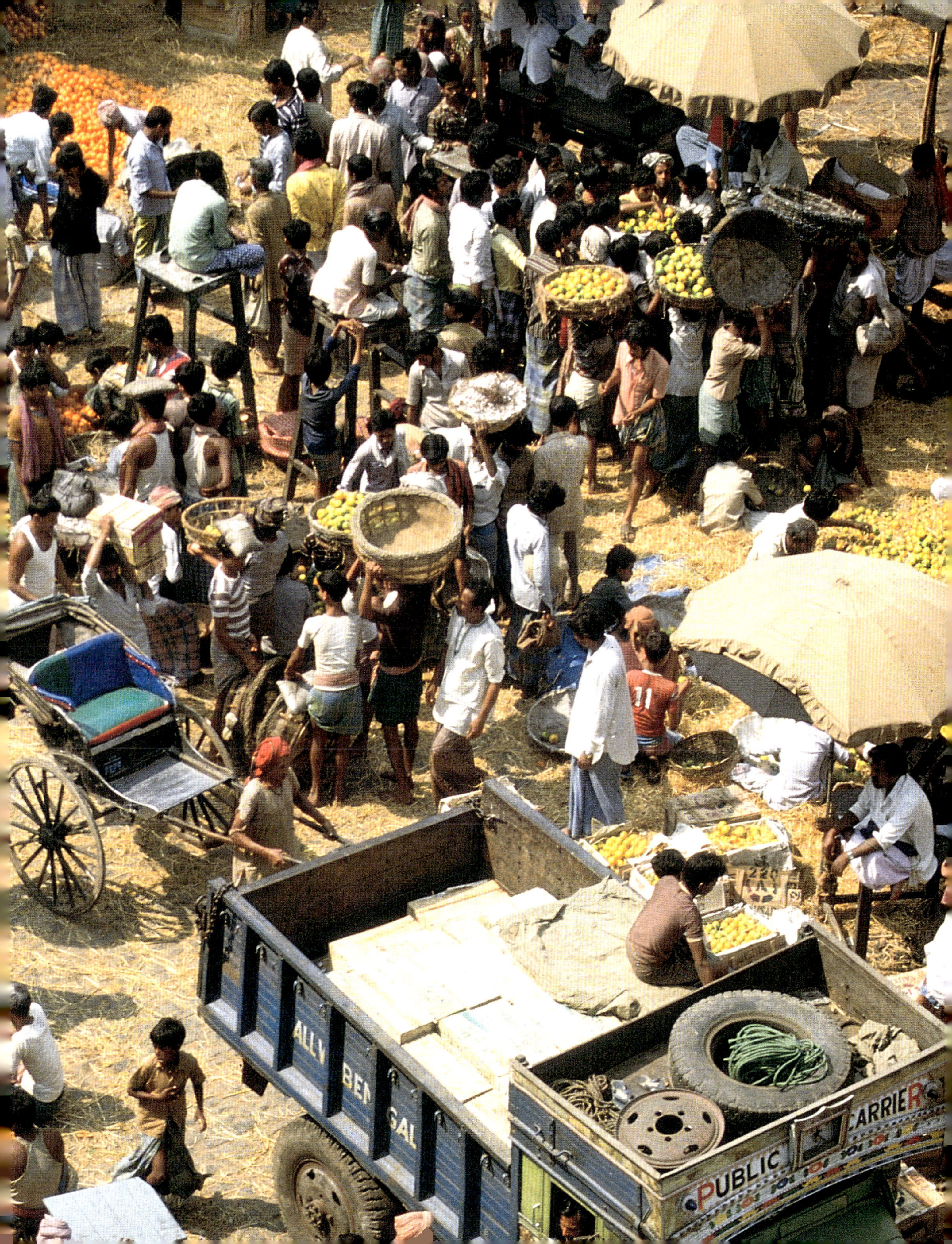
PUBLIC
CARRIER

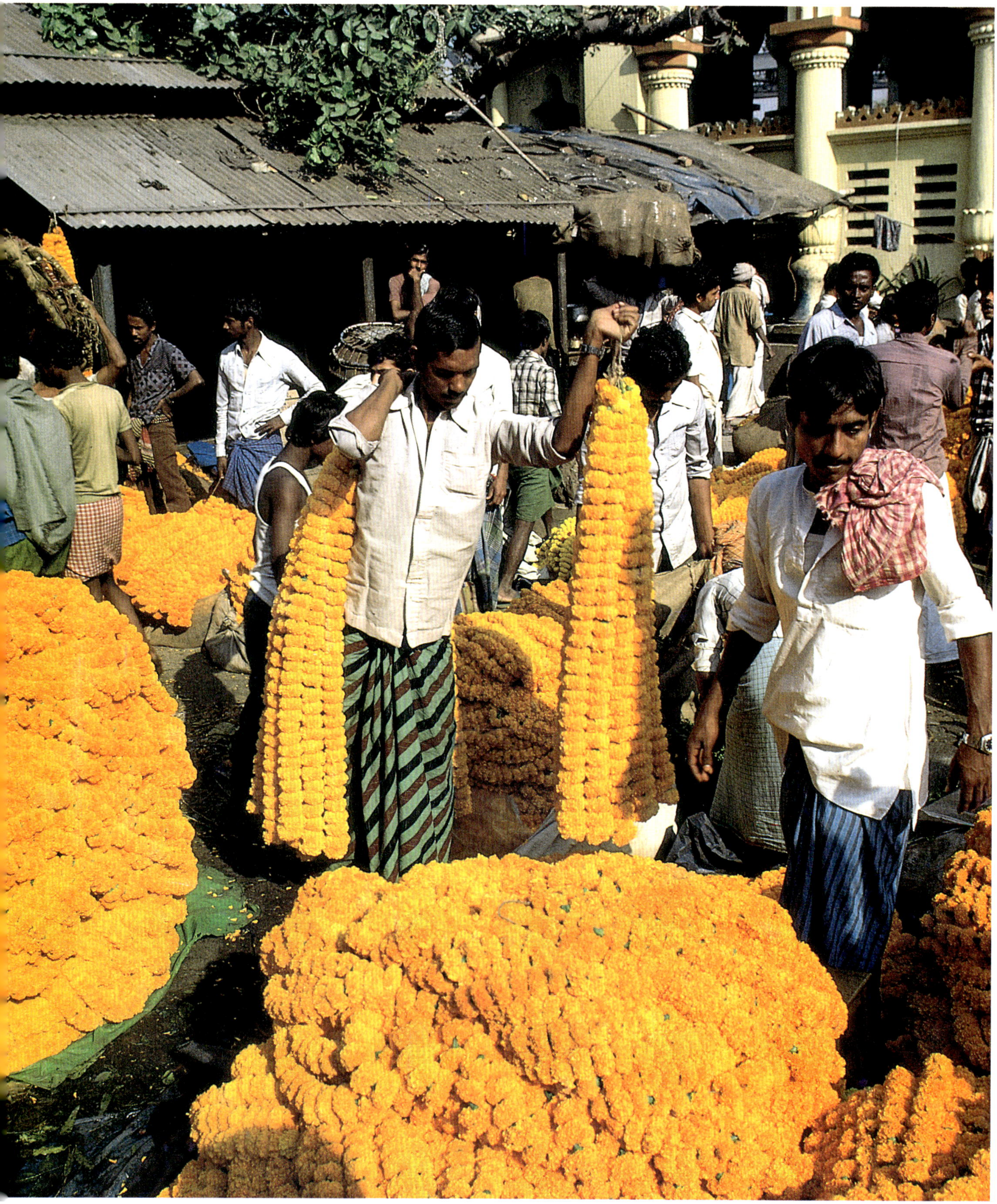

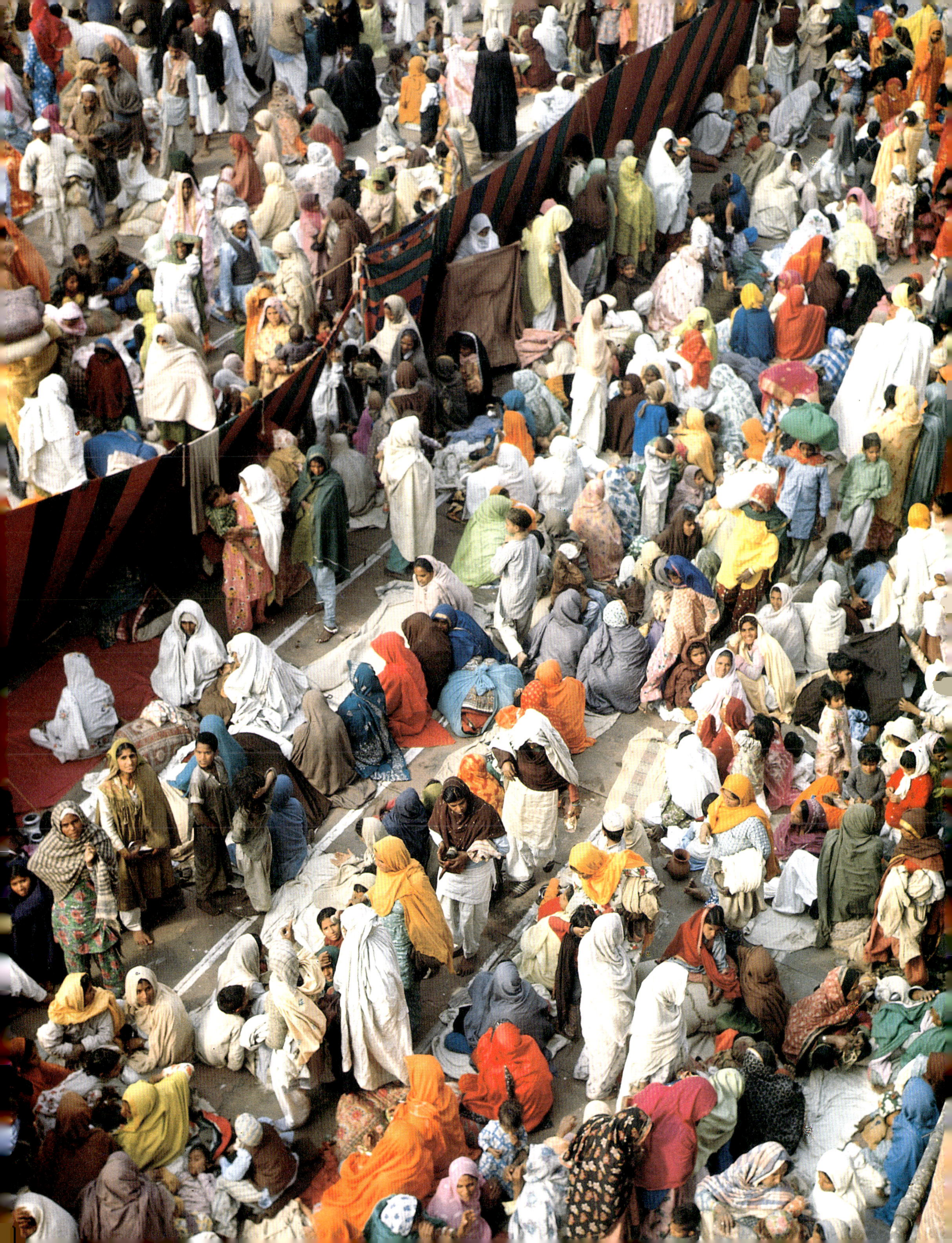

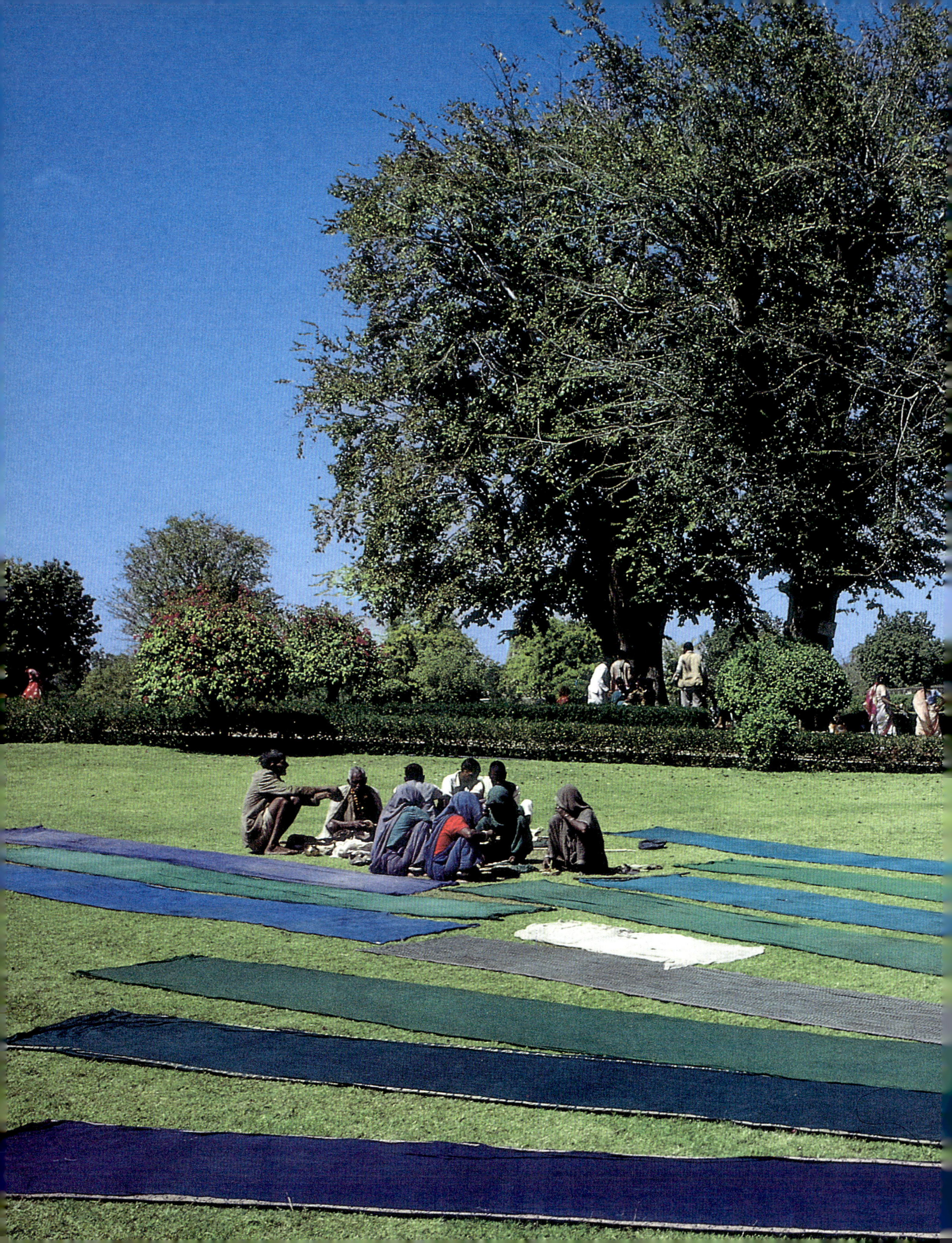

Culture et traditions

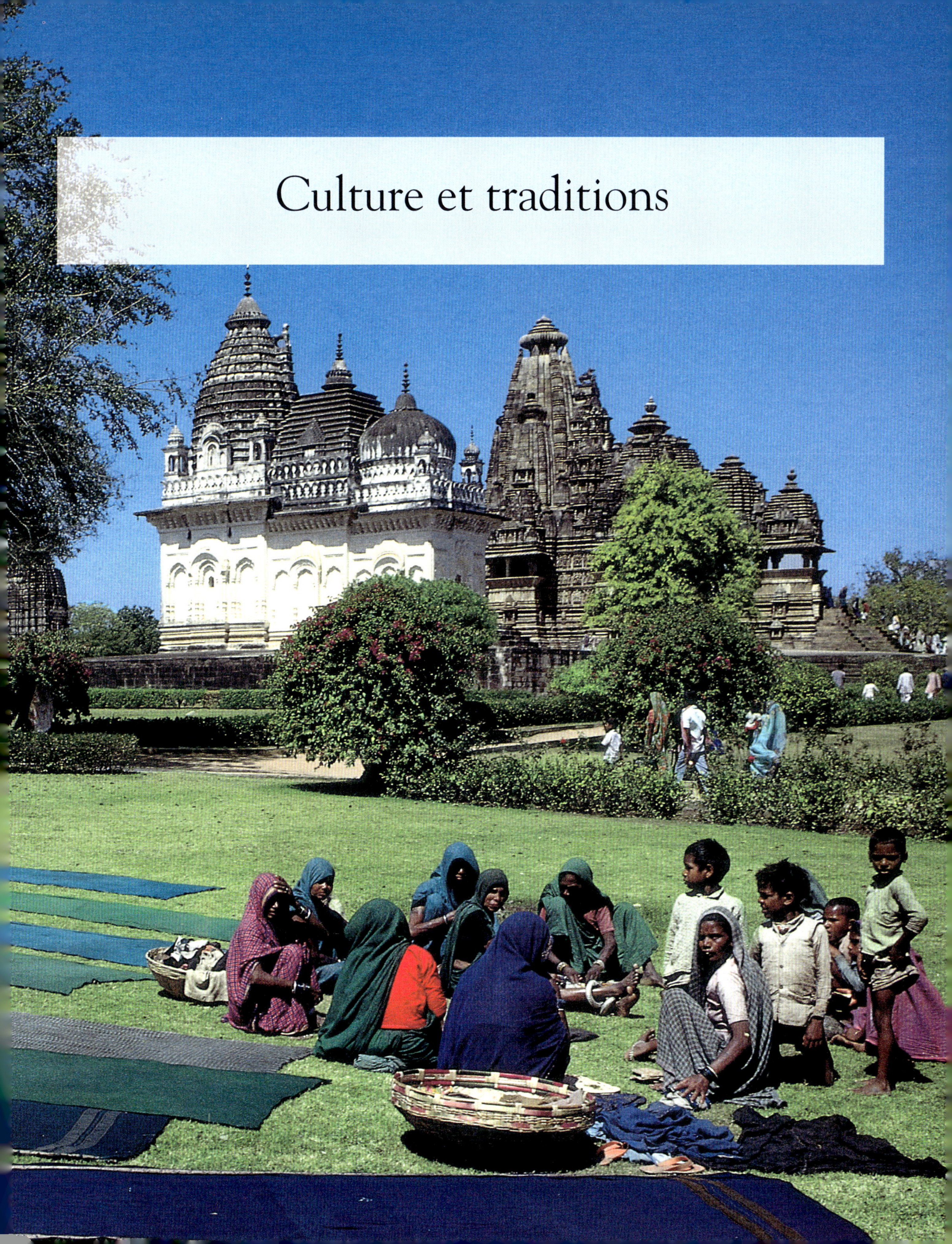

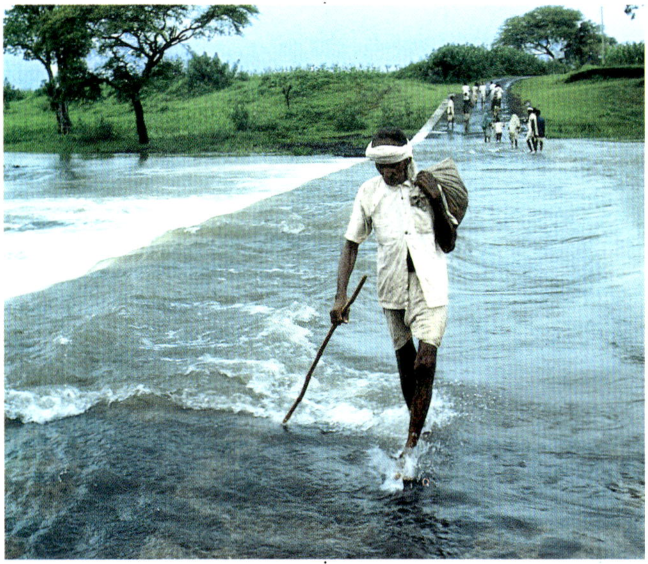

Une route de l'Inde centrale envahie par les eaux d'un fleuve pendant la mousson.

En bas : Bain rituel dans le Gange à Bénarès.

Double page précédente : Saris étendus au soleil à proximité d'un temple de Khajurāho.

L'Inde, terre fabuleuse qui fit rêver Alexandre et alimenta son désir de domination, tire son appellation de l'Indus, dont les textes latins rappellent le nom en précisant : *Indus ab incolis Sindus appellatur.* L'Indus est un grand fleuve sur les rives duquel fleurissait déjà, quelques millénaires avant J.-C., une civilisation élaborée. Alexandre a sans doute obéi au même attrait que celui qui animait les différents groupes ethniques qui depuis la plus haute antiquité se sont répandus sur les terres de l'Inde et ont laissé des traces de leurs cultures sur les populations indigènes. Le nom "Indus" définit donc désormais une ancienne civilisation qui joua un rôle significatif dans l'histoire du subcontinent indien.

Géographiquement, l'Inde peut être divisée en trois grandes bandes horizontales : celle du massif ou de l'arc himalayen – qui forme une barrière naturelle contre les courants arctiques, et détermine ainsi le climat de cette région – la plaine du Gange, qui constitue la ligne imaginaire de soudure entre l'Himālaya et le reste de la péninsule, et, enfin, le massif méridional qui s'étend au sud de la chaîne du Vindhya. Le système hydrographique est d'une importance exceptionnelle dans ce pays, et le fait que l'eau soit objet de culte et de vénération pour les Indiens est emblématique.
La conjugaison de trois facteurs : la situation de la chaîne himalayenne dans le Nord, la position géographique de la plus grande partie du territoire sur la ligne de l'équateur, et sa façade sur l'océan Indien donnent à l'Inde un climat typiquement subtropical et influencé par les moussons ; les deux vents saisonniers – les moussons justement – soufflent en effet presque toute l'année en direction opposée l'un par rapport à l'autre. En été, les moussons apportent des précipitations exceptionnellement abondantes dans l'Assam, la région orientale du pays ; l'augmentation des températures pendant la période estivale détermine une situation anticyclonique sur l'océan Indien, avec des températures maximales dans le Nord. Le désert du Rājasthān (à l'est de la vallée de l'Indus) et le haut plateau du Ladakh (dans le Cachemire) font partie, contrairement à l'Assam, des régions les plus arides de toute la péninsule, tandis que le Bengale est fouetté par de violents et fréquents orages. La mousson de sud-ouest, qui arrive de l'océan après avoir parcouru environ 3 000 km, souffle constamment des premiers jours de juin jusqu'à la fin de décembre ; après avoir rejoint le bassin du Gange, elle subit une

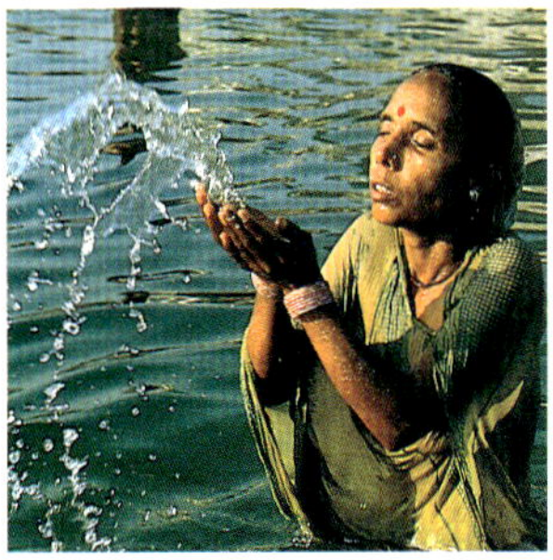

Le Gange.
Les noms indiens des fleuves sont de genre féminin ; il en va ainsi pour le Gange (la déesse Gaṅgā), fleuve sacré par excellence, mère de toute l'Inde et, depuis toujours, source de vie et de subsistance sur le sol indien. Des pèlerins en remontent le cours jusqu'à la source, située au nord du mont Kailasa, dans l'Himālaya tibétain. Étant donné que le Gange est le fleuve sacré des hindous, Vārāṇasī (l'actuelle Bénarès), que le Gange traverse dans sa course vers la mer, en est la ville sainte.

Invasions.
L'invasion des Aryens ne fut pas la seule dans l'histoire de l'Inde : au Ve siècle ap. J.-C., quelques tribus de l'Asie centrale, les Yuezhi (les Descendants de la Lune) envahissent les terres du Nord, donnant ainsi

brusque inversion et se transforme en vent de sud-est, connu comme un vent hivernal d'origine continentale. Dominées par les moussons, les saisons en Inde sont : la saison froide (de novembre à février), la saison chaude (de mars à mai), la saison des pluies (de juin à septembre), avec un mois de transition (octobre). Pendant la saison froide, d'importantes chutes de neige blanchissent les cimes de l'Himālaya tandis qu'à la saison chaude, à cause des vents rares qui soufflent régulièrement et n'apportent un peu de fraîcheur que sur les côtes, la température peut atteindre 43 °C dans le Pañjāb et 48 °C dans la basse vallée de l'Indus.

Du point de vue humain, le subcontinent indien comprend quatre races principales : les négroïdes, les australoïdes, les mongoloïdes et les Caucasiens. Les premiers ont quitté le continent, où l'on trouve encore des traces de leurs établissements primitifs pour aller s'installer dans les îles Andaman, faisant de la pêche leur principale source de subsistance : de petite taille, de peau sombre, ils ont les cheveux très noirs. Le deuxième groupe racial, connu aussi sous le nom de Vedda, du sanskrit *vyādha* ou "chasseurs", peuple aujourd'hui les régions méridionales et les parties centrales jusqu'à la zone comprise entre Narmadā et Chota Nāgpur. Ils se caractérisent par des traits somatiques moins accusés que ceux des négroïdes et par leur organisation tribale. Les mongoloïdes sont des montagnards établis actuellement en marge de l'Inde septentrionale ; de taille plutôt grande, le teint brun-jaunâtre, leurs yeux sont en amande. Le groupe caucasien, enfin, occupe les territoires méridionaux du Dekkan ainsi que – par suite des importants mouvements migratoires sur ces terres aux siècles passés – les collines du Nord-Ouest ; ils sont de stature moyenne, de peau sombre et leurs cheveux sont noirs. Les premiers peuples de race protonordique à envahir le territoire indien (env. 1500 av. J.-C.) en provenance du nord-ouest furent les Aryens, de souche indo-européenne. Les Aryens s'établirent dans la vallée de l'Indus où ils se divisèrent en clans puis en tribus, ce qui favorisa leur infiltration et les conduisit (en 1000 av. J.-C. env.) à coloniser la vallée du Gange : leur expansion vers le sud s'arrêta dans la région des montagnes du Vindhya.

Une jeune fille et un enfant des régions méridionales (Tamil Nādu).

En bas : Hommes de race indo-aryenne dans un village du Cachemire.

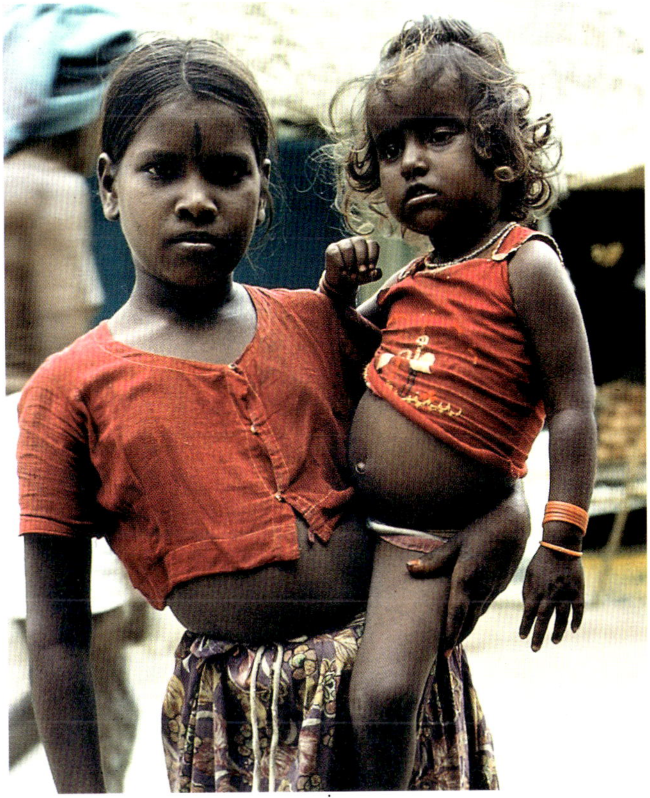

naissance à l'empire des Kuṣāṇa. Entre les Ve et VIe siècles arrivent les Huns blancs, auxquels certains font remonter les castes élitistes actuelles issues des souches du Rājput ; ces populations s'établissent dans les régions du Rājasthān et du Pañjāb (la Terre des cinq fleuves). À partir de 712 ap. J.-C. commence une longue succession d'invasions : Arabes, Perses, Turcs et Afghans, mais aussi Juifs, Pārsis, Tziganes (qui descendraient d'anciennes tribus entrées en Inde pendant la période moghole, entre le XVe et le XVIIe siècle) et enfin Afghans (XVIIIe siècle) – sans parler des Européens : les Portugais (XVe siècle), supplantés, à partir du milieu du XIXe siècle, par les Anglais, dont les Indiens se sont affranchis en 1947.

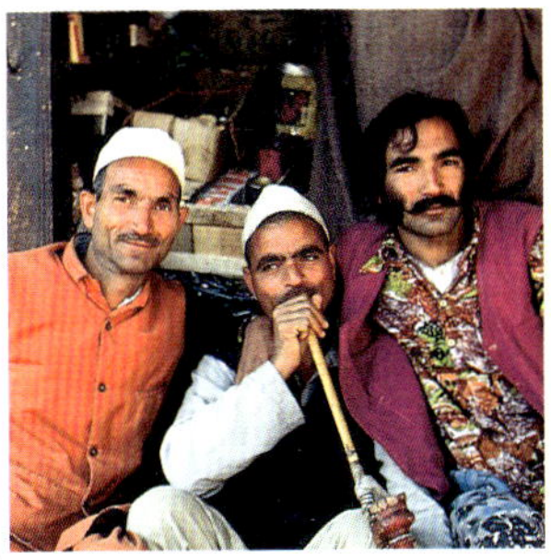

Une des sculptures en marbre qui représentent les divinités jaïnistes dans le temple Vimala Vasani à Dilwara, Mont Abu (Rājasthān).

En bas : Un jeune moine, le visage couvert d'un linge, observe strictement le principe de l'ahiṃsā.

Page de droite : Cérémonie dans un temple jaïn de Soneghir (Madhya Pradesh). Le jaïnisme compte aujourd'hui en Inde trois millions et demi d'adeptes, concentrés surtout dans la région du Gujarāt.

L'Inde fut le berceau de quelques-unes des plus grandes religions de l'humanité : jaïnisme, bouddhisme et hindouisme, dont les enseignements, fondamentaux du point de vue religieux, ont connu une extraordinaire fortune dans l'histoire de la pensée, de la philosophie et de la littérature, y compris en Occident.

Jaïnisme

Le jaïnisme est, à l'instar du bouddhisme, une religion du salut devant permettre d'échapper au cycle éternel des renaissances. Ses fidèles – les jaïnistes – observent la doctrine réformée en 500 av. J.-C. par Vardhamāna. Celle-ci se caractérise par un antibrahmanisme courant aux Ve-IVe siècles av. J.-C., période au cours de laquelle l'Inde fut ébranlée par des mouvements spirituels profonds et novateurs. Mahavira (Grand Héros) – nom que prit Vardhamāna (*Vaddhamāna* ou celui "qui se grandit" par le savoir) – fut le vingt-quatrième et dernier des maîtres et prophètes (*Tīrthakara*) du jaïnisme. Plus qu'un fondateur, c'est un réformateur de la religion jaïniste déjà définie dans ses grandes lignes par son prédécesseur, le moine Pārśva de Bénarès. Vardhamāna, en fait, a fixé les règles de la vie communautaire qui se sont perpétuées jusqu'à nos jours. Parvenu à la parfaite connaissance du chemin qui permettait de se délivrer des liens karmiques et à la condition de *Tīrthakara* et s'étant élevé à l'état de "faiseur de gué" qui permettait de dépasser le cycle du *saṃsāra*, lequel autrement ne peut être interrompu, il devint un *Jīna*, un "Vainqueur des liens" karmiques. Dès ce moment, et pendant plus de trente ans, il dispensa son enseignement sur les territoires des

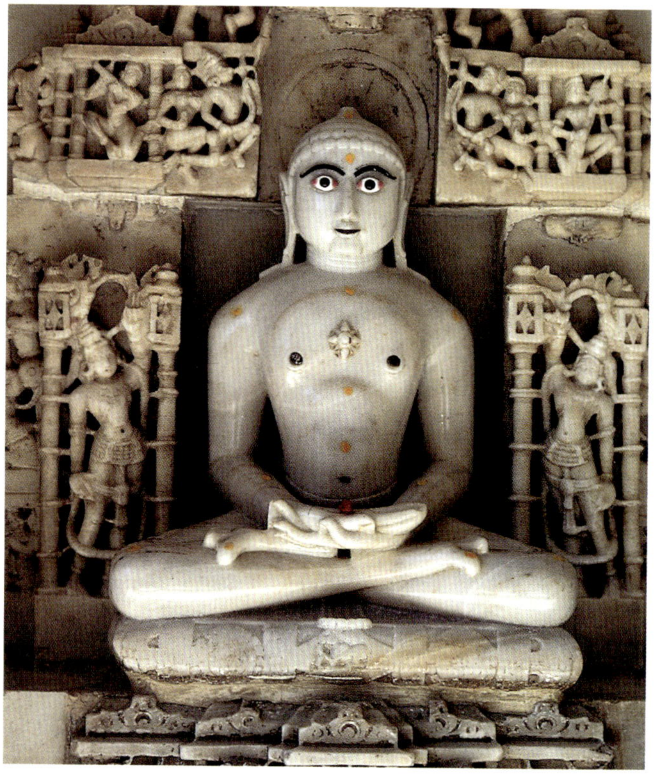

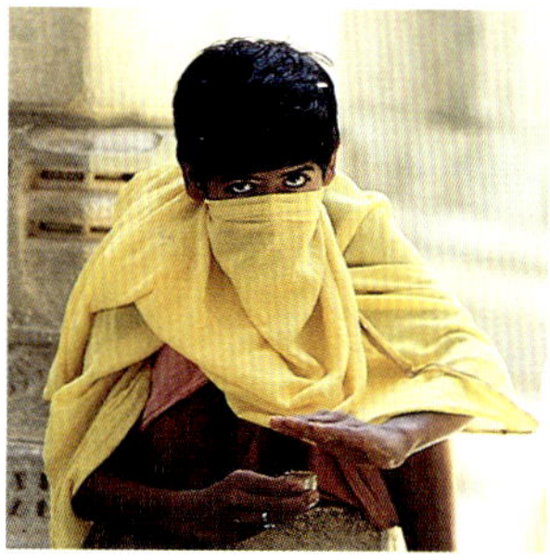

L'Inde aujourd'hui. 81 % des Indiens sont hindouistes, 12 % musulmans, 2 % sikhs, 2,4 % chrétiens. Les religions bouddhiste et jaïniste, bien que nées en Inde, ne représentent même pas, à elles deux, 2 % de la population.

Moines jaïnistes. Aux moines qui embrassent le jaïnisme, il est prescrit d'observer les cinq "grands vœux" (*mahāvrata*) : se garder de faire le mal, de mentir, de voler, de commettre des actes impurs, de posséder des biens. Le premier des cinq vœux – ne pas faire le mal (*ahiṃsā*) – est observé scrupuleusement et s'applique à toute forme de vie. Ainsi, les moines jaïnistes se recouvrent habituellement la bouche pour éviter d'avaler, en respirant, des insectes microscopiques. À la saison

Magadha, des Aṅga et du Videha (actuel Bihar), faisant des adeptes surtout parmi les *kṣatriya*. Selon la tradition, il mourut à 72 ans en 527 ou 577, et son corps fut brûlé avec une exceptionnelle solennité. La tradition lui attribue un nombre certainement exagéré d'adeptes mais, et c'est un fait, les femmes y sont majoritaires. La doctrine jaïniste réfute l'autorité des Veda et fait siens les concepts communs à tout le monde indien : du "cycle éternel des naissances et des renaissances" (*saṃsāra*) et de la "rétribution des œuvres" accomplies au cours de chaque existence (*karman*) – qui prédéterminent et conditionnent les existences suivantes – à la totale délivrance (*mokṣa*) de l'âme individuelle du cycle des renaissances. Ne reconnaissant, comme le bouddhisme, aucun dogme, le jaïnisme a élaboré une théorie selon laquelle le monde (*loka*) et le non-monde (*a-loka*) sont constitués de six substances : âme, matière, espace, mouvement, repos et temps, toutes éternelles et incorporelles et – sauf pour la matière – non perceptibles par les sens. Elles sont inanimées, sauf les âmes, qui, identiques les unes aux autres, se différencient au moment où elles se combinent avec les particules de matière, donnant naissance à la réalité phénoménologique, et donc à l'ensemble des processus karmiques. L'âme ne pourra se libérer du poids des scories karmiques ou "conditionnement" qu'au moment où l'individu se libérera de la passion (*kaṣaya*) ou "force de cohésion" qui enchaîne l'être au cycle perpétuel des renaissances et des morts. Pour éliminer les passions, il faut posséder les "trois joyaux" (*triratna*) – juste foi, juste connaissance, juste conduite – sans jamais oublier que seule l'ascèse (*tapas*) permet de se débarrasser de toutes les scories karmiques. L'âme totalement purifiée peut ainsi rejoindre la résidence des bienheureux située à l'extrême sommet de l'univers et là, avec d'autres âmes toutes parfaitement pareilles, jouir de la béatitude suprême que procurent la "libération" (*mukti*) et la perfection (*siddhi*).

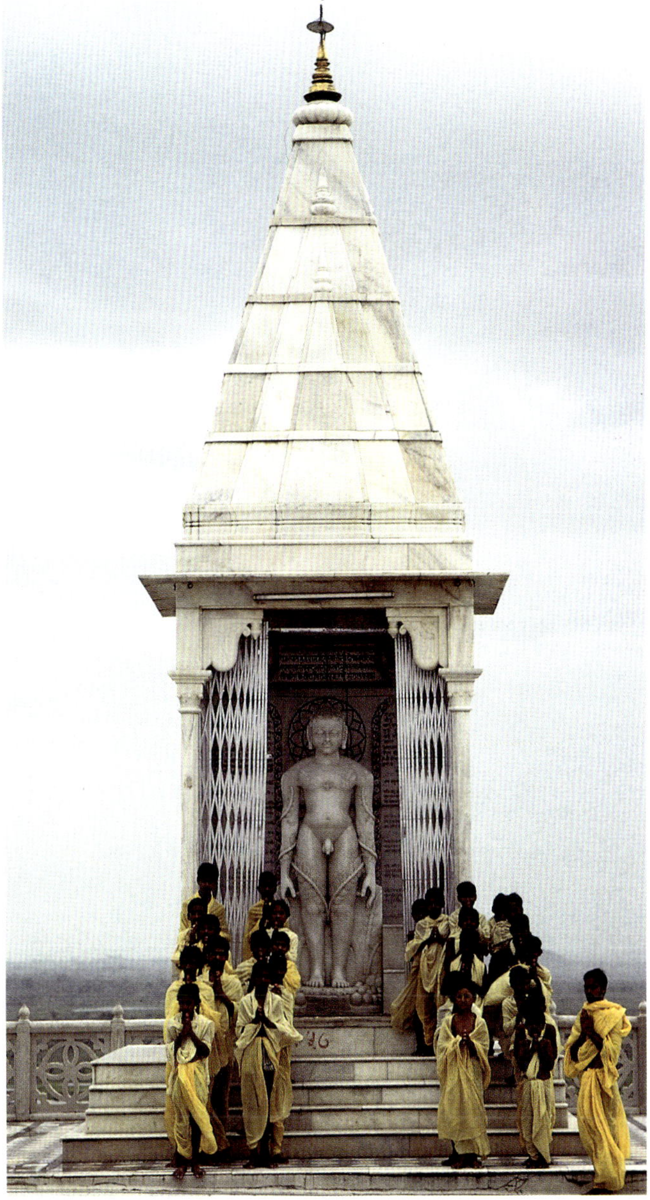

des pluies, les pèlerinages eux-mêmes sont interdits pour ne pas risquer d'écraser les vers sortis de terre.

Vœux jaïnistes. Les laïques doivent observer cinq vœux mineurs, dont la fidélité conjugale et la mesure dans la possession de biens matériels ; ils doivent contribuer à l'entretien des moines en échange de l'enseignement que ceux-ci leur dispensent.

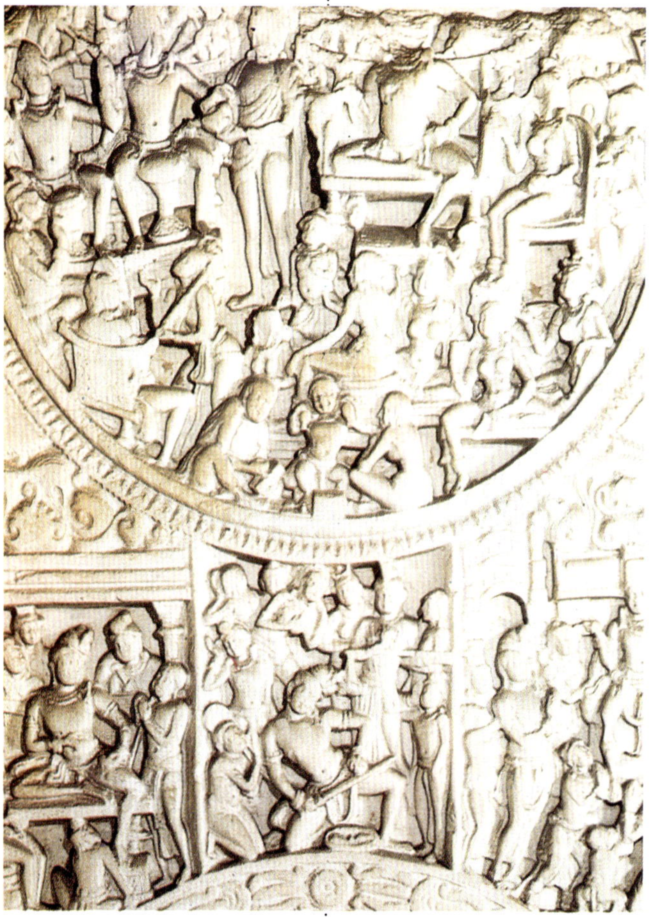

Bas-reliefs du stūpa d'Amarāvatī (Andhra Pradesh), IIe siècle av. J.-C., Londres, British Museum. Les bas-reliefs de Bhārhut, de Sāñcī et d'Amarāvatī (IIe siècle av. J.-C.- IIIe siècle ap. J.-C.) illustrent aussi des scènes tirées des Jātaka.

Bouddhisme

Le bouddhisme naît aux VIe-Ve siècles av. J.-C. Son fondateur, Siddhārtha Gautama (Śākyamuni), fut appelé le Buddha, "l'Éveillé", lorsqu'il eut atteint la vérité suprême et découvert la voie du salut, le chemin par lequel l'homme peut se sortir du cycle éternel des renaissances et des morts. L'enseignement du bouddhisme primitif est simple : il affirme que tout ce qui a un commencement a inévitablement une fin et que chaque existence est transitoire puisque sujette à la vieillesse, à la maladie et à la mort. La théorie du cycle éternel des morts et des renaissances (*saṃsāra*) et de l'effet consécutif à une action (*karman*) sont deux des concepts fondamentaux sur lesquels se fonde le bouddhisme, hérités d'une tradition plus ancienne, antérieure à l'époque où naquit et se répandit le bouddhisme. Selon la loi samsarique, les conditions de l'existence d'un être sont déterminées par ses existences précédentes et inversement celles-ci conditionnent ses vies ultérieures. Siddhārtha, à en croire la tradition, trouva l'illumination (l'éveil, *bodhi*) après une nuit entière de méditation où il s'était souvenu de ses existences antérieures. Les événements liés à ces vies deviendront plus tard pour le Buddha le sujet de ses prédications ; de cette tradition orale naîtront les *Jātaka* (Les précédentes naissances du Buddha), lesquelles – malgré une finalité différente de celle d'autres textes à caractère éthique – ont contribué à donner naissance à l'immense patrimoine narratif panindien. Les *Jātaka* forment un corpus de 547 récits, tantôt en prose, tantôt en vers, et constituent une source inépuisable d'informations relatives à la société au temps du Buddha. Les références aux us et aux coutumes faites par les différents récits permettent de dater le recueil des alentours du IVe siècle av. J.-C., c'est-à-dire avant l'avènement des dynasties Maurya et Gupta. Une courte anthologie de sentences intitulée *Dhammapada*, "Recueil de vers sur la Loi", constitue la somme la plus ancienne et la plus authentique de l'éthique bouddhique qui fait de l'homme le seul et unique artisan de son destin. La ligne de conduite préconisée par le *Dhammapada* – un résumé des enseignements du Buddha sous forme d'aphorismes – conduit le néophyte, désormais

Canon bouddhique. Avant d'être fixés dans un canon définitif (250 av. J.-C.), les enseignements du Buddha s'étaient transmis oralement. Comme pour toute tradition orale, ils furent l'objet de commentaires, d'interprétations, de manipulations diverses qui altérèrent la doctrine sur des points essentiels. L'établissement d'un canon permit de dissiper doutes et ambiguïtés en reprenant fidèlement les paroles originales du Buddha telles qu'elles avaient été transmises à ses disciples.

délivré des passions engendrées par l'idée de possession, à agir conformément aux préceptes fondamentaux de la morale bouddhique. Aux cinq commandements essentiels (ne pas tuer, ne pas mentir, ne pas voler, ne pas commettre l'adultère, ne pas faire usage de boissons enivrantes) s'ajoutent des règles éthico-confessionnelles qui tiennent lieu de viatique pour parvenir à l'état transcendantal de l'éveil. Ces règles renvoient aux Quatre Nobles Vérités découvertes par le Buddha et expérimentées par lui ; leur nature confessionnelle est patente dans des affirmations comme celles-ci : tout ce qui existe est destiné à se corrompre, les passions sont source de souffrance et il n'existe qu'une voie pour se libérer de la souffrance. Cette voie est représentée par la mise en œuvre correcte des huit stades de l'"Octuple Voie" (*aṣṭāṅgika-mārga*). L'individu qui parcourt la noble Voie, qui a éliminé les dix liens (ou les conceptions mentales engendrées par l'ignorance) et a atteint le but fixé d'avance parvient à l'état d'*arhat*, de celui qui mérite d'entrer dans le *nibbāna* (skr. *nirvāṇa*) – c'est-à-dire cet état d'extinction totale de tout ce qui, par le seul fait d'exister, est fatalement périssable. Ce recueil de vers offre la quintessence de l'enseignement du Buddha dont la finalité est de permettre à l'individu de se libérer de cette condition douloureuse qu'est l'existence humaine, intimement associée à la douleur, au désespoir, au tourment, à la crainte de la vieillesse, de la maladie, de la mort, lesquelles, dans la dynamique du discours éthique bouddhique, apparaissent paradoxalement comme les conditions essentielles de réalisation du salut.
Le bouddhisme progressa rapidement dans toutes les couches de la société ; les communautés religieuses, constituées à l'origine d'une poignée de moines, grossirent et attirèrent bientôt des laïques qui se soumirent à une observance stricte de la règle. Parmi les laïques cités dans les textes exégétiques parvenus jusqu'à nous figurent des noms illustres : rois, reines, princes, ministres, qui s'associèrent aux moines directement ou indirectement. Ils contribuèrent à la diffusion et à la mise en œuvre de la loi. Parmi les fidèles, les femmes furent nombreuses. Dans les siècles qui suivirent la disparition du Buddha, plusieurs écoles virent le jour, parmi lesquelles celle du Grand Véhicule (Mahāyāna) et celle du Petit Véhicule (Hīnayāna).

Le Buddha avec un disciple. *Peinture murale de Qumtura, Asie centrale, 650 env. Berlin, Staatliche Museen.*

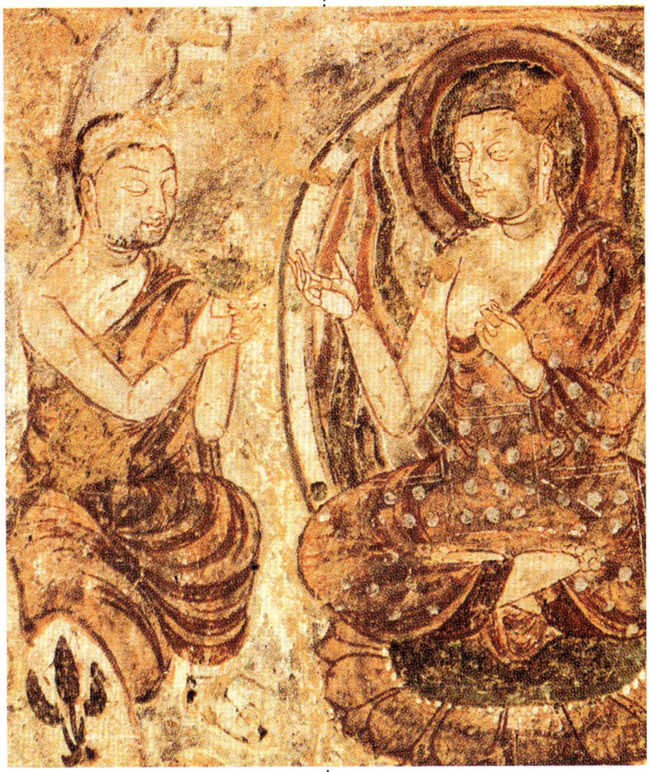

Diffusion du bouddhisme. L'empereur Aśoka, dès le IIIe siècle av. J.-C., fut le grand propagateur de la nouvelle religion : il fit construire de nombreux stūpa dans toute l'Inde. Grâce à lui, l'île de Śri Laṅkā fut convertie. C'est à partir du VIIIe siècle ap. J.-C. que le bouddhisme se répandit au Tibet, en Chine et au Japon. Aujourd'hui le bouddhisme est très minoritaire en Inde : 2 % de la population.

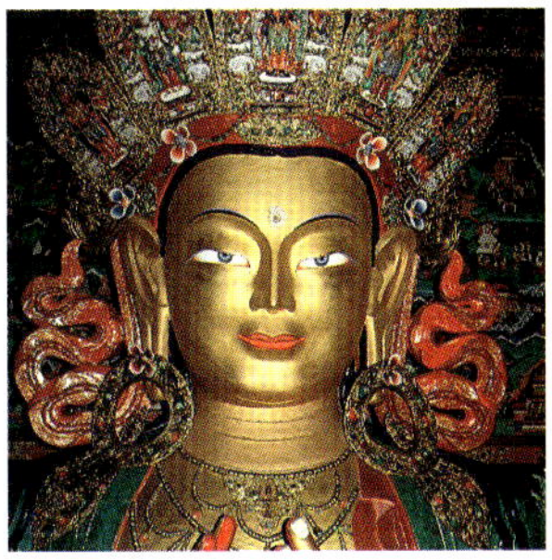

En bas : Statue du Buddha dans un monastère d'Alchi (Ladakh), fondé autour du XIe siècle.

Śiva en dieu de la Danse (Nāṭarāja). Sculpture du temple de Cidambaram (Tamil Nādu), dont la construction fut terminée autour de 1272.

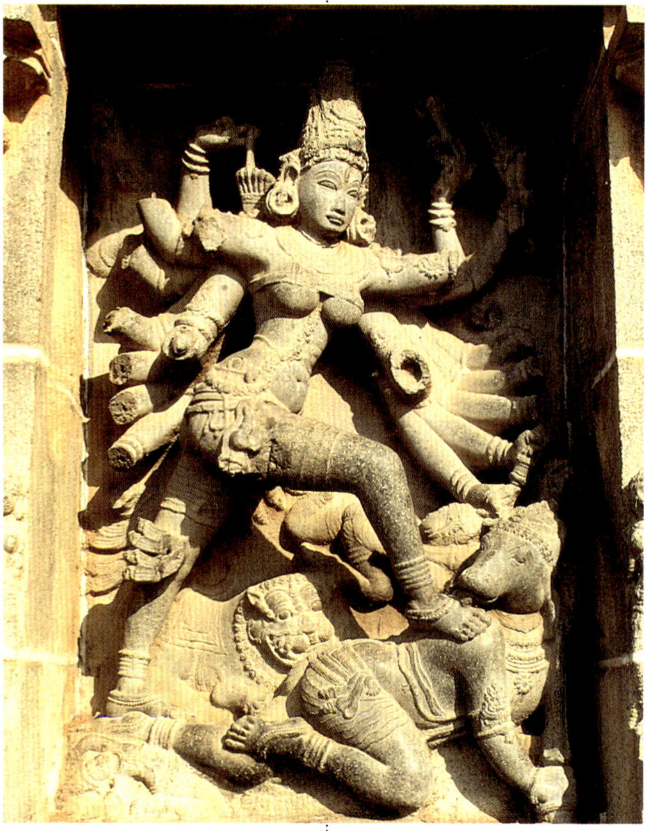

Hindouisme

Forgé au XIXe siècle, le mot "hindouisme" est un terme générique utilisé pour désigner toutes les religions des hindous. L'hindouisme est issu de la religion des Veda, centrée sur la nature : les impressionnants et spectaculaires phénomènes naturels qui avaient le plus frappé le regard et l'imagination des Indo-Aryens anciens, les éléments qui constituent le monde extérieur – ciel, terre, soleil, aurore, eau, vent – et qui exercent tant d'influence sur la vie de l'homme, sont personnifiés, transformés en entités mythologiques et, selon qu'ils sont la manifestation du bien ou du mal, invoqués comme des dieux bienfaisants ou méprisés comme des démons. Toutes ces divinités, hormis quelques déesses représentées sous la forme de vaches – allusion symbolique à la prospérité – et à l'exception de quelques dieux mâles de second ordre, figurés eux aussi sous une forme animale, revêtent un caractère anthropomorphe ; leurs traits ne sont cependant pas fixés, en sorte qu'il peut y avoir glissement d'une figure divine sur une autre. Avec le temps, à ces divinités viennent s'en ajouter d'autres. Ce sont les personnifications d'attributs appartenant à des divinités déjà établies comme Savitar (l'Incitateur) et Vivasvat (le Brillant), qui sont tous deux des qualités de Sūrya (le Soleil), de Tvaṣṭar (le Constructeur) ; ce peut être aussi la divinisation de concepts abstraits comme Śraddhā (la Foi), Tapas (l'Ardeur de la pénitence), Manyu (la Colère) et ainsi de suite. Dans le panthéon rigvédique, il n'existe pas de hiérarchie proprement dite : chaque divinité prend au moment où elle est invoquée le rang le plus élevé. Sa suprématie sur les autres divinités se réalise, semble-t-il, dans le fait que les attributs et les caractères d'autres dieux se cristallisent autour de sa figure selon un processus syncrétique que l'historien des religions Max Müller a appelé "énothéisme" ou "kathenothéisme". Sur le plan de l'expression, ce phénomène se traduit par une unité de formulation des hymnes. Le terme qui définit le mieux l'hindouisme est *sanātanadharma* ou "Loi éternelle". Il s'agit d'un système philosophique grandiose qui plonge ses racines dans l'antique religion védique. L'hindouisme, qui est la religion d'une grande majorité d'Indiens, compte de très nombreux fidèles au Pakistan, en Indonésie, en Malaisie, en Birmanie et à Śri Laṅkā. Il n'est pas

Le rite funéraire. Les pratiques liées aux rites funéraires, depuis leurs lointaines origines prévédiques et védiques jusqu'à nos jours, combinent des éléments de nature eschatologique à de simples normes d'hygiène. Avant d'être brûlé, le cadavre est lavé, marqué au front avec de la poussière de santal, habillé, orné de bijoux et enveloppé dans un suaire blanc. La dépouille est ensuite attachée à un brancard de bambou. Le cortège funèbre, conduit par le plus proche parent du défunt, qui tient en main une bassine contenant le feu purificateur, se dirige vers le lieu de la crémation. Là, le parent asperge le bûcher funéraire, en fait trois fois le tour et l'enflamme, devenant par cet acte l'"héritier" du défunt.

seulement une religion mais une manière de vivre liée à un système social puissamment organisé (dont témoignent les castes) ; Dieu n'y est pas reconnu comme un dogme et surtout – et c'est là le point fort de l'hindouisme – il ne s'est jamais fermé aux autres religions (jaïnisme, bouddhisme, islam, christianisme) ; au contraire, il a assimilé quelques-unes de leurs traditions et s'est affermi à leur contact.
Le terme d'hindouisme regroupe une infinité de doctrines et de religions dont la caractéristique majeure est l'opposition puissante entre l'unité et le tout, entre le dieu unique et les autres dieux, entre la religion des masses et celle des élites. Sous son nom de *sanātanadharma* – où le *dharma* est entendu comme la "loi morale et religieuse" – il se fait le porte-parole de tous les aspects de la vie de l'homme, auquel – selon la loi samsarique du devenir – il ne reste plus qu'à se résigner apathiquement à son destin. L'homme, dans cette vision, ne cherchera jamais à améliorer son existence mais à réaliser le *mokṣa* (délivrance), qui

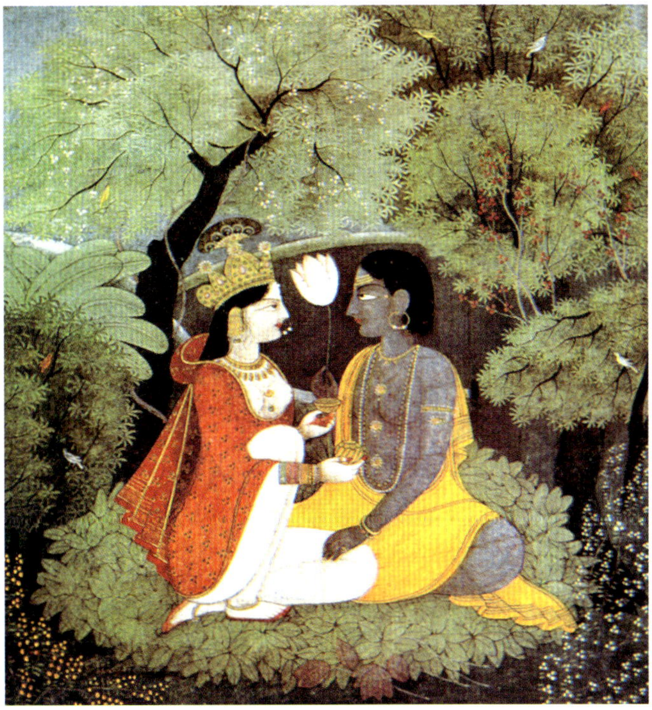

Kṛṣṇa et Radhā. *Miniature de l'école Pahāri,* XIX*e siècle. Bombay, Prince of Wales Museum.*

consiste à se dégager de tous les liens avec la réalité phénoménologique, à prendre conscience de l'unité qui existe entre l'absolu (*brahman*) et l'âme individuelle (*ātman*) et simultanément à étouffer son propre égoïsme et ses passions. La voie qui permet d'y parvenir est la *bhakti*, qui consiste à vénérer Dieu, à se vouer à lui sans conditions, à vouloir réaliser avec lui l'unité.

Par l'amour, l'homme cherche à se rapprocher de Dieu et à en connaître la vraie nature. Ce qu'un Occidental ne comprend pas dans cette doctrine, c'est comment l'hindouiste peut concilier le concept d'un dieu unique, créateur et esprit absolu, avec celui d'une légion de divinités innombrables. La réponse est que toute divinité entrant dans le panthéon hindouiste n'est pas autre

Yoga. La seule voie qui puisse permettre à l'individu d'échapper au cycle des naissances et des renaissances (*sāṃsara*) est l'ascétisme. L'ascète transpose le rite sacrificiel sur un plan intérieur, recherche dans son intimité le secret de la vraie connaissance qui est conscience de l'identité entre son propre soi (*ātman*) et l'absolu (*brahman*). La voie pour se détacher de la réalité est celle du yoga (littéralement "union"), discipline psychophysique par laquelle l'ascète (*sannyasin*) parvient à un état de concentration maximale et d'empire absolu sur ses facultés afin de réaliser l'union de son esprit humain avec le "Divin". La voie est difficile et l'aide d'un maître (*guru*) souvent nécessaire.

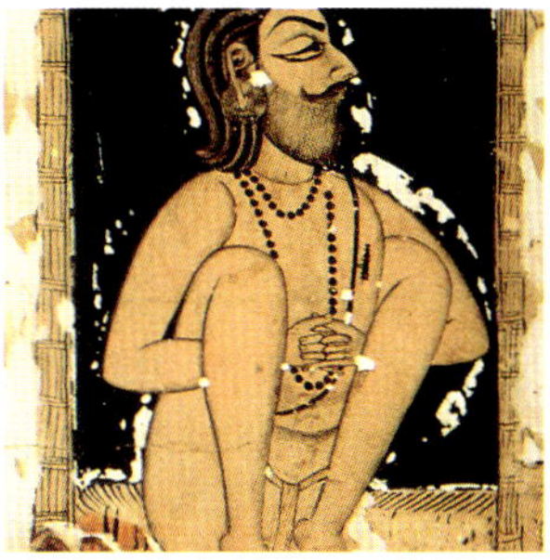

En bas : Un yogi en position fœtale (garbhāsana). *Détail d'une peinture murale d'un temple de Jodhpur (Rājasthān). Le yoga est considéré comme la voie pour se détacher de la réalité et atteindre la délivrance.*

Image de Hanumat sur les ghat (escaliers) de Bénarès. Hanumat, la divinité au visage de singe, est le fidèle serviteur de Rāma, le mythique héros guerrier du Rāmāyaṇa.

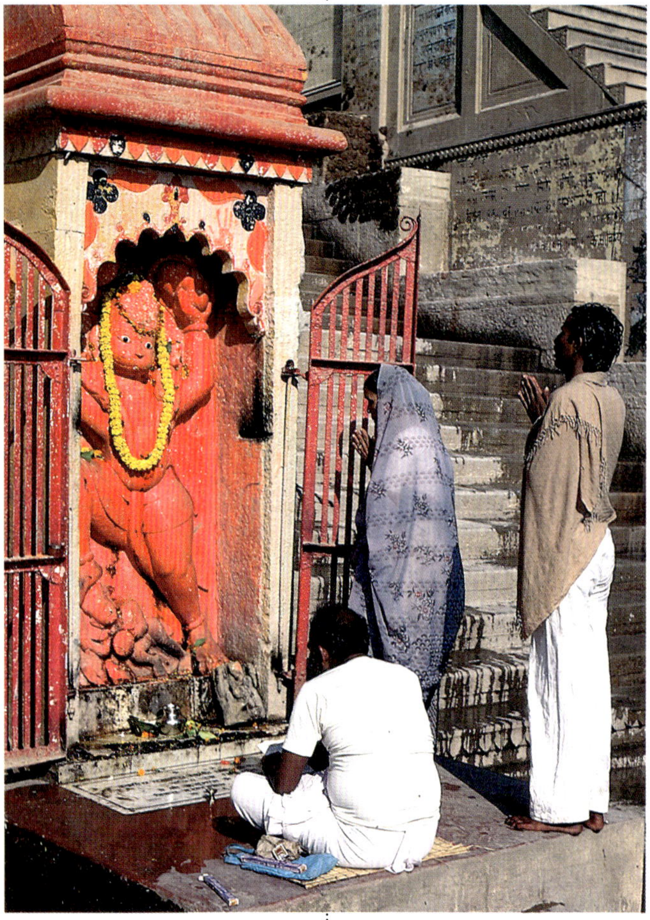

chose qu'une nouvelle émanation du Dieu absolu. Dans l'Olympe hindou, dans tous les cas, on retrouve la vénération de la Trimūrti (la triade des divinités les plus importantes) : Brahmā, le Créateur, Viṣṇu, le Conservateur, et Śiva, le Destructeur. Brahmā, dont les attributs sont légion (le Puissant, le Seigneur, le Formateur, le Père des êtres passés et futurs, etc.), est, selon la cosmogonie hindouiste, doté de quatre visages, chacun tourné vers un des points cardinaux. Selon la mythologie traditionnelle, la divinité suprême (Brahmā), après avoir passé un siècle à l'intérieur de l'œuf primordial (l'univers est appelé également "l'œuf de Brahmā", le *Brahmāṇḍa*), en sort en le brisant en deux et en faisant le ciel de sa moitié supérieure et le monde terrestre de sa moitié inférieure. C'est de Brahmā lui-même qu'a dérivé le genre humain, ses membres ayant engendré les quatre groupes sociaux. Malgré la prééminence de ce dieu, il est difficile d'identifier, au sein de la multiplicité des cultes hindouistes, un culte qui lui soit propre.
En revanche, les deux autres divinités de la Trimūrti, Śiva vénéré surtout au sud et Viṣṇu au nord, ont donné lieu à toute une série de cultes. Le dieu Conservateur notamment est l'objet de la part des brahmanes d'une dévotion infinie qui se confond avec la dévotion amoureuse (*bhakti*), car Viṣṇu arrive sur terre, monté sur le mythique oiseau ailé Garuḍa, pour secourir ceux qui l'ont invoqué. Viṣṇu – dont les mille noms et plus sont déclinés dans une prière récitée dans les sanctuaires qui lui sont consacrés – revêt les aspects les plus divers et la nature tout entière est pleine de sa présence. Mais ses *avatāra* (incarnations) les plus connus sont ceux où il revêt l'apparence d'un poisson, d'une tortue, d'un sanglier, d'un homme-lion, d'un nain, de Rāma le mythique héros guerrier du *Rāmāyaṇa*, de Paraśurāma (un autre Rāma) que l'iconographie représente armé d'une hache lorsqu'il vole au secours des brahmanes combattant les guerriers rebelles, de Kṛṣṇa, l'incarnation du héros enfant, de Kalkin (le héros à tête de cheval), l'incarnation future.
Śiva, représenté quant à lui avec sa monture, le taureau Nandin, incarne

Pārvatī. À l'instar de son époux Śiva, Pārvatī possède un visage qui fait d'elle la déesse de la Mort et de la Destruction : elle est la Terrible (Bhairavī), la Violente (Caṇḍi), la déesse des épidémies (Śitalā), l'inaccessible (Durgā – au Bengale, ce culte est très suivi, et une des fêtes les plus importantes est la *Durgā-pūjā*), mais son image la plus populaire est Kālī, la déesse noire terrifiante. Représentée la bouche en sang, elle a quatre mains ; les trois premières tiennent une tête coupée, une bassine pour recueillir le sang et une lance ensanglantée ; la quatrième est brandie vers le ciel en un geste de menace. Son cou s'orne d'un collier de crânes humains ; une ceinture de mains coupées lui couvre les flancs et elle porte des serpents en guise de bracelets.

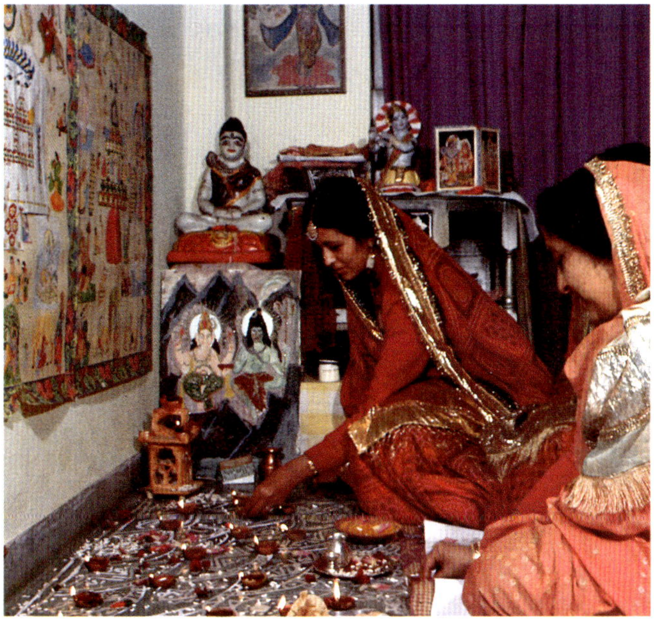

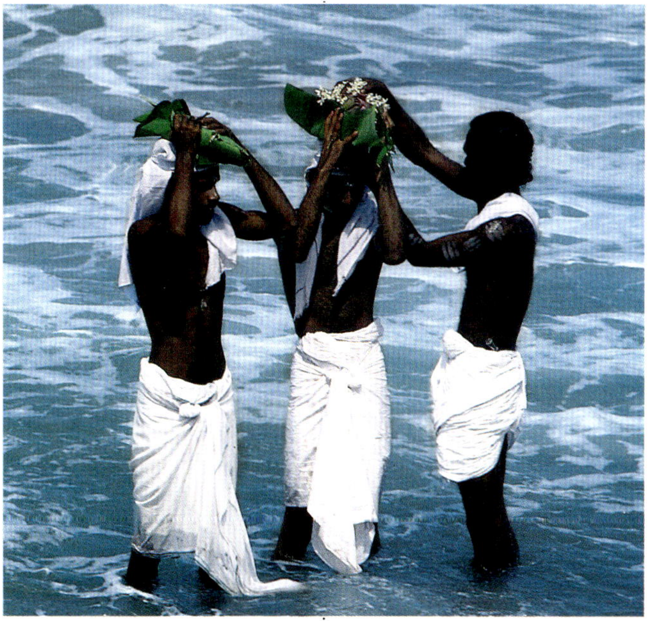

des qualités diamétralement opposées : au titre de seigneur des démons et dans la peau de "celui qui emporte" (Hara), il personnifie le dieu Destructeur, celui qui instille la terreur (Bhairava) et il s'identifie avec la mort ; à l'inverse, comme dispensateur de grâce et en qualité de roi de la Danse (Nāṭarāja), il est dieu de la Création et de la Fécondité. Du fait de cette ambivalence, Śiva est idolâtré surtout comme dieu procréateur, et la secte des Liṅgayat (les adorateurs du *liṅga*, symbole phallique avec lequel Śiva est identifié) se voue exclusivement à cette forme de culte. La compagne et épouse de Śiva, Pārvatī (la fille de la Montagne), qui attire à lui la dévotion des foules, revêt, à l'instar de son mari, les apparences les plus diverses, et elle est figurée avec des attributs variables qui en font tour à tour l'incarnation de la mère affectueuse, de la "grande mère" bienfaitrice des hommes (Umā). Elle est la vierge (*kumarī*) et l'épouse fidèle (*satī*) qui se précipite dans le bûcher afin de ne pas être le témoin d'une dispute entre son époux et son père. C'est à cet épisode légendaire que l'on rapporte le sacrifice des veuves (les *satī*), lesquelles s'élançaient dans les flammes du bûcher funéraire de leur époux défunt.

Ci-dessus, à gauche : Une pūjā *(acte de dévotion) dans une maison de New Delhi.*

Ci-dessus, à droite : Une pūjā *dans la mer du Kerala.*

En bas : Représentation de Gaṇeśa sur une céramique émaillée de Madurai (Tamil Nādu). Gaṇeśa est un dieu que l'on invoque pour placer une entreprise sous de bons auspices.

Gaṇeśa. Fils de Śiva et de Pārvatī, il se caractérise par un corps humain et une tête d'éléphant ; il est le dieu que l'on invoque au début de toute nouvelle entreprise afin qu'il en favorise le succès. Certaines légendes prétendent qu'il est né par parthénogénèse. Ses représentations le figurent comme un être corpulent, tenant dans ses quatre mains une coquille, un disque, une massue et une boulette de riz sucré, son aliment préféré. Gaṇeśa ou Gaṇapati, vénéré même par certains courants tantriques, a pour monture un rat. Ses cultes ésotériques et tantriques le dépeignent en cours de rapport sexuel avec une de ses parèdres.

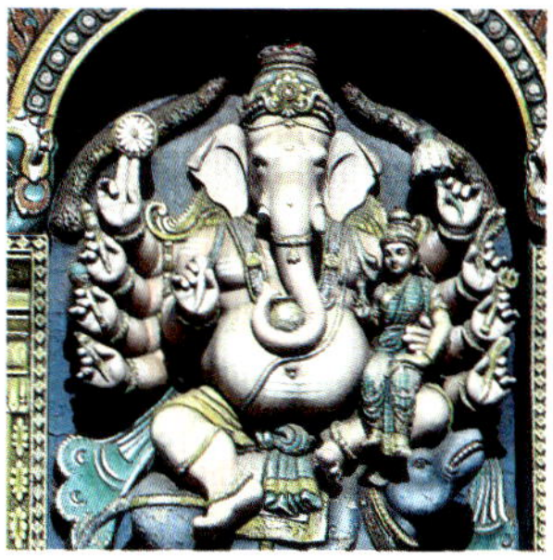

Page d'un manuscrit du XVIIe siècle en devanāgarī, avec un texte des Upaniṣad.

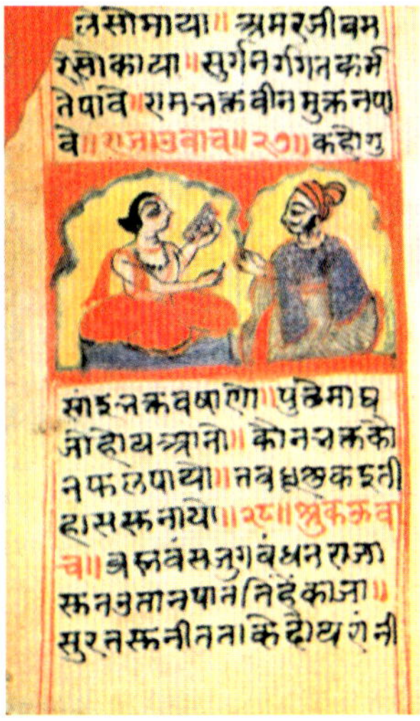

Les plus importantes familles de langues en Inde sont la muṇḍā-polynésienne ; l'indo-chinoise ou tibéto-chinoise ; enfin la dravidienne. La famille indo-européenne, sans nul doute la plus représentative des familles linguistiques indiennes, révèle des affinités et des ascendances communes entre ethnies indiennes et iraniennes. L'indien ancien comprend le védique et le sanskrit ; le sanskrit (langue "parfaite, complète"), qui a joué un rôle déterminant dans l'évolution de la pensée et de la culture de l'Inde, n'a jamais été une langue d'usage commun, mais au contraire la langue d'une élite, exclusivement réservée à la classe la plus cultivée ou la plus noble de la société. Cette langue fut fixée en schémas morphologiques rigoureux par le grammairien Pāṇini, au IVe ou au Ve siècle av. J.-C. Le moyen-indien est représenté par des *prākrits* (dialectes) secondaires sans rapport détectable ni avec le sanskrit ni avec le védique. La plus connue des phases archaïques du moyen-indien est représentée par le pāli, la langue du canon bouddhique conservée dans l'île de Śri Laṅkā. L'utilisation de "prākrits secondaires", l'ardhamāgadhī et la paiśācī (litt. "langue des démons") dans les textes jaïnistes, aussi bien sacrés que profanes, est fréquente. Les langages néo-indiens se subdivisent en trois branches : l'iranien, l'himalayen et l'indo-aryen ; le langage le plus important de la branche iranienne est le pastho, devenu la langue officielle de l'Afghanistan. Les langues parlées dans les régions nord-occidentales de l'Inde appartiennent à la branche himalayenne : la plus importante est le kāśmīrī, une langue à forte composante sanskrite. La branche indo-aryenne, sans doute la plus importante, se divise en trois groupes : le panjābi occidental, le rājasthāni et le marāthī. La langue des sikhs, le panjābi, fait partie du groupe rājasthāni ; le hindī occidental couvre tout le territoire du Madhyadeśa, avec de nombreux dialectes, dont l'hindoustanī. Le groupe marāthi comprend le bengali, l'oriyā et l'assamais. Après la famille indo-européenne, la plus répandue est la famille des langues dravidiennes ; elle couvre la région méridionale du subcontinent et la moitié nord de l'île de Śri Laṅkā. Les langues les plus importantes de ce groupe sont le tamoul, le kannarā, le malayālam et le telugu.

Les littératures

L'Inde a confié le souvenir de sa culture la plus ancienne à la tradition orale, et en a renfermé les témoignages plus tardifs dans des trésors littéraires qui restent inégalés. Elle a laissé, écrite en sanskrit, la langue sacrée, des œuvres monumentales comme le *Mahābhārata* et le *Rāmāyaṇa*, des chefs-d'œuvre dramatiques, des œuvres d'une rare poésie, des recueils de récits et de fables, des chants religieux et érotico-religieux délicats : des pages qui touchent les sommets de l'art poétique, souvent inspirés par la dévotion et le divin. Cette richesse s'est perpétuée dans les littératures médiévales et modernes qui sont une synthèse des expressions

Les langues indo-aryennes. Antérieurement au Ier millénaire av. J.-C., quelques populations iraniennes venues du nord de la Perse s'installèrent dans le Pañjāb oriental. Les langues de ces populations, qui se définissaient comme Aryens ou "nobles seigneurs" et qui engendrèrent leur propre civilisation, sont dites "indo-aryennes". De la phase la plus ancienne, représentée par l'indien ancien, au moyen-indien puis à l'indien moderne, l'évolution de l'indo-aryen se poursuit.

***Mahābhārata*.** Le cœur du poème, d'environ 20 000 strophes, narre le conflit cyclopéen entre deux lignées consanguines, les cousins Kourouides (Kaurava) et Pandouides (Pāṇḍava), dans une contrée appelée Kurukṣetra (Camp des Kuru) entre le poétiques et de la pensée des groupes de toutes origines qui ont peuplé et peuplent encore le subcontinent indien ; ces pages en offrent un aperçu, nécessairement partiel.

La littérature védique

Sous la dénomination générique de Veda, on regroupe l'ensemble des œuvres qui témoignent des plus anciennes expériences religieuses et des plus lointaines manifestations de la pensée indienne. Les *Saṃhitā* (collections), les *Brāhmaṇa* (textes de science sacrificielle), les *Āraṇyaka* (textes des forêts) et les *Upaniṣad* (textes de doctrine ésotérique) font partie du corpus de la littérature védique. La tradition vénère depuis toujours ces œuvres, qui ont été révélées par les dieux aux saints voyants parce qu'elles contiennent des enseignements destinés à durer éternellement. Chronologiquement, la littérature védique se situe entre le IIe millénaire av. J.-C. et les Ve-VIe siècles ap. J.-C. Le *Ṛgveda* ou "Veda des hymnes", attribué à la collaboration de divers auteurs, est le plus ancien des *Saṃhitā* : il est un miroir encyclopédique des formes religieuses les plus anciennes. Une autre œuvre importante, quoique plus tardive, est l'*Atharvaveda*, le Veda des *atharvan* (IXe-VIIIe siècles av. J.-C.). Il traite de sujets différents, relatifs les uns à la magie, les autres à la cosmogonie ou à la théosophie. Les *Brāhmaṇa*, textes qui consacrent l'autorité de la caste des prêtres, datent sans doute des VIIIe-VIIe siècles av. J.-C. Ils sont révélateurs d'un stade plus avancé de l'évolution de la pensée et sont une source précieuse d'informations sur les conceptions métaphysiques et les débuts d'une structuration systématique de la spéculation philosophique. Cette évolution des institutions arrivées à maturité et destinées à fixer les fondements d'une grande partie de la philosophie indienne se trouve elle-même théorisée dans les *Upaniṣad*, un ensemble d'œuvres à caractère ésotérique des VIe-IIe siècles av. J.-C.

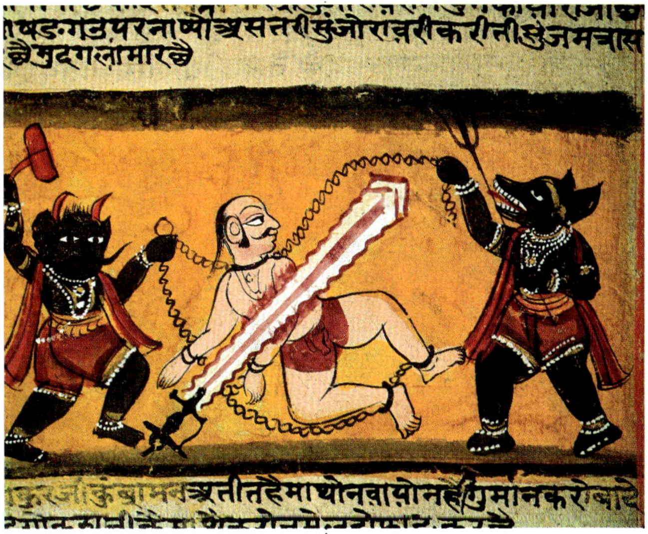

La littérature sanskrite

La principale caractéristique de la littérature sanskrite est de confiner au domaine des sources littéraires les fondements du "savoir", en ce qui concerne le *dharma* (le droit et les lois), l'*artha* (les activités pratiques et la politique), le *kāma* (l'amour et le plaisir sexuel). L'Inde a donné à l'humanité la plus grande œuvre littéraire au monde, le *Mahābhārata* (La grande épopée des Bharata), que la tradition attribue au poète mythique Vyāsa. Malgré un thème général unitaire, les quelque 110 000 strophes qui composent l'œuvre

Miniature d'un manuscrit du XVIIIe siècle en devanāgarī, avec un texte du Rāmāyaṇa. *Naples, Biblioteca Nazionale.*

En bas : Vālmīki, qui selon la tradition est l'auteur du Rāmāyaṇa, *sur une miniature du XIXe siècle, Puri (Orissa).*

fleuve Yamunā et le Gange, aux alentours de l'actuelle Delhi. Cette lutte sanguinaire est couronnée par la victoire des Pāṇḍava et par la perpétuation, à travers eux, de la dynastie des descendants de Bharata.

Bhagavad-gītā. La *Bhagavad-gītā* (Le chant du bienheureux) contient le dialogue entre Kṛṣṇa et son aurige Arjuna, incarnation terrestre de Viṣṇu. Arjuna, valeureux guerrier des Pandouides, est bouleversé par la tragédie qui est sur le point de déchirer les cousins ennemis et il se refuse à combattre. Kṛṣṇa le rappelle au devoir – l'impératif catégorique – qui, au nom du concept éthique de l'"action désintéressée", veut que l'homme juste reste indifférent à l'action dans laquelle il est impliqué.

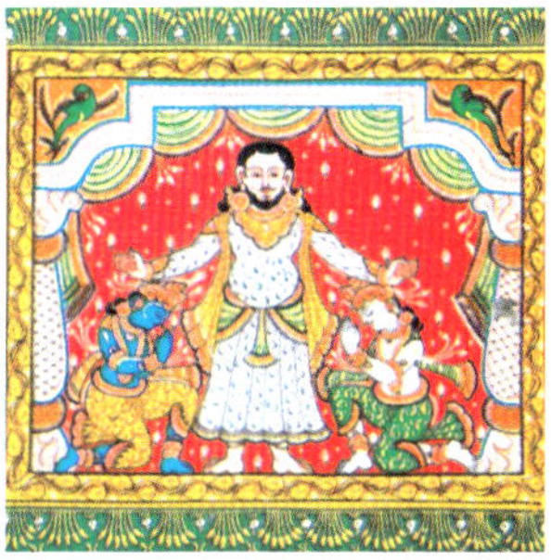

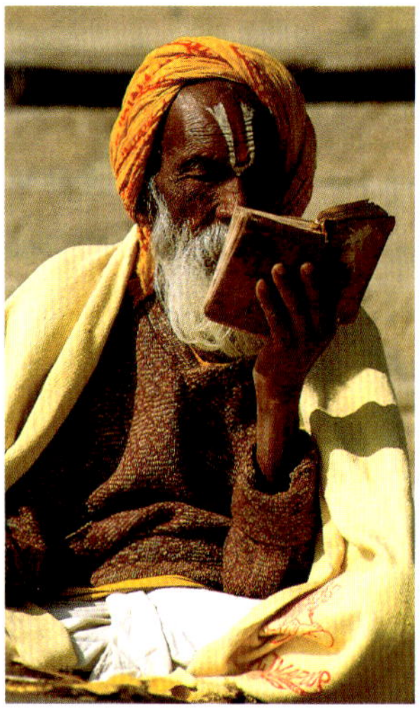

Ascète occupé à lire un texte sacré.

En bas : Détail des hauts-reliefs qui ornent les temples de Khajurāho. Beaucoup de ces bas-reliefs représentent des couples d'amoureux (mithuna), se livrant à des jeux érotiques compliqués, expression la plus caractéristique de la doctrine tantrique.

laissent place à des fables, à d'édifiantes paraboles, à des enseignements didactiques, à l'exposé de principes juridiques et politiques, au développement de thèmes cosmogoniques et théogoniques, à l'exaltation du culte de la *bhakti*, aux discussions philosophiques (dont la plus célèbre est la *Bhagavad-gītā*). L'autre grand poème épique, le *Rāmāyaṇa*, est de structure plus unitaire et homogène et d'ambition plus modeste : il raconte en 24 000 strophes le "Voyage de Rāma", c'est-à-dire le récit des tribulations de Rāma pour libérer son épouse, Sītā, enlevée par le démon Rāvaṇa et emprisonnée par celui-ci dans le palais royal de Laṅkā (l'actuelle Śrī Laṅkā). Comme le *Mahābhārata*, le *Rāmāyaṇa* puise ses thèmes dans un patrimoine populaire qui s'est transmis par voie orale. Les influences extérieures, surtout en ce qui concerne les conceptions religieuses, sont évidentes ; l'intervention des brahmanes dans la formulation définitive du poème a été déterminante. En fait, la description des exploits de Rāma, qui visait à exalter de manière emblématique la caste des guerriers, a été peu à peu modifiée en fonction des besoins de la caste brahmane ; Rāma, personnage totalement humain, est divinisé et se transforme en une des incarnations terrestres (*avatāra*) de Viṣṇu. Sous certains aspects de forme et de contenu, la poésie épique indienne se prolonge dans la grandiose littérature des *Purāṇa*, recueils de mythes et de traditions historiques, de cosmogonies et de théogonies, d'enseignements religieux, de doctrines, dans lesquels sont contenus les fondements essentiels de l'hindouisme.
La tradition attribue la paternité de cette œuvre à Vyāsa ; en réalité les *Purāṇa* sont postérieurs et leur datation est incertaine. L'adjectif *purāṇa* signifie "ancien" : rapporté à ces textes, il signifie "aventures des temps anciens, antiques légendes". La tradition considère les textes puraniques comme la réduction que le dieu Viṣṇu aurait tirée, à l'usage des mortels, d'un très ancien archétype. Les textes puraniques comptent 18 "Grands *Purāṇa*", auxquels s'ajoutèrent 18 autres textes, appelés *Upapurāṇa* ou "*Purāṇa* mineurs". On peut supposer que leur rédaction définitive ne s'est pas poursuivie au-delà du Vᵉ siècle ap. J.-C.
L'expression la plus élevée de la renaissance de la littérature sanskrite après le IIIᵉ siècle av. J.-C. est représentée par le genre littéraire des *kāvya*, ou "compositions de style orné". Un des moments les plus riches de ce style est offert par la littérature épique et artistique, dont les premiers témoignages sont deux poèmes du poète bouddhiste Aśvaghoṣa (IIᵉ siècle ap. J.-C.), le *Buddhacarita* (Les aventures du Buddha) et le *Saundarananda* (Le beau Nanda), lequel évoque la conversion de Nanda, frère de l'Éveillé. Mais le nom le plus célèbre de la littérature épique-artistique reste celui de Kālidāsa (VIᵉ siècle ap. J.-C.) : ses deux poèmes *Kumārasambhava* (La naissance de Kumāra) et *Raghuvaṃśa* (La descendance de Raghu) sont considérés comme

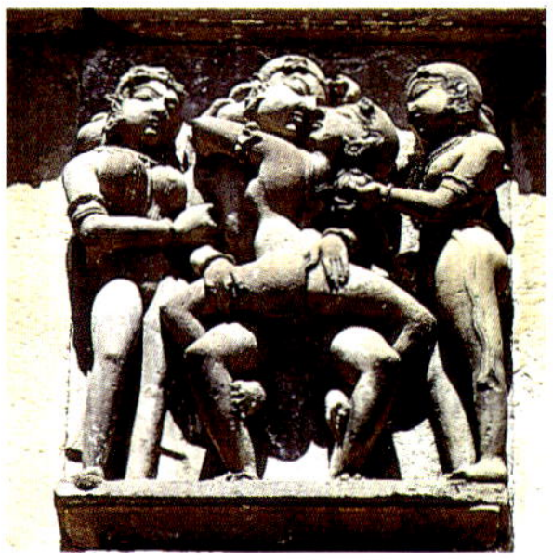

Kāmasūtra. Cette œuvre appartient au genre de la littérature érotique, qui touche un large public. Il s'agit en fait d'une description de milieux, d'états d'âme et d'élans passionnels, de faiblesses humaines éclairant les aspects sociaux les plus secrets. Le *Kāmasūtra* de Vātsyāyana (IVᵉ-Vᵉ siècles ap. J.-C.), est le plus célèbre de tous les traités de ce genre : considéré comme pornographique, il n'a rien de licencieux, mais il offre une peinture brillante du "parfait galant".

Kālidāsa. Dans l'art de ce poète, aucune image ne semble forcée, tout repose sur une spontanéité authentique. Du *Kumārasambhava*, poème qui révélait déjà son talent poétique, au *Raghuvaṃśa*, le style admirable et sûr de Kālidāsa se définit et

d'insurpassables modèles de ce genre littéraire. Entre l'art encore grossier d'Aśvaghoṣa et la préciosité des auteurs qui lui succédèrent, le style *kāvya* parvient avec Kālidāsa à son plus parfait équilibre. Après Kālidāsa, le formalisme stylistique ira en s'affirmant et la création artistique sera étouffée par l'aride bravoure technique. La production littéraire choisira alors le domaine de la poésie religieuse et amoureuse pour atteindre encore aux sommets du lyrisme. Le plus célèbre des recueils gnomiques, genre qui a connu une grande fortune, est l'œuvre du légendaire Cāṇakya, auteur de la *Cāṇakyakyanīti* et du *Cāṇakyanītiśataka*, consacrés à des sujets politiques. Les "Centuries gnomiques" du poète Bhartṛhari sont résolument lyriques. La fable didactique occupe une place privilégiée dans la littérature sanskrite, de même que la nouvelle et le récit populaire : un ouvrage comme le *Pañcatantra* (Les cinq livres), écrit entre le IIe et le IVe siècle, a connu une diffusion exceptionnelle en Inde et à l'étranger, et ses traductions ne se comptent pas : de la version en pahlavī du médecin Arzt Burzoc (570 env.), dont dérivèrent les traductions en syriaque et en arabe, à la traduction grecque de Siméon de Seth (XIe siècle), dont est dérivée la traduction italienne de Giulio Nuti (1583) ; de la version hébraïque de Rabbi Joële (XIIe siècle) est issue la version latine de Jean de Capoue (1263-1278) ; la version espagnole date de 1493. Le genre de la narration populaire, qui se veut un aimable divertissement, est représenté par la *Bṛhatkathā* (Le grand récit) de Guṇādhya. L'original a été perdu, mais il survit à travers de précieuses versions remaniées en sanskrit dues à Budhasvāmin, à Kṣemendra et à Somadeva. On doit à ce dernier la version en kāśmīrī, devenue très célèbre, et qui porte le titre de *Kathāsaritsāgara* (L'océan du fleuve des nouvelles).
En ce qui concerne les romans, le *Daśakumāracarita* (Les aventures des dix princes), écrit par Daṇḍin au VIIe siècle, a été traduit dans les principales langues occidentales.

Littératures en moyen-indien

La plus importante de ces littératures est la littérature en pāli. C'est dans cette langue qu'est rédigé le canon bouddhique, ou encore l'ensemble des textes les plus proches de l'enseignement direct de l'Éveillé, lesquels s'organisent en trois groupes ou "corbeilles" (*Tipiṭaka*) : *Vinaya-piṭaka* (Corbeille de la discipline monastique), *Sutta-piṭaka* (Corbeille des sermons), *Abhidhamma-piṭaka* (Corbeille de la métaphysique ou de l'essence de la Loi). Parmi les œuvres les plus

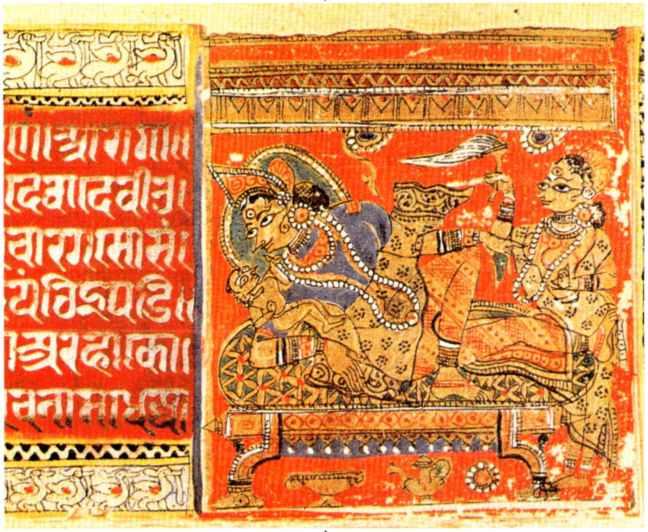

Triśala avec Mahāvīra, fondateur du jaïnisme. Miniature d'une page du Kalpasūtra. *Londres, India Office Library. De la miniature jaïniste, favorisée par le mécénat des souverains Cālukya, qui régnèrent dans le Gujarāt de 961 à la fin du XIIIe siècle, naquit une des écoles de miniature indiennes les plus appréciées : celle du Gujarāt.*

s'affermit. Les descriptions d'un ermitage solitaire, de splendides jardins suburbains, de paons qui dansent pendant la saison des pluies deviennent l'expression de la plus sublime poésie.

Littérature dramatique sanskrite. La littérature dramatique est un genre dans lequel la littérature sanskrite se signale par des œuvres nombreuses, par ses techniques d'exposition, par son originalité et son habileté à créer l'atmosphère – là où il n'existe aucune mise en scène. Quelques auteurs, dont Bhāsa, Śūdraka, Kālidāsa, Harṣa, Bhavabhūti, ont donné des chefs-d'œuvre à la littérature mondiale.

Image de Śiva tirée d'un manuscrit illustré du XVIIIe siècle. Florence, Biblioteca Laurenziana. Śiva est représenté sur son divin véhicule, le taureau Nandin.

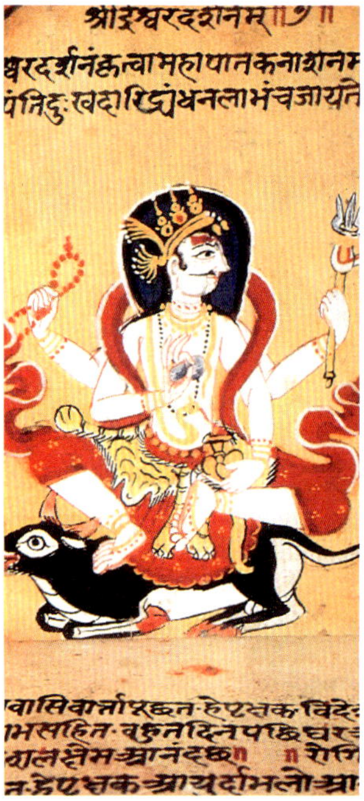

significatives en langue pāli figure le *Milindapañha* (Les interrogations du roi Milinda), qui contient le dialogue entre le roi gréco-bactrien Ménandre et le moine Nāgasena. Associées à des commentaires spécifiques en sanskrit, certaines œuvres en langues prākrit – ardhamāgadhī et māhārāṣṭrī – constituent la littérature canonique jaïniste : on y trouve développés les enseignements de la doctrine et défini le thème de l'idéal ascétique.

Littératures dravidiennes

Le plus ancien témoignage en langue tamoule est une grammaire dénommée d'après le nom de son auteur, *Tolkāppiyam*. L'existence d'un outil d'apprentissage de la langue est l'indice d'un niveau culturel déjà affirmé. Les romans épiques et les recueils didactiques et moralisants comptent parmi les genres les plus appréciés. La prose s'affirme dans la littérature moderne. La plus ancienne des œuvres connues de la littérature kannara (ou kannada) est le *Kavirājamārga*, du IXe siècle ap. J.-C. ; à la même époque, on trouve des œuvres en prose et en vers, dérivées des cycles épiques ou inspirées par la vie des prophètes jaïnistes.
À partir du XVIIe siècle fleurit une riche littérature d'inspiration religieuse.
Les littératures telugu et malayālam sont fortement influencées par des éléments linguistiques et culturels sanskrits. Le premier poète telugu dont on ait trace est Nannaya Bhaṭṭa (XIe siècle), auteur d'une réduction partielle du *Mahābhārata*. La période suivante se caractérise par un style artificiel ; ce n'est qu'au XVIe siècle que la production littéraire deviendra plus spontanée et plus simple ; à partir du XIXe siècle s'amorce un processus de modernisation qui coïncide avec la transformation de la langue telugu parlée moderne. En ce qui concerne la littérature malayālam, celle-ci est aussi influencée par la littérature sanskrite. Le premier témoignage en est le *Rāmacarita* (1300 ?). Dans les siècles suivants, elle va s'affranchir progressivement du sanskrit et ses contenus se modernisent.

Littérature hindī

Les débuts de la littérature hindī remontent au XIe siècle ; le premier document connu est le poème bardique *Pṛthvīrājrāsau* (Les entreprises de Pṛthvīrāj) de Chānd Bardāi, qui conte la mort du roi Pṛthvīrāj lors de sa glorieuse guerre contre les musulmans. Vidyāpati (1352-1448) est un autre poète à la personnalité lumineuse, auteur de poèmes lyriques en l'honneur de Rādhā et Kṛṣṇa, et de nombreux chants de dévotion.
Les poètes inspirés par les enseignements de Rāmānanda et par les hymnes de Kabīr Dās (1440-1518), un des plus grands poètes mystiques de tous les temps, se situent dans le courant *bhakta*.
Mais le plus célèbre poète de l'école de dévotion *rāmabhakti* fut Tulsīdās (1532 ?-1623). Dans la littérature hindī moderne, fortement influencée par la littérature occidentale, la prose s'affirme et trouve en Hariścandra (1850-1885) son plus génial représentant ; la période contemporaine est illustrée par Premchand (1880-1936), auteur de splendides romans réalistes.

Hymnes tamouls. Les compositions des trois "saints" (*cittar*) des VIIe-VIIIe siècles et les hymnes, dictés par les douze *Ālvār*, réunis dans le "Livre aux quatre mille strophes", sont le canon de la dévotion à Viṣṇu en tamoul.

Poésie hindī. Le courant des fidèles de Kṛṣṇa (*Kṛṣṇabhakti*) a eu sa plus haute représentante en la personne de la poétesse Mīrabāi (1403-1470), auteur d'une centaine de chants lyriques d'une sublime beauté.

Tulsīdās (1532 ?-1623). Il fut le guide spirituel et le restaurateur du *dharma* "hindou" ; on lui doit le célèbre *Rāmcāritmanas*, "Le lac des entreprises de Rāma", un texte récité depuis trois siècles par une multitude d'Indiens.

Littérature bengalī

Cette littérature remonte au XVe siècle avec l'œuvre du poète Chandidās, influencée par les enseignements du réformateur Kṛṣṇa Caitanya Deva (1485-1533). Mais aucun poète bengali n'a jamais égalé la grandeur de Rabīndranāth Tagore (1861-1941). De toutes les littératures indiennes, la bengalī est de loin la plus raffinée et la plus riche, et elle s'enorgueillit d'auteurs possédant une grande maîtrise de leur art.

Littérature marāthī

Le premier grand poète marathe, Jnāneśvara ou Jnānadeva (XIIIe-XIVe siècles), fut l'auteur d'un important commentaire de la *Bhagavad-gītā*. Nāmadeva, son contemporain, fut lui aussi poète, auteur de nombreux chants religieux et instigateur d'un courant poétique de dévotion qui compte parmi ses représentants Tukārām (1607-1649), le plus grand poète marathe.

Littérature oriyā

Le mouvement le plus significatif de cette littérature date de la fin du XVIIe siècle et du début du XVIIIe, c'est-à-dire de l'époque où vécut son versificateur le plus fécond : Upendra Bhanja (1670-1720). Depuis le milieu du XIXe siècle, cette littérature est en déclin malgré quelques auteurs comme Rādhānāt Rāya et Prakirmohana Senapati (1843 -1918).

Littérature pañjābī

Cette littérature, dont les textes sont écrits en caractères gurmukhi, naquit avec la compilation (1604) de l'*Adi-Granth* ou *Guru Granth Sahib* par Arjun Dev, cinquième *guru* (maître) de la secte des sikhs. Les "biographies" (*Janaṃsākhī*) de Nānak, élevées en raison de leur grand nombre au rang de véritable genre littéraire, y forment un corpus homogène. Le XVIIe siècle vit une grande éclosion d'œuvres littéraires, mais il faut attendre l'époque contemporaine pour trouver un poète de la stature de Bhāi Vīr Singh (1872-1956).

Littérature gujārātī

La littérature gujārātī se subdivise en trois périodes : la plus ancienne s'achève en 1450 environ et comprend des œuvres de moines jaïnistes ; la deuxième, dite "classique", va jusqu'au milieu du XVIIIe siècle et se caractérise par un riche florilège de poésie mystique, illustrée par les œuvres de poètes comme Akhā (1615-1675) et Premānanda (1636-1734) ; la période moderne enfin, inaugurée par le beau roman social *Sarasvatīcandra* de Govardhanrām Tripāṭhī (1855-1907), a trouvé en Mohandās Karamchand Gandhi, le Mahātma (1869-1948), une de ses figures les plus prestigieuses.

Littérature populaire dans une librairie de Delhi. Dans le paysage éditorial indien, les éditions en langues nationales sont en pleine expansion par rapport aux publications en langue anglaise.

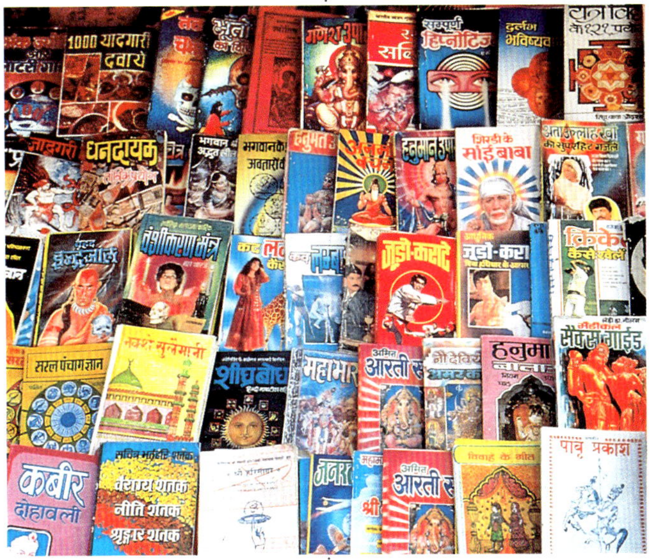

Rabindranāth Tagore (1861-1941). Prix Nobel de littérature en 1913, ses écrits portent l'empreinte d'une rare profondeur spirituelle, capable d'élans lyriques élevés, tandis que dans son *Offrande lyrique* (1913) il nous a laissé de délicates pages d'amour.

Adi-Granth. Le *Granth*, "livre", est une compilation (*japjī*) des XVIe et XVIIe siècles de 38 (ou 39) hymnes composés par Nānak (1469-1538), figure de proue du mouvement religieux sikh et qui constituent le *credo* des sikhs.

Ātmakathā. L'autobiographie passionnée de Mohandās Karamchand Gandhi, le Mahātma (*Ātmakathā*, "Histoire d'une âme"), fait partie des grands classiques de l'Inde moderne.

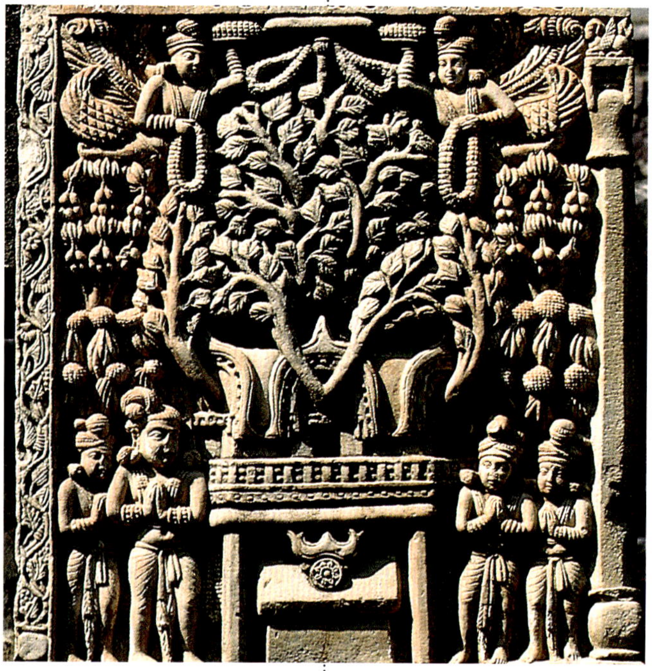

La vénération de l'arbre, symbole de l'Éveil du Buddha, sur un bas-relief du stūpa n° 1 de Sāñcī (Madhya Pradesh), Ier siècle av. J.-C.

En bas : Le chapiteau aux lions de la colonne d'Aśoka à Sarnath. Ce chapiteau de grès fut retrouvé au cours des fouilles archéologiques de 1904-1905.

L'art indien, intimement associé au monde de la religion, est d'une grande importance dans la connaissance de la culture du subcontinent. Le riche patrimoine symbolique, qui prend la valeur d'un véritable langage des signes, les personnifications évocatrices des éléments et des phénomènes naturels ainsi que la tension dynamique des figures humaines ont fait de l'art figuratif, au cours des siècles, un instrument irremplaçable pour la diffusion de messages doctrinaux, même les plus complexes. L'iconographie des chapiteaux et des colonnes d'Aśoka sont chargés de signification. Si la colonne d'Aśoka est surtout l'emblème de la stabilité politique et religieuse, celle qui émerge, avec ses parasols (symboles de souveraineté) du corps hémisphérique du stūpa, le monument principal de l'architecture bouddhique, constitue une référence explicite à l'*axis mundi*. Autour du monument, et symboliquement autour de son axe, se déroule le parcours rituel de la circumambulation, la *pradakṣiṇā*, qui s'effectue à l'intérieur de l'enceinte, délimitée par une balustrade (*vedikā*) dessinée d'après des modèles en bois. Dans le stūpa le plus ancien et le plus grandiose, celui de Sāñcī (IIIe-IIe siècles av. J.-C.), la balustrade est interrompue aux quatre points cardinaux par des portails monumentaux richement sculptés, à l'extérieur, de figures de divinités populaires (*yakṣa* et *yakṣiṇī* surtout), de scènes de vie et de décorations végétales.

Les symboles inhérents à la doctrine, à la communauté et au Buddha lui-même (le trône vide, l'arbre *pippal*, la roue, les empreintes des pieds, etc.) récurrents dans la sculpture des stūpa de Bhārhut (IIe-Ier siècles av. J.-C.) et d'Amarāvatī (IIe siècle av. J.-C.-IIIe siècle ap. J.-C.) tiennent une grande place : il s'agit d'un patrimoine symbolique en mesure d'élaborer un langage complexe compréhensible des fidèles et capable de suppléer pour au moins trois siècles à l'interdiction du bouddhisme primitif de représenter le Buddha avec des caractères anthropomorphiques. Les mêmes stūpa, des plus grands (le stūpa 1 de Sāñcī mesure 36 mètres de diamètre, celui de Bhārhut 23) aux plus petits, représentent le Buddha dans le nirvāṇa.

L'image anthropomorphe du Buddha, élaborée vers le Ier siècle ap. J.-C. dans les ateliers de Mathurā et du Gandhāra – localités comprises en ce temps-là dans le vaste empire des Kuṣāṇa –, est un des signes les plus tangibles de l'apparition et de la

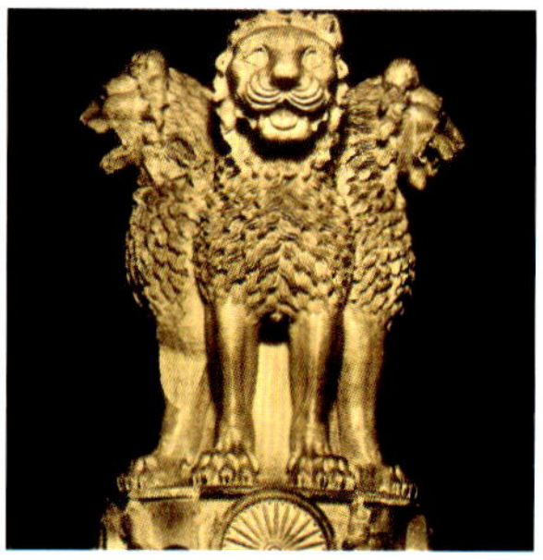

Le chapiteau d'Aśoka. Le chapiteau campaniforme – quatre lions en pose héraldique – qui s'affiche sur les timbres, la monnaie et les documents officiels de la République indienne est une œuvre d'un grand raffinement, en grès poli, exécutée à l'époque d'Aśoka (268-232 av. J.-C.), le premier souverain indien à avoir unifié sous son sceptre une grande partie du subcontinent. Le chapiteau atteste la suprématie terrestre d'un "souverain universel" (*cakravartin*, littéralement "celui qui fait tourner la roue") et, dans le même temps, symbolise l'emprise de la doctrine bouddhique, à la diffusion de laquelle Aśoka consacra une grande partie de sa vie.

consolidation de nouveaux courants de pensée au sein d'une communauté bouddhiste en train de s'étendre. Le Buddha de Mathurā, duquel dérivent les images de l'époque gupta des IVe-VIe siècles, paraît bien éloigné du monde terrestre et matériel ; son vêtement est si léger et adhérent qu'on le dirait transparent ; il révèle un corps sans aucune trace de structure anatomique puisque son énergie vitale n'est pas de nature humaine mais universelle, divine, indifférente aux contingences humaines.
À la plasticité dématérialisée de Mathurā s'oppose la représentation du Buddha du Gandhāra, qui résulte de l'interaction de styles différents : indien, gréco-hellénistique et iranien, autant d'éléments étrangers qui, bien que toujours dans le respect des canons iconographiques et de l'élan mystique originels, ont contribué, grâce à une production particulièrement riche et novatrice (parfois même audacieuse), à explorer les immenses possibilités offertes par l'image bouddhique et à établir les bases de son rayonnement dans toute l'Asie. Les sièges de la communauté bouddhiste étaient des ensembles monastiques structurés conçus pour accueillir des milliers de fidèles, pèlerins et moines, et ils incluaient deux types d'édifices : le sanctuaire *caitya*, habituellement à trois nefs, avec un stūpa ou une statue du Buddha, objet de vénération ; et le monastère *vihāra*, qui dans les exemples les plus anciens n'était qu'une simple chambre sans ornements laquelle sera, par la suite, enrichie d'images sacrées, de colonnes, et de surélévations (jusqu'à trois étages, comme à Ellora – VIIe siècle).
Entre le Ier siècle av. J.-C. et le VIe siècle ap. J.-C. ont été creusés dans le Dekkan des monastères rupestres monumentaux : l'intérieur de la grotte – la masse, le silence et l'espace du sanctuaire que l'obscurité rend idéalement infini – est la transposition matérielle de cet infini auquel accède l'individu par la méditation.
Ainsi, comme dans l'espace mental, la dévotion dans la grotte transforme petit à petit l'obscurité par absence de lumière en rayonnement spirituel ininterrompu. Les complexes de Bhāja (IIe-Ier siècles av. J.-C.), Pitalkorā (IIe-Ier siècles av. J.-C.), Bedsā (Ier siècle av. J.-C.), Kārli (IIe siècle), Nāsik (IIe siècle), Kānheri (IIe-Ve siècles),

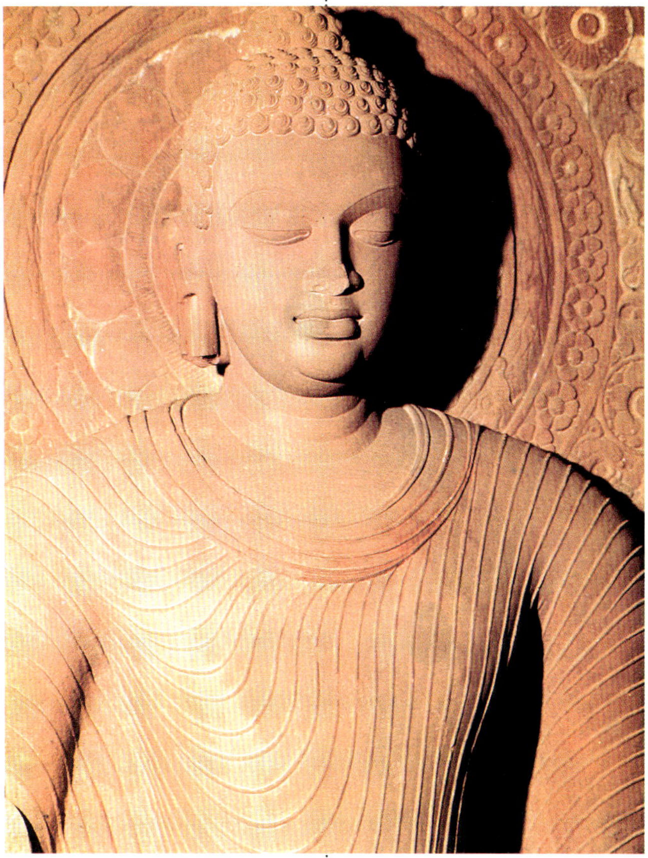

Image du Buddha à Jamālpur, Mathurā (Uttar Pradesh), milieu du Ve siècle.

En bas : Quelques couples d'amoureux (mithuna) *du temple du Soleil à Konārak, première moitié du XIIIe siècle.*

Konārak. Le temple de Sūrya (le dieu du Soleil) à Konārak, érigé par le roi Narasiṃha Deva (1238-1264), reproduit l'immense char du dieu tiré par sept chevaux et constitue un patrimoine figuratif d'une exceptionnelle valeur artistique. Il présente, outre l'image du dieu Sūrya, celles d'Uṣā et de Pratyuṣā (respectivement l'Aube et l'Aurore) et du cocher Aruṇa (le Fauve) ainsi que des files d'éléphants, d'oies, de *nāga* (êtres mi-homme, mi-serpent liés à la force vivifiante de l'eau), des chérubins célestes dansant et jouant de la musique, et surtout des couples d'amoureux (*mithuna*). Ces derniers illustrent l'amour érotique dans ses nombreuses variantes avec un raffinement et un élan d'une rare efficacité.

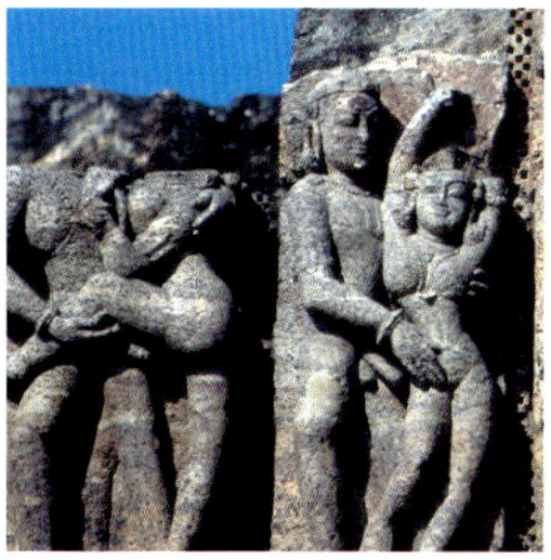

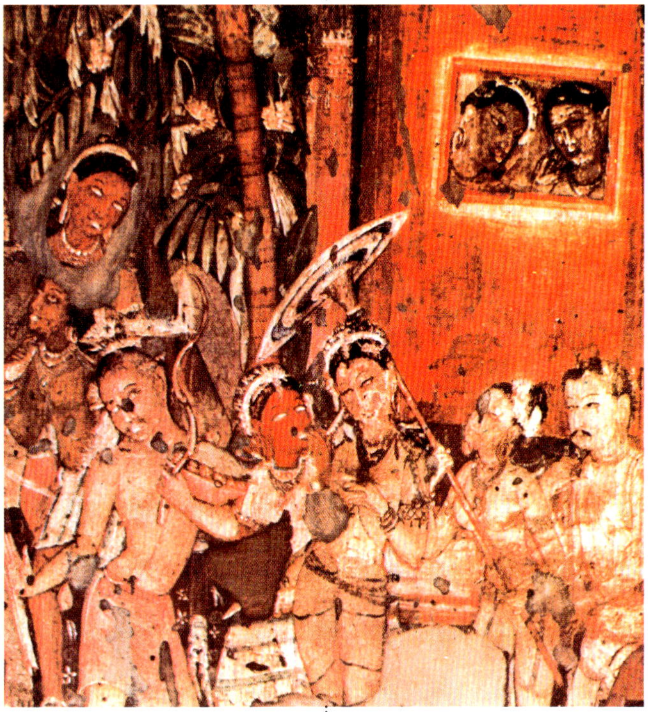

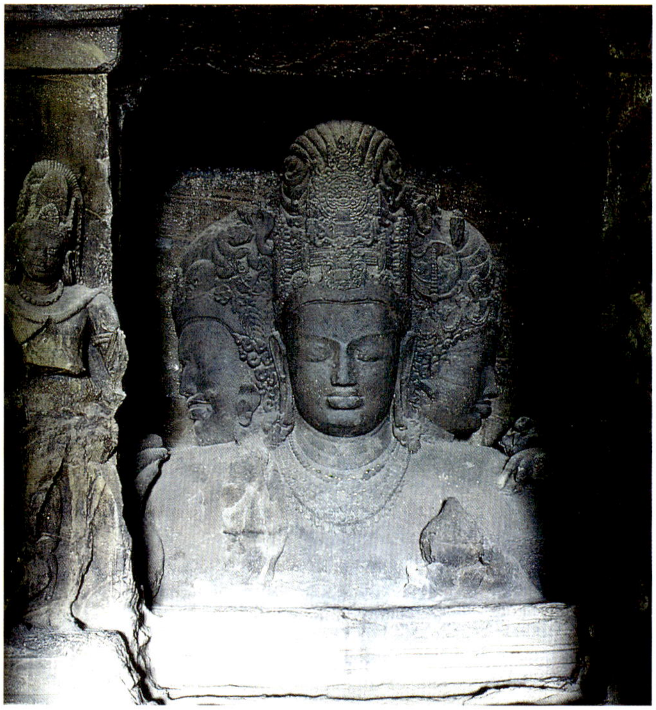

Ci-dessus : Détail d'une peinture murale de la grotte n° 17 d'Ajantā (Mahārāṣṭra), consacrée au Viśvantarā-jātaka et remontant à la fin du Ve siècle.

À droite : Image de Śiva Maheśvara sur la paroi méridionale de la grotte de Śiva à Elephanta (Mahārāṣṭra), milieu du VIe siècle.

Aurangabad (VIe siècle) témoignent d'un grand raffinement et du haut niveau des techniques ; c'est à Ajantā, en partie grâce à la longévité de ce monastère (des IIe-Ier siècles av. J.-C. au Ve siècle ap. J.-C.), que l'on peut apprécier et étudier le mieux l'évolution de l'architecture, de la sculpture et de la peinture bouddhiques. Très célèbres sont les séries de peintures raffinées qui ornent les parois de ses grottes où l'espace tient un rôle centralisateur : ce sont parfois les regards des personnages qui guident l'attention du spectateur vers le point focal de la composition, où se tient le personnage principal.

Vers le VIe siècle, l'hindouisme assimile le prodigieux enseignement des temples creusés dans la roche aux siècles précédents ; dans les régions tamoules et dans le Karnataka respectivement, les Pallava et les Cālukya érigent des temples rupestres grandioses. À l'intérieur, les puissantes images des divinités et de leurs incarnations annoncent la sculpture fastueuse d'époque postérieure : dans les grottes vishnouites, les personnages le plus souvent représentés sont l'incarnation de Viṣṇu en sanglier, Varāha, et le

Techniques de peinture. Les anciennes techniques de peinture exposées dans de nombreux manuels en sanskrit décrivent, entre autres, l'utilisation des couleurs, le dessin, les postures du corps (*bhaṅga*) qui peuvent se présenter dans le sinueux *tribhaṅga* (où le corps se plie en trois points) ou dans l'*abhaṅga* (la position debout, sans aucune flexion), les techniques permettant de rendre "les creux et les bosses" (*nimna* et *unnata*) à travers l'utilisation du clair-obscur, et la perspective appelée "réduction et accroissement" (*kṣaya-vṛddhi*), obtenue en rendant les images plus lointaines et de dimensions plus réduites et en les positionnant dans la partie supérieure de la composition.

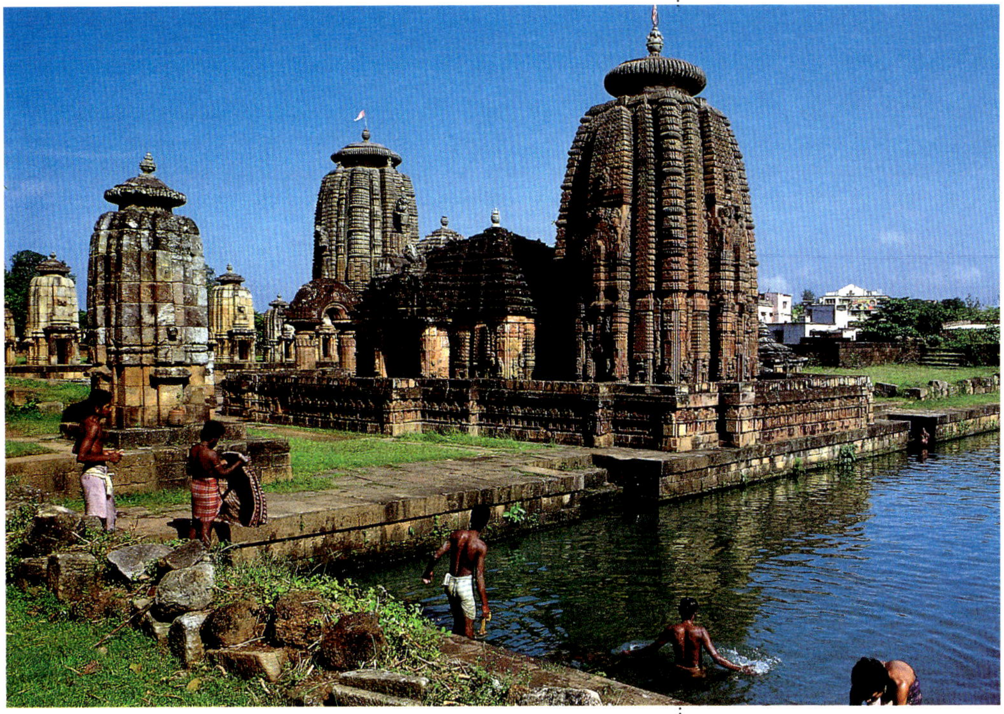

géant Trivikrama, qui en trois pas conquit le monde entier. Dans les temples śivaïtes, à côté de Śiva en "Seigneur de la Danse" (Nāṭarāja) ou en Ardhanārīśvara, personnage androgyne ou sous son aspect syncrétique de Harihara (fruit de l'union de Śiva et de Viṣṇu), apparaissent entre autres Durgā anéantissant le démon, Mahiṣa, et Gaṇeśa, le dieu à tête d'éléphant. Les moments forts de l'action de Śiva sont immortalisés dans la sculpture monumentale des grottes d'Elephanta du début du VIIe siècle, mais c'est dans le Kailāsanātha d'Ellora (seconde moitié du VIIIe siècle) que l'art rupestre atteint des sommets de créativité : ici un temple complet, comme les *ratha* de Mahābalipuram, a été directement creusé dans la roche, avec un parti pris monolithique qui le situe à la limite entre l'architecture rupestre et l'architecture construite. Parmi les différents types de temples construits, le *vimāna*, le *śikhara* et le *gopura* sont les plus répandus. Le *vimāna*, temple au toit pyramidal qui a, semble-t-il, son origine à Mahābalipuram (mais certaines représentations se trouvaient déjà dans les fresques d'Ajantā), s'affirme au VIIIe siècle avec le Kailāsanātha de Kāñcī (capitale des Pallava) et se compose d'étages superposés de superficie décroissante de la base au sommet, sur lesquels sont disposés, le long des côtés, des édifices miniatures de plan rectangulaire, et, aux quatre coins, des kiosques à base carrée. Le *śikhara*, dont les exemples les plus parlants sont rassemblés dans le complexe monumental de Bhubaneśvara, est constitué d'une paroi curviligne parcourue de bandes verticales qui culminent dans l'élément de couverture (*mastaka*). Celui-ci inclut l'*amalaka*, de forme circulaire, qui semble dériver du chapiteau des colonnes d'Aśoka.

Temples à tours curvilignes (śikhara) *à Bhubaneśvara* (*Orissa*). *Ils remontent aux VIIe-XIe siècles.*

En bas : Entrée monumentale (gopura) *d'un temple du Tamil Nādu. Les* gopura *s'imposèrent entre le XIIIe et le XIVe siècle comme portes d'entrée des villes-temples de l'Inde méridionale.*

Le temple et la sculpture. La grande plasticité de la sculpture indienne, l'absence de structure anatomique, le jeu vif des membres, les mouvements rythmiques de la danse visent à représenter l'énergie vitale et le dynamisme des forces naturelles. Le temple qui abrite une telle divinité ne peut que participer de cette énergie, synthétisée dans l'image sacrée renfermée dans une cellule en son centre ; il s'agit d'un antre obscur et clos, symbole du repos éternel. De là irradie l'énergie de l'image divine qui se répand à l'extérieur dans un tourbillon de formes en mouvement perpétuel qui recouvrent, souvent entièrement, les murs extérieurs des *vimāna*, des *śikhara* et même des monumentales portes d'accès (*gopura*) à l'enceinte sacrée.

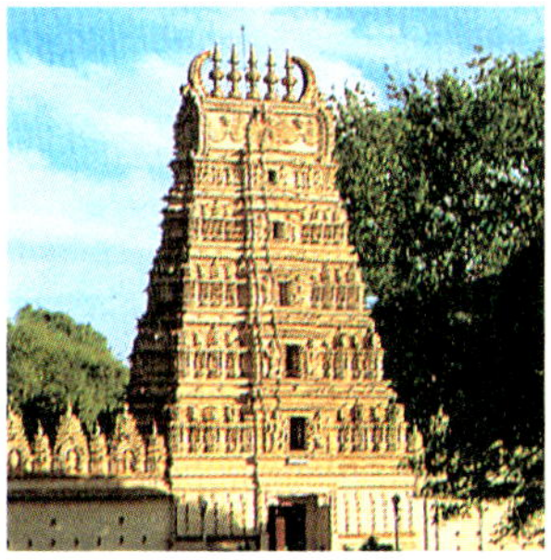

Miniature du XVIIIe siècle représentant un rāja entouré de femmes qui jouent en son honneur. Paris, Bibliothèque nationale. À partir du XVIIe siècle, la peinture rājpute, sous l'influence de l'art moghol, inclut parmi les sujets représentés des scènes de la vie de cour.

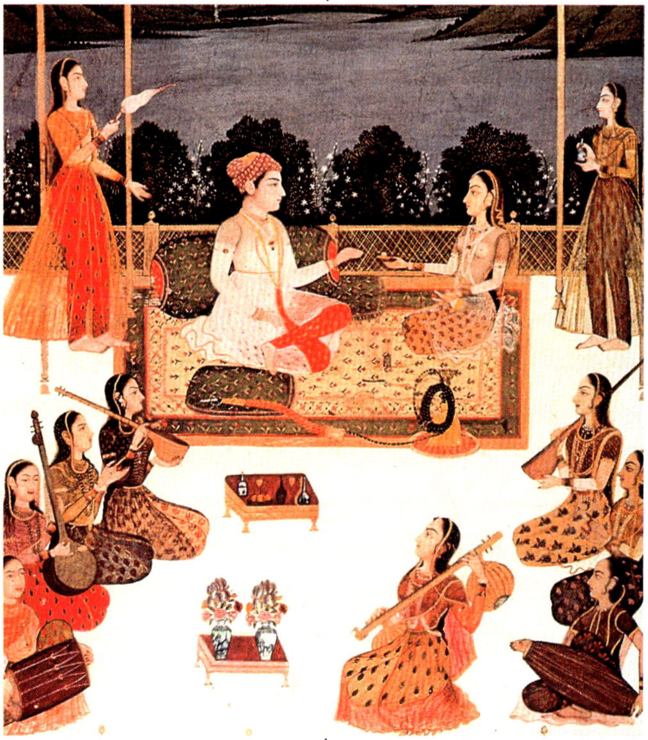

Les hymnes, associés à des mélodies particulières, contenus dans le *Sāmaveda* (Veda des mélodies), destinés à être chantés par une catégorie particulière de prêtres (*udgātr*) au cours des rites sacrificiels, témoignent qu'en Inde, dès les temps les plus reculés, la musique était intimement liée au chant. En fait, le *Sāmaveda* représente la plus ancienne tradition au monde en matière de musique vocale.
La musique indienne se fonde sur une échelle heptatonique de 7 degrés (*svara*) naturels et altérés, indiqués par les abréviations *sa, ri, ga, ma dha, ni*. Ses caractères essentiels – qui remontent au IIe millénaire av. J.-C. – en ce qui concerne la musique vocale et instrumentale de l'époque classique distinguent trois tons : bas, moyen et haut (*mandra, madhya, tāra*), qui partent respectivement de la poitrine, du cou et de la tête ; trois échelles ou tonalités (*grāma*) : en *do*, en *mi*, en *fa* ; 7 notes (*svara*) ; 21 intervalles (*mūrchanā*) dans chacune des 3 échelles ; 49 degrés ou mesures musicales (*tāna* ou *tāla*) ; 14 dans l'échelle en *do*, 15 dans l'échelle en *mi*, 20 dans l'échelle en *fa* ;
3 mesures ou quantités musicales (*mātrā*) ;
3 temps (*laya*) : *allegro, moderato, adagio* (*druta, madhya, vilambita*) ;
3 genres de pauses (*sthāna*) ;
6 formes de chant (*āsya*) ;
9 sentiments que la musique sait éveiller (*rasa*) : érotique, comique, triste, terrible, héroïque, craintif, dégoûtant, merveilleux, délicat ; 26 modes musicaux (*rāga*) ; 40 situations (*bhāva*) – passions, émotions, avec lesquelles la musique est capable de s'accorder.
Les musicologues distinguent deux grandes écoles : celle du Nord ou hindoustani, qui a subi l'influence islamique, et celle du Sud ou carnatique, qui a conservé intacte la tradition classique. La doctrine musicale indienne est exposée dans une série de traités techniques dont le plus ancien est le *Nātyasāstra* (Traité de dramaturgie) attribué à Bharata et datant du début de l'ère chrétienne. Cet ouvrage fait une large place à la musique vocale et instrumentale compte tenu des affinités au niveau de l'expression entre la déclamation et la musique.
Le traité encyclopédique *Saṃgītaratnākara* (Le trésor des joyaux de la musique) du XIIIe siècle contient un vaste traité sur le *rāga*, le modèle mélodique construit avec au moins cinq tons, ascendants et descendants, et qui sollicite l'émotion de l'auditeur.
La musique a toujours tenu une grande place dans la culture indienne.

Instruments de musique. La musique indienne jusqu'à la conquête musulmane ayant été surtout vocale, les instruments à percussion y tiennent un rôle majeur : le tambour, dans ses différentes versions, petites ou grandes, les cymbales, le gong et les cloches. Les instruments se classent en idiophones (*ghana*), membranophones (*avanaddha*), aérophones (*śusira*) et cordophones (*tata*). Parmi les membranophones, signalons le *tābla*, et parmi les aérophones, différents types de flûte traversière (*vaṃśa*) et d'instruments à anche (*shehnai*) ; parmi les cordophones, le célèbre *sitār* et la classique *vīṇā*. La *vīṇā*, qui n'est plus utilisée aujourd'hui, est considérée comme l'ancêtre de tous les instruments à cordes.

La danse et le théâtre

La danse et le théâtre constituent les deux aspects d'une même discipline artistique, l'*abhinaya*, dont le but est d'exprimer les émotions. Ce qui les distingue, c'est l'outil d'expression : le théâtre utilise la parole et le mime ; la danse, la musique et le mime. En Inde, comme pour d'autres civilisations, le théâtre trouve son origine dans les chants rituels mimés et dans la danse. La danse, qui, à l'instar de la musique, n'a subi au cours des siècles que peu de changements, implique la participation de tout le corps, le moindre mouvement ou geste ayant sa signification. Déjà, dans le *Nāṭyaśāstra* de Bharata, on trouve une classification des gestes et des attitudes qui distingue : 13 postures de la tête, 36 des yeux, 9 du cou, 37 de la main, 10 du corps – un ensemble qui sera encore élargi dans les textes ultérieurs. Les diverses combinaisons de si nombreux gestes, dont chacun représente un sentiment ou un objet, rendent le récit parfaitement intelligible à qui connaît les conventions. La caractéristique la plus originale de la danse indienne est représentée par les gestes des mains (*mudrā*) – les textes en répertorient quelques centaines qui sont également utilisés dans les cérémonies religieuses et dans l'iconographie et permettent, même à une seule main, d'évoquer un large éventail d'émotions, de divinités, de personnes, de paysages, d'événements, etc. Étant donné la complexité et l'ampleur du répertoire des mouvements, la formation artistique des danseurs exigeait de longues années d'entraînement. Les deux formes de danse les plus célèbres encore aujourd'hui sont le *bhāratanātya* et le *kathākali*, qui datent du Moyen Âge. Le *bhāratanātya* s'est développé dans le sud de l'Inde et se caractérise par des mouvements délicats, riches en nuances ; c'est la danse universelle de l'Inde, et la plus ancienne, conforme à la tradition telle que l'indique Bharata ; elle tire son inspiration des légendes de Natarāja, de Kṛṣṇa et de Radha. Le *kathākali* remonte au IXe siècle, mais il s'est surtout développé sous la domination musulmane ; originaire de l'Inde du Sud, c'est une danse puissamment expressive qui puise son inspiration dans les récits du *Mahābhārata* et du *Rāmāyaṇa*.

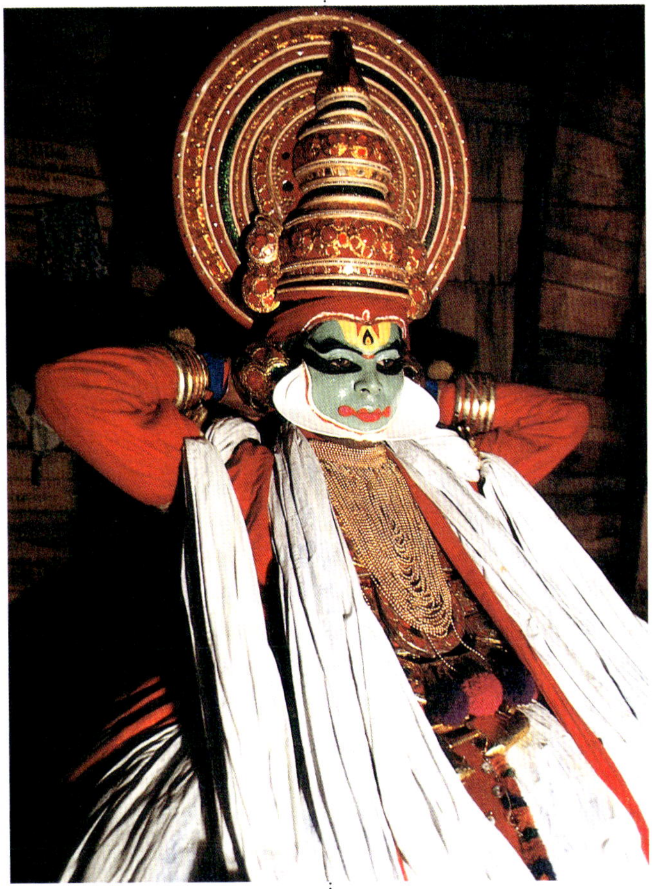

Un acteur du théâtre kathākali *s'habille pour la représentation.*

Le cinéma indien. L'Inde est connue pour être au premier rang mondial pour le nombre de films produits. Ce record tient au caractère commercial d'une partie écrasante de sa production : histoires d'amour mièvres ou sujets mythologiques dont le scénario fait une large place à la musique, à la danse et à de spectaculaires mises en scène. Dans les années 1930, les réalisateurs de l'école bengalie (Debadi K. Bose et Pramatesh Candra Barua) se sont écartés de ces conventions et ont signé des œuvres socialement très engagées. Dans les années 1940, d'autres se sont inspirés des maîtres occidentaux, tel Satyajit Ray, qui entre 1955 et 1959 a réalisé une trilogie sur l'indépendance.

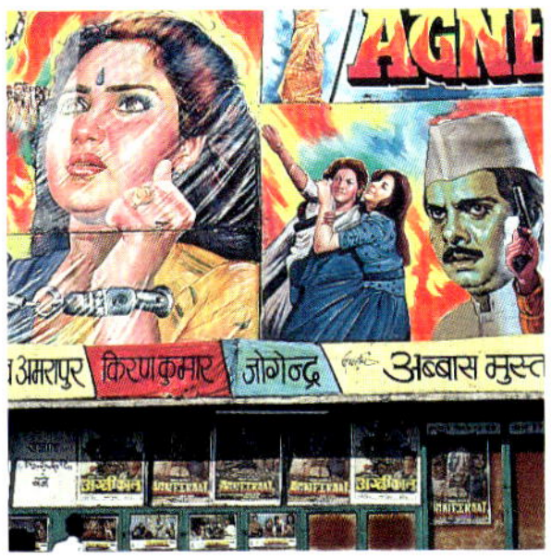

En bas : Un cinéma de Jaipur. L'Inde est le premier producteur mondial de films.

Le Jantar Mantar, l'observatoire érigé par Jai Singh, mahārāja d'Amber de 1699 à 1743, et fondateur, en 1727-1728, de la ville de Jaipur. Jai Singh était féru de mathématiques et d'astronomie.

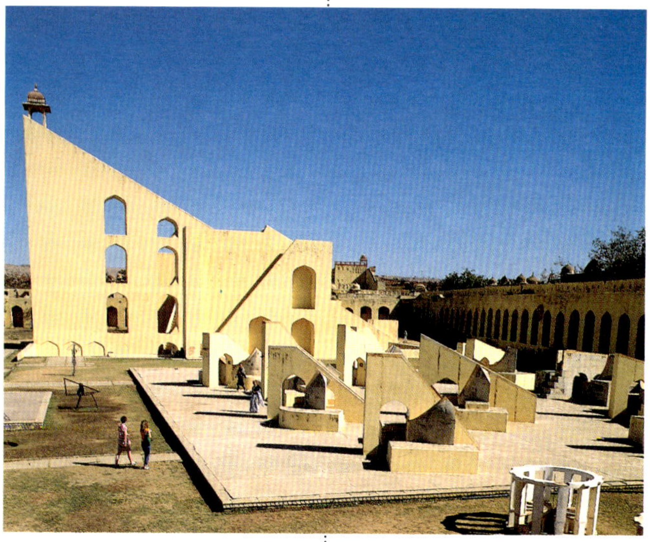

Dans les textes védiques – le *Ṛgveda* et l'*Atharvaveda* – apparaît déjà la matière médicale, à côté de superficielles notions de pharmacopée. Le concept de maladie se fonde sur des croyances populaires selon lesquelles la pathologie est vue comme un phénomène surnaturel qui compromet l'équilibre physique de l'individu. L'élément surnaturel exerce un effet négatif et une influence maléfique puisqu'il agit sous l'action de forces démoniaques : c'est ainsi que même la guérison passe par la récitation de formules magiques. Déjà dans le *Yajurveda* et le *Śatapathabrāhmaṇa*, on trouve quelques termes techniques d'anatomie générale, ainsi que la description de certains os qui composent le squelette humain.

La tradition affirme que l'*Āyurveda* (La science de la longévité) a été révélée aux hommes par l'Être suprême à travers une série d'intermédiaires, aussi bien divins qu'humains, jusqu'au moment où il a été résumé dans les *saṃhitā* (recueils védiques), compréhensibles aux hommes. L'*Āyurveda* est divisée en huit parties : *śalyatantra* (traité sur l'extraction des corps étrangers au corps) que l'on peut comprendre comme étant la chirurgie ; *śalakyatantra* (traité sur le traitement chirurgical des parties du corps au-dessus des clavicules), que l'on peut entendre comme l'ophtalmologie et l'oto-rhino-laryngologie ; *kāyacikitsā* (soin, traitement du corps) qu'il faut entendre comme médecine interne ; *bhūtavidyā* (connaissance des démons), il s'agit d'une forme de démonologie ; *kaumārabhṛtya* (traitement des enfants) ; *āgadatantra*, (traité sur les antidotes ou toxicologie) ; *rasāyanatantra*, (traité sur les substances qui prolongent la vie) et enfin *vājikaranatantra*, (traité sur les aphrodisiaques).
Le corps humain est constitué de trois classes de sept éléments ou *dhātu* : *rasa* (le suc produit par la transformation digestive de la nourriture), *rakta* (le sang), *mamsa* (le tissu musculaire), *meda* (le tissu adipeux), *ashti* (le tissu osseux), *majjan* (la moëlle osseuse) et *śukra* (le sperme) ; trois *doṣa* (*vāta*, *pitta* et *kapha* – vent, bile, lymphe) et des *mala* (déchets rejetés par le corps). Les *dhātu* sont produits par les transformations successives des éléments sous l'action de l'*agni*, le feu qui modifie les éléments contenus dans les aliments. Les *dosa* sont des éléments universels qui règlent toutes les activités du corps humain : le vent dans sa forme propre (*vayu* ou *vāta*), le feu sous forme de bile (*pitta*), l'eau sous forme de lymphe (*kapha* ou *śleṣma*). C'est seulement lorsque ces éléments sont en équilibre que l'état

Astrologie et alchimie. En corrélation étroite avec la médecine, elles se fondent sur des principes qui reflètent des thèmes propres à la civilisation indienne. C'est celui, par exemple, des "neuf pierres précieuses" (rubis, émeraude, saphir, hyacinthe, perle, corail, diamant et œil de chat) auxquelles on reconnaît des vertus thérapeutiques et qui s'identifient aussi aux neuf planètes du système solaire indien. Les premiers documents qui traitent d'alchimie ("la parfaite connaissance des préparations mercurielles et métalliques") remontent au IVe siècle ap. J.-C.
Le mercure, dont on pensait qu'il renfermait les cinq éléments de la nature, était considéré comme la panacée ; il aurait eu le pouvoir de transformer en or n'importe quel métal.

de santé est réalisé.
Le diagnostic se fonde sur huit examens portant sur le pouls, les urines, les fèces, la langue, la voix, le toucher, le regard, la mine du patient.
Le traitement consiste à rééquilibrer les *doṣa* altérés. Les médicaments se classent en deux grandes catégories : eux qui purifient par élimination des *doṣa* altérés et ceux qui calment et rééquilibrent les *doṣa*. Les principaux remèdes sont d'origine végétale, même si le recours aux substances minérales est admis. Selon la tradition, il n'existe dans la nature aucune plante qui ne possède quelque vertu thérapeutique.
La diététique a une importance capitale et l'alimentation est le fondement de la force et de la santé. La chirurgie, illustrée notamment dans le *Suśrutasaṃhitā*, qui a son origine dans le traitement des blessures dues à une arme contondante ainsi que dans les techniques d'extraction des flèches, a fini par recouvrir un vaste éventail d'interventions. Au fil du temps, la pratique chirurgicale a perdu progressivement de son importance et s'est trouvée reléguée au rang des pratiques "basses".

Les sciences en Inde

Les principales contributions de l'Inde à la science intéressent, en dehors de la médecine, la mathématique (géométrie et arithmétique), l'alchimie, l'astronomie et l'astrologie. Dans certains textes des IVe-IIIe siècles av. J.-C., les *Śulvasūtra* (Règles de la corde à mesurer), sont fixées les règles en rapport avec "la science de la construction", lesquelles témoignent de la connaissance du théorème de Pythagore. À la mathématique indienne, qui réunit algèbre, géométrie et arithmétique et englobe les huit opérations (addition, soustraction, multiplication, division, élévation au carré, au cube, racine carrée et racine cubique), nous devons notre système numérique décimal, qui nous est parvenu au Moyen Âge *via* les Arabes. Le premier grand mathématicien indien est Āryabhaṭa (né en 476 ap. J.-C. et qui vécut à Pātaliputra), qui dans son *Āryabhaṭīya* fait la démonstration de sa connaissance du système décimal et des calculs algébriques. En Inde, l'astronomie est étroitement corrélée à la mathématique et son histoire se divise en trois moments bien précis : période védique (avec les premières notions relatives au mouvement de l'univers), période intermédiaire du Ve siècle av. J.-C. au début de l'ère vulgaire (où les connaissances primitives sont approfondies) et enfin période d'influence de la culture grecque.

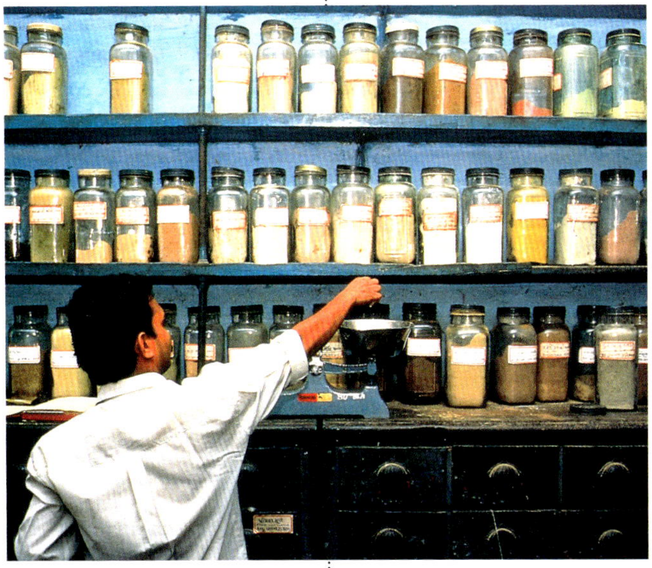

Les étagères d'une pharmacie à Bombay. Les médicaments sont en grande partie d'origine végétale.

En bas : Page d'un ancien traité de chimie en sanskrit.

Traité de médecine sanskrite. Le premier auteur est Caraka (Ier-IIe siècles ap. J.-C.) avec son traité le *Carakasamhitā*. Le deuxième, par ordre d'importance, est Suśruta, auteur du *Suśrutasamhitā*, texte de chirurgie et de médecine en prose et en vers. Le troisième grand nom est Vāgbhatā, auteur de deux importants traités de médecine interne. Le *Mādhavanidāna*, du nom de son auteur, Mādhava, est le plus éminent traité de pathologie indienne; il date du VIIIe siècle. Vṛnda (Xe siècle) est l'auteur du *Siddhayoga* (Le traitement parfait) qui prend en compte élixirs, aphrodisiaques, purgatifs, etc. Le *Cikitsāsārasaṃgraha*, œuvre composée par Vangasena au XIe ou au XIIe siècle, clôt la série de traités classiques de médecine en sanskrit.

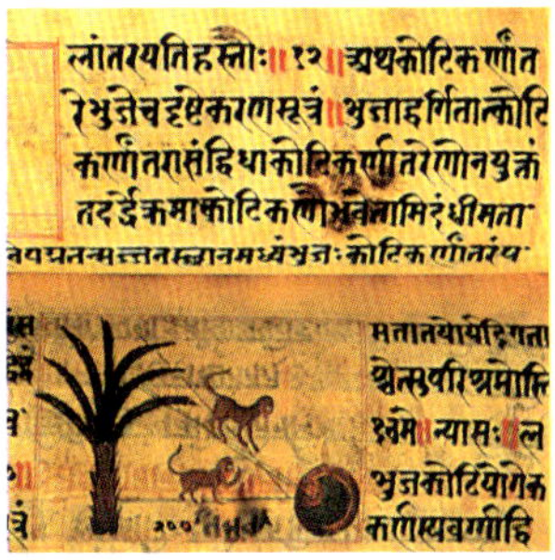

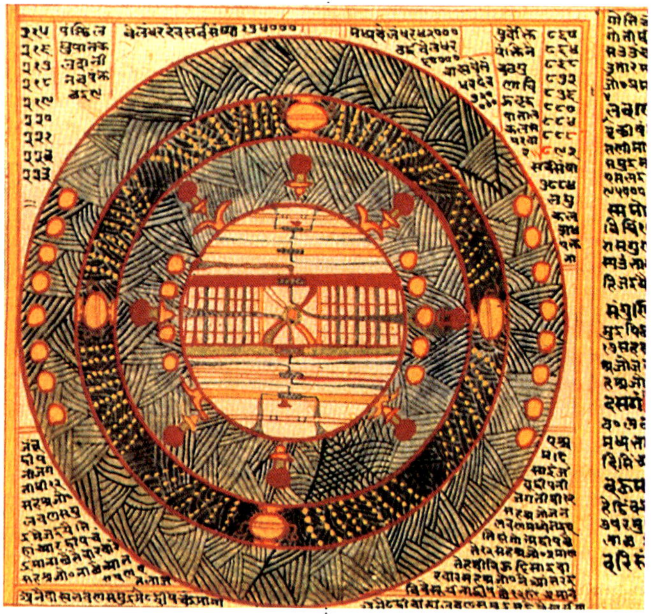

Un des maṇḍala *de tradition tantrique qui orne les pages d'un manuscrit du* XVIIIe *siècle du* Kalpasūtra. *New Delhi, Kumar Gallery.*

Le droit indien se fonde sur la notion de *dharma*, dans le sens général de "loi". Le *dharma* a déterminé le développement d'une littérature imposante constituée de quelques centaines d'œuvres, en grande partie perdues, qui couvrent une période s'étendant du VIe siècle av. J.-C. au XVIIIe siècle. Les œuvres de ce type les plus anciennes sont les *Dharmasūtra* (Règles relatives à la Loi), en prose, sous forme d'aphorismes, ou en prose et en vers, de datation incertaine mais vraisemblablement compilées entre le VIe et le IIe siècle av. J.-C. Il s'agit de textes rituels et didactiques sur le *dharma* liés à des écoles védiques déterminées. Les sujets juridiques, déjà présents sous forme fragmentaire et sporadique dans les textes védiques, sont traités ici plus en profondeur ; il s'agit d'une manière générale des sources du *dharma* et des devoirs moraux et religieux de l'homme dans le milieu familial plutôt que dans le contexte social et public. Une vingtaine de ces textes nous sont parvenus mais seuls les plus importants ont été traduits, dont celui de Gautama, considéré comme le plus ancien, ceux d'Āpastamba, de Vasiṣṭha, de Baudhāyana et de Viṣṇu ; ce dernier fait la transition avec les textes plus archaïques et les textes juridiques versifiés.

Les *Dharmaśāstra* (Traités sur le dharma) et les *Smṛti* (Tradition du corpus de jurisprudence) représentent le stade le plus avancé de la littérature juridique et constituent, avec les *Commentaires* et les *Digestes*, le corpus de l'ancien droit indien. Ils contiennent un exposé détaillé de la matière légale où les catégories fondamentales du savoir juridique sont désormais établies et où l'intérêt s'est déplacé du religieux au civil. Sans négliger les observances et les pratiques religieuses ou rituelles, ces textes font une large place aux règles destinées à l'administration de la justice, classée et analysée de manière méthodique sous un certain nombre de rubriques. Parmi ces textes, qui furent composés à partir de l'ère chrétienne, les plus importants sont les codes de Manu (*Manavadharmaśāstra* ou *Manusmṛti*), de Yājñavalkya (*Yājñavalkyasmṛti*), de Viṣṇu (*Viṣṇusmṛti*) et de Nārada (*Nāradasmṛti*). La *Bṛhaspatismṛti* et la *Kātyāyanasmṛti* sont des textes fragmentaires, reconstitués à partir de citations contenues dans d'autres textes. Les codes sont proches des enseignements juridiques que l'on trouve dans le *Mahābhārata*, dans les *Purāṇa*, dans les *Jātaka* et dans la partie de l'*Arthaśāstra* consacrée aux problèmes liés à la loi.

Le *dharma*. *Dharma* est un terme technique à acceptions multiples qui, de la connotation sémantique originelle de sa racine *dhṛ*, ("soutenir, maintenir solidement"), en est arrivé à indiquer les devoirs religieux et moraux dans le sens le plus large. Dans le vocabulaire légal, il a le sens fort de loi sacrée qui détermine l'ensemble des droits et des devoirs des individus et les normes juridiques qui règlent le comportement des membres de la communauté aryenne en fonction de leur état social et du stade de leur existence. Le *dharma* constitue avec l'*artha* (les activités pratiques) et le *kāma* (l'amour et le plaisir) le complexe du *trivarga* ou des trois fins de l'existence humaine qui, si elles s'équilibrent harmonieusement et sont opportunément poursuivies,

Nombreux sont les commentaires rédigés au Moyen Âge (XIIe siècle), dont certains ont exercé une influence considérable sur la formulation du droit civil de l'Inde moderne, par exemple le *Mitakṣara* et le *Dayabhaga*.
À partir du XIe siècle apparaissent les *Dharmanibandha*, des compilations de textes techniques où la matière juridique traditionnelle est traitée de façon plus systématique et plus scientifique. Le pivot du système judiciaire est le souverain, qui, aux périodes historiques les plus anciennes, présidait directement les procès et rendait personnellement les sentences ; l'administration de la justice sera ensuite confiée aux juges et aux magistrats. Les institutions juridiques les plus importantes en matière de droit civil sont celles de la famille, de la propriété et de la donation ; dans le domaine pénal, le vol, la rapine et la violence étaient tenus pour les crimes les plus graves. Le faux témoignage était considéré comme exécrable et passible de sanctions corporelles mais surtout morales, au cours des réincarnations successives. Les crimes comme le meurtre d'une femme ou d'un enfant ainsi que l'avortement volontaire étaient passibles de peines très lourdes. La peine capitale était administrée sous diverses formes pour les crimes les plus graves comme l'homicide et la conspiration contre la personne du souverain. Dans les cas douteux, tant dans les procès civils que pénaux, l'ordalie constituait le dernier recours.

Le contact avec l'Occident par le biais de la domination anglaise a exercé un impact considérable sur le tissu social de l'Inde et a permis à certains grands réformateurs de prendre conscience de la dégénérescence et du morcellement de la société indienne consécutifs au système des castes.
Sur le plan juridique, les années 1955 et 1956 peuvent être marquées d'une pierre blanche pour ce qui concerne l'histoire du droit. C'est de ce temps-là que date la promulgation de lois qui devaient être déterminantes pour l'avenir du pays : la loi sur le mariage, qui légalisait le divorce, celles sur la succession, sur la garantie, sur l'adoption et sur l'entretien.

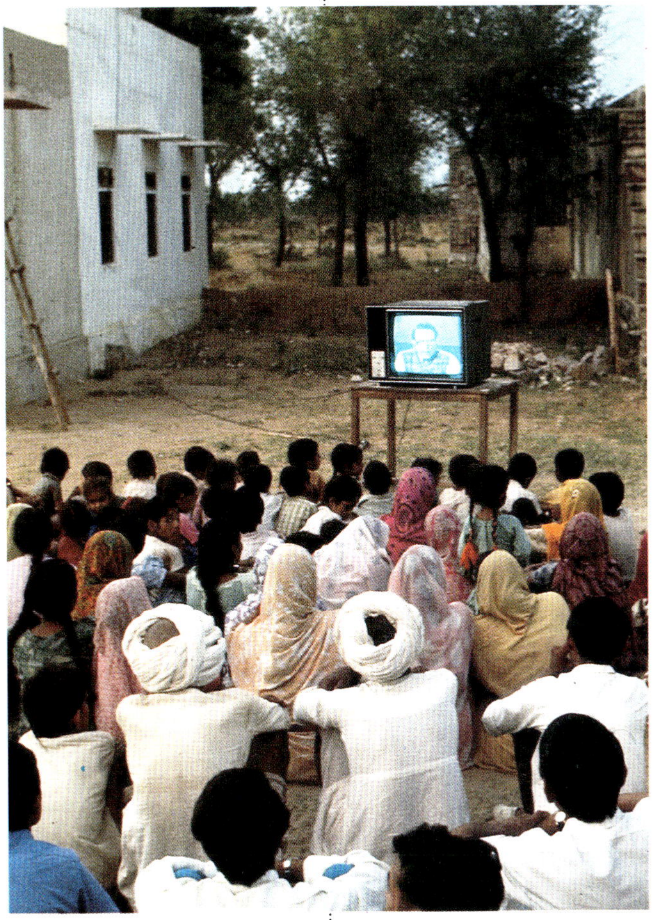

Les habitants d'un village regardent un programme d'alphabétisation à la télévision.

conduisent l'homme à la délivrance (*mokṣa*) du cycle des renaissances (*saṃsāra*). Selon la tradition indigène, les sources du *dharma* ressortissent à un inventaire général – variable selon les auteurs – qui inclut des textes révélés (*śruti*) ou l'ensemble des textes védiques tels qu'exposés par les dieux ; des textes qui se rattachent à la tradition (*smṛti*) – c'est-à-dire qui se sont transmis par des voies humaines, mnémoniques ; les enseignements exemplaires que livrent les vies d'êtres vertueux.

Fresque du Roi-Chasseur originaire de Kakrak (Afghanistan) et conservée au Musée national de Kaboul. À Kakrak, à proximité de Bāmiyān, se trouve un monastère bouddhique des IIIe-VIIe siècles.

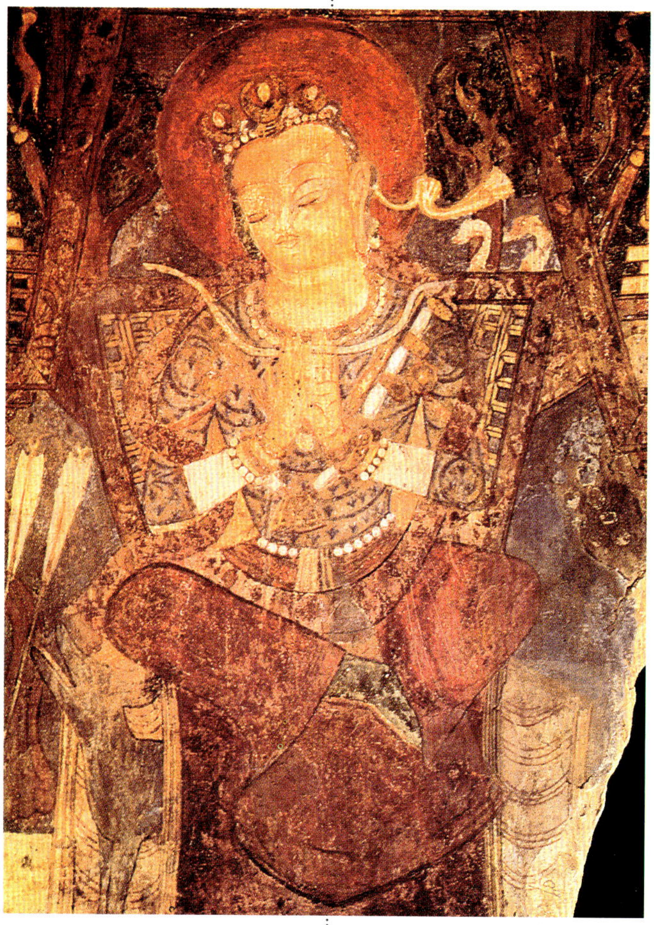

L'exposé le plus ancien, le plus complet et le plus original de l'organisation de l'État se trouve dans l'*Arthaśāstra* (Traité de politique) attribué à Kauṭilya, le ministre du souverain Candragupta Maurya (IVe-IIIe siècles av. J.-C.). Selon Kauṭilya, les éléments constitutifs de l'État sont au nombre de sept : le souverain (*svamin*), les ministres (*amātya*), le territoire (*rāṣṭa*), les forteresses (*durga*), le trésor (*koṣa*), l'armée (*daṇḍa* ou *bala*), les alliés (*mitra*) ; ces éléments sont ensuite définis comme pouvoir du souverain, pouvoir exécutif et appareil administratif (central, provincial, du district et du village) ; pourvoir aux recettes du Trésor public ; administration de la justice ; rapports entre États (politique extérieure). Concrètement, le choix de tels éléments constitutifs de l'État revient à définir les entités politiques et économiques dont le fonctionnement équilibré garantit la paix et le bien-être d'un peuple. L'État kautilyen idéal se fonde sur le respect absolu de l'ordre hiérarchique représenté par les castes, la pleine reconnaissance de l'autorité constituée, l'identification de l'État en la personne du souverain, la mise en œuvre d'une organisation pyramidale dont le sommet est occupé par le souverain détenteur d'un absolu pouvoir de décision et de l'autorité légale et morale, détenteur aussi du pouvoir exécutif et du commandement de l'armée. Cette organisation de type dirigiste se trouvait encore renforcée par l'institution des *adhyakṣa* – "inspecteurs" –, une catégorie particulière de bureaucrates et de fonctionnaires exécutifs de l'administration publique ; ceux-ci avaient mission d'exercer dans le domaine strict de leurs compétences le contrôle économique au nom de l'État ; ils répondaient de leurs actions seulement devant deux superbureaucrates qui se trouvaient au sommet du pouvoir central, à savoir le receveur général (*Samāhartṛ*) et le surintendant aux réserves (*Saṃnidhātṛ*) qui représentaient le Trésor public. La tâche principale de l'État était de veiller attentivement au fonctionnement de l'économie en procédant dans ce but à une consistante mais juste levée d'impôts, à un accroissement des ressources économiques

Les taxes. Les sources épigraphiques, les allusions contenues dans les *Smṛti*, et surtout, les informations précises et détaillées fournies par l'*Arthaśāstra* font état d'une grande variété de taxes et d'impôts. C'est de la terre que l'État tirait l'essentiel de ses revenus, constitués par 1/6e des produits de la culture et de l'élevage. Selon Kauṭilya, la part réservée au Trésor public était de 1/3 ou de 1/4 pour les terres les plus fertiles, de 1/6e pour les produits d'importation et les produits négociables en général, de 1/2 pour les ivoires et les peaux. Différentes taxes s'appliquaient aux divers produits du sol – des fruits aux fourrages et aux produits ligneux. Il y avait aussi la *piṇḍakara* ou taxe collective imposée à un village, la *kara* ou taxe

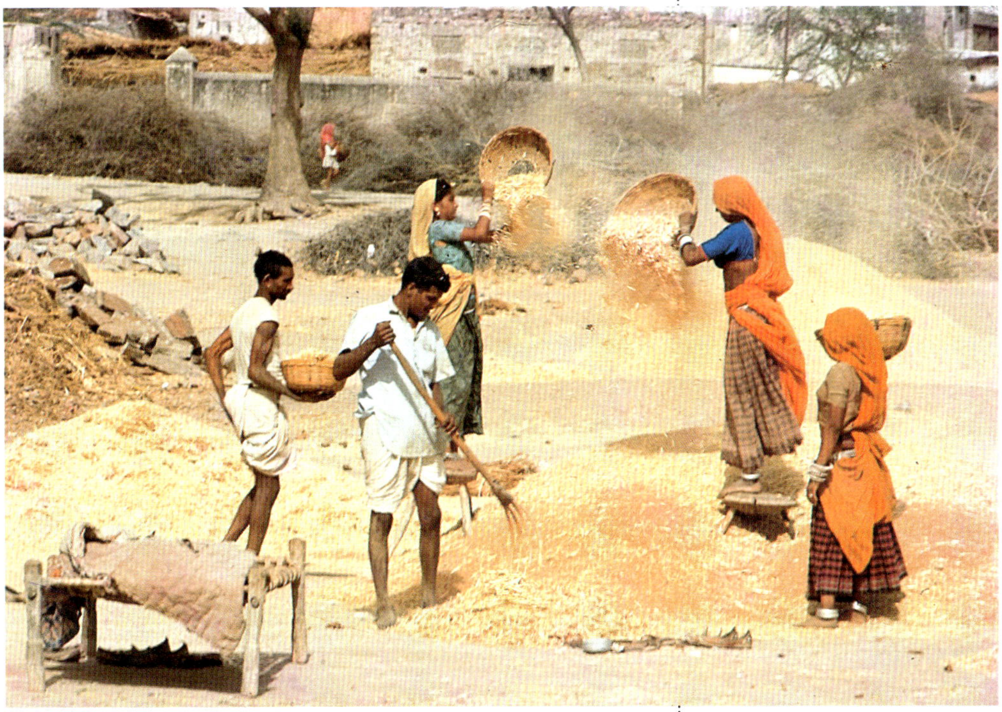

préalablement inventoriées, ainsi qu'à une thésaurisation avisée, car selon Kauṭilya la solidité des forces de production conditionne l'existence même d'un État.

L'agriculture, tant publique que privée, jouait un rôle majeur. Dans le secteur de la production, les activités d'extraction étaient particulièrement estimées ; les activités commerciales étaient le fait de l'État pour partie, des particuliers pour une autre, mais ceux-ci opéraient sous contrôle du "pouvoir central". Aux rapports commerciaux et aux échanges avec l'étranger était accordée une attention toute particulière ; quant aux règles qui régissaient ces échanges, elles évoquent une activité commerciale très développée.

La propriété foncière et ce qui s'y rapporte constituaient un important aspect de l'économie. Les territoires nouvellement conquis – à la suite d'actions militaires – ou défrichés et mis en culture devenaient partie intégrante du territoire de l'État et étaient à ce titre propriété du souverain. L'État intervenait également dans la conservation et la transmission des propriétés immobilières ; il réglementait les contrats et contrôlait les actes de cession immobilière. L'État se faisait entrepreneur public pour ce qui était de la transformation des produits miniers – ces activités étaient régies par des lois qui portaient aussi bien sur les aspects techniques que sur les perspectives économiques de l'opération. L'État était divisé en provinces et en districts qui regroupaient de nombreux villages. Le village (*grāma*) représentait l'unité administrative ; de nos jours encore, le chef du village et le conseil des villageois constituent le dernier niveau du contrôle exercé par l'État.

La moisson du blé dans un village indien. L'agriculture joue un rôle majeur dans l'économie indienne.

En bas : Un marais salant dans le Gujarāt.

périodique sur la propriété et sur les recettes. À l'époque des Gupta (IVe-VIe siècles) apparaissent des taxes permanentes et des taxes temporaires (*uparikara*).

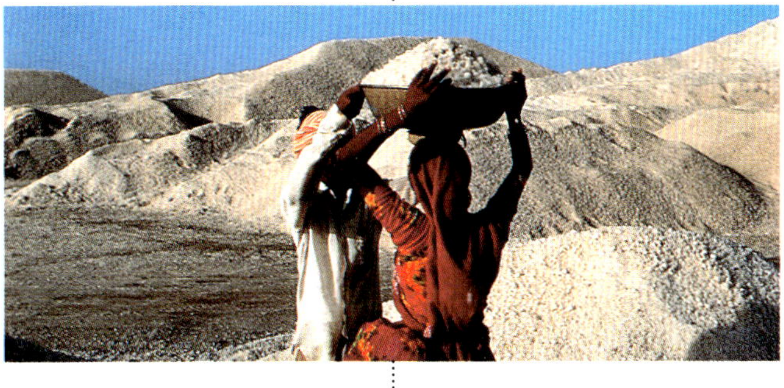

Fresque de la grotte n° 1 d'Ajantā, VIe siècle. Elle représente le couronnement du roi Mahājanaka. Près de la figure royale, une multitude de personnages s'activent. Parmi eux, des serviteurs à la peau foncée.

En bas : Le rite traditionnel hindou de la première coupe de cheveux. Une mèche est conservée tandis que le reste de la chevelure est enterré pour éviter que les ennemis ne jettent des sorts maléfiques.

La vie individuelle et celle de la société se fondent dans l'Inde ancienne sur un certain nombre de croyances particulières qui concernent les quatre buts de l'existence : *dharma* (loi morale), *artha* (vie pratique), *kāma* (plaisir) et *mokṣa* (libération du cycle des existences) ; la division des individus en quatre classes : *brāhmaṇa* (prêtres), *kṣatriya* (guerriers), *vaiśya* (travailleurs), et *śūdra* (serviteurs) ; la subdivision de la vie en quatre stades : ceux du *brahmacarya* (étudiant), du *gṛhasta* (chef de famille), du *vānaprastha* (ermite) et du *saṃnyāsa* (ascète). La subdivision de la société indienne en quatre classes remonte à l'époque de l'invasion des Aryens dans l'Inde du Nord vers 1800 av. J.-C. Le terme sanskrit qui désigne cette division, à laquelle les textes attribuèrent une origine divine, est *varṇa* (couleur) qui indique la différence raciale entre les Aryens, conquérants et porteurs de culture, et les *Dāsa*, les populations indigènes à la peau sombre. Un synonyme de *varṇa* est *jāti* (naissance), terme soulignant le caractère héréditaire qui fonde la division en classes. Celle-ci présentait un intérêt pratique : aux brahmanes incombait l'enseignement et l'accomplissement des sacrifices ; les *kṣatriya* avaient pour mission de protéger la population et de conquérir de nouveaux territoires, les *vaiśya* celle de travailler ; le rôle des *śūdra*, enfin, était de servir les trois classes supérieures.

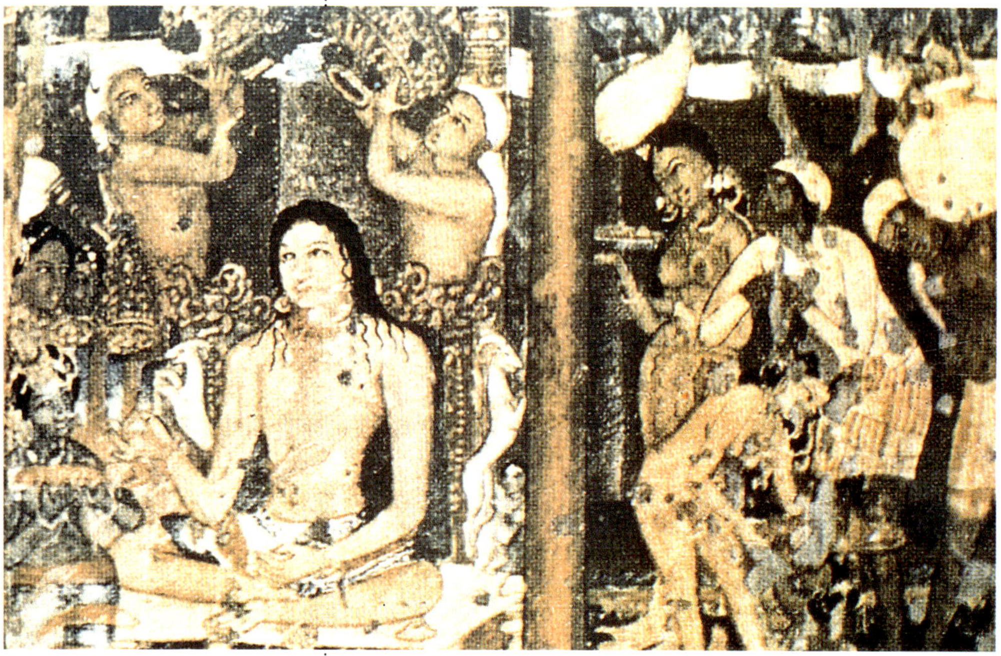

Les castes

Le système des castes ne dérive pas de l'ancienne division des classes mais d'une évolution répartie sur plusieurs siècles. Son origine est aujourd'hui encore sujet de controverses : d'après Basham, il pourrait s'agir de la réponse culturelle des multiples petits groupes de populations primitives devant la nécessité de s'adapter à un système économique et social complexe. La caste est une institution qui subsiste dans l'Inde moderne et sous-tend encore la plus grande partie

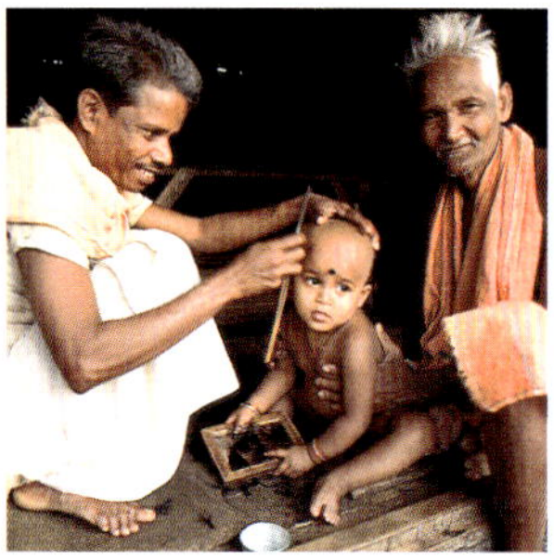

Les stades de la vie (*aśrama*). Appelés aussi *āśramadharma*, c'est-à-dire "le *dharma* appliqué aux modes de vie", ils constituent une organisation de la société fondée sur une division idéale de la vie en quatre stades successifs ou périodes : la période vouée à l'étude – marquée par la cérémonie d'initiation (*upanayana*) – ; la période dévolue à la vie pratique, pendant laquelle l'individu est actif et fonde une famille ; la période qui se caractérise par le renoncement à la vie active et par la retraite dans la forêt ; enfin la période terminale, entièrement consacrée à la vie ascétique. Cet ordre met au premier plan le facteur religieux et l'aspiration de l'individu à se soustraire au cycle des renaissances.

de la vie politique et sociale ; elle peut être définie comme un groupe héréditaire, endogame, lié traditionnellement à un métier ainsi qu'à une position bien définie dans l'échelle hiérarchique locale. Les castes sont très nombreuses et se subdivisent en sous-castes ; leurs statuts varient selon les régions et l'histoire locale. Elles revêtent toujours une énorme importance pour la grande masse de la population puisqu'elles définissent l'individu et qu'inversement celui-ci se définit par son affiliation au groupe.

La famille

L'institution fondamentale de la société indienne est la famille sous la forme patriarcale et patrilinéaire. C'est une famille unie par les liens étroits qu'elle maintient entre tous ses membres ; ceux-ci vivent généralement sous le même toit, partagent le couvert, et participent aux cinq rites journaliers, dont le plus important est l'hommage aux ancêtres (*śraddha*), accompli sur l'autel domestique par le fils aîné, le deuxième dans l'échelle hiérarchique de la famille. La famille, et non l'individu, représente le pivot du système social ; et c'est ce que partagent ses membres qui assure sa cohésion. En fait, la famille est comparable à une société dans laquelle l'autorité du souverain est représentée par celle du chef de famille ; c'est à lui qu'il revient d'administrer, de protéger et d'exploiter la propriété familiale. La famille au sens large, de vastes proportions compte tenu des mariages précoces, des enfants adoptifs et de la polygamie, regroupait toute la parentèle, les serviteurs, les ouvriers et les esclaves et constituait en outre une garantie de sécurité et de soutien pour tous ses membres. À l'origine, le chef de famille était l'unique patron de la propriété familiale. Par la suite, on reconnut à ses membres de sexe masculin – appelés cohéritiers – des droits particuliers au titre de propriétaires du patrimoine familial ; les filles, les épouses et les veuves n'avaient, elles, aucun droit, sauf celui d'être entretenues, pour les filles, jusqu'à ce qu'elles soient en âge de se marier, et, pour les veuves, jusqu'à la fin de leur vie.

Le mariage

Le culte des ancêtres, le respect des sentiments et des liens affectifs que cultive la famille expliquent son importance dans la société indienne. De là découle également le rôle la vie familiale et donc

Un moment de la cérémonie de la remise du cordon sacré à deux jeunes brahmanes. La caste des brahmanes était à l'origine celle des hommes instruits qui, au cours des siècles, ont été enseignants, guides spirituels, représentants de la loi. Aujourd'hui, beaucoup de brahmanes exercent une fonction sacerdotale.

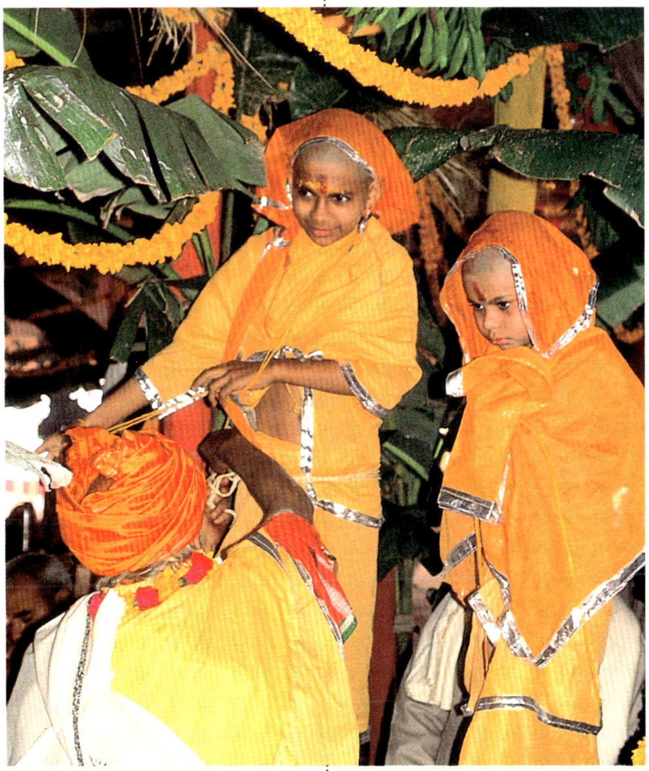

Les intouchables. Ils représentent la caste la plus infime, à laquelle appartiennent ceux dont les métiers sont considérés comme ingrats ou impurs, par exemple le fossoyeur, le balayeur ou le boucher. Plusieurs groupes en font partie, dont celui des *caṇḍāla* (le plus important) et celui des hors-caste – tous ceux qui, sous divers motifs, ont été exclus de leur caste d'origine, abandonnés de leur famille et qui n'ont donc aucune existence sociale. Les intouchables portent des signes distinctifs de leur état, sont confinés dans des quartiers spéciaux en retrait des villages, et tout contact avec eux doit être soigneusement évité parce qu'ils sont considérés impurs.

Un mariage hindou à Gopalpur (Orissa).

En bas : Un bas-relief commémorant les satī des femmes des mahārājas de Jodhpur. Le panneau se trouve à l'intérieur du fort de Jodhpur, à proximité de Loha Gata.

du mariage. Les formes de mariage officiellement reconnues sont au nombre de huit : *Paiśāca*, *Rākṣasa*, *Āsura*, *Gāndharva*, *Ārsa*, *Daiva*, *Brāhma* et *Prājāpatya*. Les quatre premières sont considérées comme non orthodoxes et répréhensibles en ce sens qu'elles présupposent respectivement la tromperie, la violence, la vente de l'épouse et l'union par consentement mutuel avant l'accomplissement des rites sacrés.

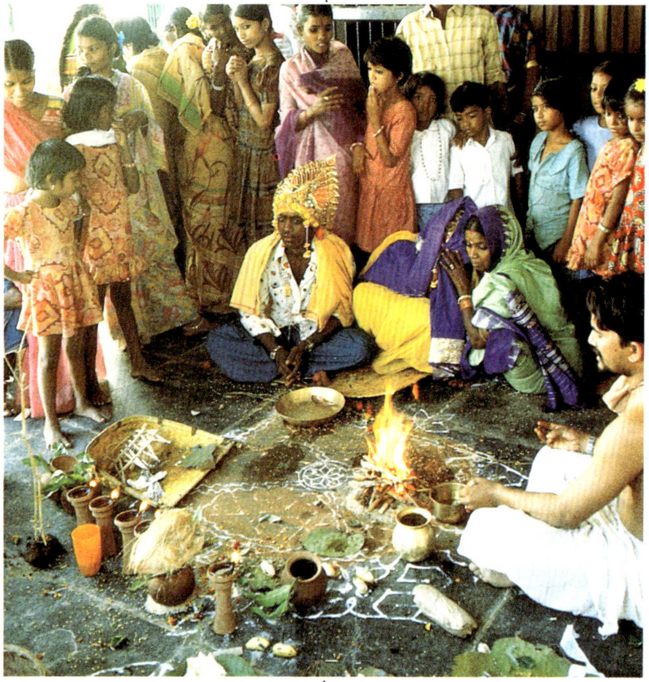

Bien que le *Brāhma* soit considéré comme la forme la plus noble de mariage puisqu'il prévoit l'union d'une jeune fille et d'un jeune homme de la même caste, instruits dans les Veda et de bonnes mœurs, ce sont le *Gāndharva* et l'*Āsura* qui, en réalité, paraissent les plus répandus : le premier sanctionne une union de fait, tandis que le second prévoit de la part de l'époux le paiement d'un prix qui, selon quelques *Smṛti*, peut même être effectué en nature.
Le type de mariage revêt une grande importance du point de vue juridique à cause de l'incidence qu'il a sur la propriété. Par le terme *strīdhana*, on désigne la propriété exclusive de la femme, laquelle comprend en général les biens reçus en dot (*śulka*), les dons qu'elle reçoit de sa famille, de ses parents et de ses amis au moment du mariage (*yautaka*).
Le *Manavadharmaśāstra* en recense six sortes, d'autres auteurs en indiquent plus, tandis que Kātyāyana n'en distingue que deux : le *Saudāyika*, constitué des dons reçus avant et après le mariage (dont la femme peut disposer à son gré), et le non-*Saudāyika* (au contraire soumis au contrôle du mari). Le *strīdhana*, qui n'incluait pas les biens immobiliers, se transmettait aux filles par voie de succession. Les mariages sont soumis à des règles nombreuses en rapport avec les castes. Les sources épigraphiques et littéraires ainsi que les *Smṛti* les plus anciennes témoignent de l'existence de mariages mixtes. Une clause très rigide concerne le droit de primogéniture et stipule que le fils aîné doit se marier le premier. D'autres clauses concernent la présence de signes physiques propices ou néfastes ; la virginité de la future mariée est indispensable. Le devoir principal de l'épouse – dont la vie tourne autour de son mari – est de diriger la maison et de se charger des tâches domestiques ; elle doit vivre sobrement, être fidèle et dévouée, en tout point digne du qualificatif de *pativratā* (dévouée à son mari). Dans la société hindoue, la monogamie était généralement observée et le rituel du mariage ne prévoit d'ailleurs d'union qu'avec

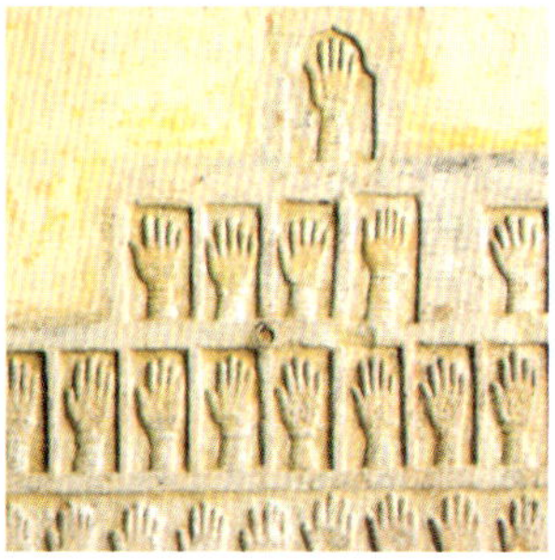

Satī.
Le substantif *satī* ne désigne pas seulement l'épouse vertueuse, mais aussi et surtout la veuve qui se sacrifie sur le bûcher de son défunt mari. La coutume de la *satī* est d'origine très ancienne et ne se limite pas au seul monde indien. En Inde, elle a probablement trouvé sa justification dans les sentiments de jalousie et de possession typiques des plus antiques ethnies de guerriers-conquérants. Les implications religieuses, liées au *karman*, au *saṃsāra*, au *svadharma* (devoir personnel) et à l'idéal d'absolue dévotion ainsi que la perspective d'une vie d'extrême indigence et d'humiliations conduisaient souvent les veuves à faire le choix de la *satī*.

une seule épouse. La réalité est tout autre puisque la polygamie est assez répandue, surtout dans les classes possédantes pour qui des alliances nombreuses et soigneusement étudiées étaient un moyen de renforcer leur pouvoir politique. Dans les classes plus pauvres, le recours à la polygamie était surtout dicté par la nécessité de s'assurer une progéniture garantissant la continuité de la famille et du culte rendu aux ancêtres. Le divorce n'était accordé que dans le cas d'un mariage avec un eunuque, un fou ou un hors-caste ; et le remariage était autorisé dans les cas d'impuissance, de longue absence du conjoint ou si ce dernier optait pour la vie ascétique.

La condition de la femme

Les époques védique et upanishadique (env. 1800 - 500 av. J.-C.) furent les plus heureuses pour les femmes. Celles-ci avaient alors le droit d'étudier la philosophie et la théologie, de suivre l'apprentissage mnémonique des hymnes védiques utilisés lors de l'accomplissement des rites quotidiens et des pratiques liturgiques auxquelles elles prenaient une part active une fois mariées. Elles pouvaient choisir librement un époux et la jeune veuve n'avait pas de souci à se faire, comme ce sera le cas par la suite ; en dehors de la solution de compromis offerte par l'institution juridique du lévirat, elle pouvait décider de se remarier. La situation de la femme se modifia lorsque s'accrurent, au cours des siècles, l'importance du culte rendu aux ancêtres et réservé aux fils mâles, la diffusion des idéals ascétiques, la crainte constante des hommes d'être dépossédés de biens matériels quelle qu'en fût la nature. Il s'ensuivit la disparition de l'éducation des filles, en gros à partir du début de l'ère chrétienne, l'abaissement de l'âge du mariage, l'abolition du lévirat – presque totalement désuet dès 500 ap. J.-C. –, l'interdiction aux veuves de se remarier, interdiction étendue, vers l'an 1000, aux veuves-enfants. Dès cette époque, la condition de la veuve devint extrêmement pénible : refusée et indésirée, avec la religion pour seule consolation, elle finit par préférer se conformer à la terrible coutume de la *satī*. L'équilibre homme-femme s'affaiblit également, ce qui conditionna négativement le statut juridique des femmes et les plaça dans un état de permanente dépendance vis-à-vis des hommes. La justification éthique de cette dépendance fut l'absolue nécessité d'offrir aux femmes, pour leur bien, une protection plus forte – de la part de leur père d'abord, puis de leur mari, et enfin de leur fils, en cas de veuvage.

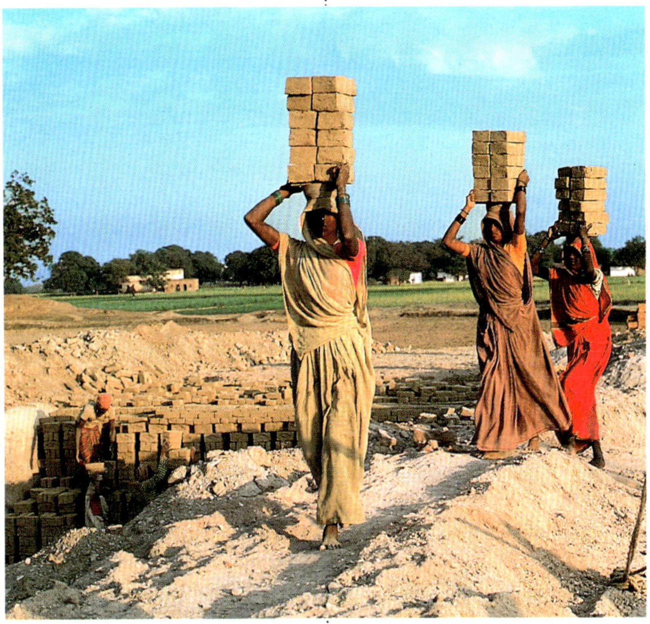

Femmes au travail dans la campagne de l'Uttar Pradesh. Elles transportent des matériaux de construction. Les femmes travaillent mais demeurent dans un état de dépendance sociale et juridique.

Les courtisanes. Les courtisanes occupaient une place tout à fait à part dans la société indienne ancienne. Pas toujours estimées, elles étaient du moins traitées avec un certain respect au titre de dépositaires des beaux-arts. Des villes célèbres comme Vaiśalī et Rājagṛha vantaient les "courtisanes d'État" qui jouissaient d'un grand prestige de manière tout à fait officielle. Dans les cours royales, jusqu'au Moyen Âge, des jeunes filles étaient engagées en grand nombre pour chanter et déclamer. D'autres exerçaient ces arts dans les temples ; quelques danseuses enfin étaient utilisées dans les services d'espionnage, comme en témoignent les textes politiques de Kauṭilya et de Somadeva Sūri.

Figures de femmes, sculpture de l'école du Sud (Sātavāhana), originaire du trésor de Begrām. Kaboul, Archeological Museum. À proximité de Begrām (Afghanistan) passait la route caravanière qui reliait l'Inde à l'Occident.

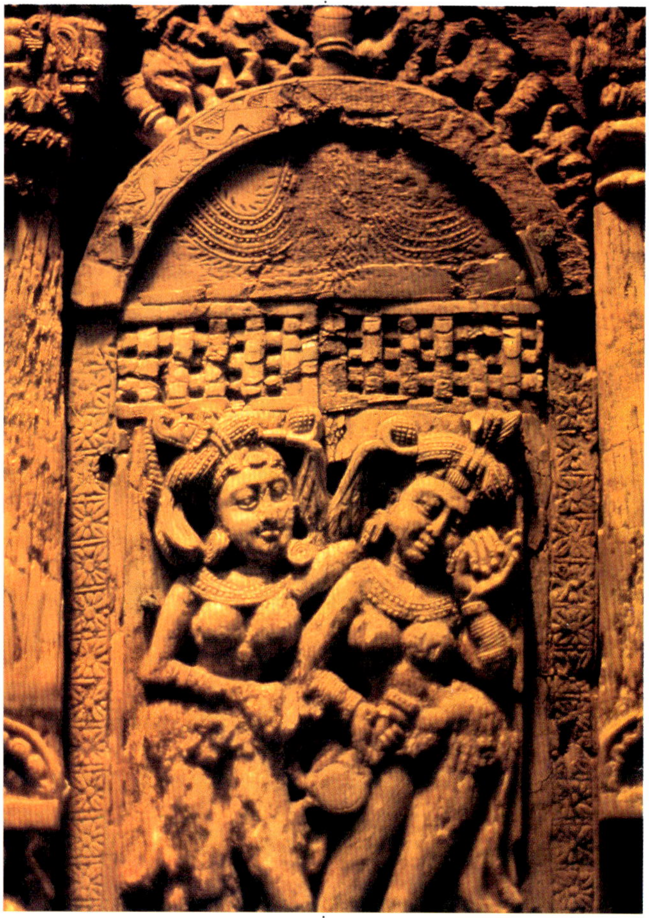

Il existe maints témoignages sur les influences culturelles réciproques entre l'Inde et l'Occident. L'auteur latin Dion Cassius dans son *Historia romana* signale un arrêté – dû à l'empereur Tibère – interdisant aux hommes de porter des habits de soie ; le *Codex Theodosianum* cite une loi qui, sous l'empire de Valentinien et Valentin, prohibait l'usage privé d'habits bordés d'or ou de soie tissée de fils d'or aux hommes comme aux femmes. Pline lui-même dans sa *Naturalis Historia* s'inquiétait des difficultés économiques de l'empire découlant des importations massives de soie, de tissus précieux, de pierres précieuses et d'épices indiennes.

Les *Philosophumena* de saint Hippolyte de Rome (235 ap. J.-C.) donnent des informations très précises sur les doctrines brahmaniques professées dans les territoires de la Tungabhadrā, dans le Dekkan, autour du IIIe siècle ap. J.-C. Les *Stromata* – par Clément d'Alexandrie (150-217), un des pères de l'Église grecque –, mélange d'apologétique, de philosophie et de théologie, contiennent des traces évidentes de pensée et de philosophie indiennes. Origène (185-250) loue explicitement la pensée indienne et sa science du sublime, même s'il polémique à propos de la doctrine de la transmigration des âmes. Porphyre de Tyr (233-304), un des représentants les plus significatifs du néoplatonisme, soutient dans son avant-propos aux *Ennéades* que l'influence de la philosophie indienne est perceptible dans la philosophie plotinienne ; Philostrate l'Athénien (IIe-IIIe siècles ap. J.-C.), auquel on doit des renseignements précis sur la ville de Taxila, mentionne dans sa *Vie d'Apollonius de Tyane* (philosophe pythagoricien du Ier siècle ap. J.-C.) un entretien avec un brahmane.

Ces témoignages attestent que les échanges commerciaux se doublaient d'un échange d'idées : de l'Orient vers l'Occident se propagent les expériences profondes de la pensée religieuse et des intuitions philosophiques de l'Iran et de l'Inde, tandis que l'Orient absorbe les novatrices connaissances techniques et scientifiques de l'Occident. La "voie royale" du nord de l'Inde, la route caravanière transcontinentale, qui reliait l'antique capitale chinoise et les pays d'Asie

Les liaisons maritimes. Jusqu'au IIIe siècle avant notre ère, les routes fluviales et terrestres reliant l'Inde au monde occidental l'ont emporté largement par l'intensité et la régularité de leur trafic sur la navigation littorale et de haute mer. Les textes bouddhiques, toutefois, mentionnent déjà et souvent les gros bateaux qui restaient en mer plusieurs mois, les marchands qui naviguaient sur les vastes océans en se guidant d'après le vol des oiseaux, les marins qui affrontaient des voyages longs et périlleux pour gagner plus d'argent ; ces mêmes textes parlent aussi de navires de grandes dimensions et de naufrages. Les voyages maritimes étaient donc à l'époque déjà familiers aux populations de l'Inde du Nord-Est ; ainsi ce récit des *Chroniques cingalaises* qui narre le centrale aux ports de la Méditerranée orientale, les routes vers les marchés indo-afghans et le Sud, la navigation maritime et côtière sur de longues distances, les liaisons entre différentes villes intérieures tissent un véritable réseau routier de communications et indiquent les voies principales le long desquelles se sont épanouies et ont circulé les idées et les civilisations du monde antique. L'Inde a grandement bénéficié de sa situation de charnière "naturelle" au sein du réseau de communications entre l'Occident romain et méditerranéen et l'Extrême-Orient, qui faisait d'elle le centre de ralliement des bateaux romains, grecs, arabes, chinois. Elle était insérée directement dans le vaste courant d'échanges existant entre différents points de ses côtes, le golfe Persique et l'Afrique orientale. Lors des opérations de transit, les marchandises étaient déchargées dans ses ports ou stockées dans des entrepôts bien équipés ; les produits qui n'étaient pas destinés à la consommation intérieure étaient acheminés vers les grands marchés internationaux par des caravaniers indiens, afghans, sogdiens, centrasiatiques, chinois jusqu'à Puruṣapura (Peshawar), Kaboul, les oasis du Turkestan, les marchés de l'Asie centrale ; ces marchandises finissaient par rejoindre les routes de la Soie, qui, longeant le bassin du Tarim, reliaient directement la Chine occidentale aux ports de Syrie. Un trafic intense et régulier, un flux ininterrompu de marchandises et de richesses : on comprend ainsi, d'une part, l'expédition (24 av. J.-C.) du préfet d'Égypte Elie Gallus et de ses acolytes juifs et arabo-nabatéens, et leur intérêt à vouloir protéger le commerce avec l'Inde des assauts des pirates arabes sévissant sur les côtes, et d'autre part la présence permanente d'opérateurs égyptiens et syriens dans les territoires indo-afghans. Livrés par les fouilles archéologiques de Begram (Afghanistan) et de Miran (dans le bassin du Tarim), les laques chinoises, les ivoires en provenance d'Andhra, les petites plaques gravées de scènes bouddhiques dans le style d'Amarāvatī (l'ancienne capitale de ce royaume), les bronzes hellénistiques, les verres égyptiens et syriens et les peintures murales illustrent avec éloquence la réalité "historique" des influences et des échanges culturels et artistiques dont les routes commerciales ont été le théâtre.

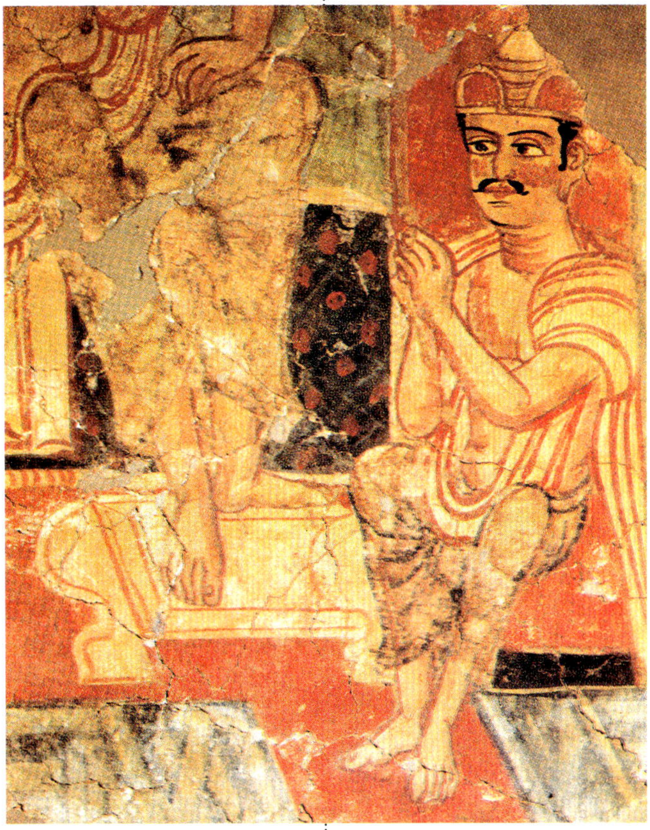

Peinture murale : Scène d'adoration de Miran. New Delhi, National Museum.

En bas : Transport d'épices indiennes sur des navires voguant vers l'Occident ; miniature d'un manuscrit français du xve siècle tiré du Livre des merveilles *de Marco Polo. Paris, Bibliothèque nationale.*

voyage à Ceylan du prince Vijaya et des sept cents personnes de sa suite est-il crédible. Pline parle d'une liaison maritime régulière entre le promontoire arabe de Syagrum et Patala. Déjà, vers la fin du Ier siècle av. J.-C., elle était assurée chaque année par cent vingt gros bateaux qui, partis de Myos Hormos, port d'embarquement des navires marchands reliant Alexandrie à l'Inde, *via* la mer Rouge, acheminaient un volume de marchandises en constante augmentation. En outre, l'activité diplomatique intense déployée par Aśoka en direction de pays lointains permet de supposer que, sous couvert d'intérêts commerciaux, on défendait l'existence d'un marché prospère.

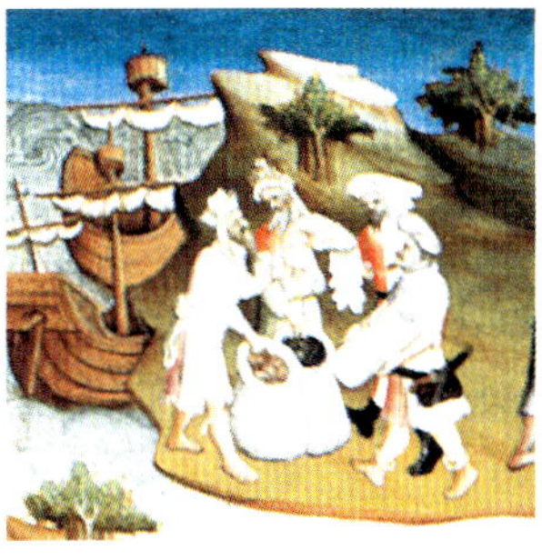

Glossaire

agni : feu purificateur.
ahiṃsā : principe de la non-violence.
a-loka : le "non-monde" (jaïnisme).
arhat : saint bouddhiste.
artha : activités pratiques.
āśrama : stades de la vie.
āśramadharma : devoirs inhérents à chaque stade de la vie.
aṣṭaṅgika-mārga : l'Octuple Voie (bouddhisme).
āsura : démon.
atharvan : prêtre.
ātman : âme individuelle.
avatāra : "descentes" ; incarnations terrestres d'un dieu.
bhakti : dévouement inconditionnel au dieu.
bhāva : passions, émotions avec lesquelles la musique se met au diapason.
brahmacarya : la condition de l'étudiant brahmanique.
brahman : âme universelle.
brāhmaṇa : brahmane, prêtre.
caitya : sanctuaire bouddhique.
cakravartin : litt. "celui qui met la roue en mouvement", soit l'idéal indien du souverain universel.
caṇḍāla : une des castes inférieures.
cittar : saint śivaïte.
dāsa : terme qui dans les Veda désigne les populations autochtones de l'Inde.
dhamma (v. aussi *dharma*, en sanskrit) : doctrine bouddhique.
dharma : lois en général.
dhātu : les sept éléments dont est composé le corps humain.
dīvān : fonctionnaire.
durga : forteresse.
gizya : capitation (taxe islamique sur la personne).
gopura : porte monumentale d'accès à l'enceinte sacrée.
grāma : village.
gṛhasta : chef de famille.
guru : maître.
Jīna : le Vainqueur des liens karmiques (jaïnisme).
kāma : l'amour, le plaisir des sens.
kāṇḍa : livre, section.
kara : taxe périodique sur la propriété et sur les recettes.
karman : (rétribution des) actions.
kaṣaya : "force de cohésion" qui enchaîne l'être au cycle des renaissances et des morts (jaïnisme).
kṣatriya : membre de la classe des "guerriers".
liṅga : "phallus" ; organe de la procréation.
loka : monde.
mahāvrata : les cinq voeux du moine jaïniste.
mantra : formule magique.
mokṣa : "libération" du cycle des existences.
mudrā : geste, position des mains.
mukti : libération.
nirvāṇa (*nibbāna*) : extinction totale.
piṇḍakara : taxe collective sur un village.
pippal : arbre sacré.
pradakṣiṇā : déambulation autour du monument sacré.
purāṇa : faits de l'ancien temps ; recueils littéraires.
rāga : mode musical.
rāja : souverain.
rāmabhakti : courant de dévotion à Rāma.
rasa : sentiment (suscité par la musique).
rāṣṭra : territoire.
śalya : éléments présents dans un corps malade.
saṃhitā : les "collections", recueils littéraires védiques.
saṃnyāsin : ascète.
saṃsāra : cycle des existences.
saṅgha (sanskrit : *saṃgha*) : communauté bouddhiste.
satyāgraha : adhésion complète à la "vérité" (méthode gandhienne de la non-coopération).
smṛti : "souvenir", tradition du corps de jurisprudence.
śraddha : le plus important des cinq rites quotidiens, celui offert aux ancêtres.
śruti : textes révélés, révélation divine.
stambha : colonne.
strīdhana : propriété exclusive de la femme ; biens reçus en dot.
stūpa : monument hémisphérique sans espace intérieur, particulier à l'art bouddhique.
śūdra : membre de la classe des serfs.
sva-dharma : devoir personnel.
svāmin : souverain.
svara : échelle heptatonique de sept degrés.
trimūrti : triade des divinités hindoues, Brahmā, Śiva et Viṣṇu.
trivarga : les trois fins de l'existence humaine (*dharma*, *artha*, *kāma*).
upanayana : cérémonie d'initiation.
vaiśya : membre de la troisième caste (celle des travailleurs).
vānaprastha : ermite.
Varāha : incarnation de Viṣṇu en sanglier.
varṇa : couleur, caste.
vedikā : balustre d'enceinte du stūpa.
vihāra : monastère bouddhiste.
vimāna : temple à haut toit pyramidal.
yakṣa (féminin *yakṣiṇī*) : divinités populaires de la Fécondité, de l'Abondance, en général en rapport avec la végétation.
yautaka : dons reçus par la future épouse, de ses parents et de ses amis, au moment du mariage.

Chronologie

Autour de 2500 av. J.-C. : Civilisation de l'Indus.
Après 1400 : invasions des Aryens.
c. 1300-1000 : période paléovédique.
c. 1000-600 : période tardovédique.
c. 563-483 : Gautama Buddha.
Après 518 : le Sindh devient une satrapie de Perse.
c. 350-320 : dynastie Nanda.
c. 327-185 : expédition d'Alexandre en Inde.
c. 320-185 : dynastie Maurya (Candragupta, Bindusāra, Aśoka, Samprati).
c. 320 (322 ?) -298 : Candragupta Maurya.
Autour de 300 : le grec Mégasthènes à la cour des Maurya de Pātaliputra.
c. 268-232 : Aśoka.
c. 180-175 : les Indo-Grecs dans les régions nord-occidentales.
50 ap. J.-C. - 100 ap. J.-C. : rapports commerciaux entre Rome et l'Inde.
c. 50 ap. J.-C. : légendaire mission de saint Thomas.
78 : accession au trône de Kaniṣka (en 144 d'après Ghirshman, et en 225 d'après Göbl).
IVe siècle : colonies indiennes en Asie sud-orientale, attestées par des inscriptions.
c. 300-400 : les Vakāṭaka dans le Dekkan septentrional.
c. 320-500 : dynastie Gupta (Candragupta I, Samudragupta, Candragupta II, Kumāragupta I, Skandagupta, Budhagupta).
c. 400 : période de splendeur culturelle : voyage en Inde du pèlerin chinois Faxian.
c. 428 : invasion des "Huns blancs".
Ve siècle : Buddhaghoṣa, commentateur des textes en pāli.
510-517 : domination étrangère des Huns Toramāṇa et Mihirakula.
606-647 : empire de l'Inde du Nord sous Harṣa.
c. 630-660 : construction des monuments de Māmallapuram (Narasiṃhavarman).
712 : conquête du Sindh par les Arabes.
c. 740-1125 : dynastie Pāla du Bengale.
c. 757-973 : dynastie Rāṣtrakūṭa.
c. 985-1012 : avec Rājarāja Ier, les Cola deviennent une grande puissance maritime de l'Inde du Sud.
c. 998-1030 : Mahmūd de Ghaznī et ses incursions en Inde.
1192 : Muhammad de Ghūr écrase la confédération hindoue.
1221 : Gengis Khān parvient jusqu'à l'Indus.
1290-1316 : dynastie Khalgī de Delhi (1296-1316, Alā-ud-dīn Khalgī).
1320 -1398 : dynastie Tughlaq de Delhi.
1336 -1565 : royaume de Vijayanagar.
1398-1399 : expédition de Timūr (Tamerlan) en Inde.
1498 : Vasco de Gama débarque sur la côte du Malabar.
1526-1857 : dynastie des Moghols (1526-1530, Bābur ; 1555-1556, Humayūn ; 1556-1605 Akbar ; 1605-1627 Jahāngīr ; 1628-1658, Shāh Jahān ; 1658-1707, Aurangzeb).
Depuis 1600 : domination des compagnies commerciales hollandaises et anglaises.
1627-1680 : dates extrêmes de Śivajī, fondateur de l'Empire marātha.
1668 : comptoirs français dans le Surat.
1738-1739 : invasion du roi des Perses Nādir Shāh.
1742 : début des luttes entre Français et Anglais.
1757 : victoire décisive des Anglais à Plassey.
1800-1849 : domination des sikhs dans le Pañjāb.
1818 : la Compagnie anglaise des Indes orientales devient la puissance dominante.
1858-1947 : domination de la couronne anglaise.
1947 : déclaration d'indépendance de l'Inde et du Pakistan.

L'Inde contemporaine

L'Inde, devenue indépendante du gouvernement anglais en 1947, est une république fédérale : son président, avec un mandat de cinq ans, est assisté dans ses fonctions par le vice-président. Vingt-cinq États et sept Territoires constituent l'Union indienne ; chaque État a son assemblée législative et son gouvernement propres ; le pouvoir exécutif est aux mains d'un gouvernement dirigé par un Premier ministre, lequel est désigné par le président de la République en personne. Le Parlement exerce une fonction législative et se compose de deux chambres : le Conseil des États, composé de 244 membres, et la Chambre du Peuple, qui compte 543 membres élus au suffrage universel. La capitale est New Delhi (plus de 8 millions d'habitants selon le recensement de 1995) ; la monnaie est la roupie, la langue nationale est le hindī, parlé, selon le dernier recensement, par environ 400 millions de personnes.

La liberté de culte est reconnue (même si le fanatisme religieux a fait parler de lui ces dernières années) : plus de 81 % d'hindouistes, 12 % de musulmans, 0,7 % de bouddhistes, 0,5 % de jaïnistes, 2,4 % de chrétiens et enfin 2 % de sikhs. L'instruction est obligatoire jusqu'à quatorze ans. L'école est divisée en trois niveaux d'enseignement : primaire (deux cycles d'études de cinq et trois ans respectivement), secondaire (deux cycles de trois ans), et l'université.

L'Inde, malgré ses brillants progrès techniques et industriels, est encore considérée comme un pays essentiellement agricole : les terres cultivables représentent 51 % du territoire, les pâturages 3,5 % et les forêts 20 %, et enfin 1,1 % de la superficie totale est destiné à la culture d'essences variées. Le riz constitue, avec le froment et le mil, la ressource première de l'alimentation des Indiens. Une grande partie des terrains cultivables est consacrée à la culture des pommes de terre, des bananes, du manioc ; les arachides, le sésame, le ricin, le tournesol sont des plantes oléagineuses de grande importance, de même que les agrumes, l'ananas, le raisin et les pommes. Parmi les cultures arbustives, il y a le thé (cultivé surtout en Assam), le café, et particulièrement la canne à sucre dont l'abondante production a permis la construction – dans le Bihar, l'Uttar Pradesh, à Madras et aux abords de Calcutta – de nombreuses raffineries. Les industries liées au coton et aux produits dérivés sont nombreuses : cotonneries et filatures à Bombay, Surat, Vadodara, Ahmedabad, Nagpur, Madras : au cours des dernières années, l'Inde s'est hissée aux tout premiers rangs des pays producteurs de cotonnades. Les autres produits textiles sont le jute, la laine et la soie ; à cet égard le Cachemire est célèbre pour la production artisanale de châles et de broderies. La production sidérurgique a été florissante ces dernières années ; ses produits principaux sont la fonte, les alliages de fer et de plomb (dans le Bihar). La production de cuivre, d'étain, d'aluminium, de magnésium et de zinc est également riche.

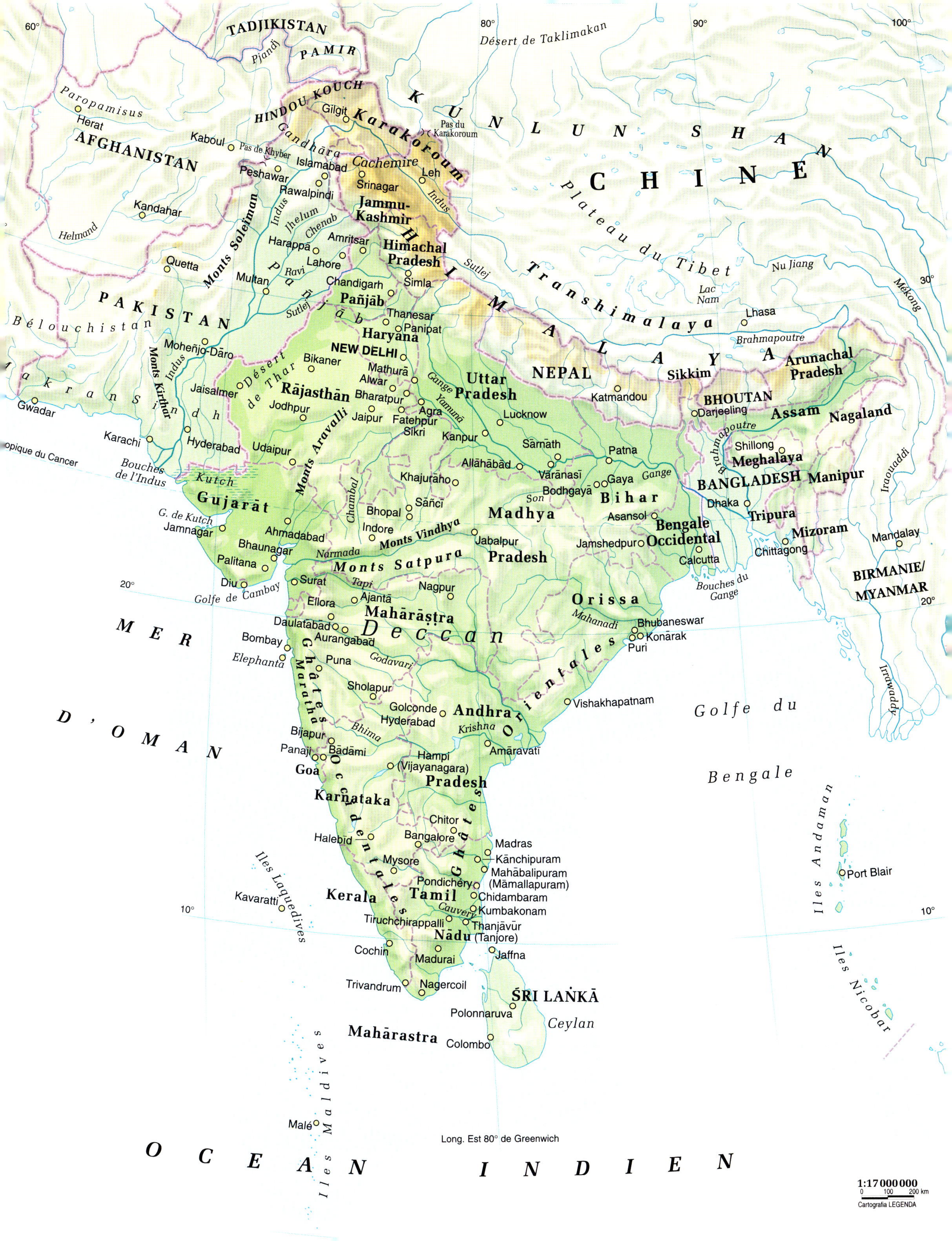
TADJIKISTAN
PAMIR
Pjandj
Désert de Taklimakan
Paropamisus
Herat
AFGHANISTAN
Kaboul
Pas de Khyber
HINDOU KOUCH
Gilgit
Karakoroum
Pas du Karakoroum
K U N L U N S H A N
C H I N E
Gandhāra
Islamabad
Peshawar
Cachemire
Leh
Srinagar
Rawalpindi
Jammu-Kashmir
Indus
Kandahar
Helmand
Monts Soleiman
Jhelum
Chenab
Amritsar
Harappā
Himachal Pradesh
Plateau du Tibet
Quetta
Lahore
Ravi
Multan
Chandigarh
Simla
Sutlej
Transhimalaya
Nu Jiang
Lac Nam
Mékong
PAKISTAN
Pañjāb
Thanesar
Panipat
Haryana
H I M A L A Y A
Lhasa
Brahmapoutre
Béloutchistan
Mohenjo-Dāro
Monts Kirthar
NEW DELHI
Bikaner
Désert de Thar
Mathurā
Alwar
Uttar Pradesh
NEPAL
Sikkim
Arunachal Pradesh
Makran
Sindh
Jaisalmer
Rājasthān
Bharatpur
Gange
Yamunā
Agra
Katmandou
BHOUTAN
Gwadar
Jodhpur
Jaipur
Fatehpur Sīkri
Lucknow
Darjeeling
Assam
Nagaland
Karachi
Hyderabad
Udaipur
Monts Aravalli
Kanpur
Sārnāth
Patna
Shillong
Meghalaya
Tropique du Cancer
Bouches de l'Indus
Kutch
Allāhābād
Vārānasī
Khajurāho
Gaya
Bodhgayā
BANGLADESH
Manipur
Irraouaddi
Gujarāt
Chambal
Sāñcī
Son
Bihar
Dhaka
Bhopal
Madhya Pradesh
Asansol
Tripura
G. de Kutch
Jamnagar
Ahmadabad
Indore
Monts Vindhya
Jabalpur
Bengale Occidental
Mizoram
Jamshedpur
Bhaunagar
Narmada
Chittagong
Mandalay
Palitana
Monts Satpura
Calcutta
BIRMANIE/ MYANMAR
Diu
Surat
Tapi
Nagpur
Bouches du Gange
Golfe de Cambay
Ellora
Ajantā
Orissa
Mahārāstra
Mahanadi
MER D'OMAN
Daulatabad
Aurangabad
Deccan
Bhubaneswar
Konārak
Puri
Bombay
Elephanta
Ghātes Maratha
Puna
Godavari
Ghātes Orientales
Irrawaddy
Sholapur
Vishakhapatnam
Golfe du Bengale
Golconde
Hyderabad
Andhra Pradesh
Krishna
Bhima
Bijapur
Panaji
Bādāmi
Amāravatī
Goa
Hampi (Vijayanagara)
Karnataka
Ghātes Occidentales
Chitor
Iles Andaman
Halebīd
Bangalore
Madras
Kānchipuram
Iles Laquedives
Mysore
Mahābalipuram (Māmallapuram)
Port Blair
Pondichéry
Kavaratti
Kerala
Tamil Nādu
Chidambaram
Cauvery
Kumbakonam
Tiruchchirappalli
Thanjāvūr (Tanjore)
Cochin
Madurai
Jaffna
Iles Nicobar
Trivandrum
Nagercoil
ŚRI LAṄKĀ
Polonnaruva
Ceylan
Mahārastra
Colombo
Iles Maldives
Malé
Long. Est 80° de Greenwich
OCEAN INDIEN
60°
80°
90°
100°
30°
20°
10°
1:17 000 000
0 100 200 km
Cartografia LEGENDA

Bibliographie

Histoire et société

Basham, A. L., *La Civilisation de l'Inde ancienne*, Arthaud, Paris, 1976.

Collectif, *Inde*, La Bibliothèque des arts, Paris, 1994.

Daniélou, A., *Histoire de l'Inde*, Fayard, Paris, 1993.

Dumont, L., *Homo hierarchicus : le système des castes et ses implications*, Gallimard, 1966.

Filliozat, V., *L'Épigraphie de Vijayanagar: du début à 1377*, École française d'Extrême-Orient, Paris, 1973.

Jaffrelot, C., *La Démocratie indienne*, Fayard, Paris, 1998.

Jaffrelot, C., *L'Inde contemporaine*, Fayard, Paris, 1996.

Jaffrelot, C., Bernard, J. A., *De l'Empire des Indes à la République indienne (1935-1993)*, Imprimerie nationale, Paris, 1994.

Kosambi, D., *Culture et civilisation de l'Inde ancienne*, Maspero, Paris, 1970.

Markovits, C., *Histoire de l'Inde moderne*, Fayard, Paris, 1994.

Masson-Oursel, P., De Willman-Grabowska, H., Stern, P., *L'Inde antique et la Civilisation indienne*, Albin Michel, Paris, 1970.

Purushartha, sciences sociales en Asie du Sud, revue, EHESS, Paris.

Renou, L., *La Civilisation de l'Inde ancienne*, Flammarion, Paris, 1981.

Renou, L., Filliozat, J., *L'Inde classique. Manuel des études indiennes*, tome II, J. Maisonneuve, Paris, 1985.

Philosophie et religion

Bareau, A., *Les Sectes bouddhiques du Petit Véhicule*, École française d'Extrême-Orient, Paris, 1973.

Biardeau, M., *L'Hindouisme*. Flammarion, Paris, 1995.

Biardeau, M., *Théorie de la connaissance et philosophie de la parole dans le brahmanisme classique*, EHESS, Paris, 1964.

Dhavamony, M., *La Spiritualité hindoue*, Beauchesne, Paris, 1997.

Faure, B., *Bouddhisme*, Liana Levi, Paris, 1997.

Filliozat, J., *Les Philosophies de l'Inde*, "Que-sais-je ?", PUF, Paris, 1986.

Gombrich, R.-F., *Le Monde du bouddhisme*, Bordas, Paris, 1984.

Lebaud, P., *La Voix du Bouddha*, Paris, 1996.

Nityabodhananda, *Les Upanishads, source de sagesse*, Maisonneuve et Larose, Paris, 1997.

Zimmer, H., *Les Philosophies de l'Inde*, Payot, Paris, 1997.

Art

Auboyer, J., *Inde*, Nathan, Paris, 1986.

Auboyer, J., *Les Arts de l'Asie orientale et de l'Extrême-Orient*, PUF, Paris, 1976.

Auboyer, J., *Angkor*, Poligrafa, Paris, 1973.

Bussagli, M., *L'Art du Gandhāra*, LGF, Paris, 1996.

Craven, R. C., *L'Art indien*, Thames & Hudson, Paris, 1991.

Delahoutre, M., *Art et spiritualité de l'Inde*, Zodiaque, Paris, 1996.

Frédéric, L., *L'Art de l'Inde et de l'Asie du Sud-Est*, Flammarion, Paris, 1994.

Sivaramamurti, C., *L'Art en Inde*, Citadelles & Mazenod, Paris, 1974.

Taddei, M., *Inde*, Nagel, Paris, 1970.

Littératures

Caillat, C., *Candāvejjhaya*, Institut de civilisation indienne, Paris, 1971.

Foucher, A., *La Vie du Bouddha*, J. Maisonneuve, Paris, 1993.

Porcher, M.-C., *Inde et littérature*, EHESS, Paris, 1983.

Kauṭilya, *Arthaśāstra, le traité politique de l'Inde ancienne*, Marcel Rivière, Paris, 1971.

Lancereau, E., *Pañcatantra*, Gallimard, Paris, 1965.

Renou, L., *L'Inde fondamentale*, Hermann, Paris, 1978.

Credits photographiques

a = haut ; b = bas ;
c = centre ; d = droite ;
s = gauche.

Legenda: 141

Marka: 10-11 (Dinodia), 12 (FPG), 15a (Fototeca Storica Nazionale di Ando Gilardi), 17 (S. Navarrini), 23 (G. Tomsich), 24, 27 (Fototeca Storica Nazionale di Ando Gilardi), 31b, 32 (Fototeca Storica Nazionale di Ando Gilardi), 39a (Dinodia), 41a (Fototeca Storica Nazionale di Ando Gilardi), 46 (A. Evrard), 49a (Infinity), 51a (A. Evrard), 51b (Dinodia), 52 (A. Evrard), 56 (Dinodia), 58-59 (M. Monti), 60 (F. Bois), 61 (A. Evrard), 66s, 66d (Dinodia), 73 (G. Tomsich), 80a (G. Tomsich), 81 (G. Tomsich), 82-83 (P. Adams ACE), 85 (Baldev), 91 (E? Papetti), 94 (Dinodia), 95 (G. Tomsich), 96 (G. Tomsich), 97 (Dinodia), 101 (FPG), 105a, 106b (A. Evrard), 110 (G. Tomsich), 111b (Fototeca Storica Nazionale di Ando Gilardi), 113s (Baldev), 115a (G. Tomsich), 118 (Fototeca Storica Nazionale di Ando Gilardi), 119 (T. Gale), 120b (Fototeca Storica Nazionale di Ando Gilardi), 124 (Fototeca Storica Nazionale di Ando Gilardi), 125b (A. Evrard), 126 (A. Tovy Amsel), 127a (Dinodia), 129a (F. Bois), 131a (Baldev), 131b (Dinodia), 132a (M. Monti), 133 (C. Pemberton), 135 (Orion).

RCS Libri: 13, 14b, 15b, 19, 22, 25, 26, 27a, 42b, 108, 109a, 110, 117, 122s, 128, 130, 137a.

Roberto Meazza: 2, 6, 8, 18, 21, 28, 29, 30, 31a, 33, 35, 36a, 37, 38, 39b, 41b, 42a, 43, 48, 53a, 53b, 54-55, 57, 62, 63a, 63b, 64-65, 67, 68-69, 70, 72, 74-75, 76, 77, 80b, 84d, 86, 90, 92-93, 98-99, 100, 102-103, 104a, 104b, 105b, 107, 109b,112, 113d, 113b, 116a, 116b, 120a, 121b, 123a, 125a, 132b, 134a.

Roberto Meazza - Antonio Martinelli: 16a, 50, 71; 84s, 86, 87a, 87b, 88-89, 106a, 122d.

Virginio Nava: 78-79.

Achevé d'imprimer
au mois de septembre 1998
sur les presses d'Artegrafica S.p.A. - Verona
Printed in Italy

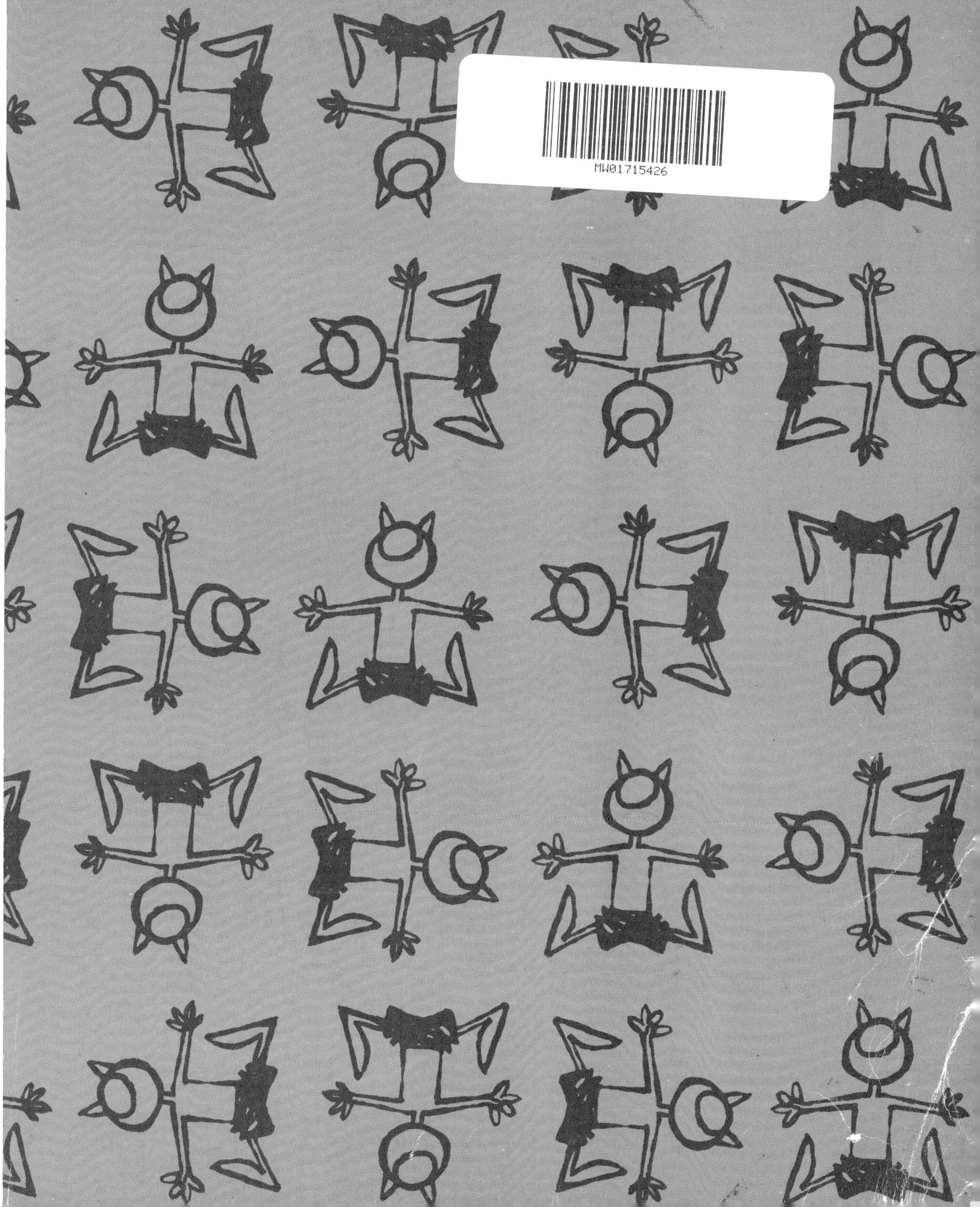

http://.casterman.com/lechat

Dépôt légal : novembre 1998 ; D.1998/0053/151
ISBN 2-203-12531-4

Déposé au ministère de la Justice, Paris (loi n° 49.956 du 16 juillet 1949 sur les publications destinées à la jeunesse)

Imprimé en Belgique par Casterman

LE PORTRAIT DE PAPA

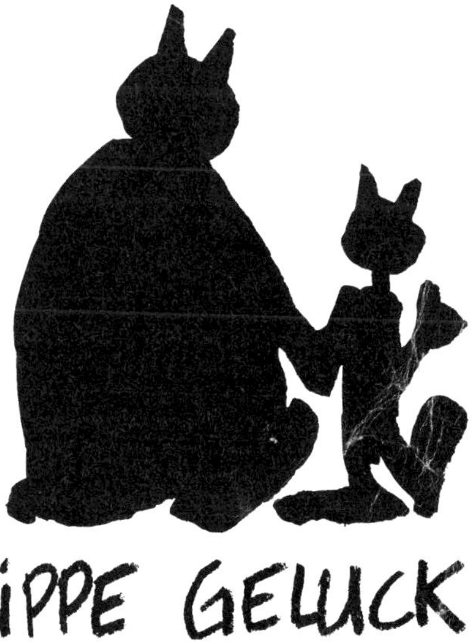

PHILIPPE GELUCK
Avec la collaboration de Serge Dehaes

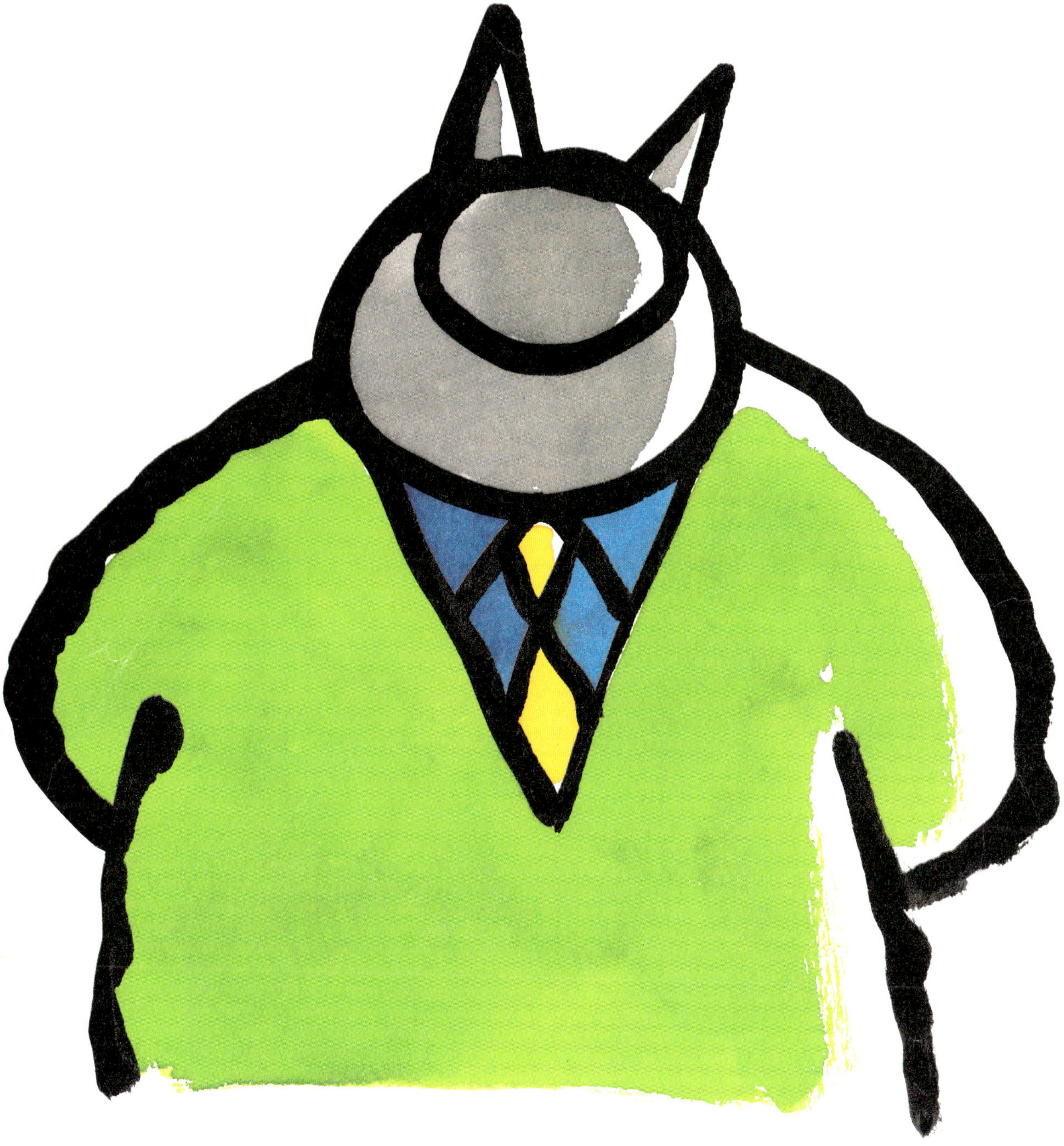

MON PAPA, C'EST LUI.

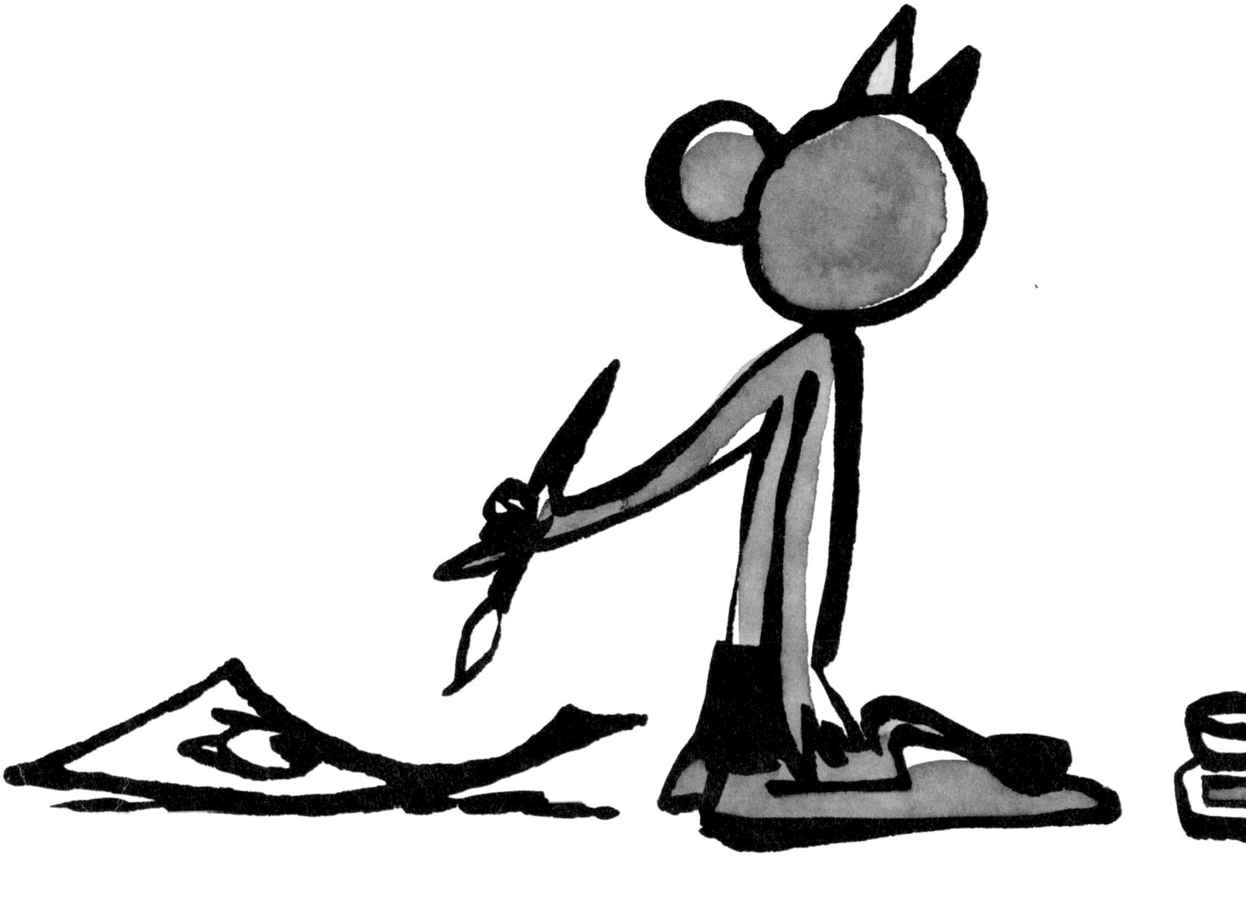

iL AiME MES DESSiNS.

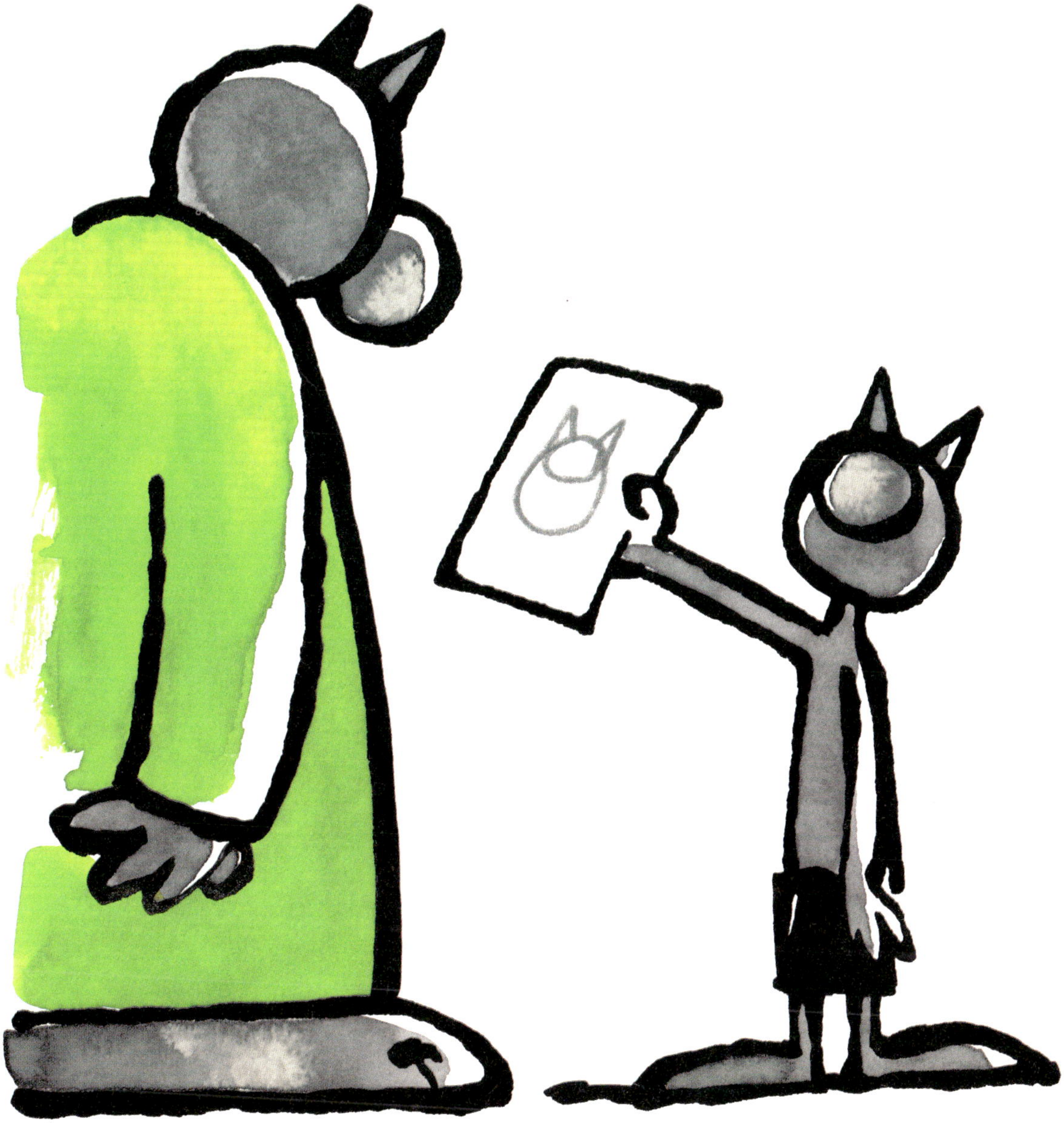

- TIENS, C'EST POUR TOI.

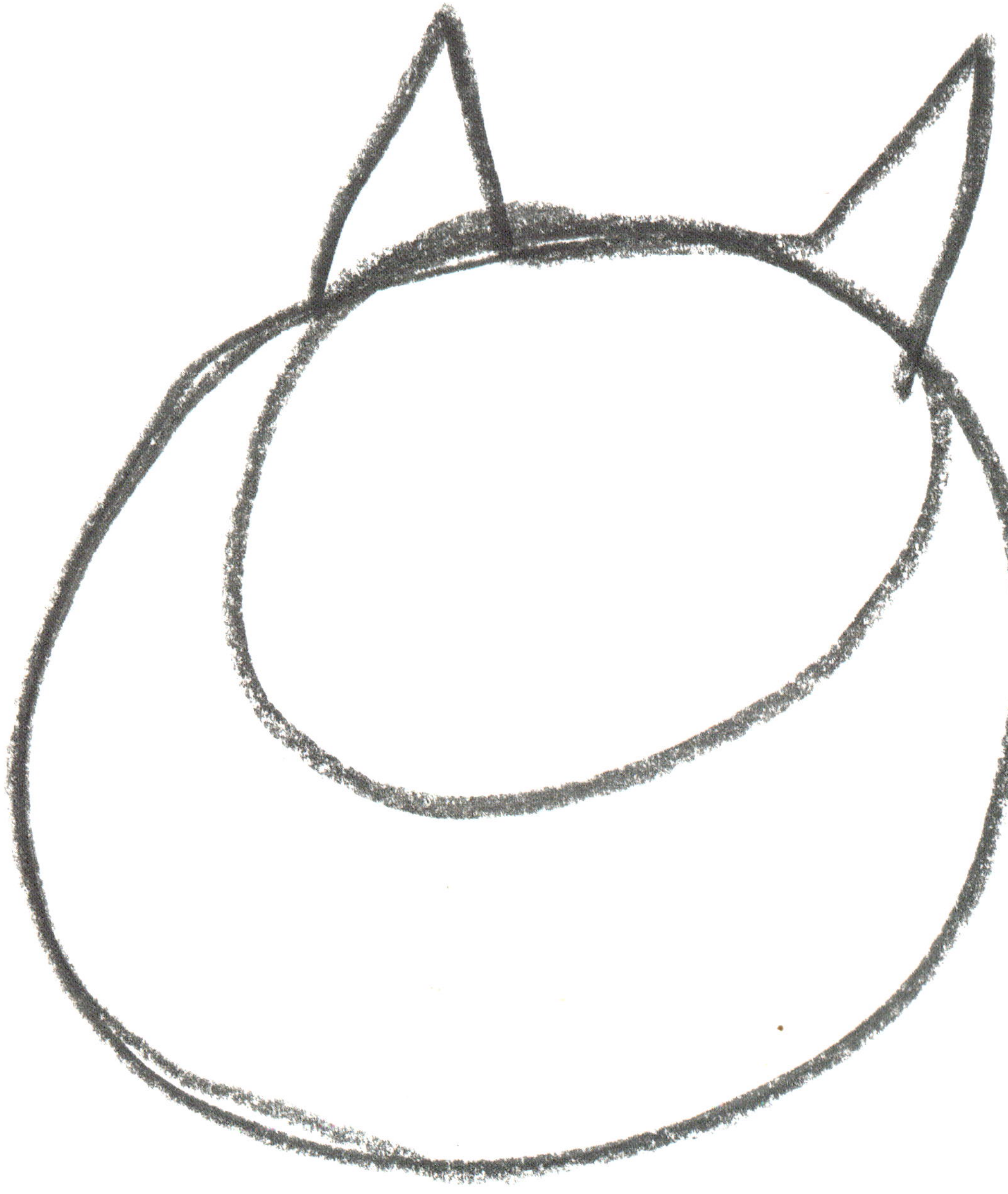

– C'EST TON PORTRAIT.

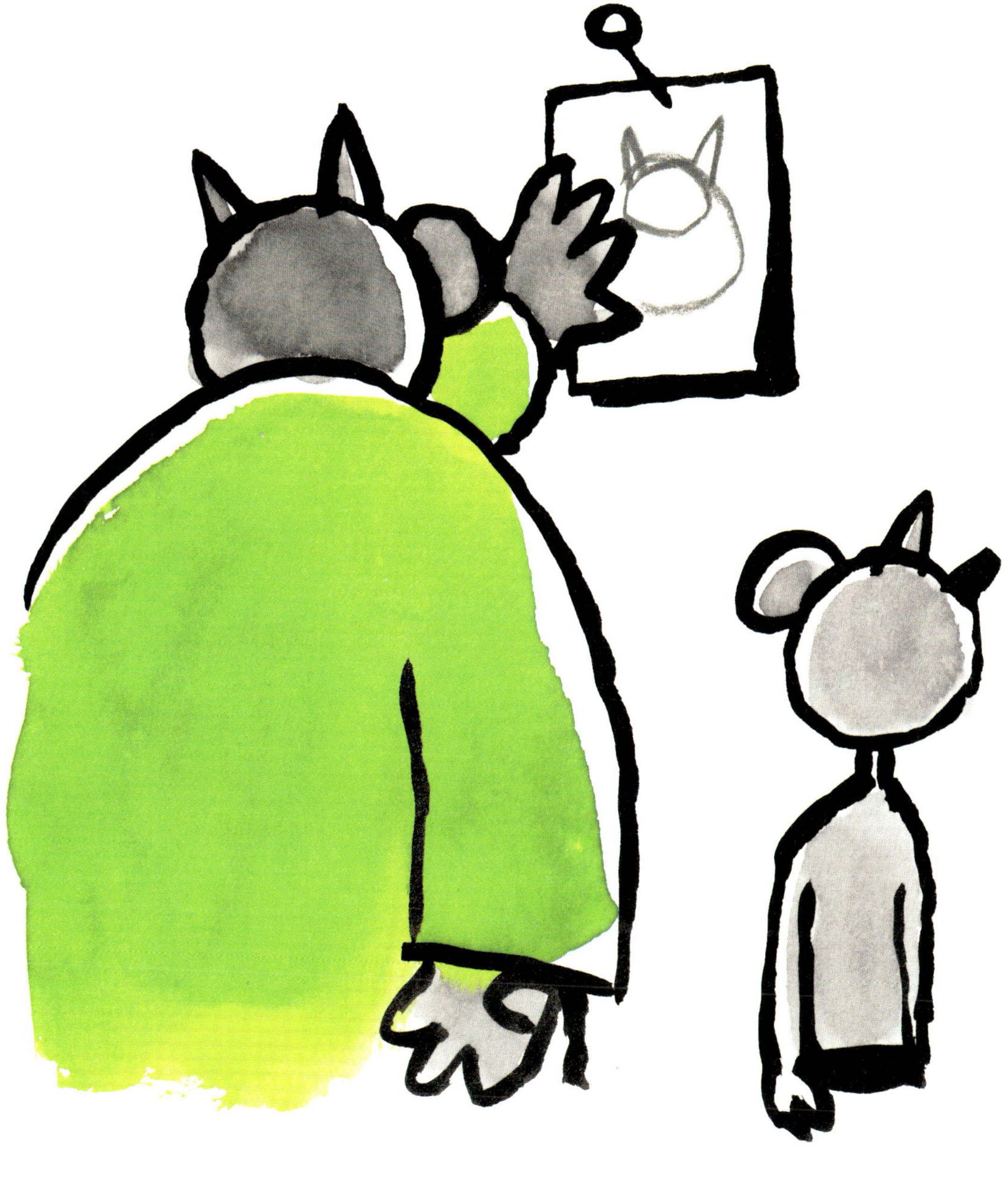

CHOUETTE !
MON DESSIN EST SUR LE MUR.

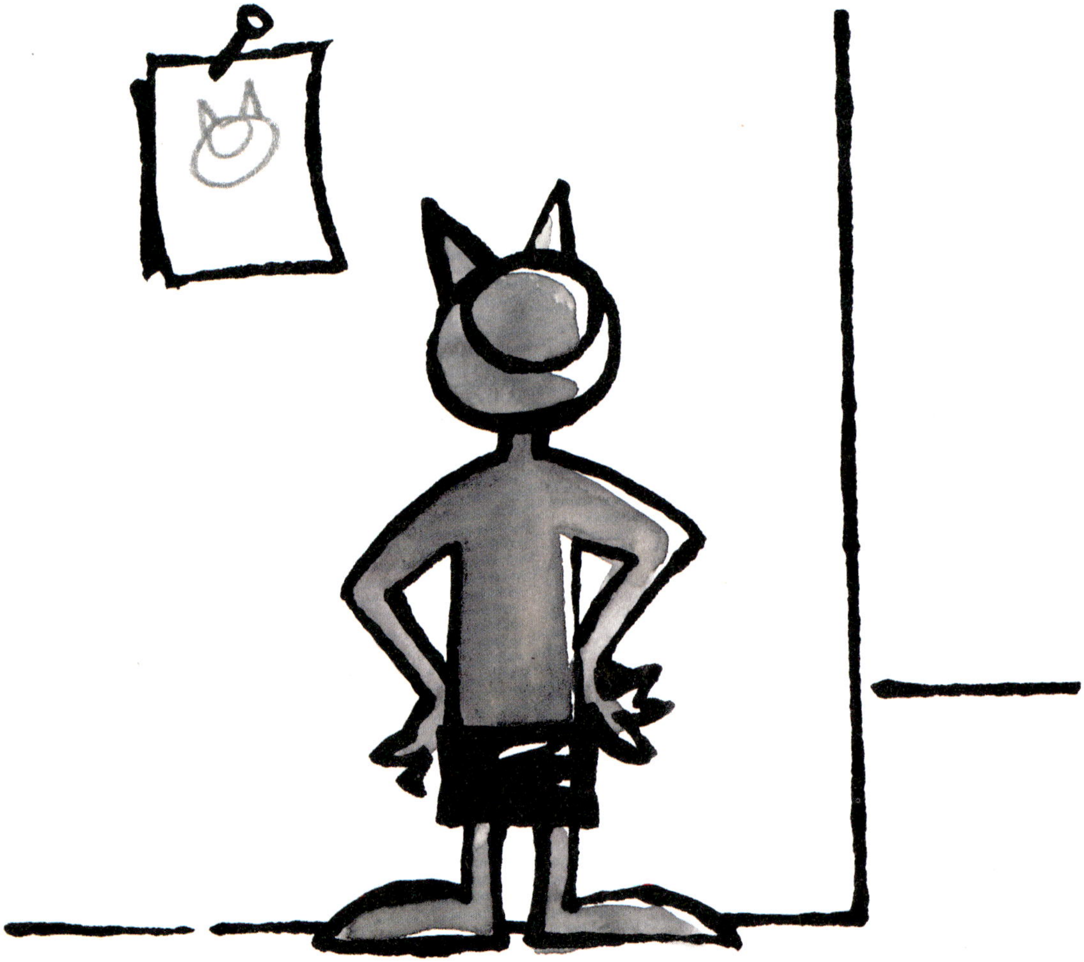

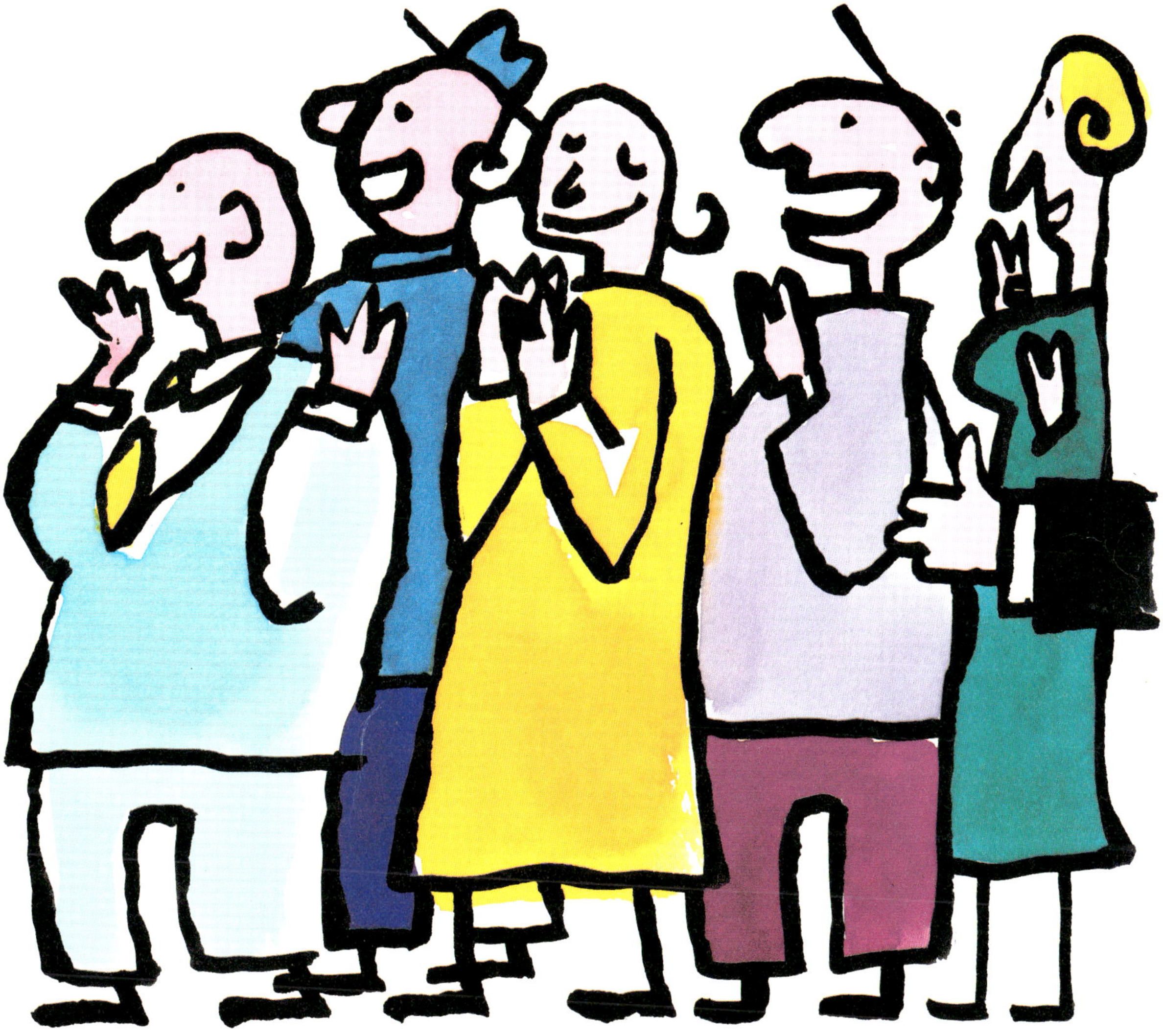

TOUT LE MONDE DIT
QU'IL EST RESSEMBLANT.

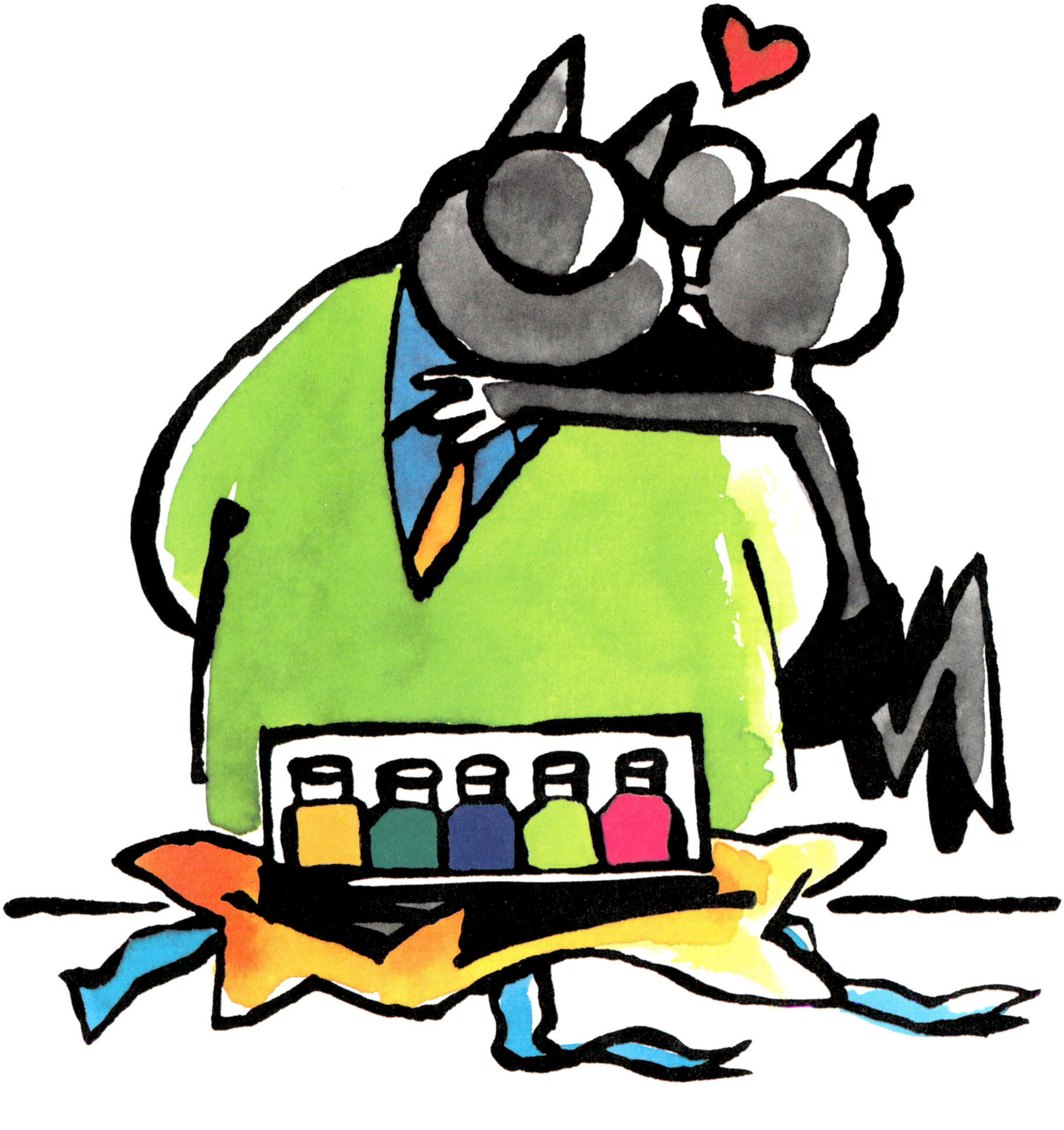

POUR QUE MES DESSINS SOIENT ENCORE
PLUS RESSEMBLANTS, J'AI REÇU UN CADEAU:

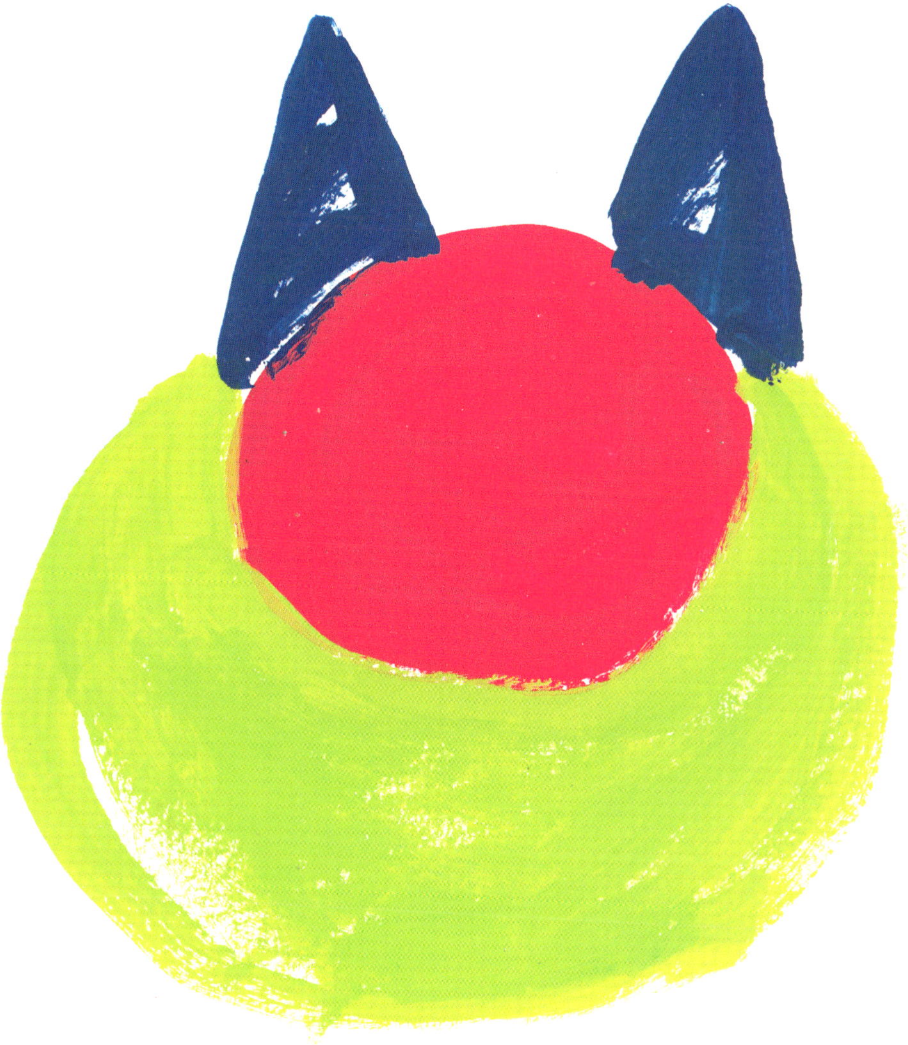

UNE NOUVELLE BOÎTE
DE COULEURS.

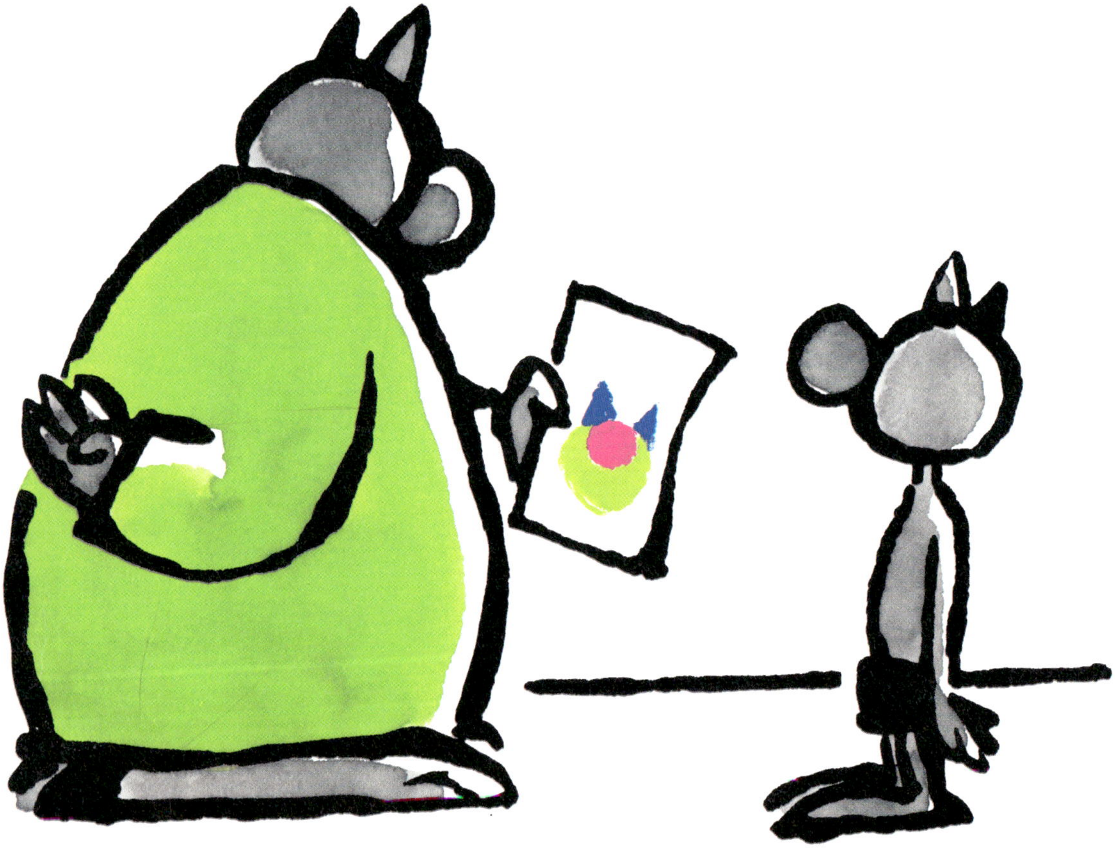

PAPA NE COMPREND PAS
POURQUOI SON NEZ EST ROUGE.

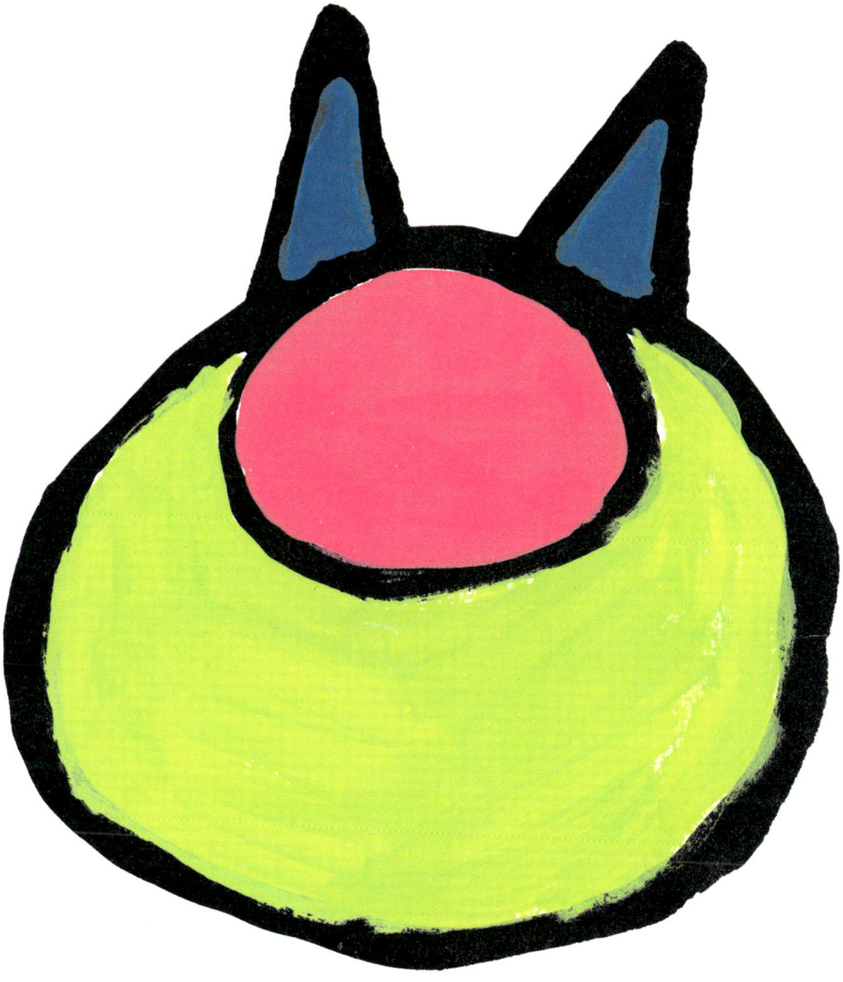

IL N'AIME PAS NON PLUS
SES OREILLES BLEUES
ET SON MENTON VERT.

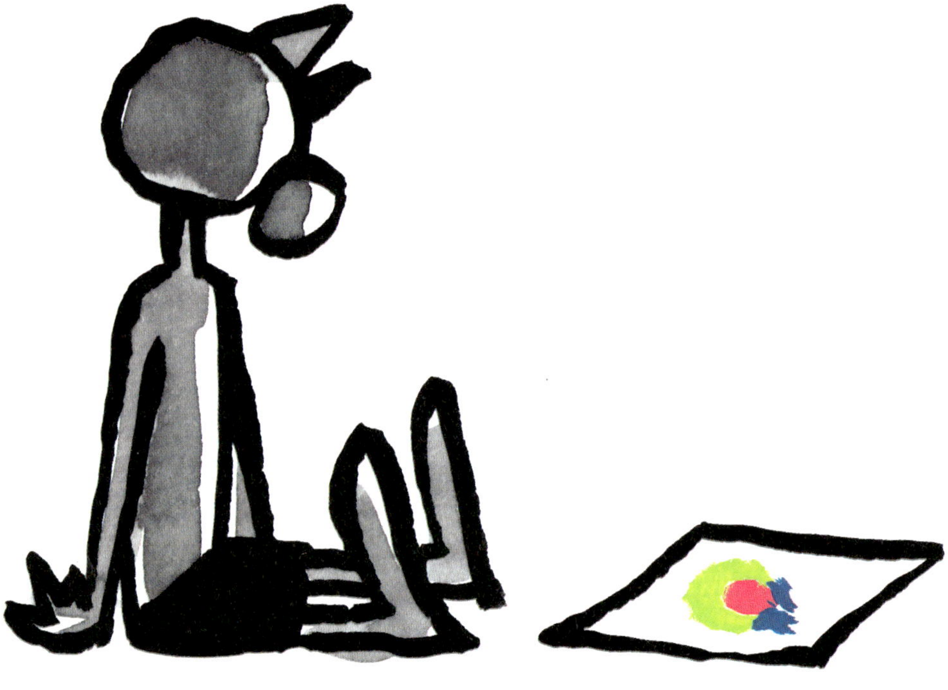

PAPA PRÉFÈRE MON ANCIEN DESSIN.

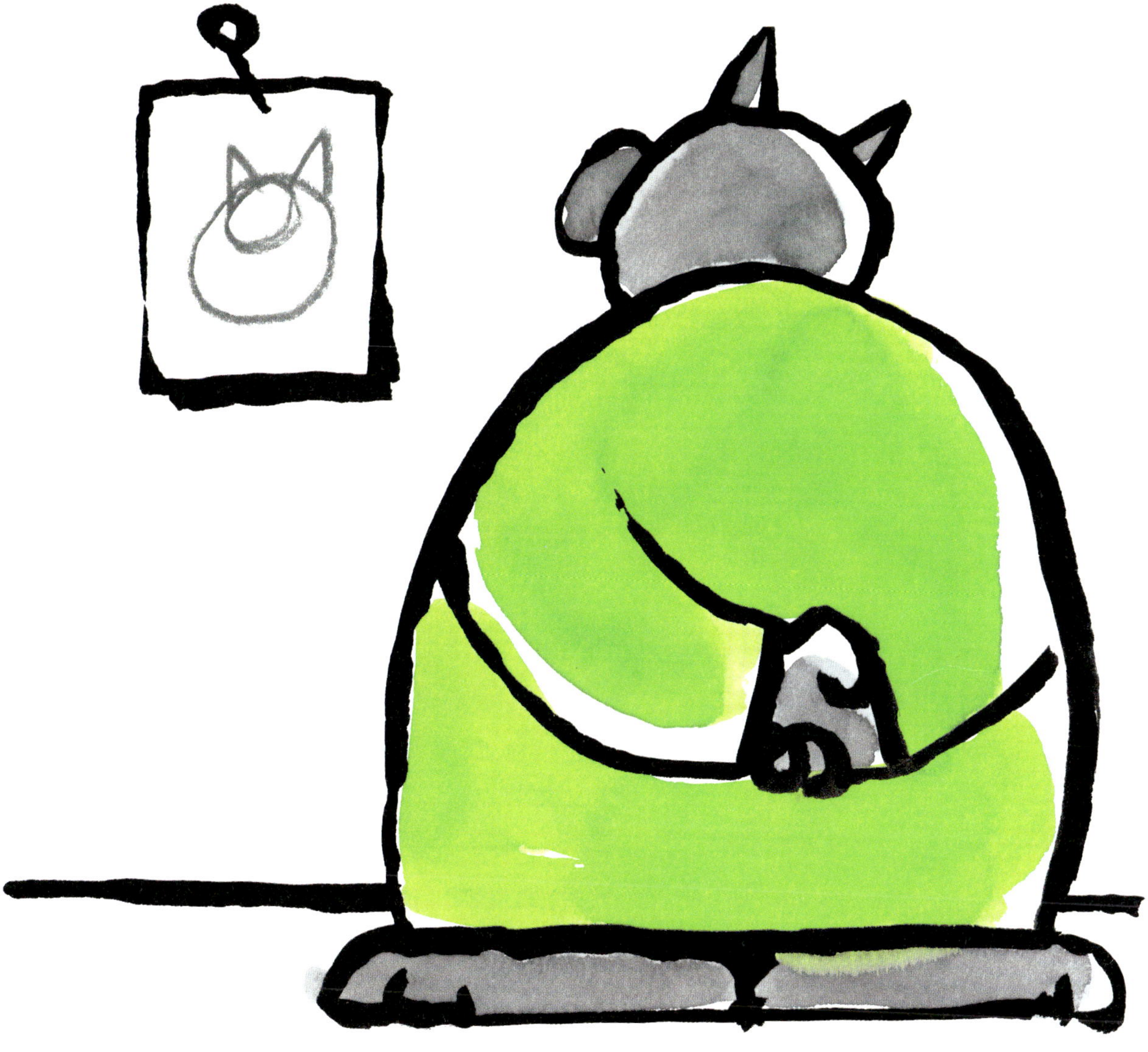

– LA COULEUR EST PLUS
RESSEMBLANTE, DIT-IL.

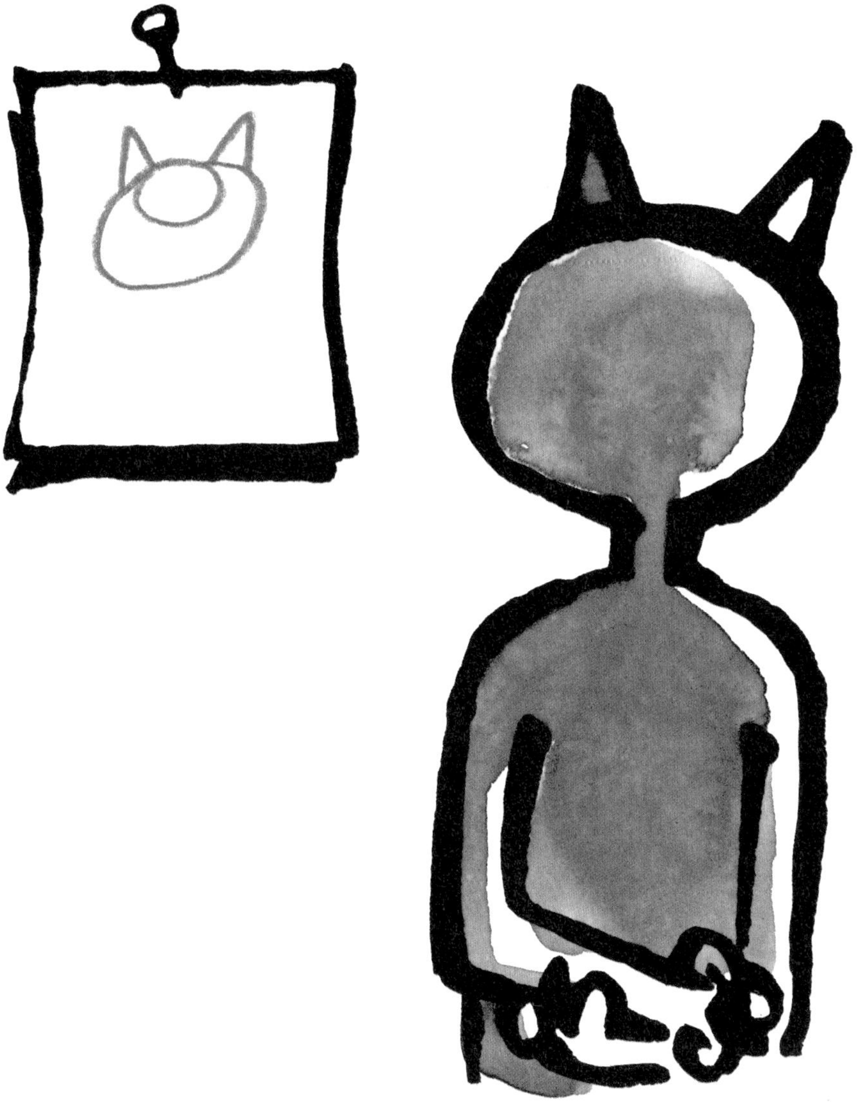

MOI, JE TROUVE QUE ÇA
MANQUE DE COULEURS.

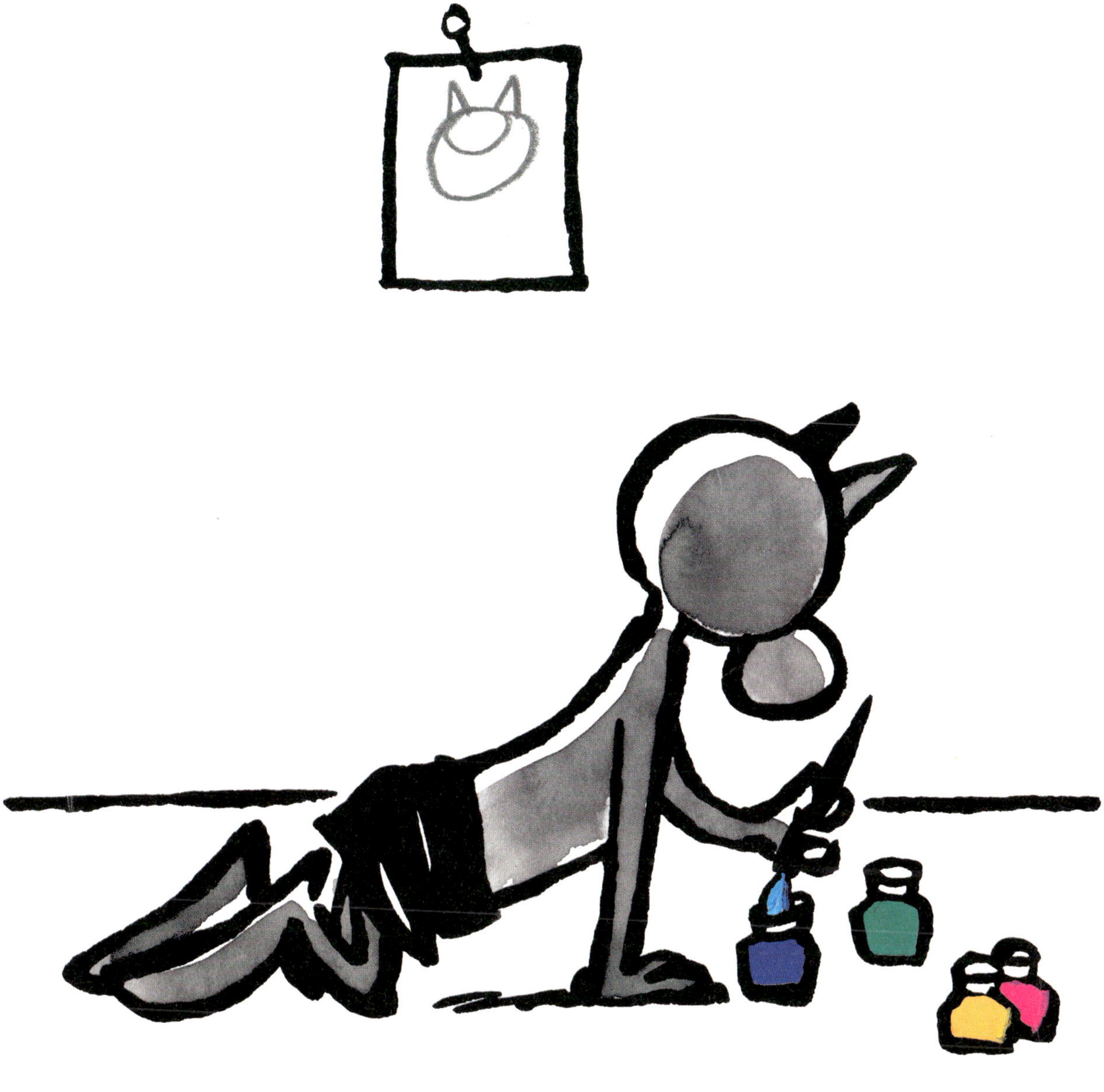

JE VAIS ARRANGER ÇA !

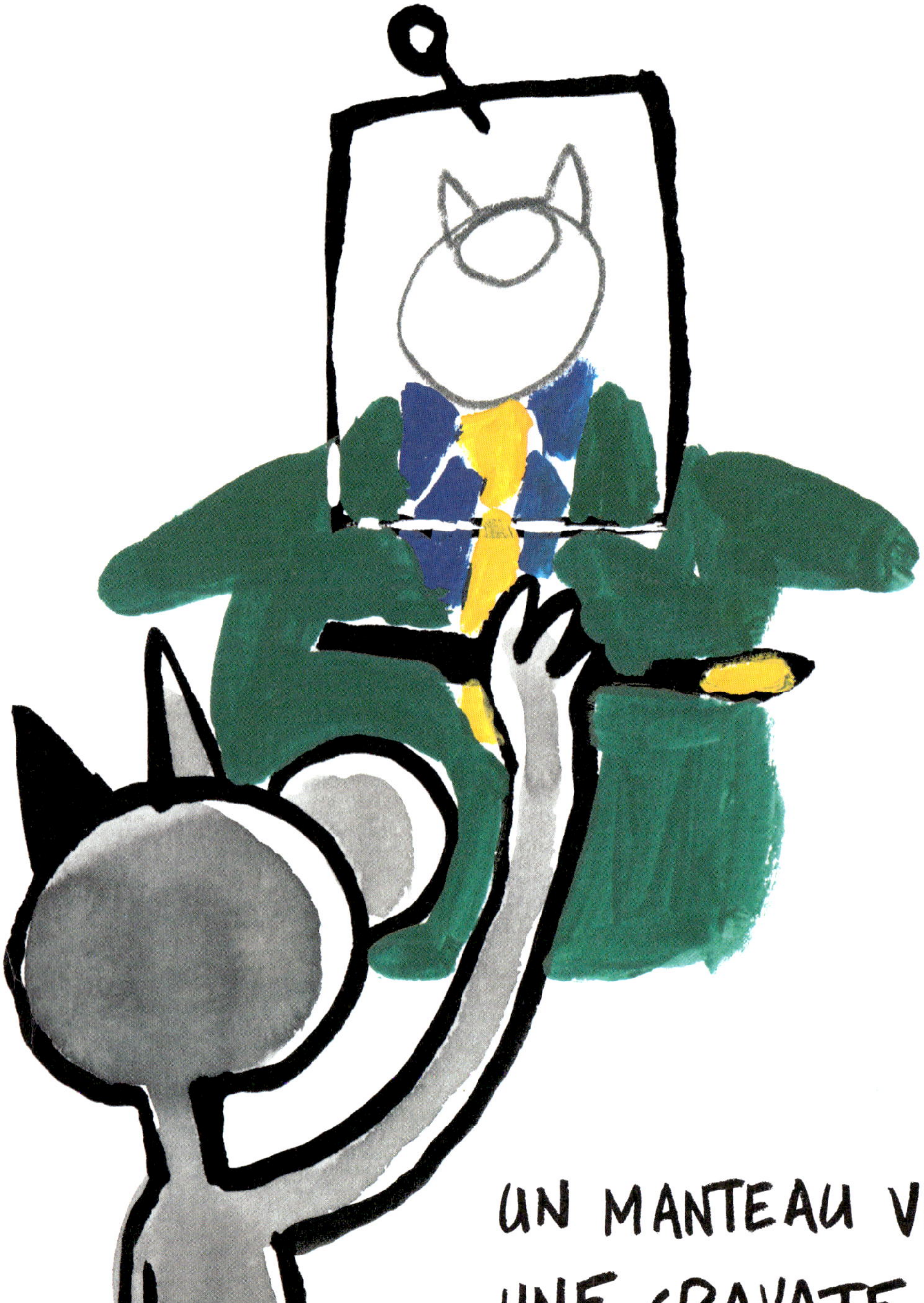

UN MANTEAU VERT,
UNE CRAVATE JAUNE,
UNE CHEMISE BLEUE.

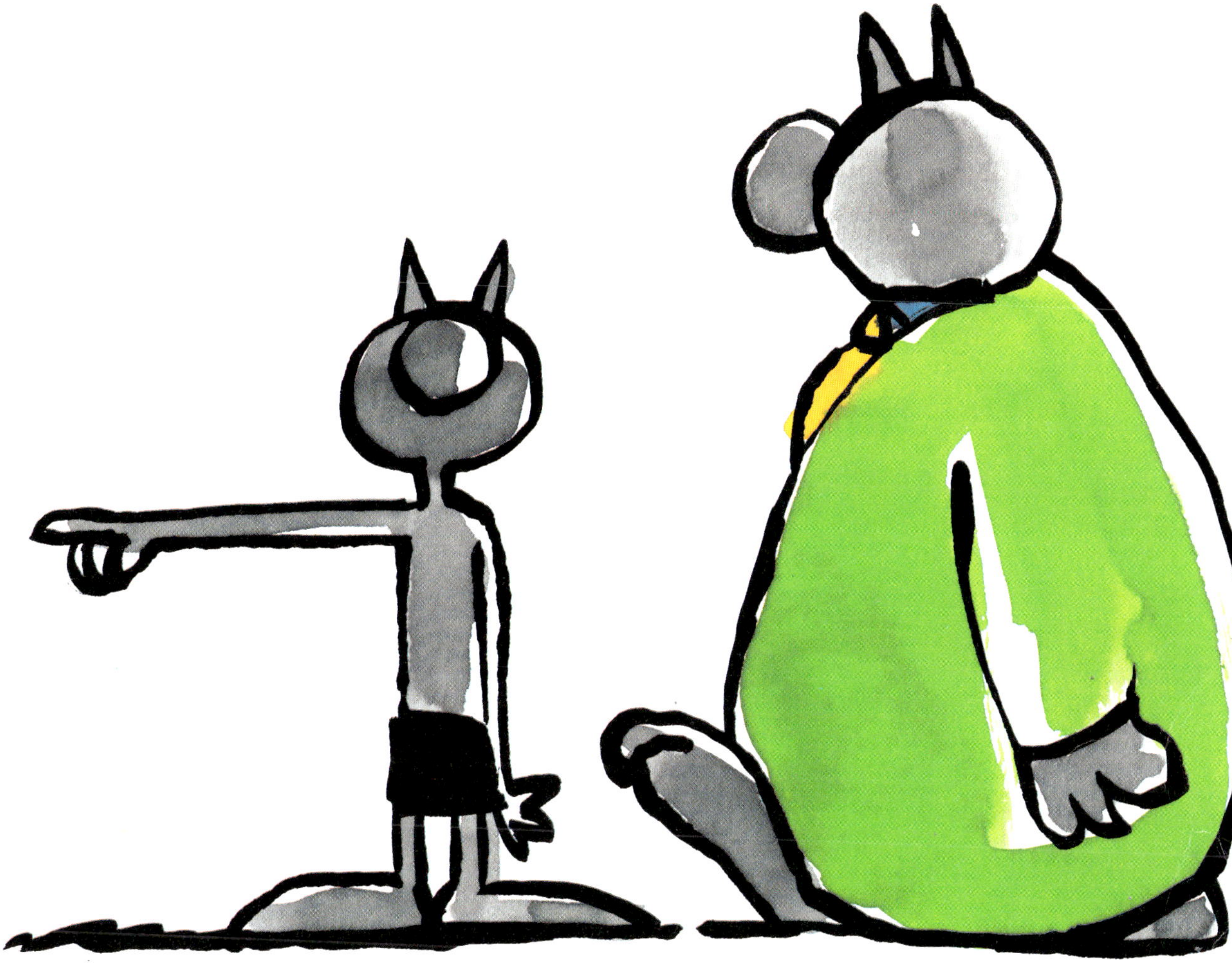

- PAPA, VIENS VOIR ...
MAINTENANT LES COULEURS
SONT RESSEMBLANTES.

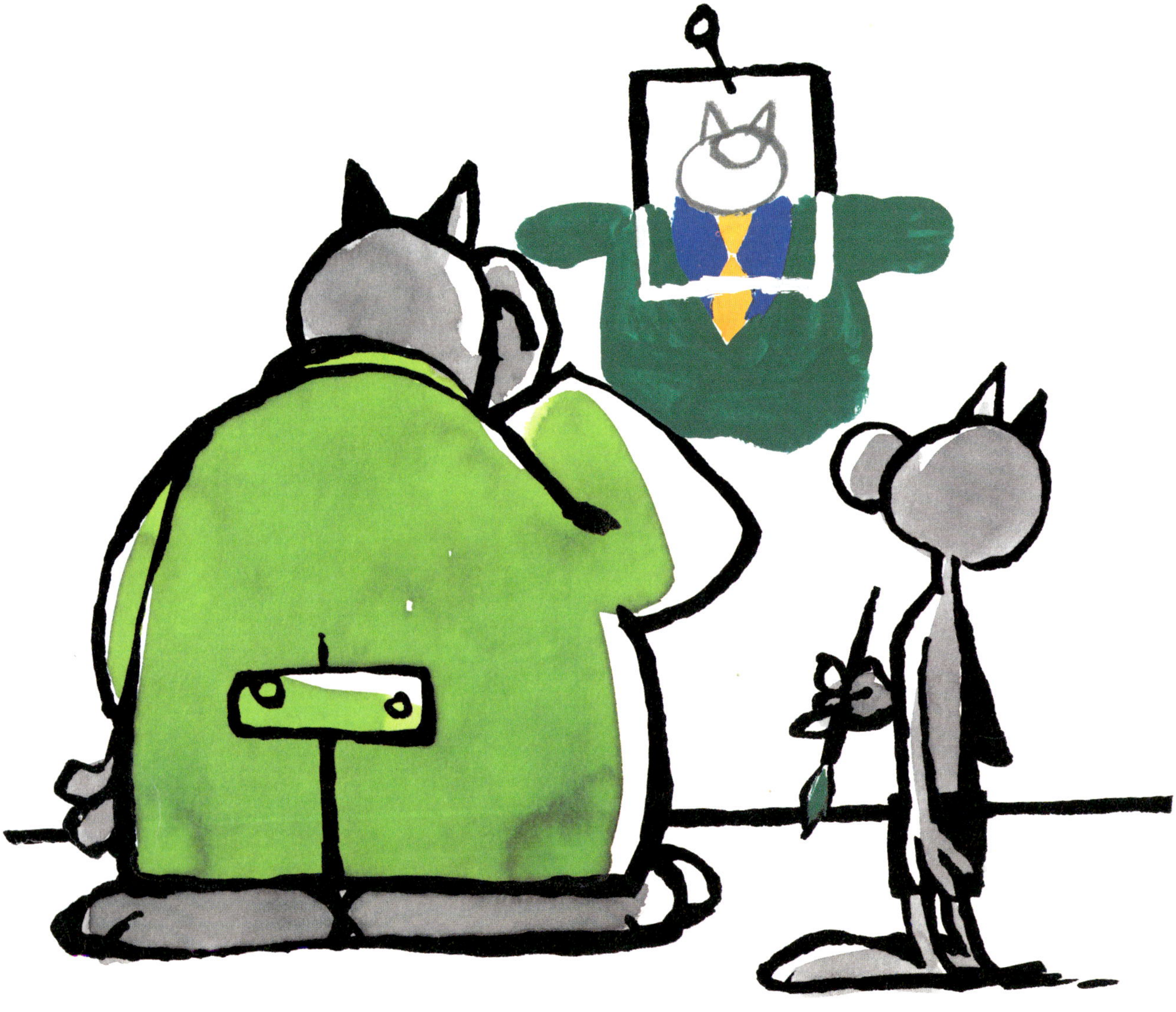

– PAPA, POURQUOI TU DIS QUE J'AI SALI TON MUR ?

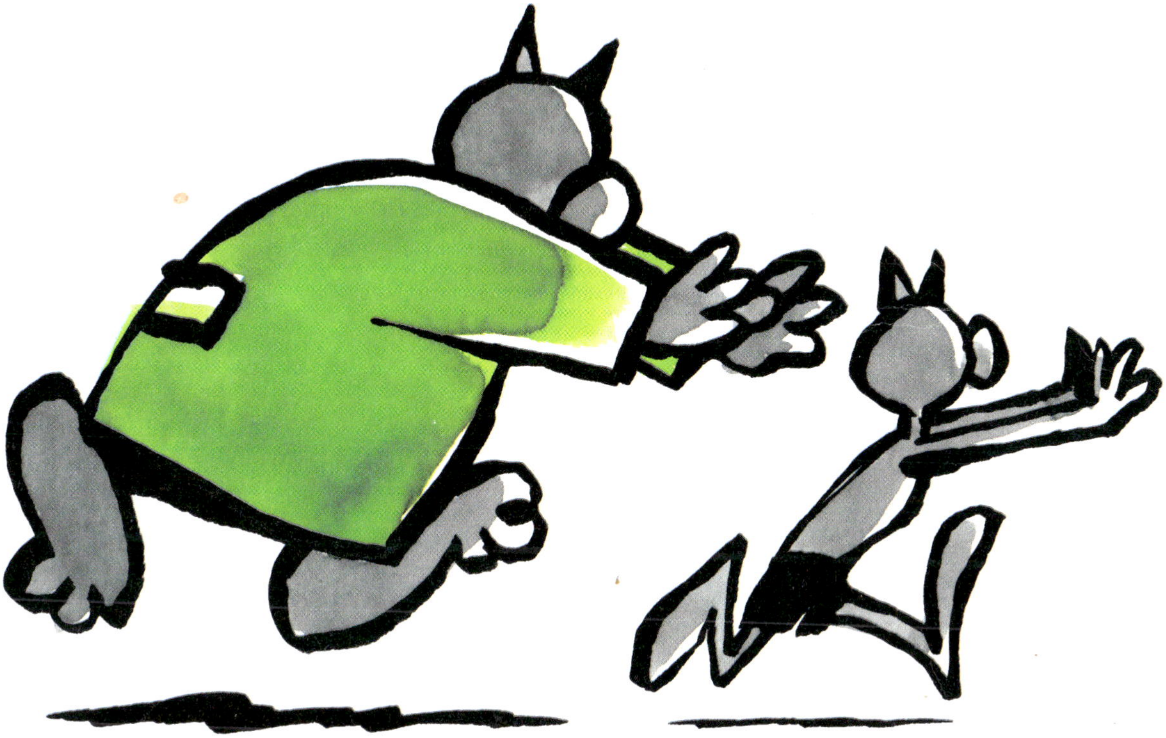

– AU SECOURS !

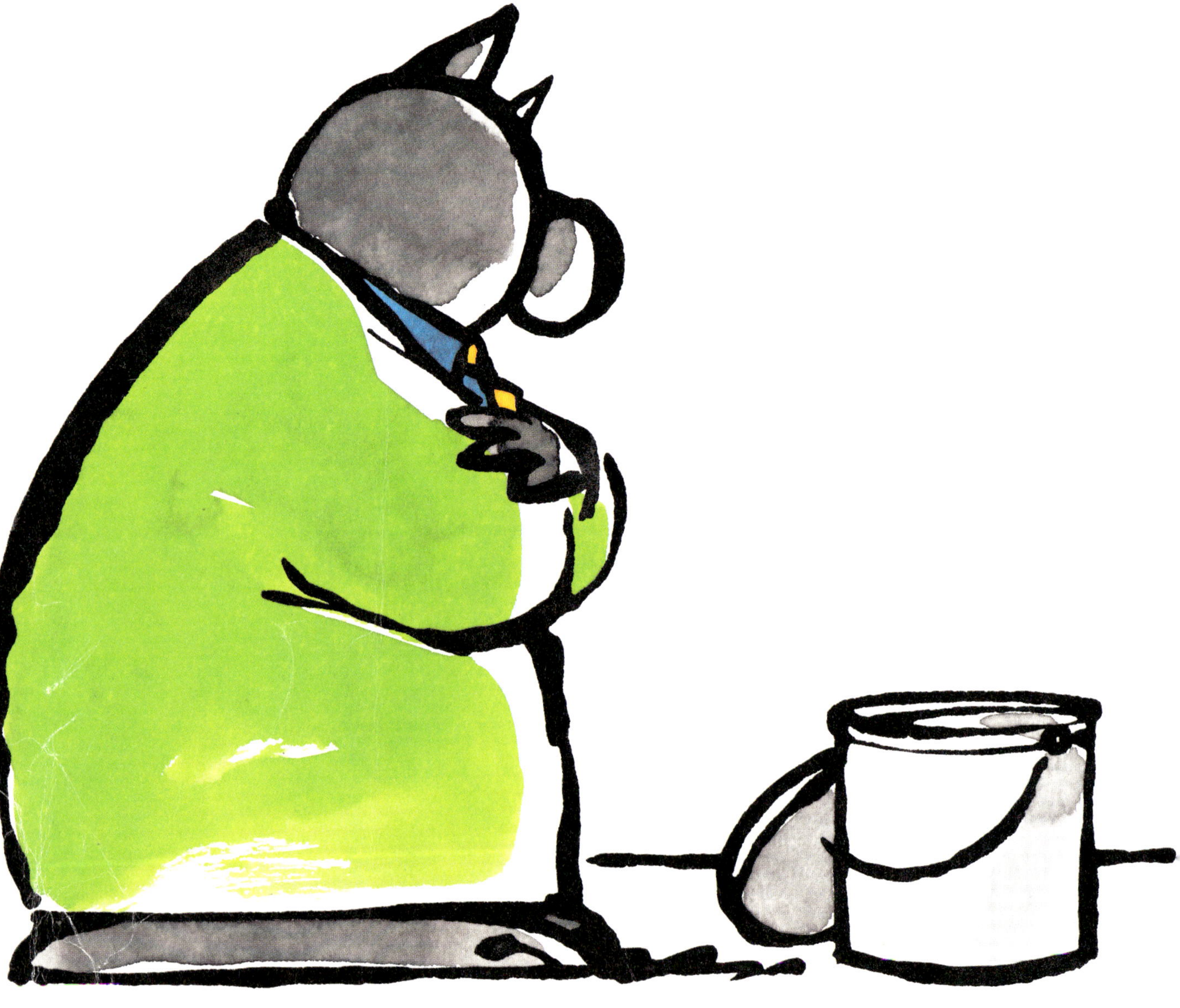

PAPA EST TRÈS FÂCHÉ.
POURTANT, J'AI REÇU EN CADEAU
UN GRAND POT DE PEINTURE.

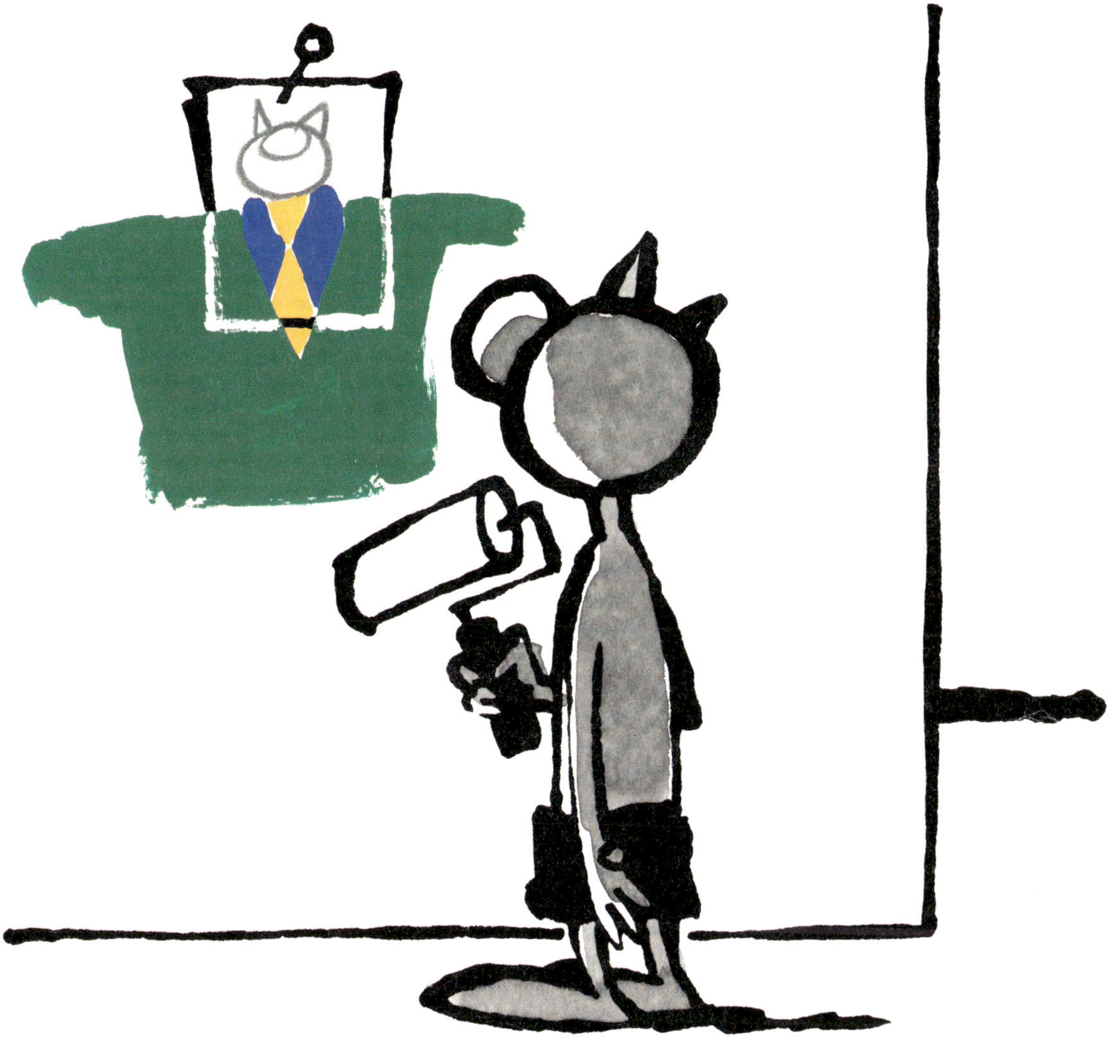

JE DOIS PEINDRE LE MUR
EN BLANC COMME IL ÉTAIT AVANT.

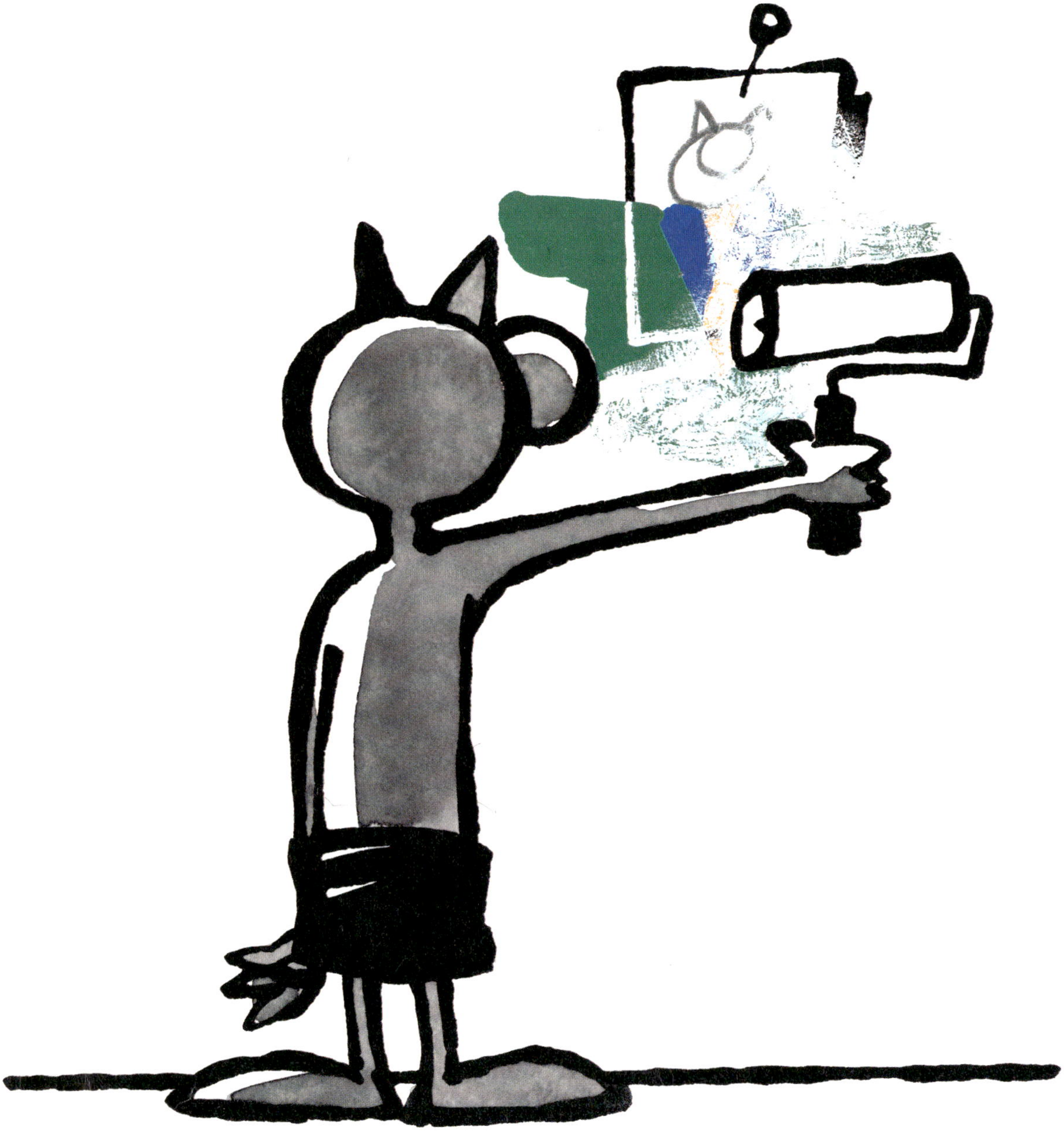

J'ESPÈRE QUE
CE SERA RESSEMBLANT.

Le terrorisme

ADAM HIBBERT

GAMMA • ÉCOLE ACTIVE

Titre original : *Terrorism.*

Traduit par Jacques Canezza.
Dépôt légal : septembre 2002.
Bibliothèque nationale.
ISBN 2-7130-1963-X

Exclusivité au Canada :
Éditions École Active
2244, rue de Rouen, Montréal,
Qué. H2K 1L5.
Dépôts légaux : 4e trimestre 2002.
Bibliothèque nationale du Québec,
Bibliothèque nationale du Canada.
ISBN 2-89069-706-1

Loi n° 49-956 du 16 juillet 1949
sur les publications destinées à la jeunesse.

Imprimé en Belgique.

Crédits photographiques :
Amar Amar/Sipa/Rex Features : première de couverture, 13b. Paul Baldesare/Photofusion : 9h (posed by models). Rogan Coles/Sipa/Rex Features : 26h. EPA/PA Photos : 10h. Paul Faith/PA Photos : 23h. Richard Gardener/Rex Features : 22b. Francesco Guidicini/Rex Features : 10b. Menahem Kahana/Reuters/Popperfoto : 4bg. Alan Lewis/ Rex Features : 27b. Patsy Lynch/Rex Features : 12b. Paul McErlane/Reuters/Popperfoto : 22h. D Miller/Greenpeace : 15h. Aladin Abdel Naby/Reuters/Popperfoto : 21h. Yellupiltei Prabhakhran/Rex : 4hd. Rafiqur Rahman/Reuters/ Popperfoto : 28h. Andrew Shaw/Rex Features : 28b. Rex Features : 14b, 16h, 17h, 18h, 19b. Sipa/Rex Features : 6h, 7b, 8d, 9b, 25b, 29b. Ray Stubblebine/Reuters/Popperfoto : 5b. Sutcliffe/Sipa/Rex Features : 16b.The Times/Rex Features : 20b. F Zabaci/Rex Features : 24h.

Sommaire

Qu'est-ce que le terrorisme ?

***Le but du terrorisme** est de troubler l'ordre public par l'usage de la violence. Les organisations terroristes ont des croyances politiques ou religieuses qu'elles tentent d'imposer à la société par la menace ou l'utilisation de la violence. Contrairement aux armées de guérilla, les groupes terroristes ne comptent pas atteindre la victoire uniquement par des succès militaires. Ils veulent terroriser le public et le pousser ainsi à modifier le fonctionnement de la société.*

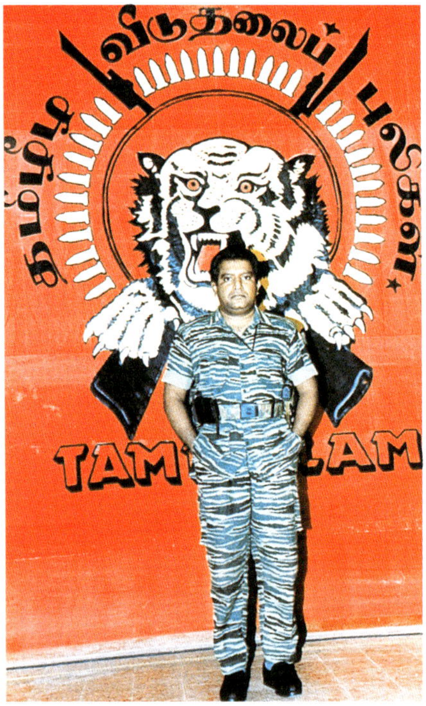

Les Tigres tamouls se battent pour les droits de la minorité tamoul au Sri Lanka. Ils utilisent la guérilla, mais aussi les attentats à la bombe et d'autres méthodes terroristes.

LA POLITIQUE ET LE TERRORISME

Il y a quelques siècles, il était normal d'utiliser la violence pour contrôler la société. Les dirigeants bannissaient ou tuaient toute personne s'opposant à eux. La plupart des sociétés modernes n'acceptent pas l'usage de la violence pour diriger un pays. Dans les démocraties, les décisions sont prises après un échange des différentes opinions, élaboration de compromis et vote.

Yasser Arafat (à gauche) reçoit le prix Nobel de la paix en 1994. Il est le leader de l'Organisation de libération de la Palestine (OLP), à l'origine une organisation terroriste qui a renoncé à la violence dans l'espoir de parvenir à la paix avec Israël.

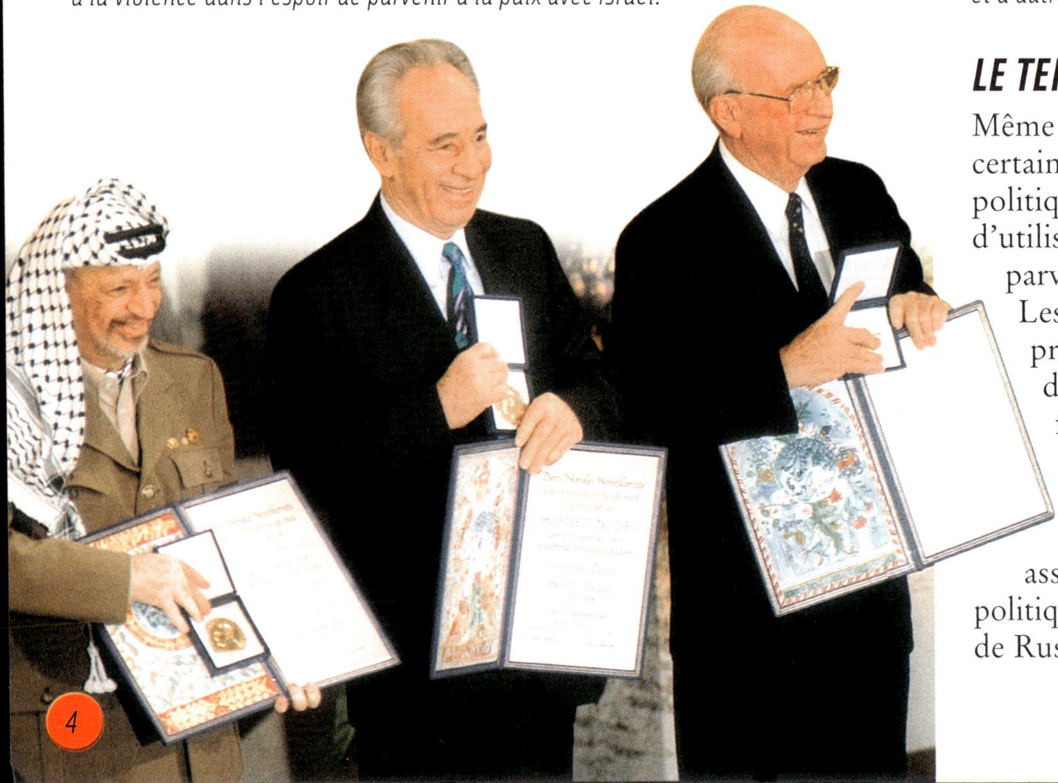

LE TERRORISME MODERNE

Même dans les démocraties, certains pensent que le système politique est injuste et décident d'utiliser la violence pour parvenir à leur but.

Les anarchistes, qui préconisent la suppression de tout gouvernement, furent parmi les premiers groupes terroristes modernes. Des anarchistes extrémistes assassinèrent des dirigeants politiques, tel le tsar Alexandre II de Russie en 1881.

L'INVENTION DE LA TERREUR

La plupart des méthodes terroristes furent inventées au début du XXe siècle. En Irlande, les résistants à l'occupation britannique inventèrent une bombe à retardement et la Résistance française améliora les méthodes de la guerre secrète contre les occupants nazis au cours de la Seconde Guerre mondiale. Les terroristes cherchent de nouvelles méthodes leur permettant d'atteindre leurs objectifs, tel le détournement et l'utilisation d'avions de transport civil et de leur carburant comme bombes volantes.

LE NOUVEL ORDRE MONDIAL

La « guerre froide » entre l'URSS et le bloc occidental eut beaucoup d'influence sur le terrorisme. Les deux camps fournissaient des armes et de l'argent à tout groupe terroriste capable de causer des dommages à l'ennemi. Quand l'URSS s'effondra en 1991, il n'y eut plus aucune raison de financer ces groupes. Certains disparurent et d'autres se tournèrent vers les négociations. Mais de nouveaux groupuscules commencèrent à se former…

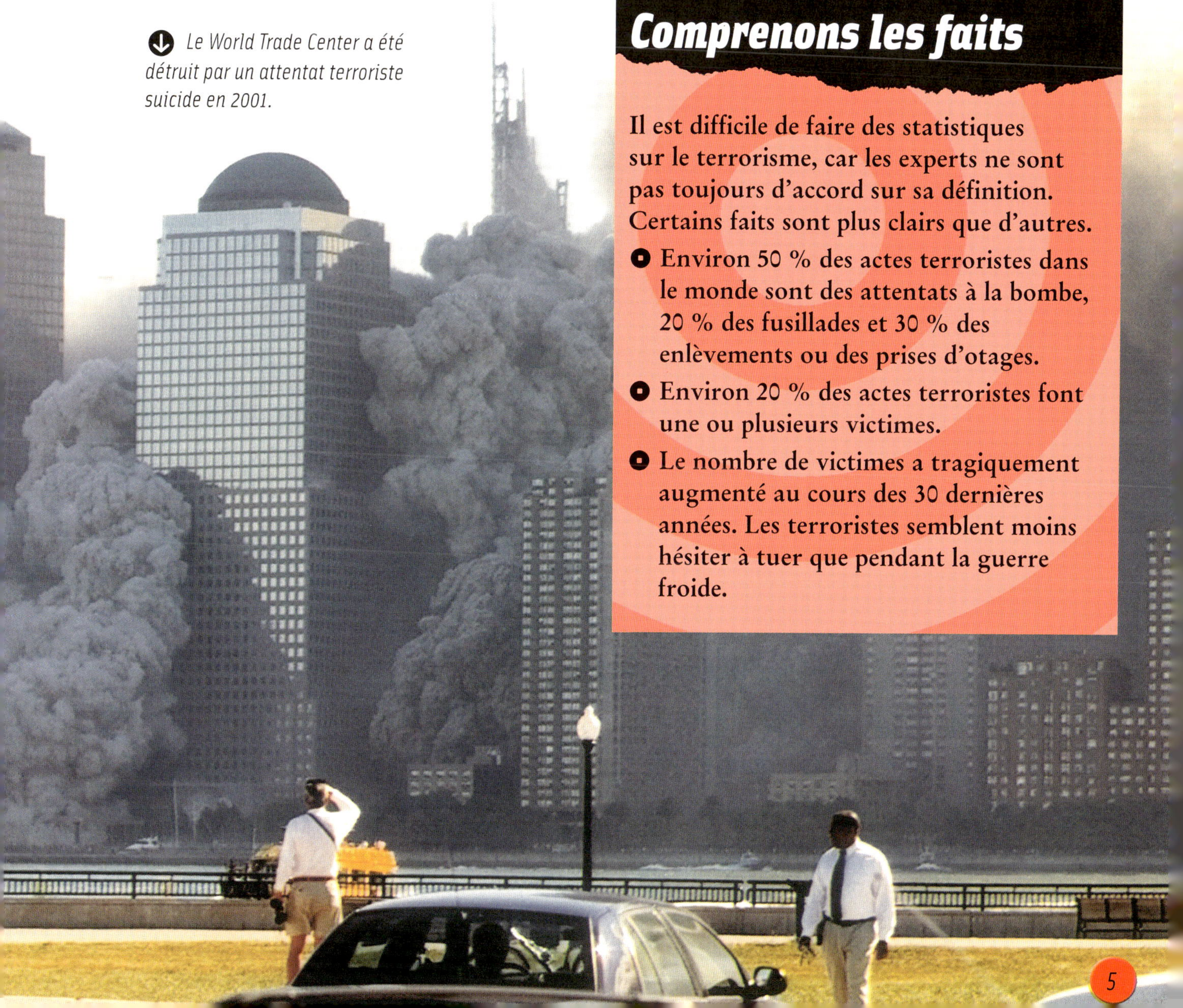

Le World Trade Center a été détruit par un attentat terroriste suicide en 2001.

Comprenons les faits

Il est difficile de faire des statistiques sur le terrorisme, car les experts ne sont pas toujours d'accord sur sa définition. Certains faits sont plus clairs que d'autres.

- Environ 50 % des actes terroristes dans le monde sont des attentats à la bombe, 20 % des fusillades et 30 % des enlèvements ou des prises d'otages.
- Environ 20 % des actes terroristes font une ou plusieurs victimes.
- Le nombre de victimes a tragiquement augmenté au cours des 30 dernières années. Les terroristes semblent moins hésiter à tuer que pendant la guerre froide.

Les méthodes terroristes

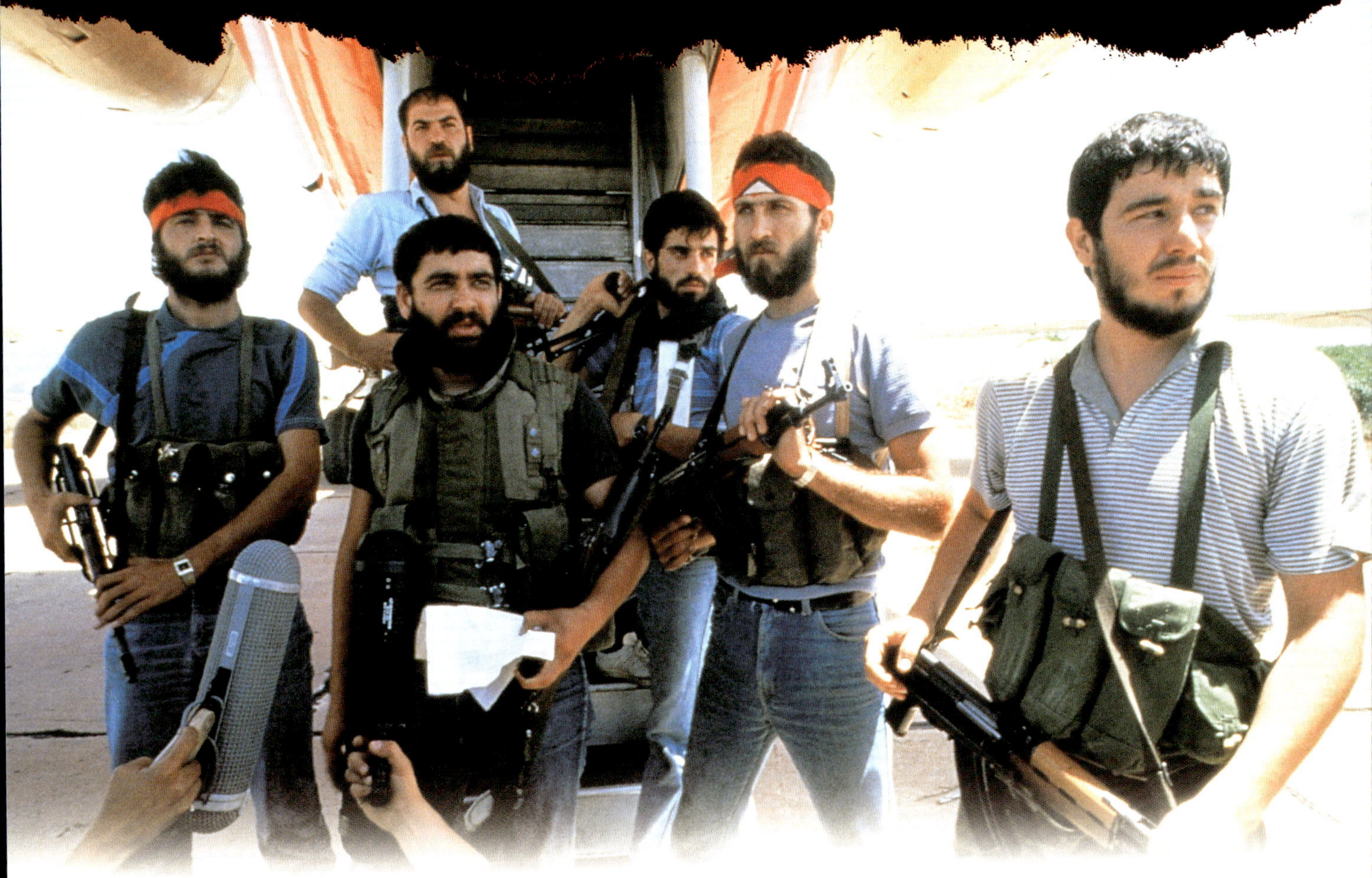

Les groupes terroristes sont composés de personnes convaincues que la société est profondément injuste. Ces personnes croient que la politique ne peut, par ses voies normales, résoudre leurs problèmes et que cela les autorise à enfreindre la loi pour faire changer les choses. Le recours à la violence rend les terroristes impopulaires, mais leur permet d'occuper la une des journaux et de faire entendre leurs exigences.

À Beyrouth, en 1985, ces pirates de l'air libanais retinrent 30 otages américains dans un avion pendant 16 jours. Ils exigeaient la libération de prisonniers retenus en Israël. Ils réussirent à capter l'attention de la presse du monde entier.

LE TERRORISME ORGANISÉ

Comme tous les criminels, les terroristes pratiquent le secret. De nombreux groupes sont organisés sur le modèle de la Résistance française, en cellules de quelques membres. Chacune de ces cellules travaille indépendamment des autres. Si des policiers infiltrent un groupe, ils ne démasqueront qu'une poignée de personnes et les autres cellules pourront continuer à se battre.

FAIRE PARLER DE SOI

Au XXe siècle, près de la moitié des attentats terroristes ont été des attentats à la bombe. Les bombes peuvent être programmées pour exploser après la fuite des terroristes ou envoyées par la poste. Les médias s'intéressent toujours à un attentat à la bombe et permettent ainsi aux terroristes de faire parler d'eux.

LE TERRORISME DIRECT

Les groupes terroristes utilisent aussi des armes à feu, mais en général uniquement pour commettre un meurtre, attaquer une banque afin de rassembler des fonds, ou faire une prise d'otages. L'utilisation d'une arme à feu implique en effet que le terroriste soit présent au moment de l'attentat ; il risque donc de se faire capturer ou abattre par la police.

Qu'en penses-tu ?

Tuer quelqu'un te paraîtrait-il acceptable dans certaines de ces situations ?

- **Les membres de ta minorité ethnique n'ont pas le droit de vote.**
- **Les membres d'une autre minorité ethnique n'ont pas le droit de vote.**
- **Ta communauté est victime de discrimination.**
- **Ta religion exige que tu combattes une pratique sociale condamnable (l'avortement par exemple).**
- **Ton pays est occupé par une armée étrangère.**
- **L'économie de ton pays est entre les mains d'étrangers.**

Si tu penses que la violence est justifiée dans certaines de ces situations et pas dans d'autres, essaie d'expliquer ce qui fait la différence.

Cet attentat à la voiture piégée organisé par le mouvement nationaliste basque ETA à Viroia (Espagne), en février 2000, tua le député Fernando Buesa et son garde du corps.

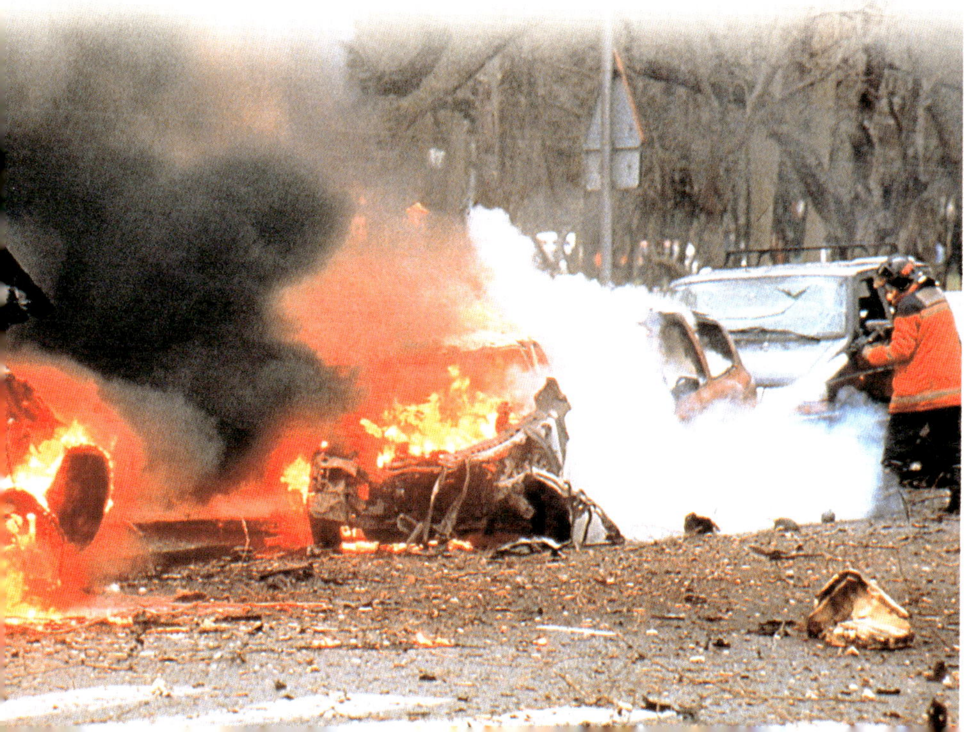

MORT OU DESTRUCTION ?

Certains mouvements terroristes essaient d'éviter de blesser ou tuer des personnes. Quand ils posent une bombe, ils appellent la police pour lui demander de faire évacuer le quartier avant qu'elle n'explose. Ils peuvent ainsi causer des dégâts et provoquer la peur sans faire de victimes innocentes. D'autres groupes estiment que seul un grand nombre de morts sème la terreur. Mais cette position provoque l'aversion du public et même de leurs sympathisants.

Qui devient terroriste ?

***Il y a des terroristes** un peu partout dans le monde, dans des endroits très différents. Il se battent - parfois même entre eux - pour toutes sortes de raisons (voir pages 10-17). Mais, malgré leurs particularités, il est possible de distinguer certaines de leurs caractéristiques. Les experts définissent le profil des personnes les plus susceptibles de devenir terroristes.*

Les terroristes rallient davantage les jeunes à leur cause, tels que ces Tigres tamouls de Sri Lanka.

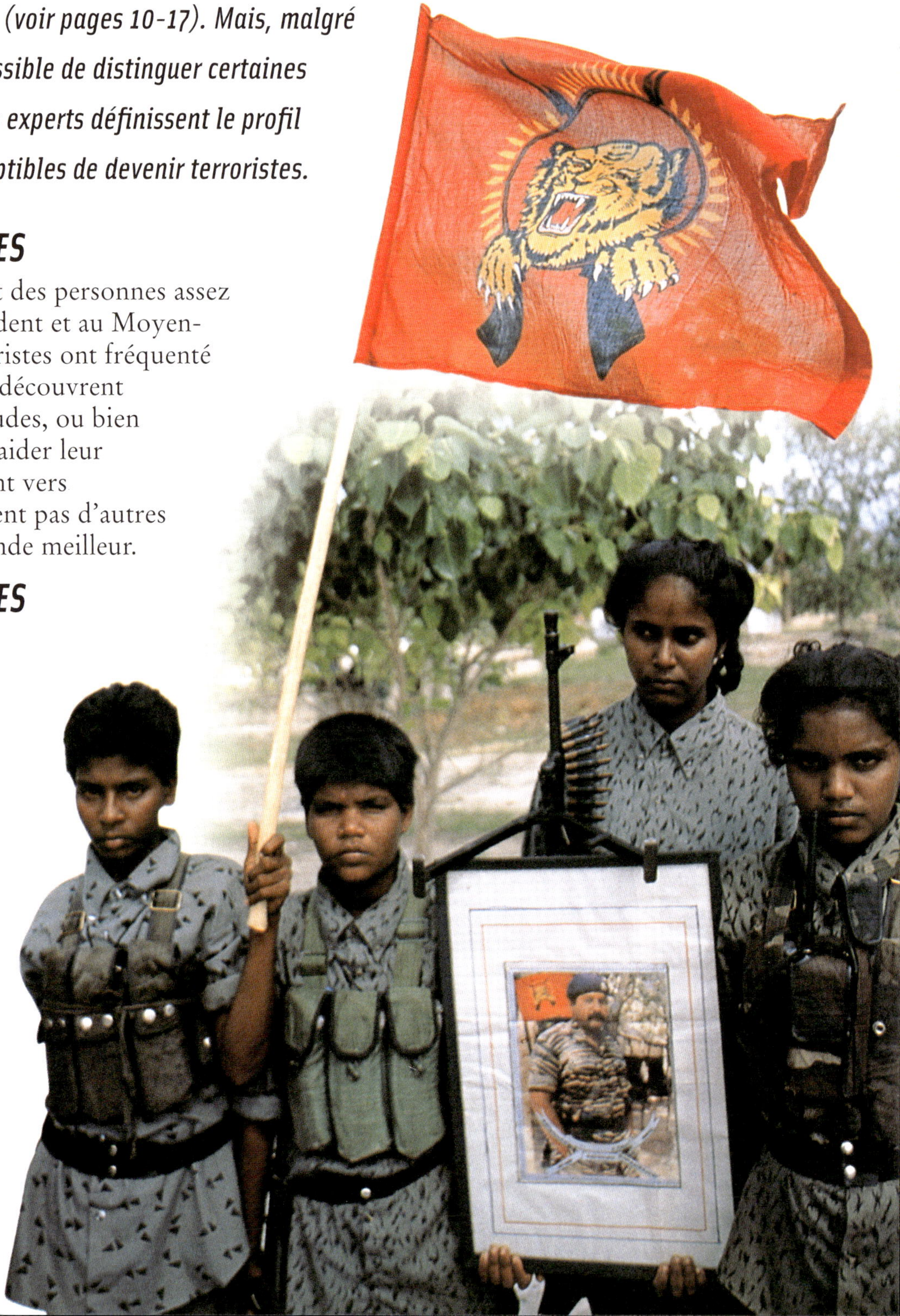

DES GENS RESPECTABLES

Les terroristes sont souvent des personnes assez aisées et cultivées. En Occident et au Moyen-Orient, de nombreux terroristes ont fréquenté l'université. Les terroristes découvrent leur cause pendant leurs études, ou bien ils décident d'étudier pour aider leur communauté. Ils se tournent vers le terrorisme, car ils ne voient pas d'autres moyens pour rendre le monde meilleur.

DES SOLUTIONS SIMPLES

La plupart des problèmes sociaux sont complexes, mais on peut, en les abordant d'une certaine manière, leur apporter des solutions très simples. Les jeunes ont tendance à se laisser séduire par des réponses radicales. Les terroristes embrassent généralement une cause quand ils sont jeunes. Ils risquent alors plus facilement leur vie dans des actes violents que les membres plus âgés.

UNE AUTRE MORALE

La société condamne le terrorisme. Mais les terroristes voient les choses différemment : ils se considèrent comme des héros qui combattent pour des idées ou une minorité opprimée. Les terroristes religieux agissent au nom de Dieu et sont prêts à mourir en martyrs.

LE COMPORTEMENT DE GROUPE

Des chercheurs étudient le comportement des membres d'un groupe ou d'un gang. Ils ont remarqué que les recrues d'un gang emploient parfois la violence contre des étrangers au groupe afin de prouver leur appartenance et d'acquérir un statut. Le gang établit ses propres lois, décide de ce qui est bien et mal sans tenir compte de ce que pensent les autres. Ce type de comportement se retrouve dans les groupes terroristes.

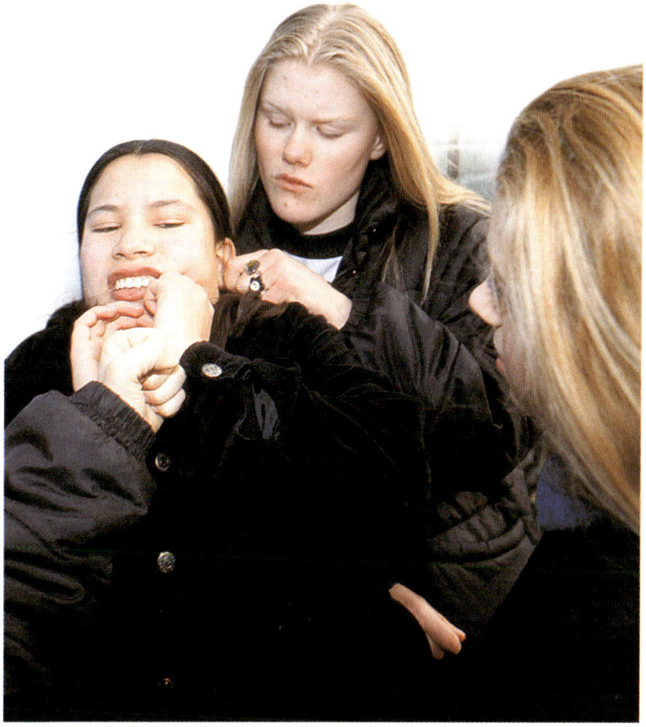

À l'école, les enfants agressifs appartiennent souvent à des gangs ; ils s'entraînent les uns les autres à commettre des actes de violence.

Un avis de recherche du FBI concernant la riche adolescente américaine Patty Hearst. Sa décision de se joindre au groupe terroriste qui l'avait enlevée choqua le public.

Affronter les problèmes

À la fin des années 1960, il y eut, parmi les jeunes, un courant favorable à l'activisme politique et au terrorisme. En Amérique, Patty Hearst, une très riche héritière, fut enlevée par un groupe terroriste inconnu, le « *Symbionese Liberation Army* ». Alors qu'aucun accord n'intervenait pour la remise d'une rançon, Patty Hearst choqua l'Amérique en se joignant au groupe pour attaquer une banque. Elle expliqua plus tard qu'elle n'avait pas eu le choix et purgea moins de trois ans de prison avant d'être graciée par le président Carter en 1979.

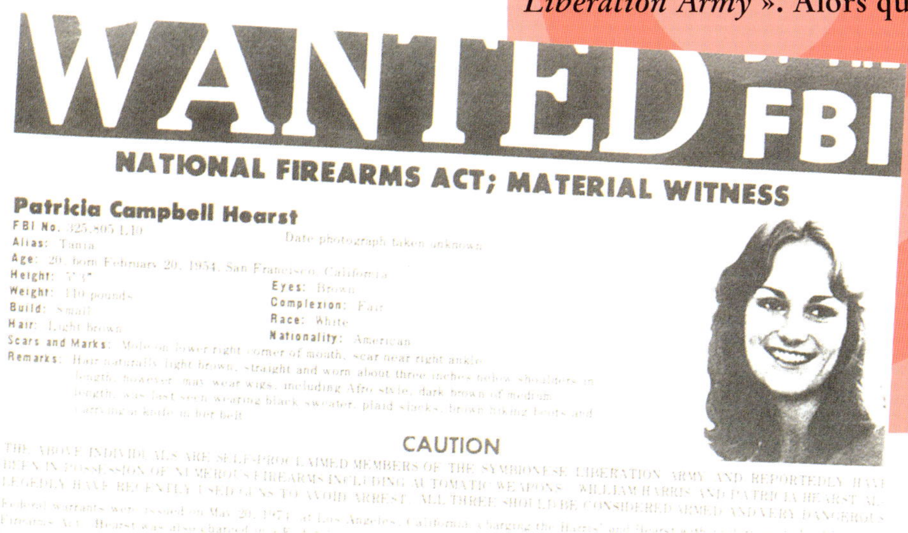

WANTED BY THE FBI

NATIONAL FIREARMS ACT; MATERIAL WITNESS

Patricia Campbell Hearst

FBI No. 325,805 L10

Alias: Tania

Date photograph taken unknown

Age: 20, born February 20, 1954, San Francisco, California

Height: 5'3"

Weight: 110 pounds

Build: Small

Hair: Light brown

Eyes: Brown

Complexion: Fair

Race: White

Nationality: American

Scars and Marks: Mole on lower right corner of mouth, scar near right ankle

Remarks: Hair naturally light brown, straight and worn about three inches below shoulders in length, however, may wear wigs, including Afro style, dark brown of medium length; was last seen wearing black sweater, plaid slacks, brown hiking boots and carrying a knife in her belt

CAUTION

THE ABOVE INDIVIDUALS ARE SELF-PROCLAIMED MEMBERS OF THE SYMBIONESE LIBERATION ARMY AND REPORTEDLY HAVE BEEN IN POSSESSION OF NUMEROUS FIREARMS INCLUDING AUTOMATIC WEAPONS. WILLIAM HARRIS AND PATRICIA HEARST ALLEGEDLY HAVE RECENTLY USED GUNS TO AVOID ARREST. ALL THREE SHOULD BE CONSIDERED ARMED AND VERY DANGEROUS.

Federal warrants were issued on May 20, 1974, at Los Angeles, California, charging the Harris' and Hearst with violation of the National Firearms Act. Hearst was also charged as a ...

Se battre pour un peuple

Certains mouvements terroristes *se battent pour l'indépendance d'un territoire ou la création d'une nation pour leur communauté. Ces groupes se considèrent parfois comme une armée de combattants de la liberté luttant contre une force d'occupation. Leur objectif est de renverser le système politique existant et de le remplacer par un régime appartenant entièrement à leur communauté.*

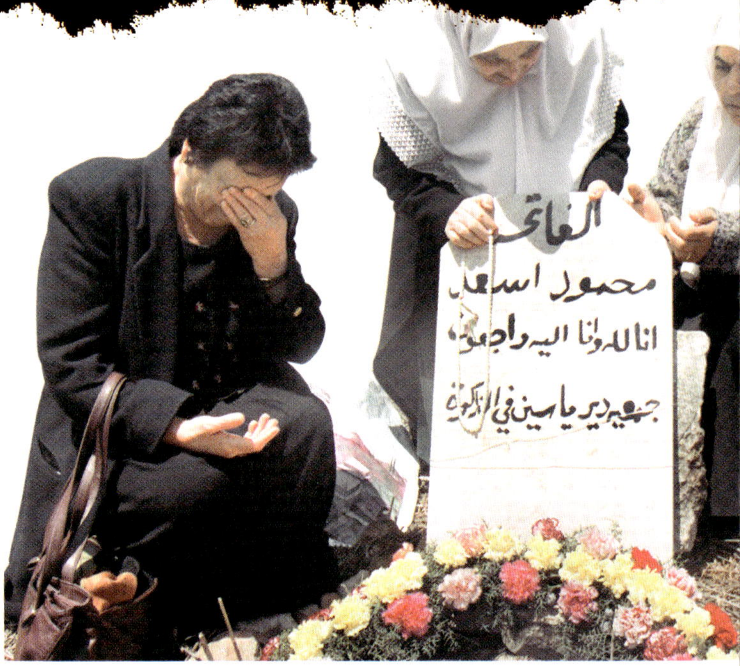

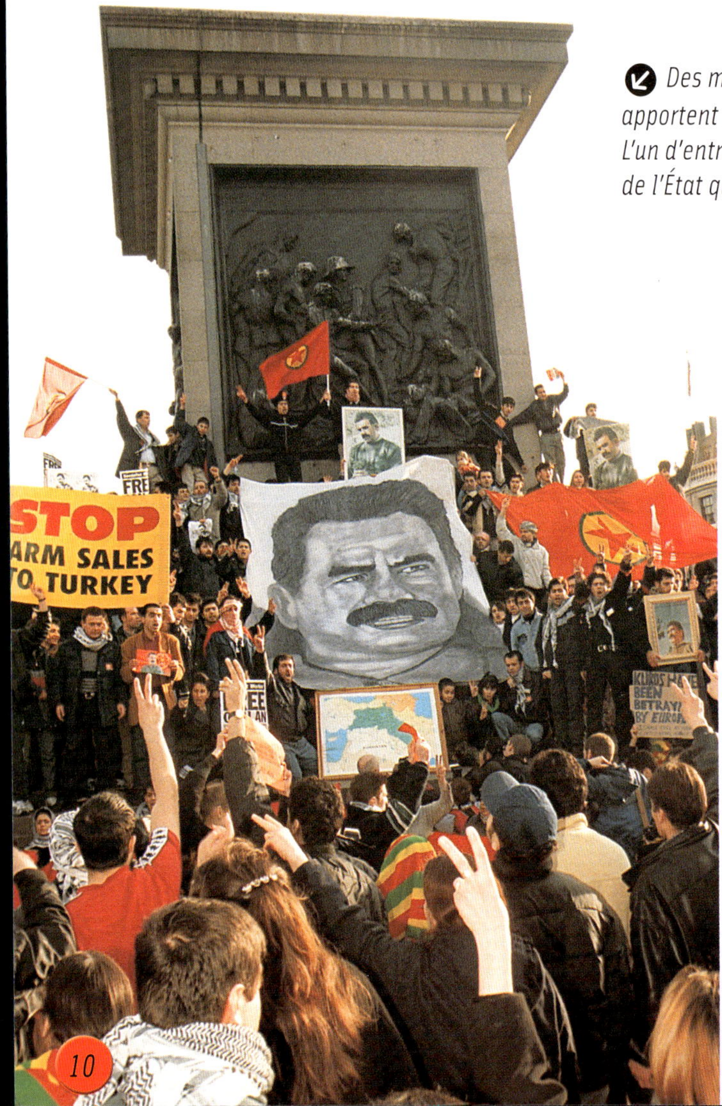

Des manifestants kurdes apportent leur soutien au PKK. L'un d'entre eux exhibe une carte de l'État qu'ils veulent créer.

Des femmes portent encore le deuil des victimes du groupe Stern qui, en 1948, terrorisa les Palestiniens pour favoriser la création d'une nation israélienne.

AU NOM D'UNE NATION

Les nationalistes sont souvent issus d'une communauté possédant une langue et une identité ethnique. Le PKK, par exemple, veut unir en une nation le peuple kurde qui vit sur un territoire s'étendant sur une partie de la Turquie, de l'Irak, de la Syrie, de l'Arménie et de l'Iran.

LA STRATÉGIE NATIONALISTE

En instaurant la terreur et le chaos par des attentats, les terroristes nationalistes veulent peser sur les gouvernements pour prendre en main le territoire qu'ils souhaitent libérer. Ils visent surtout des militaires, des policiers, des dirigeants politiques et des ambassades à l'étranger. Ils veulent aussi faire de nouveaux adeptes pour leur communauté. Nombre de ces mouvements possèdent une branche politique, à l'écart des activités criminelles, qui se consacre à promouvoir leur cause.

Comprenons les faits

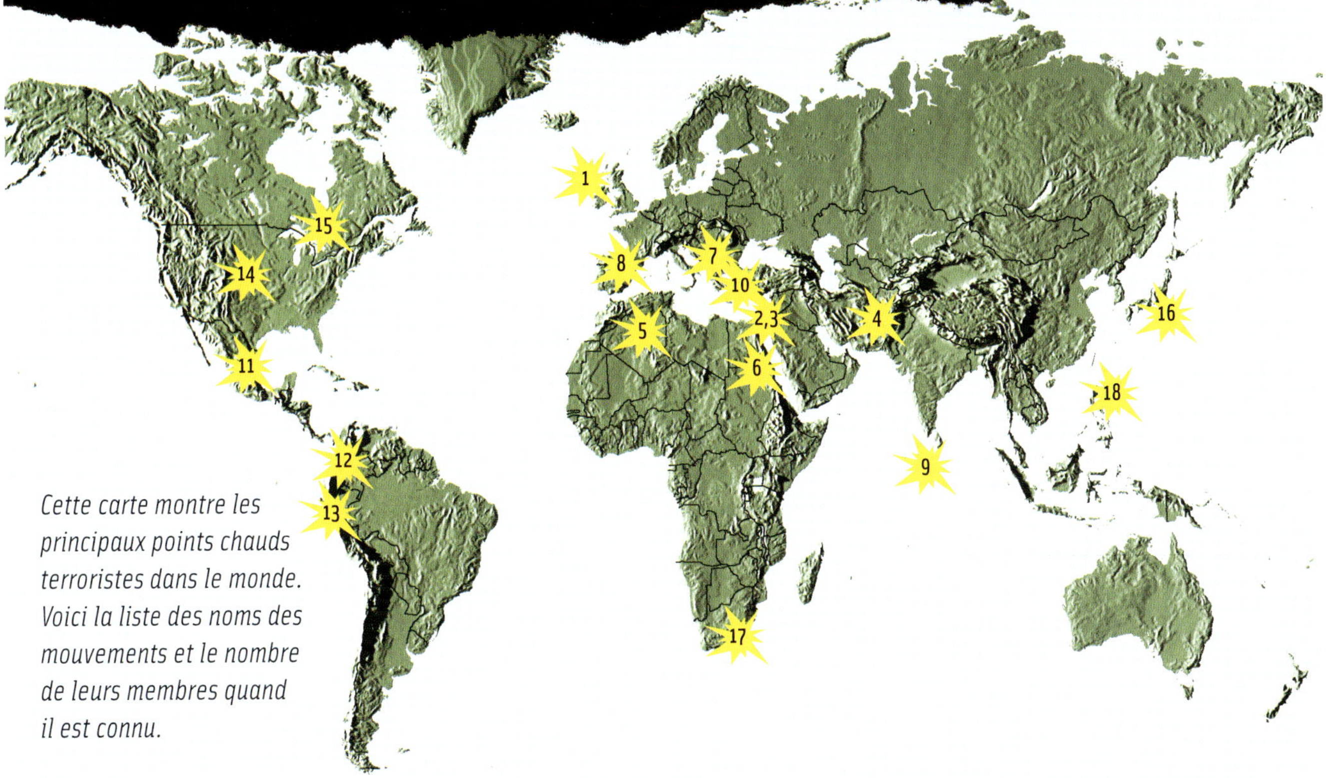

Cette carte montre les principaux points chauds terroristes dans le monde. Voici la liste des noms des mouvements et le nombre de leurs membres quand il est connu.

1 Royaume-Uni/Irlande du Nord : IRA, Armée républicaine irlandaise (70) ; LVF, Force des volontaires loyalistes (200).

2 Israël/Palestine : Hamas (?) ; FPLP, Front populaire de libération de la Palestine (800) ; Hezbollah (?).

3 Liban : Armée rouge japonaise (8).

4 Afghanistan : Al-Qaïda (?).

5 Algérie : GIA, Groupe islamique armé (900 - 6000 ?).

6 Égypte : Groupe islamique (5000).

7 Grèce : Groupe du 17 Novembre (30).

8 Espagne : ETA, séparatistes basques (600).

9 Sri Lanka : Tigres tamouls (4000).

10 Turquie : PKK, Parti des travailleurs du Kurdistan (7000) ; Dev-Sol (des dizaines ?).

11 Mexique : Armée zapatiste (15 000).

12 Colombie : FARC, Forces armées révolutionnaires (10 000) ; ELN, Armée de libération nationale (5000).

13 Pérou : Sentier lumineux (3000) ; Tupac Amaru (100 ?).

14 États-Unis : 150 milices (environ 30 000, ne sont pas tous des terroristes).

15 Canada : Justice Department (?).

16 Japon/Australie : secte Aum Shinrikyo (2000).

17 Afrique du Sud : Peuple contre le gangstérisme et la drogue (300).

18 Philippines : Nouvelle armée du peuple (10 000) ; Brigade Alex Boncayao (500) ; Abbou Sayaf (200).

Le terrorisme religieux

La religion, comme la politique, peut donner naissance au terrorisme. Notre sens du bien et du mal - notre moralité - trouve souvent ses fondements dans des principes religieux. La religion peut apporter des réponses morales fortes et rarement dangereuses. La majorité des croyants respectent les opinions religieuses d'autrui. Mais quand ils ne tolèrent pas les différences, la violence peut éclater.

POUR SAUVER DES ÂMES

Certains chrétiens croient que l'âme humaine existe dès qu'un ovule est fertilisé dans l'utérus. L'avortement est donc un meurtre pour eux. Aux États-Unis, des cliniques qui pratiquent les interruptions de grossesse sont parfois attaquées par des chrétiens extrémistes. Sept membres du corps médical ont été tués depuis 1993.

Ce manifestant considère l'avortement comme un péché. Des extrémistes antiavortement ont tué des membres du corps médical et jeté de l'acide au visage de femmes voulant se faire avorter.

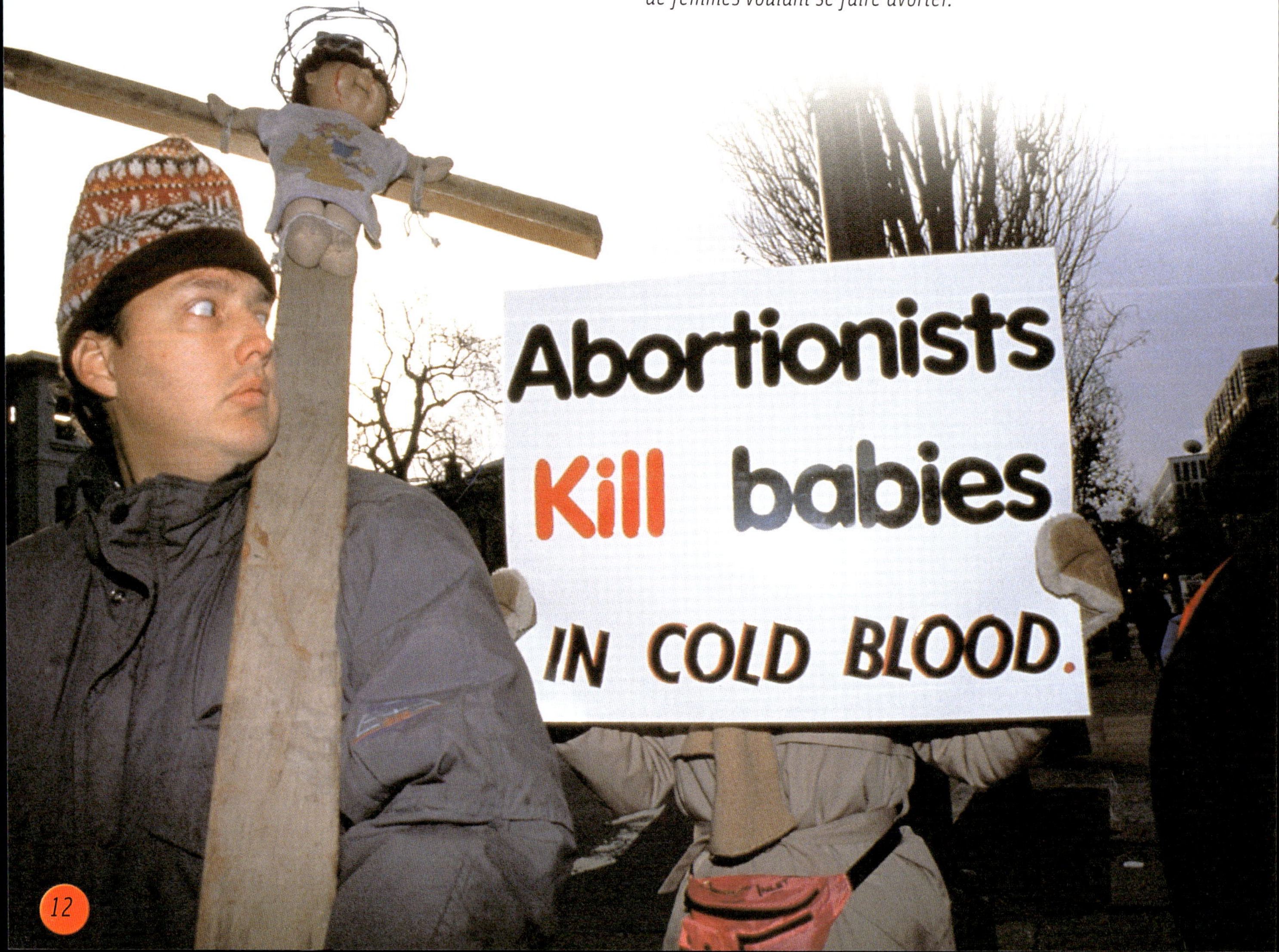

LA GUERRE SAINTE

Dans l'islam, le djihad est l'effort de tout musulman afin que la loi divine soit appliquée. Pour la plupart d'entre eux, cet engagement se traduit au quotidien dans une lutte contre leurs propres faiblesses et dans le respect des autres. Mais certains mènent une « guerre sainte » contre ceux qui menacent la tradition et le domaine de la communauté islamique.

DES RÉCOMPENSES AU PARADIS

Les sectes, telle Aum Shinrikyo, ont recours à la violence, car elles pensent que la fin du monde est imminente et qu'il est trop tard pour convaincre les hommes d'adopter la « vraie » foi. D'autres terroristes religieux sont prêts à commettre des attentats-suicides pour défendre leur cause. Ils croient à un paradis où ils espèrent être récompensés de leur sacrifice. Il est difficile de lutter contre les attentats-suicides.

Qu'en penses-tu

- **Toutes les religions fournissent-elles aux intégristes des raisons de tuer ?**
- **Si ta religion exigeait de toi que tu commettes un meurtre, la remettrais-tu en question ?**
- **Que peuvent faire les chefs religieux pour lutter contre le fanatisme ?**
- **Faut-il autoriser les gens à pratiquer librement leur religion, quelles que soient les idées qu'elle défend ?**

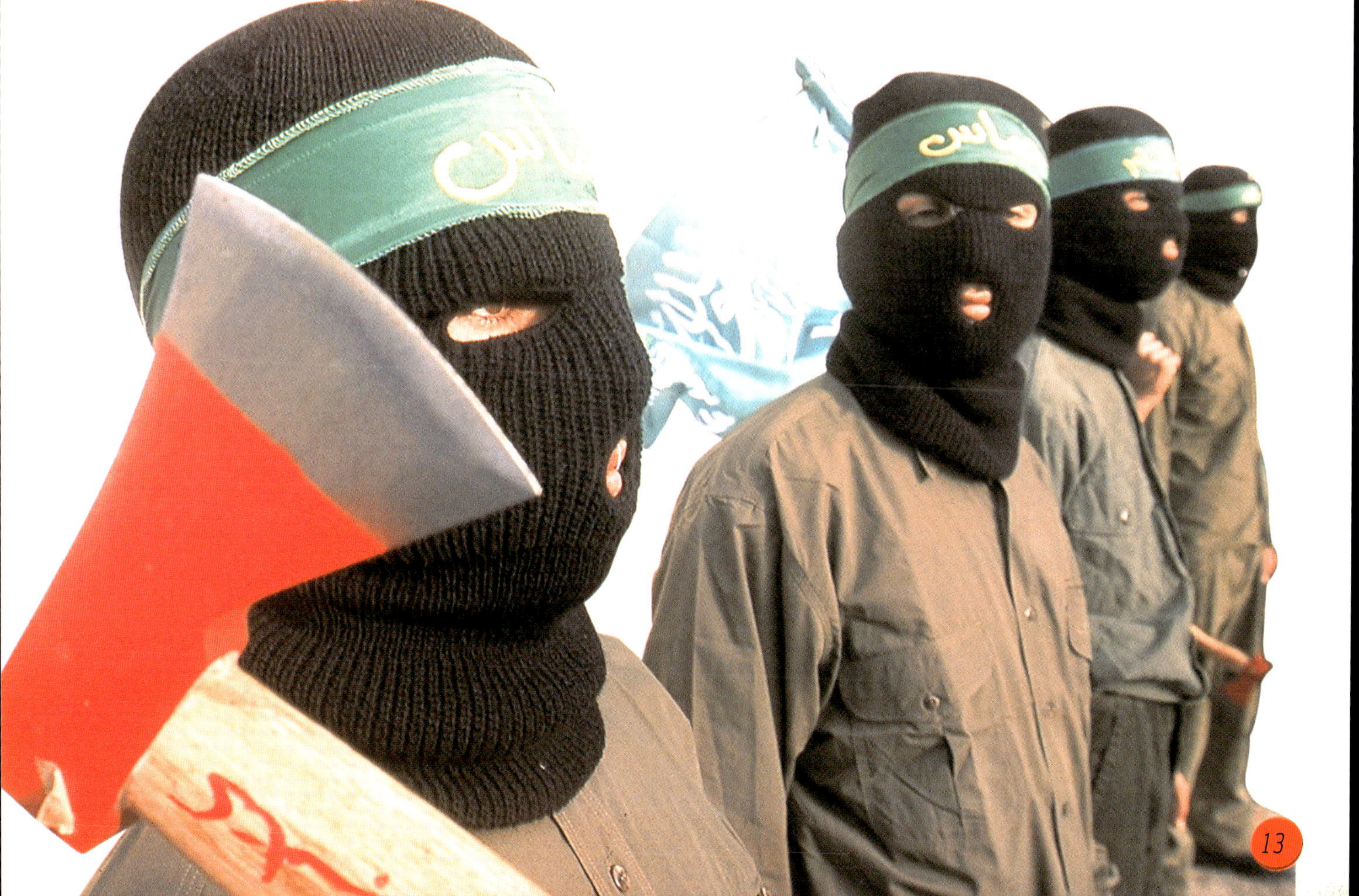

Au Moyen-Orient, les membres du Hamas sont poussés au terrorisme par leur interprétation de l'islam. Certains commettent des attentats-suicides.

Le terrorisme écologique

***Le nationalisme et la religion** ne sont pas les seules causes qui inspirent les terroristes : la défense de l'environnement en est une autre. L'écologie peut prendre des formes extrêmes et laisser penser à certains qu'il est acceptable d'utiliser la violence pour protéger la planète.*

LES EXTRÉMISTES VERTS

Le terrorisme pour défendre l'environnement est un mouvement récent. La plupart des écologistes pensent que la politique traditionnelle et les manifestations pacifiques leur ont permis de satisfaire certaines de leurs revendications. Mais aux États-Unis, le Front de libération de la Terre *(Earth Liberation Front)* incendie des bâtiments, par exemple.

LES DROITS DES ANIMAUX

Le Front de libération des animaux *(ALF : Animal Liberation Front)* a été créé en Grande-Bretagne et s'est répandu au Canada et aux États-Unis. Ses membres s'opposent à la vivisection et aux expérimentations sur des animaux. Ils ne commettent généralement pas de violence sur les personnes. Mais en 1990, le meurtre d'un universitaire américain a été attribué à des terroristes appartenant à ce mouvement.

TERRORISME OU MANIFESTATION ?

Les défenseurs des droits des animaux manifestent parfois devant les maisons des scientifiques effectuant des expérimentations sur les animaux. Leurs familles sont sans doute effrayées, mais est-ce vraiment du terrorisme ? Ils adoptent aussi d'autres tactiques telles que la grève de la faim.

Cette voiture fut détruite par une bombe posée par le ALF à Bristol en 1990. Un bébé de treize mois fut blessé.

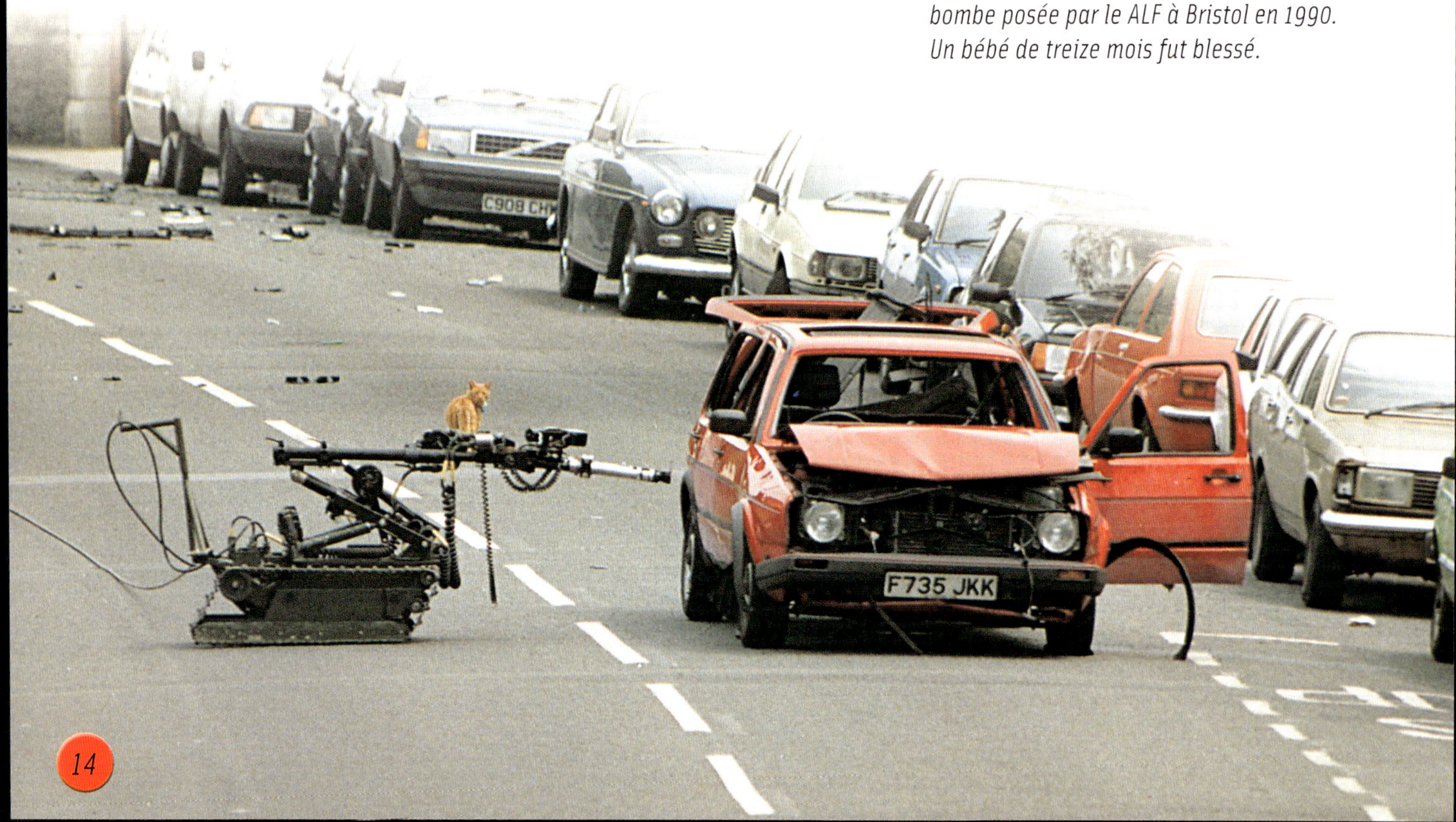

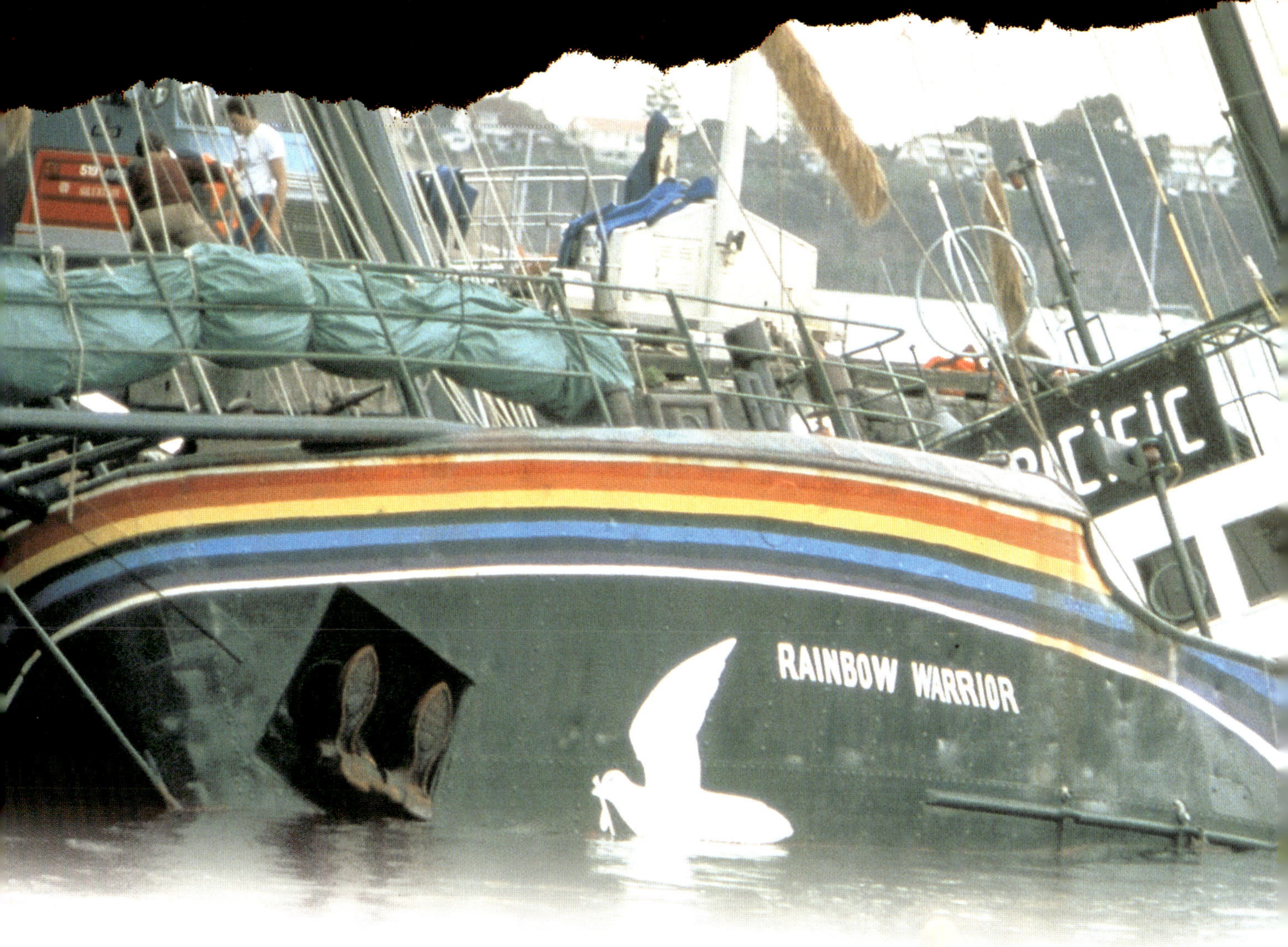

Le Rainbow Warrior gît à demi submergé après l'attentat commis par des agents secrets français.

QUI EST TERRORISTE ?

En 1985, l'organisation écologiste Greenpeace envoya dans l'océan Pacifique un navire, le *Rainbow Warrior*, pour protester contre les essais nucléaires français dans la région. Alors que le bateau était dans un port de Nouvelle-Zélande, des agents secrets français fixèrent des explosifs sur la coque. Le bateau coula à minuit, lorsque l'équipage s'apprêtait à se coucher. Le Premier ministre Laurent Fabius reconnut, en septembre 1985, que la France s'était rendue coupable de « terrorisme d'État ».

Affronter les problèmes

Au Royaume-Uni, Colin Blackmore est l'un des rares chercheurs qui ont tenté de s'opposer aux revendications des défenseurs des droits des animaux. S'étant rendu célèbre par ses prises de position en faveur de l'expérimentation sur des animaux dans la recherche médicale, il est devenu la cible d'actions terroristes. Des actes de vandalisme contre sa maison, des menaces de mort et d'enlèvement contre ses enfants l'ont forcé à accepter une protection policière permanente.

Les terroristes isolés

***Le terrorisme** est une voie plus facile et moins onéreuse que la politique traditionnelle, en particulier pour les défenseurs d'idées peu répandues dans le grand public. Dans certains cas, ces idées sont si marginales qu'une personne décide d'agir seule et de commettre un acte terroriste sans le contrôle d'une organisation. Elle fabrique alors ses propres armes et choisit ses propres cibles.*

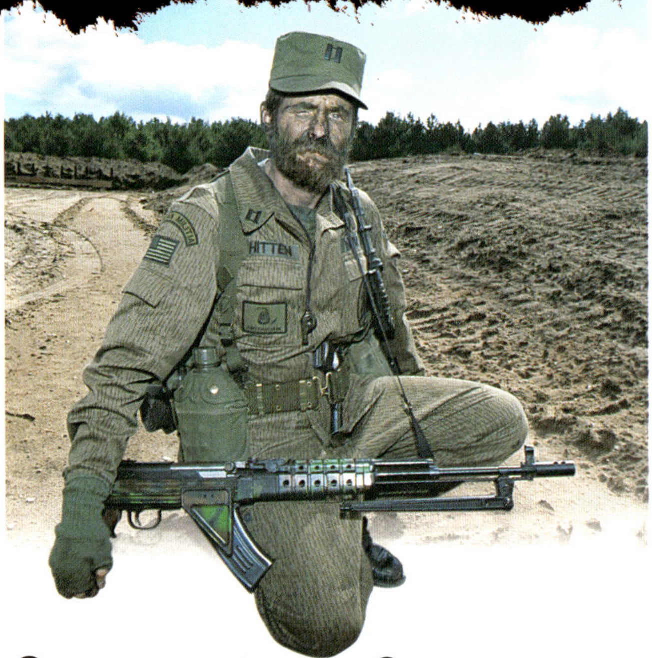

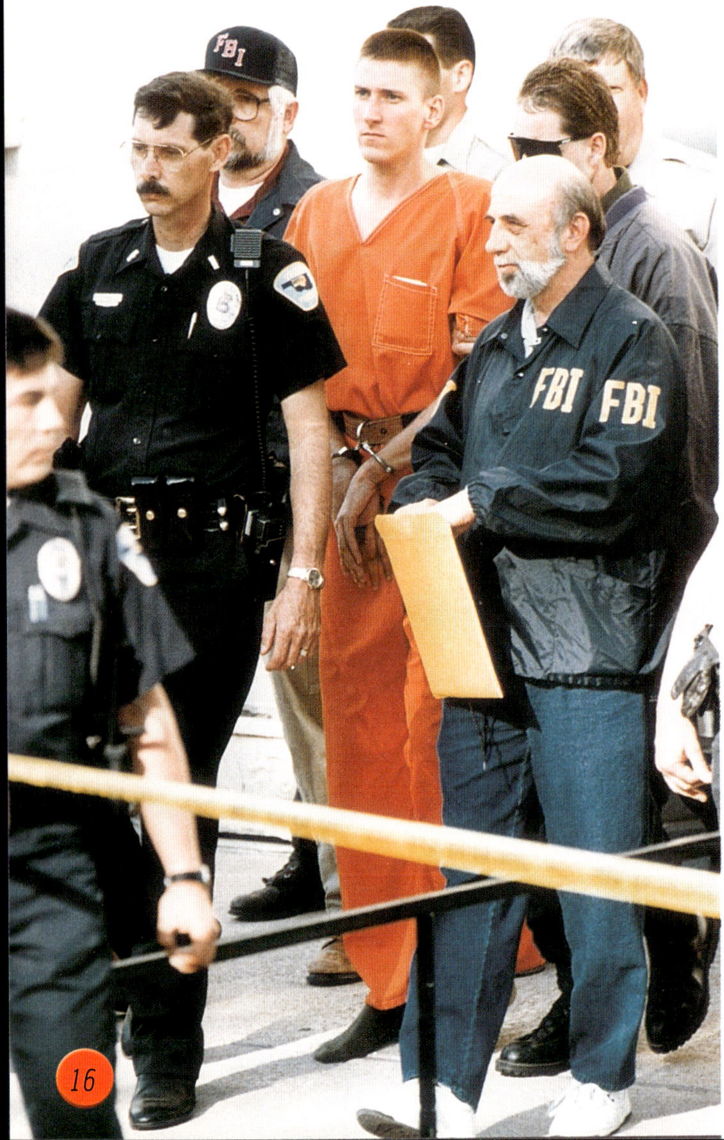

← Timothy McVeigh fit exploser une voiture piégée à Oklahoma City en 1995, causant la mort de 168 personnes dont 19 enfants.

↑ Les membres des milices américaines veulent défendre la démocratie de leur pays contre la puissance du gouvernement central.

LES MILICIENS

Le territoire des États-Unis connut peu d'actes terroristes avant le 19 avril 1995. Ce jour-là, à Oklahoma City, une voiture explosa devant un bâtiment du gouvernement fédéral. Cet attentat fut commis par un jeune homme, Timothy McVeigh. Il pensait lutter contre une vague conspiration supposée contrôler le gouvernement des États-Unis, une idée répandue dans les nombreuses milices américaines.

LA « GUERRE DES RACES »

Trois bombes à clous explosèrent à Londres en 1999. Chacune visait une minorité différente - Antillais, Asiatiques et homosexuels - et elles tuèrent et blessèrent de nombreuses personnes. Ces attentats furent commis par David Copeland, un jeune homme lié à des mouvements fascistes britanniques. Il agit seul et espérait déclencher une « guerre des races ».

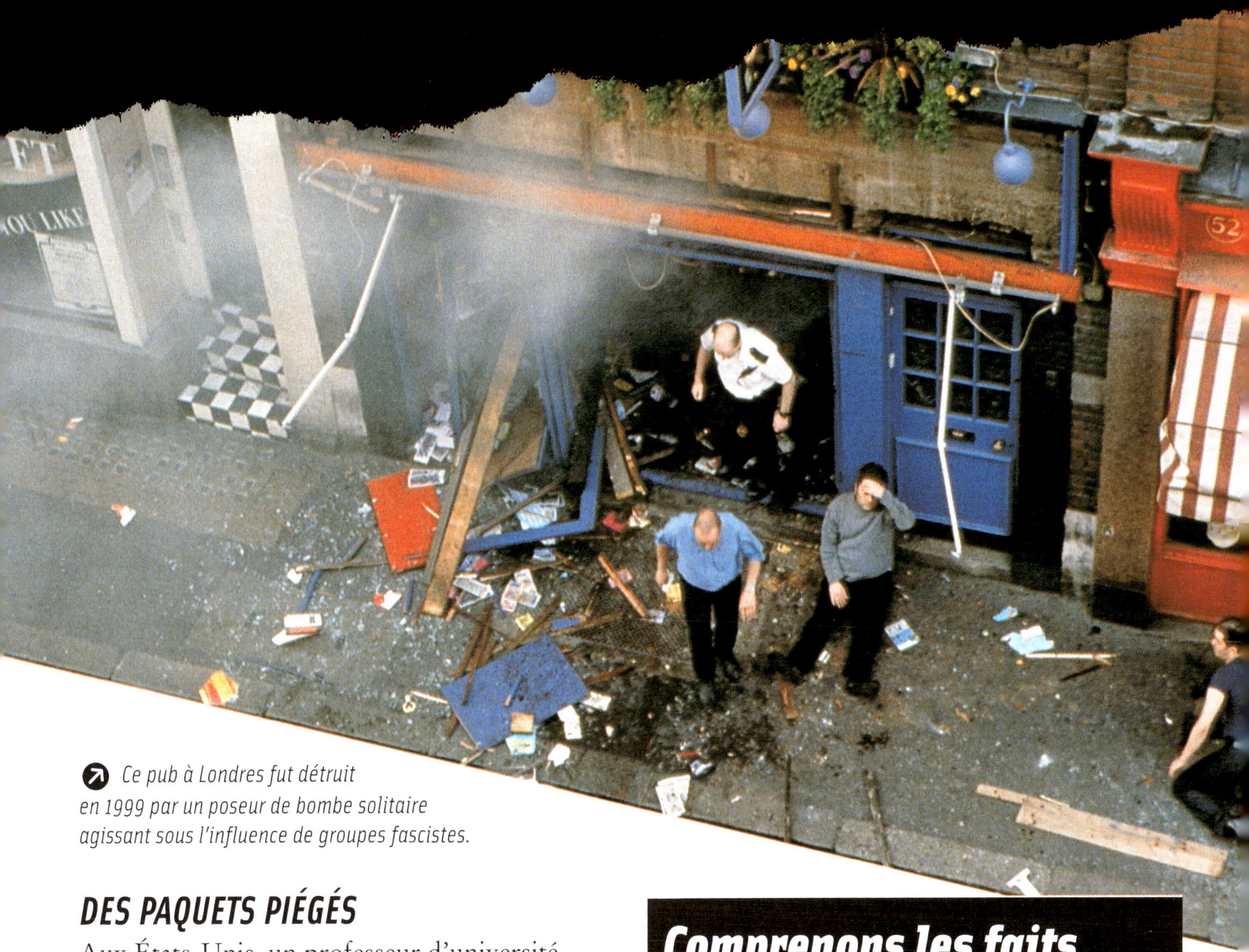

Ce pub à Londres fut détruit en 1999 par un poseur de bombe solitaire agissant sous l'influence de groupes fascistes.

DES PAQUETS PIÉGÉS

Aux États-Unis, un professeur d'université surnommé « Unabomber » commit, pendant vingt ans, des attentats contre des personnes qui, selon lui, contribuaient à détruire la planète. Il en tua trois et en blessa vingt-trois, mais il ne laissait aucun indice, car il agissait seul. Il fut arrêté en 1996 après que son frère eût reconnu son écriture dans une lettre publiée dans la presse.

LUTTER CONTRE LES TERRORISTES ISOLÉS

Les gouvernements peuvent lutter contre les groupes terroristes connus. Il leur suffit de mettre sous écoute quelques lignes téléphoniques, de chercher des informateurs bien placés ou d'introduire des espions dans le mouvement visé pour parvenir à rassembler des preuves. Mais les terroristes isolés sont pratiquement impossibles à détecter. Il faudrait à un gouvernement des moyens exceptionnels pour surveiller chacun de ces citoyens.

Comprenons les faits

- Aux États-Unis, le nombre d'attentats à l'explosif est passé de moins de 1000 en 1990 à près de 5000 en 1998.
- Un poseur de bombe isolé, Eric Rudolph, est encore recherché par le FBI pour des attentats visant des cliniques pratiquant l'avortement et contre les jeux Olympiques d'Atlanta de 1996.
- Les terroristes isolés trouvent des informations sur l'Internet pour la fabrication des bombes. Il existe des sites spécialisés. Mais les bombes fabriquées par des amateurs sont imprévisibles et explosent souvent entre leurs mains.

Le financement du terrorisme

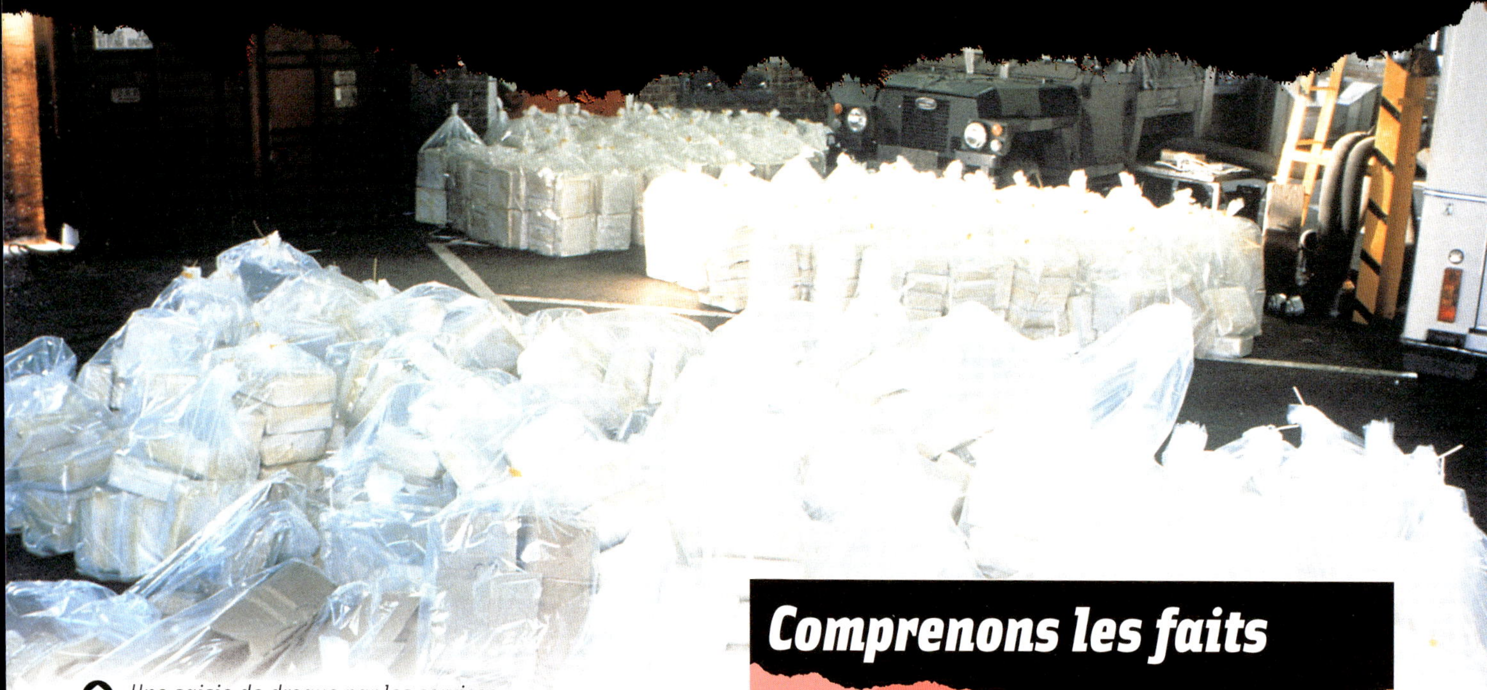

Une saisie de drogue par les services des douanes. Les trafics de drogue financent le terrorisme.

Comprenons les faits

En 1990, le gouvernement britannique estimait que l'IRA parvenait à collecter 4,2 millions de livres par an dont :

- un million provenant de la fraude fiscale ;
- un million émanant de sociétés légales ;
- un million venant de bars et de salles de jeu illégales ;
- 600 000 résultant de la contrebande et du piratage de cassettes vidéo ;
- 500 000 provenant de *rackets* : extorsion et protection ;
- 100 000 grâce aux dons.

***Les terroristes** ont besoin d'argent pour acheter des armes et des explosifs et garder leurs opérations secrètes. Ils doivent parfois financer des faux passeports et l'envoi à l'étranger d'unités d'action pouvant compter plusieurs membres. Ils rémunèrent aussi des sympathisants qui hébergent des terroristes en fuite.*

LA TERREUR BON MARCHÉ

Il est possible de fabriquer des bombes à peu de frais. Cela permet à des groupes aux moyens réduits d'être dangereux et de faire parler d'eux. Mais la plupart des mouvements terroristes collectent des fonds auprès de leurs sympathisants. Ils créent parfois de fausses associations caritatives afin de recueillir des dons en faisant croire que l'argent sera consacré aux démunis.

DE GÉNÉREUX DONATEURS

Al-Qaïda est un mouvement terroriste financé par la fortune personnelle de son chef saoudien Oussama ben Laden. Les affaires prospères de la famille de ce dernier lui auraient rapporté plus de 200 millions de dollars. Les milliardaires utilisent généralement leur argent pour influer sur la vie politique et non pour financer le terrorisme.

L'ARGENT SALE

L'exigence de discrétion crée des liens entre les terroristes et le crime organisé. Certains mouvements ont besoin d'aide pour blanchir de l'argent ou acheter des armes et se lancent dans la contrebande. Le trafic de drogue et les vols à main armée financent aussi les mouvements terroristes européens. Les groupes sud-américains enlèvent de riches touristes et réclament des rançons.

LA GUERRE SECRÈTE

Depuis la fin de la guerre froide, les mouvements terroristes sont rarement financés par des États, mais cela arrive encore. Des pays qui seraient condamnés pour l'attaque directe d'un ennemi peuvent se livrer à une guerre secrète en fournissant de l'argent ou des armes à des terroristes. Mais c'est une stratégie dangereuse : des pays convaincus de l'avoir utilisée ont été isolés économiquement et même bombardés.

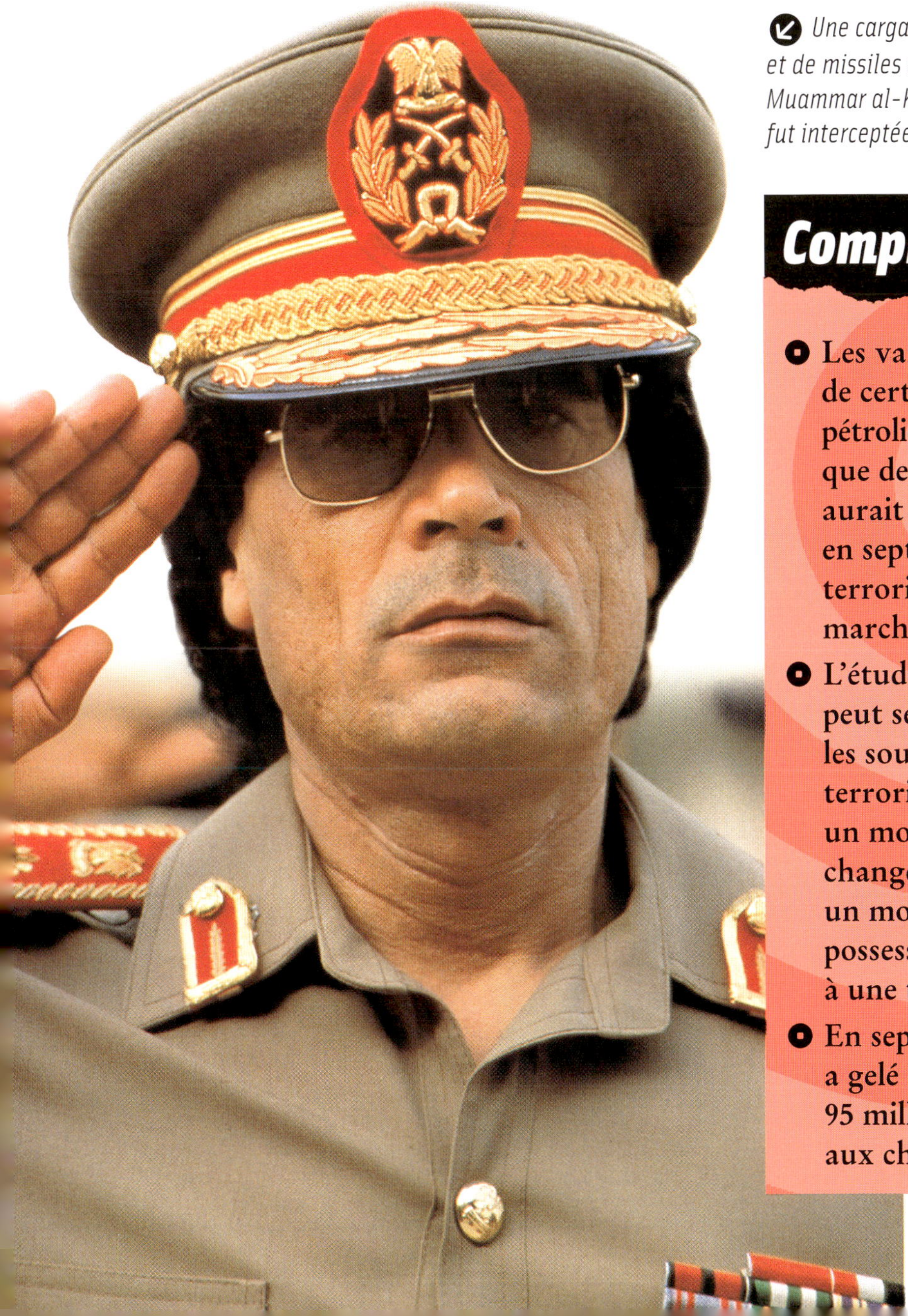

Une cargaison de cinq tonnes d'armes et de missiles envoyée à l'IRA par le colonel Muammar al-Kadhafi, le dictateur de la Lybie, fut interceptée en 1973.

Comprenons les faits

- **Les variations des cours des actions de certaines compagnies aériennes, pétrolières et d'assurances laissent penser que des investisseurs savaient qu'il y aurait des attentats aux États-Unis en septembre 2001. Des mouvements terroristes sont-ils intervenus sur les marchés financiers à ce moment-là ?**
- **L'étude des mouvements des capitaux peut se révéler inutile pour identifier les sources de financement des réseaux terroristes. En effet, ces réseaux utilisent un mode de paiement où, au lieu de faire changer l'argent de main, on donne un mot de passe qui permet d'entrer en possession d'or ou de diamants confiés à une tierce personne.**
- **En septembre 2001, l'Union européenne a gelé des comptes bancaires contenant 95 millions d'euros. Cet argent était lié aux chefs talibans d'Afghanistan.**

Les limites de la terreur

Dans les années 1990, après l'effondrement de l'Union soviétique, de nombreuses personnes craignaient que les armes atomiques soviétiques ne tombent en de mauvaises mains. Il est facile d'imaginer que des terroristes disposent aujourd'hui d'armes très destructrices.

➔ Les terroristes n'ont pas besoin d'armes sophistiquées pour se faire entendre. La fusillade qui a éclaté à Louxor, en 1997, a provoqué la mort de 58 touristes.

↓ La technologie nucléaire utilisée dans cette centrale n'est pas à la portée financière et technologique de n'importe quel mouvement terroriste.

L'AUTODESTRUCTION

Presque tous les terroristes revendiquent avec fierté leurs attentats, car ils s'inscrivent dans une « guerre juste ». Cela limite la violence qu'ils peuvent employer. L'utilisation d'une bombe nucléaire aurait de telles répercussions dans l'opinion mondiale que les terroristes courraient alors le risque de perdre leurs soutiens et de devoir ainsi renoncer à leurs objectifs.

DES ARMES TROP COMPLEXES

Les terroristes préfèrent utiliser des armes conventionnelles d'un maniement moins risqué que celui des armes de destruction massive qui nécessitent des techniciens spécialisés. Les armes de haute technologie exigent des recherches scientifiques que peu d'États - et à plus forte raison de mouvements terroristes - peuvent financer.

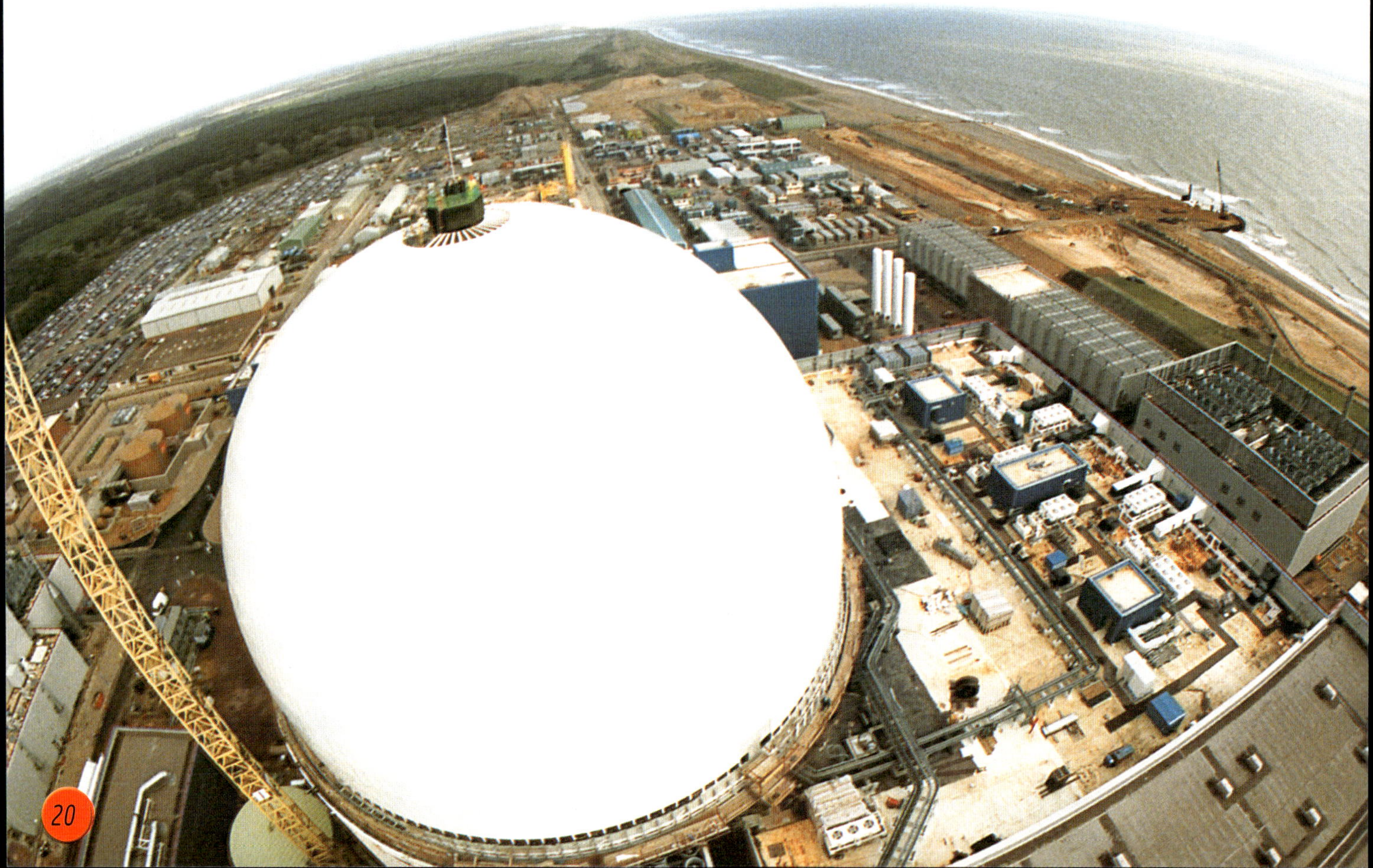

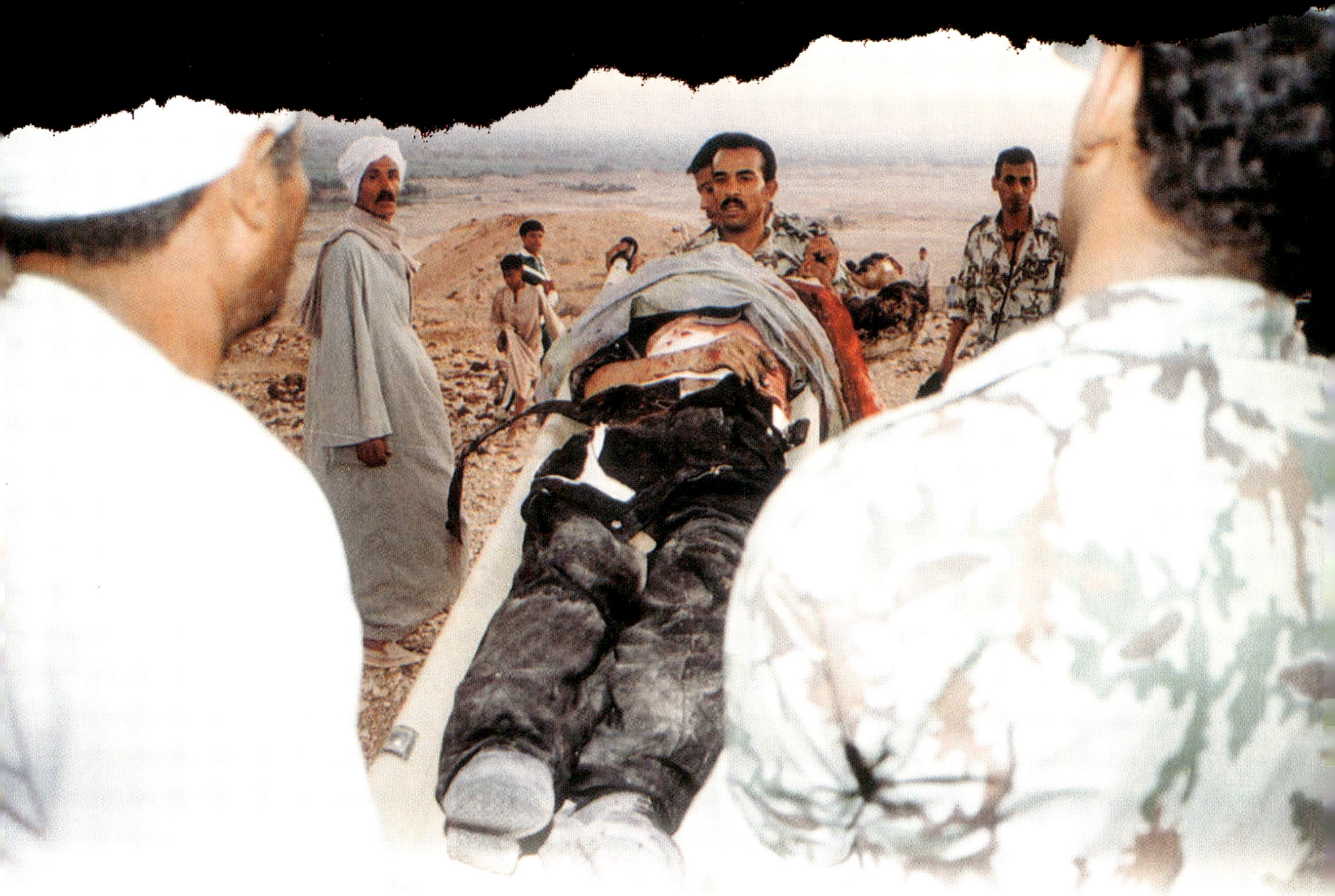

LES ARMES BIOLOGIQUES

Après les attentats de septembre 2001 aux États-Unis, de nombreuses sociétés ont été menacées par de nouveaux attentats terroristes au staphylocoque doré, une bactérie qui provoque l'anthrax pouvant être fatal pour l'homme. Quelques personnes furent infectées par de simples lettres piégées contenant cette bactérie. Or, seuls les États-Unis et la Russie disposent de la technologie nécessaire pour faire de l'anthrax une arme de destruction massive.

UNE TECHNOLOGIE DE BASE

Les armes à feu, d'un maniement simple, sont parfois difficiles à se procurer. Mais, dans les pays industrialisés, des informations sur les explosifs sont disponibles partout. Deux Britanniques ont réussi à fabriquer une bombe après avoir lu un livre de physique pour enfants. Il existe aujourd'hui sur l'Internet plusieurs sites consacrés à la réalisation des bombes.

Comprenons les faits

La secte japonaise Aum Shinrikyo est le seul groupe terroriste qui ait utilisé une arme chimique. En 1993, la secte acheta une ferme australienne dans laquelle ses membres testèrent des gaz neurotoxiques sur des animaux. En mars 1995, elle commit un attentat au gaz dans le métro de Tokyo. 5500 personnes furent hospitalisées, mais il n'y eut que 12 décès. La secte perdit immédiatement son influence, ses sympathisants prirent leurs distances et son chef fut arrêté. Ce type de conséquences dissuade efficacement les mouvements terroristes d'utiliser des armes de destruction massive.

L'Irlande du Nord

Le terrorisme *fait partie de la vie politique irlandaise depuis le début de la présence britannique. Les violences actuelles ont débuté en 1969. Les catholiques d'Irlande du Nord manifestaient pour réclamer l'égalité des droits avec les protestants. Le mouvement fut l'objet de violentes attaques de la part des loyalistes extrémistes. Le Royaume-Uni réagit en envoyant des troupes pour rétablir l'ordre.*

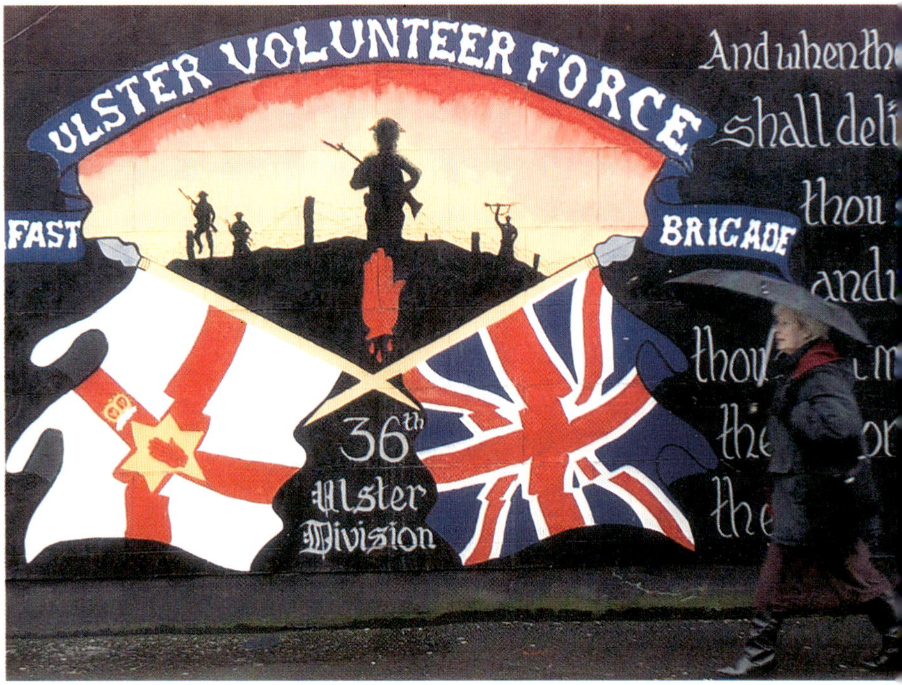

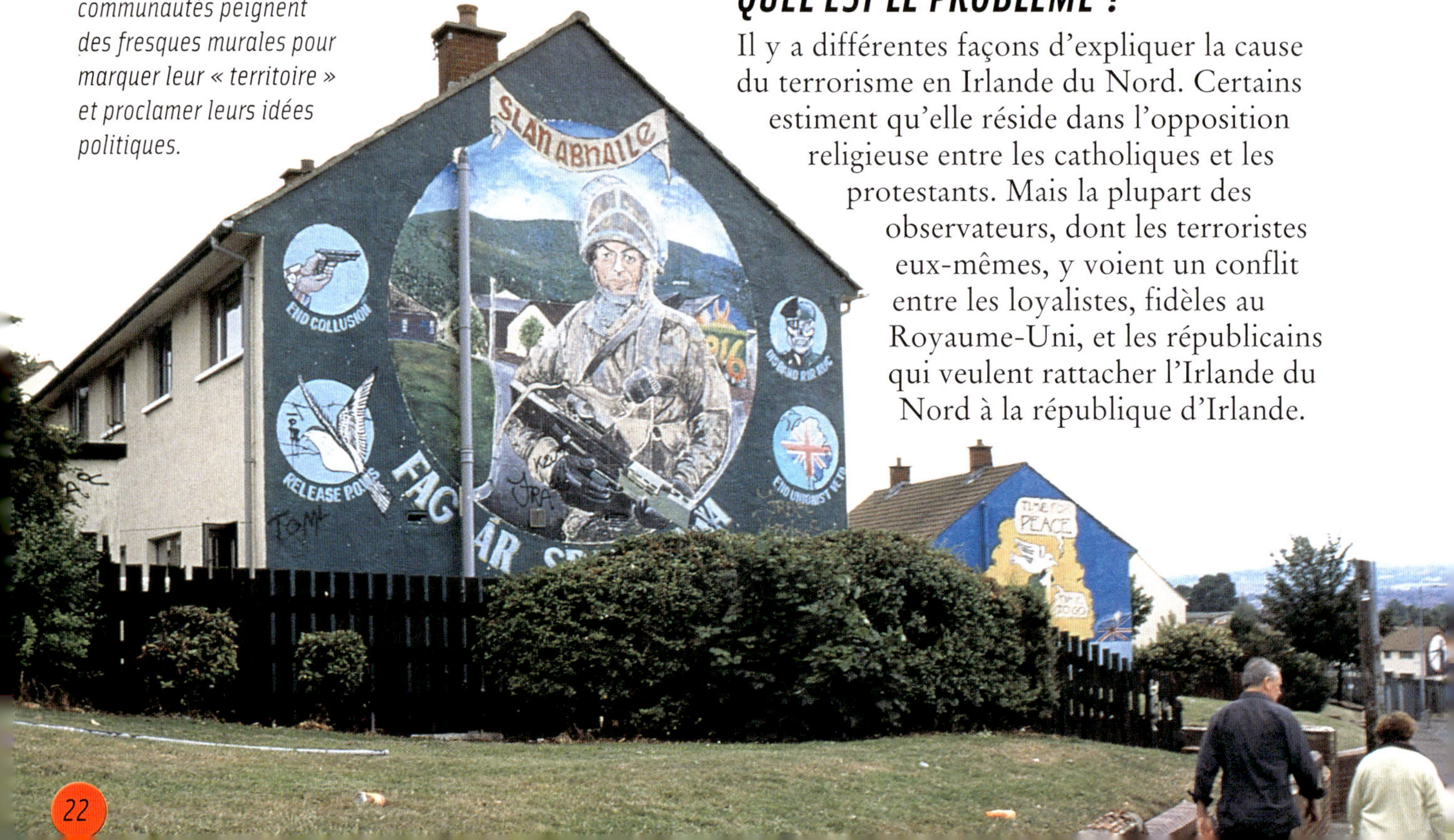

À Belfast, les deux communautés peignent des fresques murales pour marquer leur « territoire » et proclamer leurs idées politiques.

QUEL EST LE PROBLÈME ?

Il y a différentes façons d'expliquer la cause du terrorisme en Irlande du Nord. Certains estiment qu'elle réside dans l'opposition religieuse entre les catholiques et les protestants. Mais la plupart des observateurs, dont les terroristes eux-mêmes, y voient un conflit entre les loyalistes, fidèles au Royaume-Uni, et les républicains qui veulent rattacher l'Irlande du Nord à la république d'Irlande.

COMMENT EST-CE ARRIVÉ ?

En 1969, le plupart des catholiques accueillirent favorablement les soldats britanniques en pensant qu'ils les protégeraient des loyalistes. Mais le 30 janvier 1972, le *Dimanche sanglant*, l'armée tira sur les manifestants catholiques non armés et tua 14 personnes. Cet épisode déclencha une spirale de violence qui atteignit son apogée en octobre 1984, avec l'attentat de Brighton qui faillit décimer le gouvernement britannique.

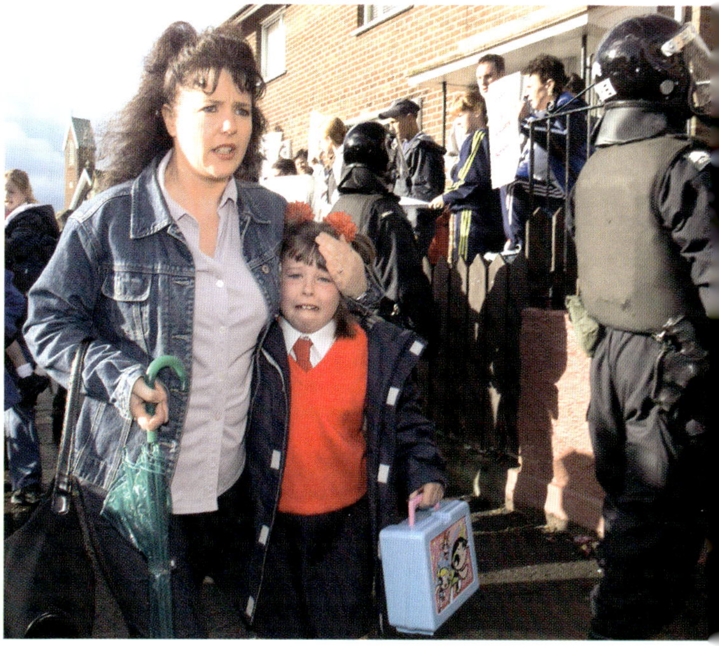

En 2001, des loyalistes manifestent contre le passage des enfants dans leur lotissement pour se rendre à l'école.

Événements clés

Août 1968 : émeutes à Londonderry.
Avril 1969 : en réponse à l'agitation, la G.-B. envoie 500 soldats.
Décembre 1969 : l'IRA prend les armes.
Février 1971 : premier soldat britannique tué à Belfast.
Janvier 1972 : « Dimanche sanglant ».
Décembre 1976 : la discrimination à l'emploi pour des raisons religieuses devient illégale.
Mai 1981 : 10 prisonniers républicains se laissent mourir de faim.
Novembre 1985 : un accord anglo-irlandais donne naissance à un Conseil qui traite les affaires communes aux deux Irlandes.
Mars 1993 : l'attentat de Warrington tue 2 enfants.
Décembre 1993 : dans la déclaration de Downing Street, la G.-B. reconnaît l'aspiration à l'unification des deux Irlandes.
Août 1994 : l'IRA annonce un cessez-le-feu.
Octobre 1994 : les loyalistes annoncent un cessez-le-feu.
Janvier 1995 : Les soldats britanniques cessent leurs patrouilles de jour à Belfast.
Novembre 1997 : Création de l'IRA véritable.
Avril 1998 : un accord de paix établit une assemblée d'Irlande du Nord.
Août 1998 : À Omagh, un attentat de l'IRA véritable fait 29 victimes et 200 blessés.
Décembre 1999 : l'assemblée d'Irlande du Nord se voit attribuer le contrôle de l'Irlande du Nord.

LES ORGANISATIONS TERRORISTES

L'Armée républicaine irlandaise (IRA) était la plus importante organisation terroriste d'Irlande du Nord. Elle s'attaqua d'abord aux loyalistes et aux représentants du gouvernement britannique, mais elle commit ensuite des attentats contre des civils. Des groupes loyalistes, telle la Force des volontaires loyalistes (LVF), tuèrent à leur tour des chefs de l'IRA et des civils catholiques.

LE PROCESSUS DE PAIX

Après plus de vingt ans de violence, les principales organisations terroristes déclarèrent un cessez-le-feu à la fin de 1994. Mais le processus de paix est difficile à imposer. Certains groupes refusent de participer aux discussions. Un mouvement dissident de l'IRA, l'IRA véritable, commet encore des attentats en Grande-Bretagne. En octobre 2001, l'IRA a mis un certain nombre d'armes hors d'usage.

La lutte contre le terrorisme

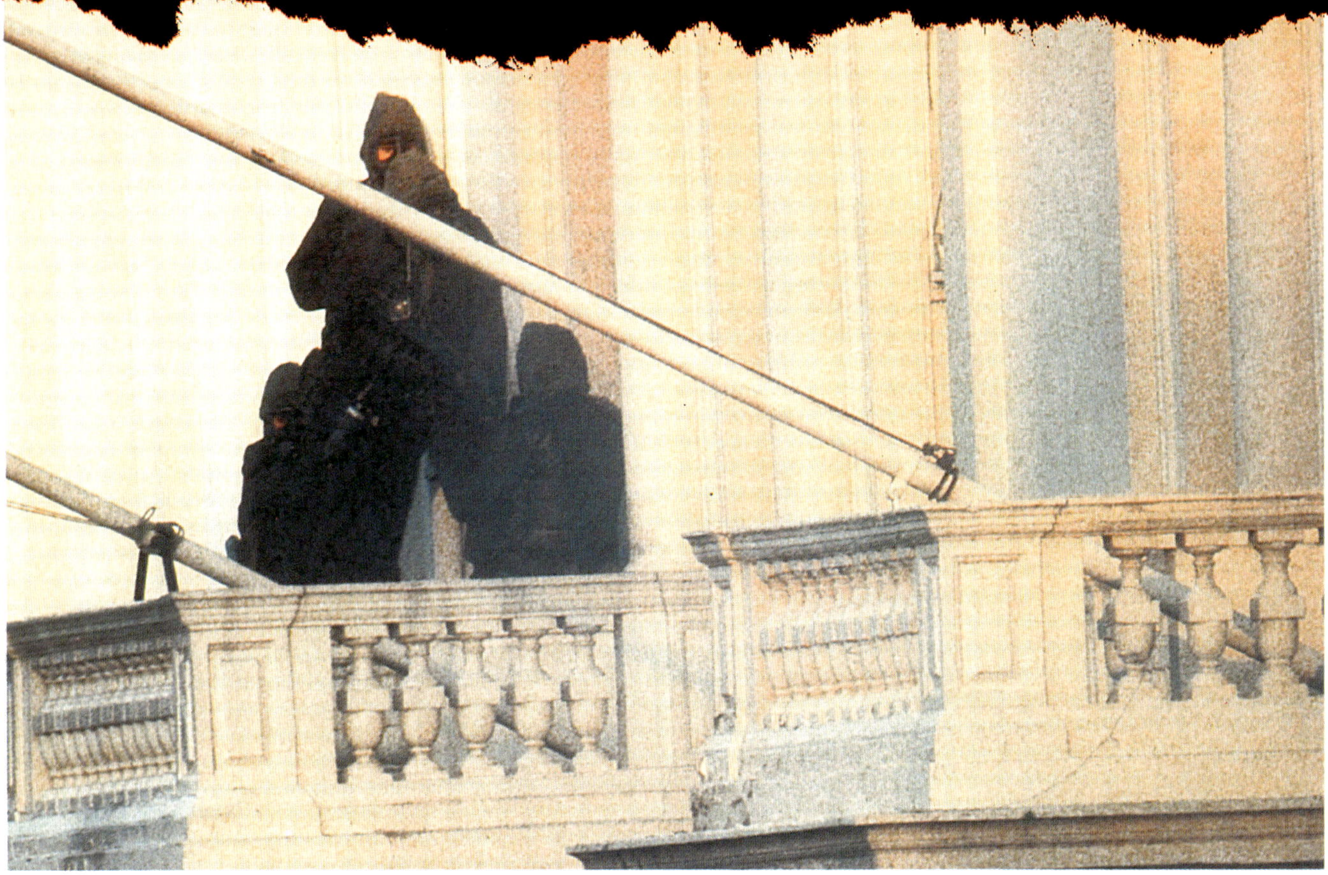

En 1980, les forces spéciales britanniques prirent d'assaut l'ambassade iranienne à Londres. De nombreux pays possèdent des groupes d'intervention entraînés à se battre contre les terroristes. L'identité de ces soldats est gardée secrète afin de leur éviter des représailles.

***Le terrorisme* est pour les États un problème difficile à résoudre. Les terroristes sont en effet généralement très bien armés et disposent parfois du soutien de la communauté qu'ils prétendent représenter. Les gouvernements doivent donc répliquer militairement, mais aussi parfois négocier avec les dirigeants des mouvements comme ils le feraient avec des hommes politiques légitimes.**

UNE RÉPONSE ARMÉE

Le contre-terrorisme prend généralement un aspect militaire. En Amérique du Sud, la Colombie a créé des brigades anti-terroristes qui recherchent et n'hésitent pas à tuer les terroristes. Mais en s'engageant dans ce type de guerre ouverte, les gouvernements prennent le risque de conforter les terroristes dans l'idée qu'ils sont des soldats.

LE RENSEIGNEMENT

Pour combattre les groupes terroristes, il faut collecter le maximum d'informations sur leurs activités et leurs dirigeants. Les États qui procèdent à des arrestations massives dans les milieux terroristes - comme l'Espagne avec les séparatistes basques de l'ETA - ont plus de chances de résoudre le problème. Emprisonner des terroristes pour meurtre est plus efficace que d'en faire des héros en les tuant.

LA PROTECTION

Les États peuvent améliorer la protection des cibles visées par les terroristes. Mais une plus grande sécurité implique un coût financier important et une diminution des libertés publiques. Il a été démontré qu'une meilleure protection de certaines cibles incite les terroristes à choisir des objectifs plus accessibles. Cela peut aggraver le sentiment d'insécurité éprouvé par le public.

LE DERNIER RECOURS

Des actes terroristes récents semblent avoir été commis par des groupes n'ayant pas d'identité ni d'objectifs bien définis. Il est difficile de lutter contre ces terroristes. Une solution consiste à menacer la communauté qu'ils prétendent représenter. Mais cette solution « terroriste » risque de provoquer une escalade de la haine et de pousser de nouveaux individus à devenir des terroristes.

Affronter les problèmes

Al-Qaïda, responsable des attentats-suicides commis en 2001 contre le Pentagone et le World Trade Center, est un réseau terroriste dispersé. Bien que partageant des camps d'entraînement et les ressources financières de leur dirigeant Oussama ben Laden, les différentes unités du réseau sont indépendantes. Il est par conséquent très difficile de le détruire dans sa totalité. Le plus grand pas a été fait en créant une importante coalition de pays qui mettent leurs informations en commun. Ce système de renseignement permet à tous les États de pouvoir agir quand une unité d'Al-Qaïda prépare un attentat.

Le mouvement basque ETA a souffert d'une répression bien ciblée des forces spéciales espagnoles et françaises. Mais la mort d'un terroriste en fait parfois un martyr.

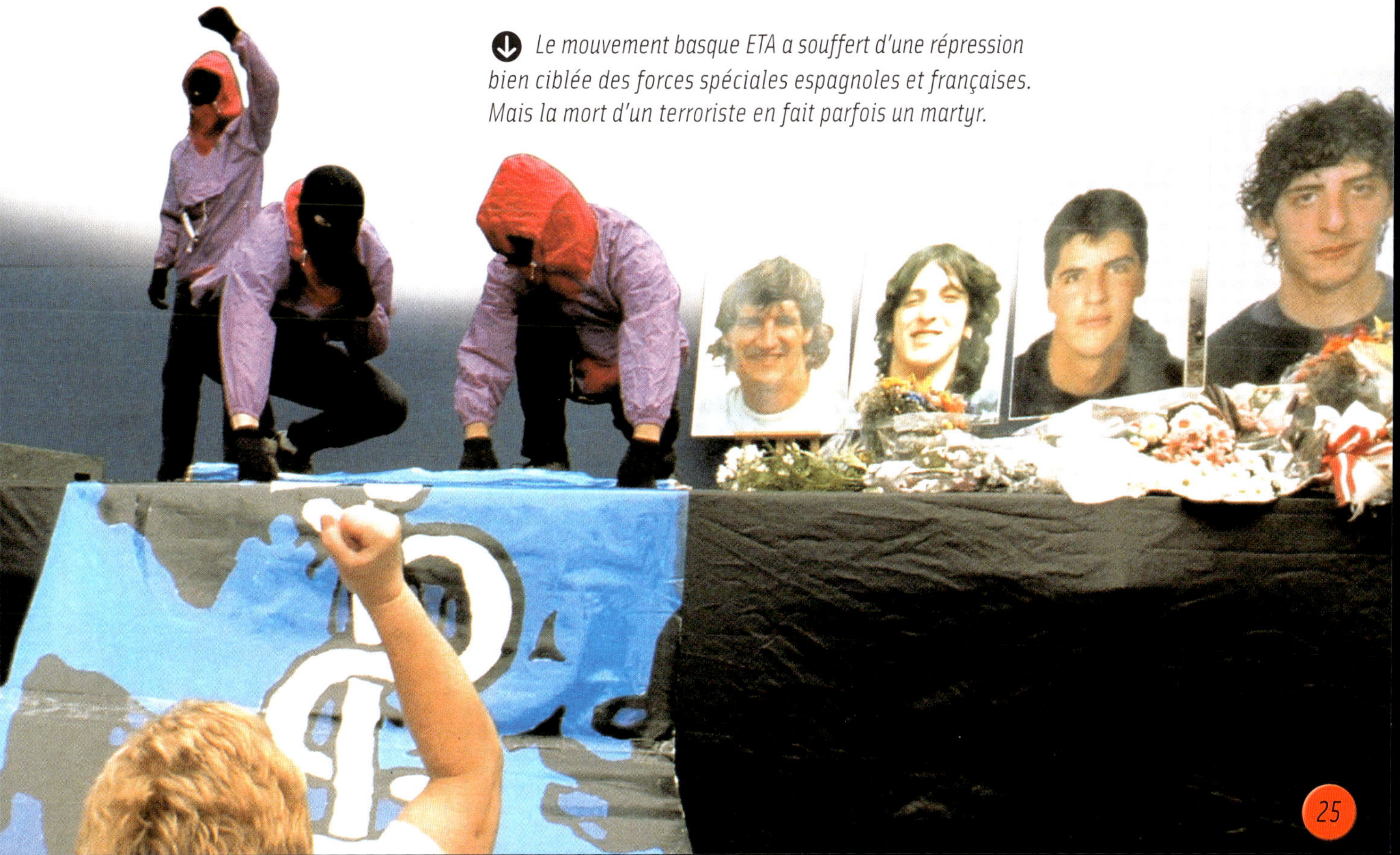

Parvenir à la paix

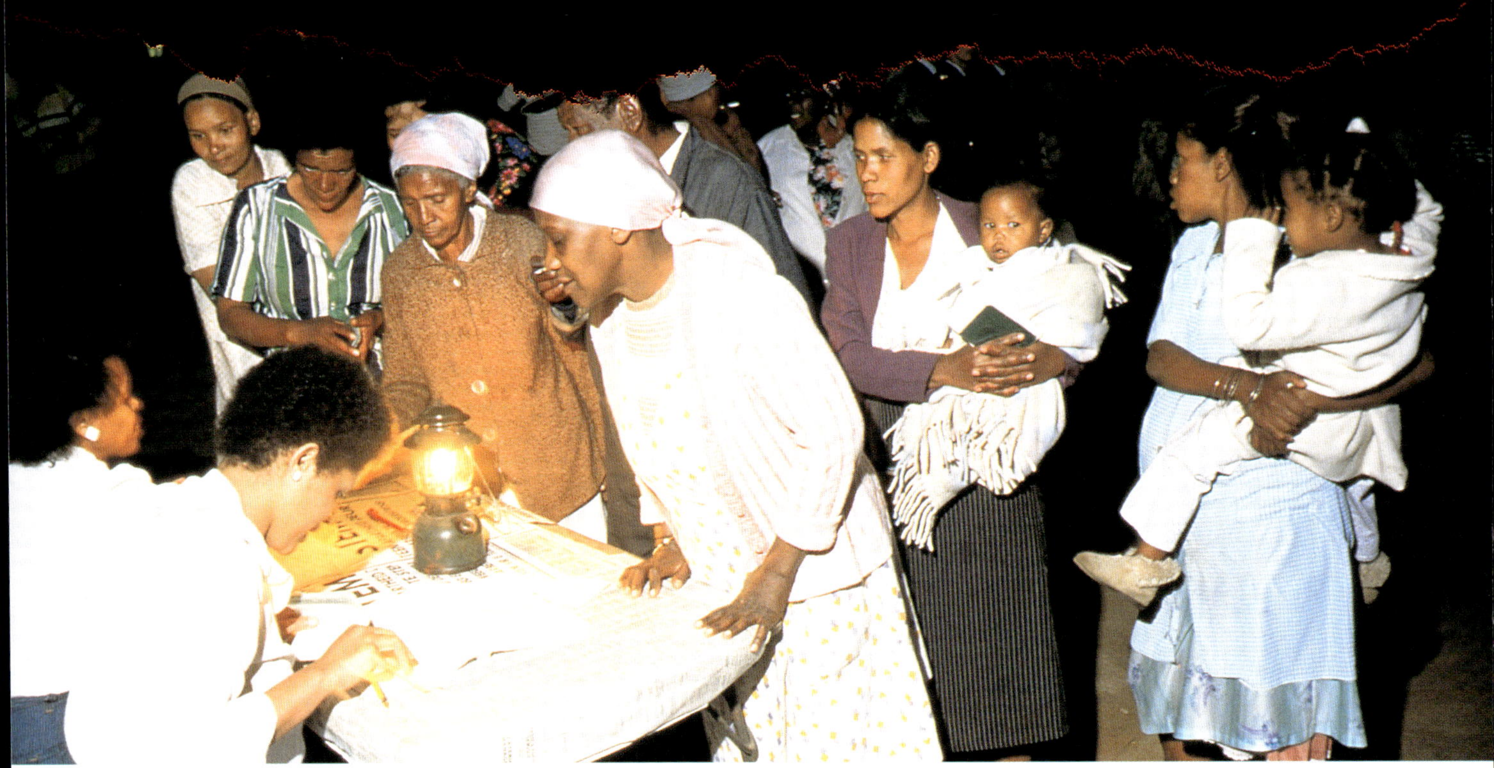

↑ *Les élections de 1994 en Afrique du Sud.*

***La stratégie la plus efficace** pour mettre un terme au terrorisme est de persuader les terroristes de renoncer à la lutte armée pour participer à la vie politique normale. Pour cette démarche, les gouvernements doivent faire preuve de courage, car le public est hostile à l'idée de négocier avec des meurtriers.*

UN DÉBUT DE DIALOGUE

Il est d'abord indispensable de persuader les terroristes que les négociations seront prises au sérieux et déboucheront peut être sur une amélioration de la situation.
Mais les gouvernements ne peuvent faire d'importantes concessions sans paraître faibles. Les dirigeants terroristes se retrouvent aussi parfois en difficulté. S'ils acceptent les négociations sans convaincre l'ensemble de leurs troupes, il peut y avoir scission du groupe et une petite faction poursuit la lutte.

Affronter les problèmes

Le Congrès national africain (ANC) fut créé en 1912 pour lutter en faveur des droits de la majorité noire sud-africaine.
Le gouvernement blanc interdit l'ANC en 1960. Une guerre débuta entre les activistes noirs et l'État. L'ANC se dota d'une aile militaire illégale, l'*Umkhonto We Sizwe* (Fer de lance de la Nation), dirigée par Nelson Mandela. Le gouvernement créa des escadrons de la mort tel le groupe *Vlakplaas* du colonel Eugène de Kock chargé de supprimer les dirigeants politiques noirs. Les deux camps finirent par dialoguer et aboutirent au droit de vote des gens de couleur. En 1994, Mandela devint le premier président noir d'Afrique du Sud.

Qu'en penses-tu ?

- Des terroristes qui poursuivent la lutte armée pendant un processus de paix peuvent-ils influer sur les négociations ?
- Penses-tu que la commission *Vérité et Réconciliation* ait permis à l'Afrique du Sud de progresser ?
- Participerais-tu à des négociations auxquelles serait présent le meurtrier d'un membre de ta famille ? Si oui, dans quelles circonstances ?
- « Terroriste un jour, terroriste toujours. » Que penses-tu de cette affirmation ?

UN COMPROMIS EST-IL POSSIBLE ?

Pour parvenir à la paix, il est indispensable de trouver un compromis acceptable par toutes les parties. En 1978, la constitution espagnole reconnut aux provinces le droit à l'autonomie. Le Pays basque se dota d'un gouvernement régional. Ce fut suffisant pour convaincre la majorité des Basques de ne plus soutenir le terrorisme. Dans certains cas, un compromis est plus difficile à trouver, par exemple entre Israël et la Palestine.

CONSTRUIRE DES PONTS

Tant que la paix résiste et que la politique semble apporter une réponse, il est possible de commencer à soigner les blessures causées par le terrorisme. En 1996, le nouveau gouvernement d'Afrique du Sud organisa la commission *Vérité et Réconciliation* chargée d'amnistier les auteurs de crimes politiques commis sous l'apartheid.

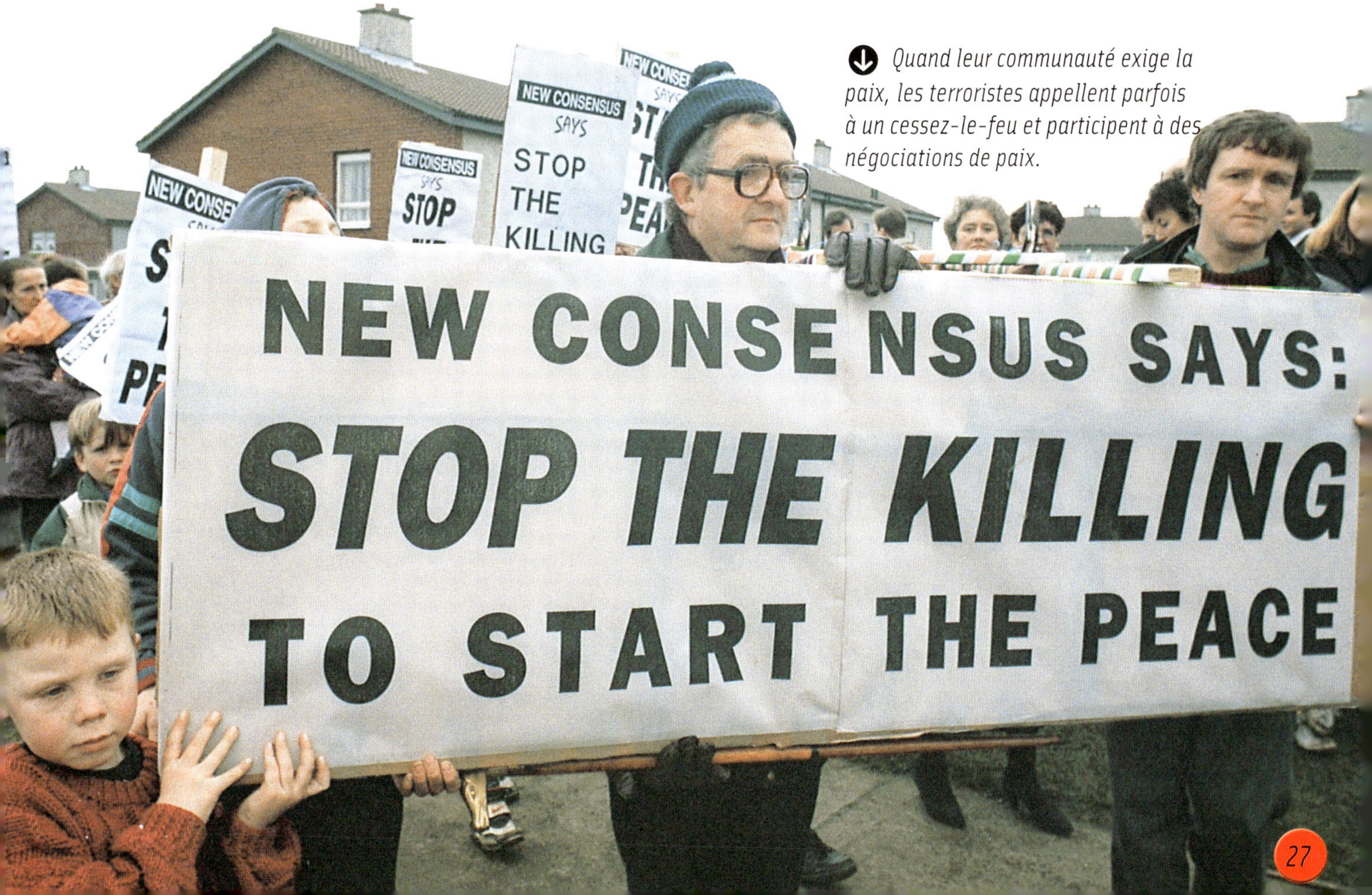

Quand leur communauté exige la paix, les terroristes appellent parfois à un cessez-le-feu et participent à des négociations de paix.

Le terrorisme demain

La fin de la guerre froide ***a bouleversé le terrorisme mondial. Il est extrêmement difficile, au début de cette ère nouvelle, de prédire où mèneront ces changements. Si, par exemple, ce livre avait été écrit avant le 11 septembre 2001, il n'aurait pu prévoir que l'Amérique subirait des attentats aussi dévastateurs.***

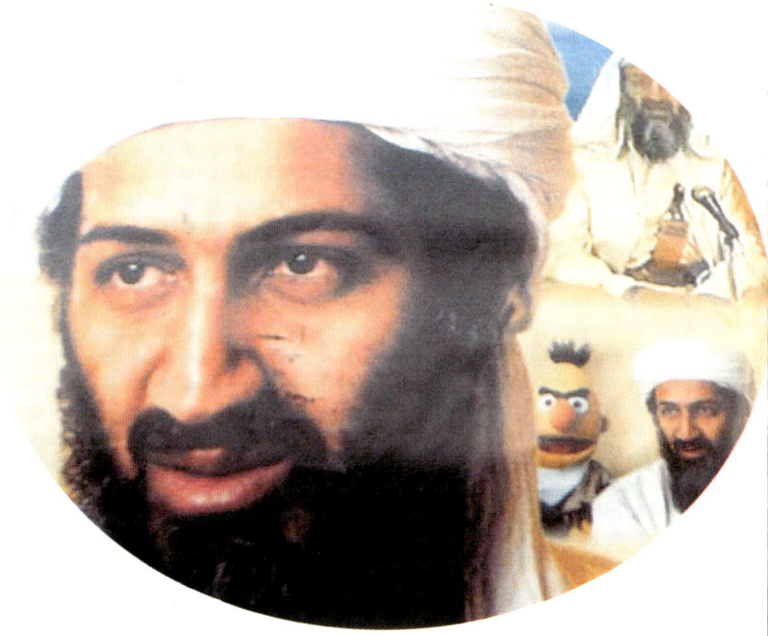

Des sympathisants pakistanais d'Oussama ben Laden téléchargèrent, à partir d'un site d'humour, cette photo et l'utilisèrent pour illustrer des affiches.

Vieille technologie pour cible cybernétique. Cet attentat à la voiture piégée commis par l'IRA dans la City londonienne, en 1993, visait à détruire des câbles de télécommunication.

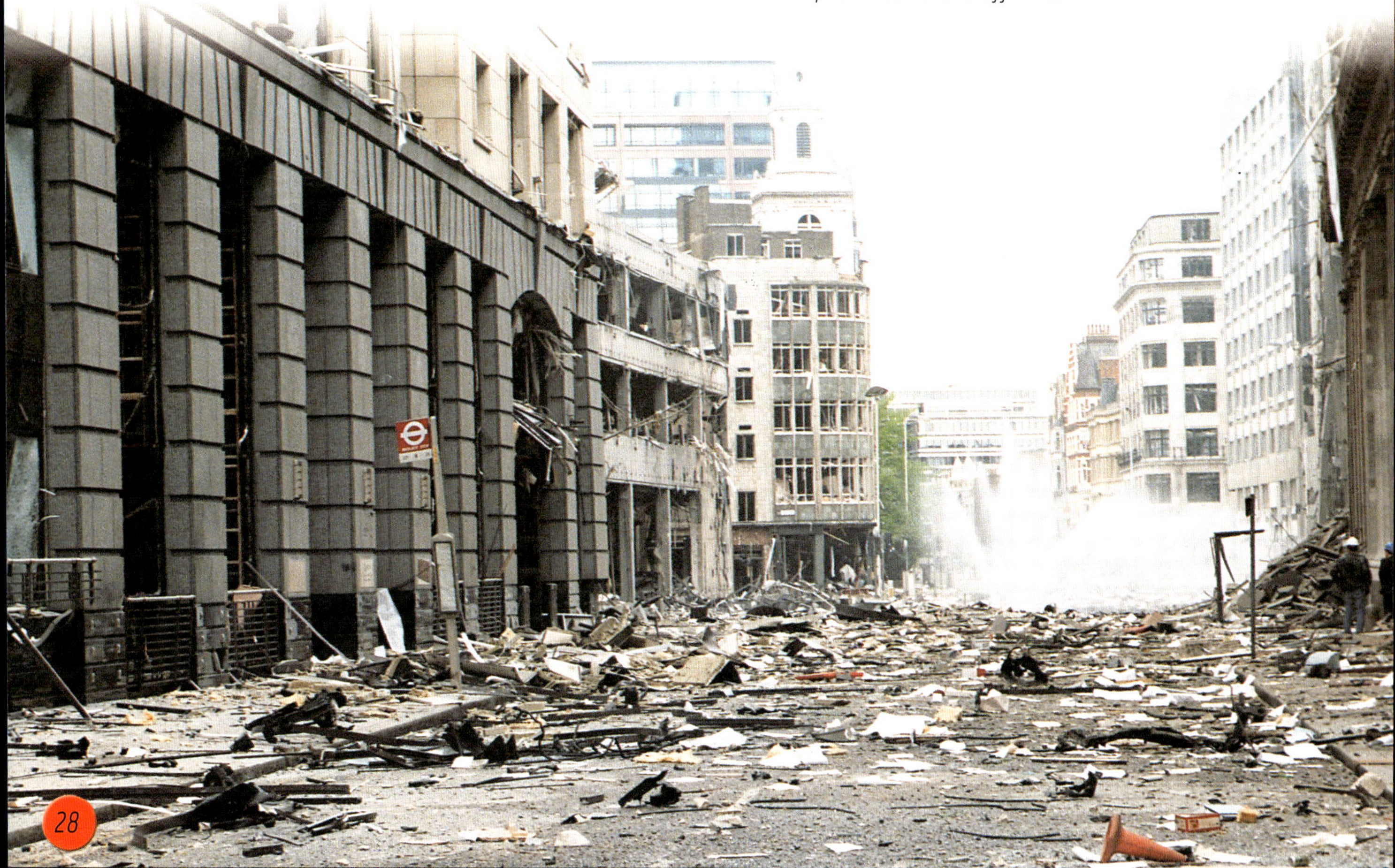

Comprenons les faits

Le nombre de morts par an dus à l'action terroriste.

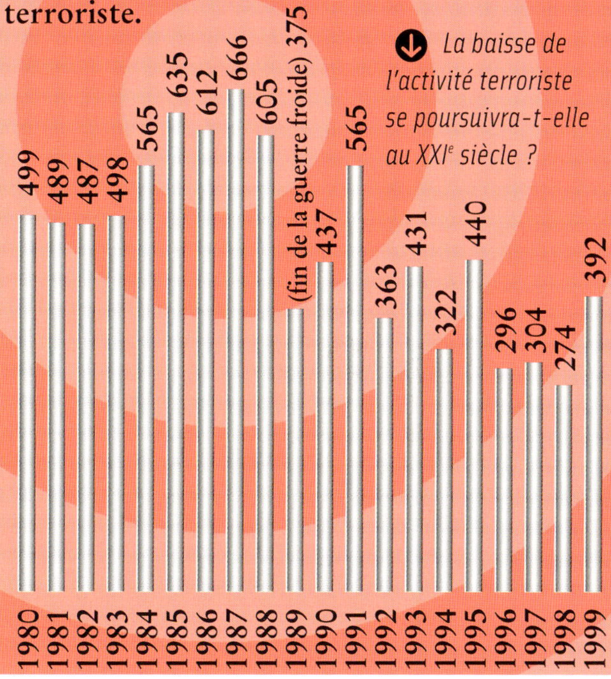

La baisse de l'activité terroriste se poursuivra-t-elle au XXIe siècle ?

UN CONFLIT MONDIAL

Certains activistes des pays pauvres résistent à l'influence occidentale. Avant 1989, pour acquérir une certaine indépendance, ils se servaient de la compétition entre les deux superpuissances. Il leur est aujourd'hui beaucoup plus difficile de se faire entendre par des moyens légitimes.

LE DÉSINTÉRÊT PUBLIC

Les activistes des pays occidentaux subissent aussi de nouvelles frustrations. Les citoyens s'intéressent de moins en moins à la politique et il est par conséquent plus difficile de soutenir ses idées par des méthodes démocratiques. La politique semble de plus en plus éloignée de la vie quotidienne et rend ainsi plus crédibles des mouvements extrémistes.

LE TERRORISME TECHNOLOGIQUE

Certains États se préparent à une attaque terroriste des réseaux informatiques. L'Agence américaine de défense des systèmes informatiques a créé une unité baptisée *Red Team* qui teste la sécurité des ordinateurs gouvernementaux en essayant de les pirater. En avril 1993, l'attentat commis par l'IRA à Bishopsgate, à Londres, avait pour objectif la destruction de câbles de télécommunication enterrés sous la rue afin de rendre inutilisable le réseau informatique bancaire.

UNE COOPÉRATION MONDIALE

Afin de lutter contre les nouvelles formes de terrorisme, certains pays ont décidé de mettre en commun leurs informations et de surveiller les déplacements de personnes et les transferts de fonds à l'échelle mondiale.

Le président américain Bush et le président russe Poutine se sont rendus en Chine en 2001 pour améliorer la coopération avec leur ennemi traditionnel.

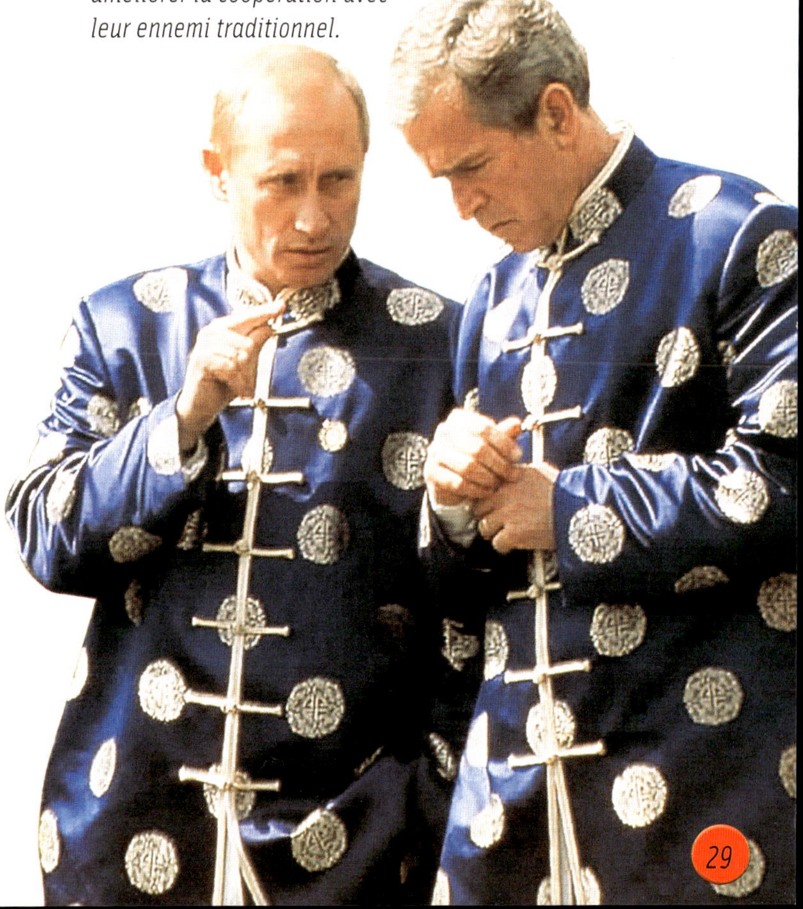

Glossaire

activiste : un partisan de la violence pour faire triompher une idée politique.

ambassade : les représentants d'un État dans un pays étranger ; ils ont pour objectif de développer les liens amicaux et commerciaux entre les deux pays.

anarchiste : une personne qui rejette toute forme de gouvernement et qui ne croit qu'en la responsabilité individuelle.

anthrax : une affection due au staphylocoque doré qui peut provoquer des ulcères de la peau et des problèmes respiratoires. Elle peut être traitée par des antibiotiques.

argent sale : de l'argent gagné par des moyens illégaux : trafic de drogue, fausse monnaie, vol…

armes conventionnelles : des armes qui utilisent une technologie relativement simple et dont les capacités de destruction sont réduites à des zones peu étendues.

armes de destruction massive : des armes faisant appel à une haute technologie et capables de faire des milliers de victimes. Ce sont par exemple les armes biologiques, chimiques ou nucléaires.

avortement : l'interruption provoquée de la grossesse par l'expulsion du fœtus.

blanchiment d'argent : la transformation d'argent gagné par des moyens illégaux en argent « propre » en le faisant passer par des comptes bancaires et des sociétés financières.

coalition : un groupe de pays ou d'organisations pour lutter contre un ennemi commun.

crime organisé : l'ensemble des actions criminelles commises par des malfaiteurs organisés en bandes sous les ordres de chefs puissants.

démocratie : une société dans laquelle les décisions sont prises par les citoyens, de façon directe par le vote ou indirecte par l'élection de représentants.

détournement : la prise de contrôle par la force d'un avion ou d'un autre véhicule, souvent accompagnée d'une prise d'otages et d'une demande de rançon.

droits civiques : les droits du citoyen, c'est-à-dire la liberté de voter, de se déplacer, de débattre et d'avoir des opinions politiques sans intervention de l'État.

écologisme : un mouvement politique qui vise à protéger l'environnement des changements imposés par l'homme.

fanatisme : une passion exaltée et parfois cruelle en faveur d'une religion, d'un parti politique, d'une opinion.

fascisme : une idéologie politique qui préconise un gouvernement totalitaire et des mesures racistes.

guérilla : une guerre d'embuscades, de harcèlement.

guerre froide : les crises et tensions entre les États-Unis (et leurs alliés) et l'Union soviétique à partir de 1945. Le conflit n'a jamais donné lieu à des attaques directes et s'est achevé avec l'effondrement de l'Union soviétique en 1989.

intégrisme : l'attitude de ceux qui veulent maintenir, sans changement ni évolution, une tradition, une religion.

loyaliste : un individu qui proclame sa fidélité, sa loyauté à un régime établi.

milice : une formation de citoyens, souvent des réservistes de l'armée, organisés en groupe militaire pour défendre des intérêts privés. Aux États-Unis, les milices défendent les droits des États contre le gouvernement fédéral.

nationalisme : mouvement politique d'individus qui veulent imposer la prédominance de leur peuple, créer leur nation ou la libérer de la présence de dirigeants étrangers.

réfugié : une personne qui a dû quitter son pays pour fuir un danger et commence une nouvelle vie dans un autre pays.

secte : un groupe de personnes partageant les mêmes croyances qui les isolent du reste de la société. Les sectes sont souvent dirigées par un guide spirituel.

séparatisme : mouvement des habitants d'un territoire désireux de le séparer de l'État dont il fait partie.

société : un ensemble de personnes vivant en groupe organisé selon certaines règles.

QUELQUES SITES INTERNET SUR LE TERRORISME

L'action anti-terrorisme de L'ONU
www.un.org/french/terrorism

La lutte contre le terrorisme au Canada
www.canada.gc.ca/united-stated/investigation-us

Le centre de recherche sur le terrorisme
www.terrorism.com

Les réseaux terroristes arabo-musulmans
medintelligence.free.fr/bdterror

La guerre contre le terrorisme
www.strategic-road.com/dossiers/terrorusa

Le site d'Interpol sur les attentats terroristes
www.interpol.int/Public/terrorism/terroAttacks

Index